Planungsrechtliche Regelungen zur Begrenzung der Flächeninanspruchnahme im Rechtsvergleich mit England

Europäische Hochschulschriften

European University Studies

Publications Universitaires Européennes

Reihe II **Rechtswissenschaft**

Series II Law

Série II Droit

Band/Volume **5878**

Christiane Diehl

Planungsrechtliche Regelungen zur Begrenzung der Flächeninanspruchnahme im Rechtsvergleich mit England

PL ACADEMIC RESEARCH

Bibliografische Information der Deutschen Nationalbibliothek
Die Deutsche Nationalbibliothek verzeichnet diese Publikation in der Deutschen Nationalbibliografie; detaillierte bibliografische Daten sind im Internet über http://dnb.d-nb.de abrufbar.

Zugl.: Heidelberg, Univ., Diss., 2016

D 16
ISSN 0531-7312
ISBN 978-3-631-69776-4 (Print)
E-ISBN 978-3-631-69777-1 (E-PDF)
E-ISBN 978-3-631-69778-8 (EPUB)
E-ISBN 978-3-631-69779-5 (MOBI)
DOI 10.3726/978-3-631-69777-1

PL Academic Research ist ein Imprint der Peter Lang GmbH.
Peter Lang – Frankfurt am Main · Bern · Bruxelles · New York · Oxford · Warszawa · Wien

Diese Publikation wurde begutachtet.

www.peterlang.com

Vorwort

Die vorliegende Arbeit wurde im Jahr 2016 von der Juristischen Fakultät der Ruprecht-Karls-Universität in Heidelberg als Dissertation angenommen.

Zunächst möchte ich mich bei Frau Prof. Dr. Ute Mager herzlich für die Betreuung dieser Arbeit und die wertvollen Anregungen bedanken. Herrn Prof. Dr. Wolfgang Kahl danke ich für das zügige Erstellen des Zweitgutachtens.

Für den rechtsvergleichenden Teil dieser Arbeit habe ich an der Newcastle University recherchiert, was mir Frau Dr. Jane Ball der Newcastle Law School ermöglichte. Bei Fragen zum englischen Planungsrecht haben mir Frau Arianne Graven und Herr Prof. Christopher Rodgers der Newcastle Law School, Herr Guy Hutchinson des Institute for Sustainability sowie Frau Prof. Simin Davoudi und Herr Prof. Mark Tewdwr-Jones der School of Architecture, Planning and Landscape geholfen. Ohne sie wäre der Rechtsvergleich nicht möglich gewesen. Herzlichen Dank dafür.

Für die mühevolle Arbeit des Korrekturlesens danke ich Katharina Stock und Carolin Kemmner. Valentin Roden danke ich für die konstruktiven Diskussionen über den quantitativen Bodenschutz.

Danken möchte ich weiterhin meinen lieben Freundinnen und Freunden, die mich während der Promotionszeit auf vielfältige Art und Weise unterstützt und für die notwendige Ablenkung in der Freizeit gesorgt haben. Ein besonderer Dank gilt dabei dem wöchentlichen Doktorandinnen-Stammtisch. Katharina Stock, Monique Amoulong und Kamilla Zembala-Börner ohne euch wäre die Promotionszeit nur halb so schön gewesen.

Danken möchte ich außerdem meinem Freund Daniel Schölch, der mich immer motiviert und verständnisvoll unterstützt hat.

Mein ganz besonderer Dank gilt meiner Familie, der diese Arbeit gewidmet ist. Meine Eltern Jutta und Norbert sowie mein Bruder Jan-Philipp Diehl haben mich in sämtlichen Lebenslagen wunderbar unterstützt und ermutigt.

Heidelberg, Juli 2016 | Christiane Diehl

Inhaltsverzeichnis

Abkürzungsverzeichnis 15

Einleitung 19

1. Kapitel: Grundlagen der Flächeninanspruchnahme 23

A. Entwicklung der Flächeninanspruchnahme in Deutschland und England 23
- I. Entwicklung der Flächeninanspruchnahme 23
  - 1. Deutschland 23
  - 2. England 24
- II. Flächennutzung in Deutschland und England 25

B. Beeinflussungsfaktoren der Flächeninanspruchnahme 26
- I. Suburbanisierung 26
- II. Wandel der Wohnverhältnisse 27
- III. Bauweise 29
- IV. Verkehrsmobilität 30
- V. Konsum, Freizeit und Tourismus 31
- VI. Problembewusstsein und gegenläufige individuelle Interessen 32
- VII. Bevölkerungsentwicklung 35

C. Auswirkungen der Flächeninanspruchnahme 36
- I. Ökologische Auswirkungen 36
  - 1. Bodenversiegelung 37
  - 2. Zerschneidungen 39
  - 3. Auswirkungen auf das Landschaftsbild 41
  - 4. Sonstige ökologische Auswirkungen 41
- II. Ökonomische Auswirkungen 42
- III. Auswirkungen auf Mensch und Gesellschaft 44

D. Zusammenfassung 45

2. Kapitel: Planungsrechtliche und bauordnungsrechtliche Regelungen zur Begrenzung der Flächeninanspruchnahme in Deutschland 47
A. Verfassungsrechtlicher Rahmen 47
I. Baufreiheit gemäß Art. 14 GG 47
II. Kommunale Planungshoheit gemäß Art. 28 II GG 50
III. Staatsziel Umweltschutz gemäß Art. 20a GG 51
B. Entwicklung des Planungsrechts 53
I. 1960er- und 1970er-Jahre 54
II. 1980er-Jahre 55
III. 1990er-Jahre 56
IV. 2000er-Jahre bis Heute 58
C. Raumordnungsrecht 60
I. Berücksichtigung der Flächeninanspruchnahme im ROG 61
1. Nachhaltige Raumentwicklung gemäß § 1 II ROG 61
2. Grundsätze der Raumordnung gemäß § 2 ROG 63
a) Grundsätze mit Bezug zur Flächeninanspruchnahme 64
aa) Nachhaltige Raumentwicklung gemäß § 2 II Nr. 1 ROG 65
bb) Raum- und Siedlungsstrukturen gemäß § 2 II Nr. 2 ROG 65
cc) Verringerung des Verkehrs gemäß § 2 II Nr. 3 ROG 66
dd) Schutz der Natur und Landschaft gemäß § 2 II Nr. 5 ROG 66
ee) Gewährleistung der ökologischen Funktionen gemäß § 2 II Nr. 6 ROG 66
b) Bewertung der Grundsätze der Raumordnung 67
3. Raumordnungspläne 67
a) Inhalt der Raumordnungspläne 68
b) Ziele der Raumordnung 69
4. Vorranggebiete und Vorbehaltsgebiete gemäß § 8 VII 1 Nr. 1, 2 ROG 72
5. Umweltprüfung gemäß § 9 ROG 74
II. Inhalt der landesweiten Raumordnungspläne 75
1. Allgemeine Vorgabe zur Begrenzung der Flächeninanspruchnahme 75

2. Vorgaben zur Siedlungsentwicklung ... 76
3. Vorgaben zum Schutz des Bodens und des Freiraums ... 78
4. Vorranggebiete und Vorbehaltsgebiete ... 79
5. Sonstige freiraumschützende Vorgaben ... 79
III. Zusammenfassung und Bewertung des Raumordnungsrechts ... 81
D. Bauplanungsrecht ... 82
I. Verhältnis des BauGB zu anderen Gesetzen ... 82
1. Verhältnis zum BBodSchG ... 83
2. Verhältnis zum BNatSchG ... 83
II. Planerforderlichkeit gemäß § 1 III 1 BauGB ... 84
III. Anpassungsgebot gemäß § 1 IV BauGB ... 86
IV. Bodenschutz in der Abwägung gemäß § 1 V-VII BauGB ... 87
V. Bodenschutz- und Umwidmungssperrklausel gemäß § 1a II BauGB ... 89
1. Entstehungsgeschichte ... 89
2. Bodenschutzklausel gemäß § 1a II 1 BauGB ... 91
a) Zweck und Inhalt der Bodenschutzklausel ... 91
aa) Sparsamer und schonender Umgang mit Grund und Boden ... 91
bb) Verringerung der zusätzlichen Flächeninanspruchnahme ... 92
cc) Begrenzung der Bodenversiegelung ... 93
b) Gewichtung der Bodenschutzklausel ... 94
aa) Bodenschutzklausel als Optimierungsgebot ... 95
bb) Bodenschutzklausel als Abwägungsbelang ... 97
cc) Reichweite der Bodenschutzklausel ... 98
3. Umwidmungssperrklausel gemäß § 1a II 2 BauGB ... 100
a) Flächen für Landwirtschaft, Wald und Wohnzwecke ... 100
b) Reichweite und Gewichtung der Umwidmungssperrklausel ... 101
c) Begründungspflicht gemäß § 1a II 4 BauGB ... 102
4. Bewertung des § 1 a II BauGB ... 103
VI. Eingriffsregelung gemäß § 1a III BauGB ... 104
1. Inhalt der Eingriffsregelung ... 105
2. Bewertung des § 1a III BauGB ... 109

VII. Gebiete der FFH- und der Vogelschutzrichtlinie gemäß § 1a IV BauGB 110
VIII. Umweltprüfung gemäß § 2 IV BauGB 111
IX. Darstellungs- und Festsetzungsmöglichkeiten gemäß §§ 5, 9 BauGB 112
1. Darstellungsmöglichkeiten im Flächennutzungsplan 112
2. Festsetzungsmöglichkeiten im Bebauungsplan 113
X. Bebauungsplan der Innenentwicklung gemäß § 13a BauGB 114
1. Entstehungsgeschichte 114
2. Ziel des § 13a BauGB 115
3. Anwendungsvoraussetzungen des § 13a BauGB 116
a) Maßnahmen der Innenentwicklung 117
aa) Begriff der Innenentwicklung und räumlicher Anwendungsbereich 117
bb) Wiedernutzbarmachung von Flächen 120
cc) Nachverdichtung 121
dd) Andere Maßnahmen der Innenentwicklung 122
b) Größenbegrenzung der Bebauungspläne der Innenentwicklung 122
aa) Größenberechnung 122
bb) Größengrenze des § 13a I 2 Nr. 1 BauGB 125
cc) Größengrenze des § 13a I 2 Nr. 2 BauGB 127
dd) Berechnung nach § 13a I 3 BauGB 127
c) Negative Zulässigkeitsvoraussetzungen gemäß § 13a I 4, 5 BauGB 127
4. Verfahrenserleichterungen gemäß § 13a II BauGB 128
5. Bewertung des § 13a BauGB 129
XI. Innenbereichssatzungen gemäß § 34 IV 1 Nr. 2, Nr. 3 BauGB 131
XII. Außenbereich gemäß § 35 BauGB 133
1. Privilegierte Vorhaben gemäß § 35 I BauGB 133
2. Sonstige Vorhaben gemäß § 35 II BauGB 134
3. Öffentliche Belange gemäß § 35 III BauGB 135

a) Bodenschutz gemäß § 35 III 1 Nr. 5 BauGB 135
b) Splittersiedlung gemäß § 35 III 1 Nr. 7 BauGB 135
c) Umwelt- und Naturschutz gemäß § 35 III 1 Nr. 3, 5 BauGB 136
d) Planvorbehalt gemäß § 35 III 3 BauGB 136
4. Begünstigte Vorhaben gemäß § 35 IV BauGB 137
5. Vorhabenausführung und Sicherungsmaßnahmen gemäß § 35 V BauGB 138
a) Bauausführung gemäß § 35 V 1 BauGB 138
b) Rückbauverpflichtung gemäß § 35 V 2 BauGB 139
aa) Anforderungen der Rückbauverpflichtung 139
bb) Anwendungsbereich der Rückbauverpflichtung 141
6. Außenbereichssatzungen gemäß § 35 VI BauGB 143
7. Bewertung des § 35 BauGB 145
XIII. Besonderes Städtebaurecht 147
1. Baugebot gemäß § 176 II BauGB 148
2. Rückbau- und Entsiegelungsgebot gemäß § 179 BauGB 149
3. Sonstige Instrumente des besonderen Städtebaurechts 150
4. Bewertung des besonderen Städtebaurechts 153
XIV. Baulandkataster gemäß § 200 III BauGB 154
XV. Zusammenfassung und Bewertung des Bauplanungsrechts 155
E. Baunutzungsverordnung 156
I. Bestimmung des Maßes der baulichen Nutzung gemäß § 16 BauNVO 157
1. Mindestfestsetzungen gemäß § 16 III BauNVO 157
2. Festsetzungen von Höchst- und Mindestmaßen gemäß § 16 IV BauNVO 157
3. Bewertung des § 16 BauNVO 158
II. Obergrenzen des Maßes der baulichen Nutzung gemäß § 17 BauNVO 158
1. Obergrenzen des § 17 BauNVO 159
a) Grundflächenzahl gemäß § 19 BauNVO 159
b) Geschossflächenzahl gemäß § 20 BauNVO 160

c) Baumassenzahl gemäß § 21 BauNVO 160
2. Überschreitung der Obergrenzen gemäß § 17 II BauNVO 160
3. Bewertung des § 17 BauNVO 161
III. Bauweise gemäß § 22 BauNVO 162
IV. Zusammenfassung und Bewertung der Baunutzungsverordnung 163
F. Bauordnungsrecht 163
I. Gestaltung der nichtüberbauten Flächen 163
II. Errichtung von Stellplätzen 164
III. Zusammenfassung und Bewertung des Bauordnungsrechts 166
G. Zusammenfassung und Bewertung des deutschen Rechts 166

3. Kapitel: Planungsrechtliche Regelungen zur Begrenzung der Flächeninanspruchnahme in England 169
A. Rechtliche Rahmenbedingungen in England 169
I. Entwicklung des Planungsrechts 169
1. 19. Jahrhundert 169
2. 1900er-bis 1930er-Jahre 171
3. 1940er-bis 1980er-Jahre 172
4. 1990er-Jahre bis Heute 174
II. Rechtsquellen des englischen Planungsrechts 175
1. Parlamentsgesetze 175
2. Sekundärrechtsakte 176
3. Case Law 176
4. Planning Policy 177
III. Für die Planung relevante Institutionen 178
1. Secretary of State for Communities and Local Government 178
2. Planning Inspectorate 180
3. Lokale Planungsbehörden 180
IV. System des englischen Planungsrechts 182
1. Planaufstellungsverfahren 182
a) Development Plan Documents 183
aa) Local Development Documents 184

bb) Local Development Scheme ... 185
cc) Statement of Community Involvement ... 185
dd) Monitoring Report ... 185
b) Neighbourhood Development Plans ... 186
c) Befugnisse des Secretary of State ... 187
d) Rechtsschutz ... 188
2. Nachhaltige Entwicklung und Umweltprüfung ... 188
a) Gesetzliche Vorgaben ... 189
b) Vorgaben der Planning Policy ... 189
3. Baugenehmigungsverfahren ... 190
a) Genehmigungsbedürftigkeit ... 190
b) Erteilung der Baugenehmigung ... 191
aa) Development Order ... 191
bb) Entscheidung durch lokale Planungsbehörde ... 192
cc) Bedingungen und Verpflichtungen ... 193
dd) Bauaufsichtsrechtliche Maßnahmen ... 193
c) Befugnisse des Secretary of State ... 193
d) Rechtsschutz ... 194
V. Zusammenfassung ... 195
B. Gründe für die geringe Flächeninanspruchnahme in England ... 196
I. Planning Policy ... 196
1. Green Belts ... 196
a) Geschichte der Green Belts ... 197
b) Aktuelle Planning Policy bezüglich Green Belts ... 198
c) Aktuelle Probleme der Green Belts ... 199
d) Bewertung der Green Belts ... 200
2. Flächenrecycling ... 201
a) Geschichte des Flächenrecyclings ... 202
b) Aktuelle Planning Policy bezüglich Flächenrecycling ... 204
c) Aktuelle Probleme des Flächenrecyclings ... 204
d) Bewertung des Flächenrecyclings ... 205
3. Verdichtung ... 205

4. Sonstige Vorgaben der Planning Policy 207
II. Gesamtkonzeption des englischen Planungssystems 208
1. Kontrolle der baulichen Entwicklung 208
2. Einfluss der Zentralregierung auf lokale Planungsentscheidungen 209
III. Stellenwert der Natur in der Bevölkerung 210
IV. Zusammenfassung und Bewertung 212

4. Kapitel: Bewertung und Verbesserungsvorschläge 215
A. Bewertung des Planungsrechts in Deutschland und England 215
I. Bewertung des deutschen Planungsrechts 215
1. Positive Aspekte 215
2. Negative Aspekte 216
II. Bewertung des englischen Planungssystems 217
1. Positive Aspekte 217
2. Negative Aspekte 218
III. Vergleichende Bewertung 218
B. Verbesserung des deutschen Planungsrechts 219
I. Einschränkung der gemeindlichen Planungshoheit 219
II. Mengenbegrenzung 220
III. Absolut geschützte Flächen 224
IV. Pflicht zur vorrangigen Ausnutzung der Innenentwicklungspotenziale 225
V. Abschaffung der Innenbereichssatzungen 227
VI. Strengerer Schutz des Außenbereichs 227
VII. Sonstige Ansatzpunkte 228

Ergebnis 229

Literaturverzeichnis 231

Abkürzungsverzeichnis

Abs.	Absatz
AöR	Archiv des öffentlichen Rechts
Art.	Artikel
Aufl.	Auflage
BauGB	Baugesetzbuch
BauNVO	Baunutzungsverordnung
BauR	Baurecht
BayVBl	Bayerische Verwaltungsblätter
BBauG	Bundesbaugesetz
BBodSchG	Bundesbodenschutzgesetz
BeckRS	Beckrechtssache
Begr.	Begründer
Beschl.	Beschluss
BGBl.	Bundesgesetzblatt
BGH	Bundesgerichtshof
BGHZ	Entscheidungen des Bundesgerichtshofs in Zivilsachen
BNatSchG	Bundesnaturschutzgesetz
BVerfG	Bundesverfassungsgericht
BVerfGE	Entscheidungen des Bundesverfassungsgerichts
BVerwG	Bundesverwaltungsgericht
BVerwGE	Entscheidungen des Bundesverwaltungsgerichts
BWald	Bundeswaldgesetz
bzw.	beziehungsweise
d. h.	das heißt
DÖV	Die öffentliche Verwaltung
DVBl	Deutsches Verwaltungsblatt
EGMR	Europäischer Gerichtshof für Menschenrechte
ELM	Environmental Law and Management
ELR	Environmental Law Review
EU	Europäische Union
evtl.	eventuell
f./ ff.	folgend(e)
G	Grundsatz
GewArch	Gewerbearchiv
GG	Grundgesetz
Hrsg.	Herausgeber
Hs.	Halbsatz
HTS	Housing, Theory and Society
i. V. m.	in Verbindung mit
IJLBE	International Journal of Law in the Built Environment

IzR	Information zur Raumentwicklung
JA	Juristische Arbeitsblätter
JEL	Journal of Environmental Law
JEM	Journal of Environmental Management
JEPM	Journal of Environmental Planning and Management
JNC	Journal for Nature Conservation
JPEL	Journal of Planning and Environment Law
JPH	Journal of Planning History
JPR	Journal of Property Research
JurionRS	Jurionrechtssache
KommJur	Kommunaljurist
LA	Localism Act
LaUP	Landscape and Urban Planning
LEP	Landesentwicklungsplan
LEPro	Landesentwicklungsprogramm
LKV	Landes- und Kommunalverwaltung
LREPro	Landesraumentwicklungsprogramm
LROPro	Landesraumordnungsprogramm
LS	Legal Studies
LUP	Land Use Policy
NIMBY	not in my backyard
NJOZ	Neue juristische Online-Zeitschrift
NJW	Neue juristische Wochenschrift
NPPF	National Planning Policy Framework
Nr.	Nummer
NuR	Natur und Recht
NVwZ	Neue Zeitschrift für Verwaltungsrecht
NVwZ-RR	Neue Zeitschrift für Verwaltungsrecht Rechtssprechungs-Report
NZBau	Neue Zeitschrift für Bau- und Vergaberecht
OECD	Organization for Economic Co-operation and Development
OVG	Oberverwaltungsgericht
P&CR	Property, Planning and Compensation Reports
para.	paragraph
PCPA	Planning and Compulsory Purchase Act
PIP	Progress in Planning
PPG	Planning Policy Guidance
PPS	Planning Policy Statements
reg.	regulation
Rn.	Randnummer
ROG	Raumordnungsgesetz
RS	Regional Studies
s.	section
S.	Seite
sch.	schedule

sog.	sogenannte
ss.	sections
SSR	Social Science Research
TATUP	Technikfolgenabschätzung – Theorie und Praxis
TCPA	Town and Country Planning Act
UPR	Umwelt- und Planungsrecht
Urt.	Urteil
US	Urban Studies
UVPG	Gesetz über die Umweltverträglichkeitsprüfung
v.	vom
Var.	Variante
VblBW	Verwaltungsblätter Baden-Württemberg
VerfGH	Verfassungsgerichtshof
VerwRspr	Verwaltungsrechtsprechung
VG	Verwaltungsgericht
VGH	Verwaltungsgerichtshof
vgl.	vergleiche
VR	Verwaltungsrundschau
VVDStRL	Veröffentlichungen der Vereinigung der Deutschen Staatsrechtslehrer
WiVerw	Wirtschaft und Verwaltung
WLR	Weekly Law Report
Z	Ziel
z. B.	zum Beispiel
ZAU	Zeitschrift für angewandte Umweltforschung
ZfBR	Zeitschrift für deutsches und internationales Bau- und Vergaberecht
ZRP	Zeitschrift für Rechtspolitik
ZUR	Zeitschrift für Umweltrecht

Einleitung

In Deutschland werden täglich ungefähr 73 Hektar[1] freie Flächen in Siedlungs- und Verkehrsflächen[2] umgewidmet, also etwa die Fläche von 104 Fußballfeldern.[3] Diese Umwandlung wird als Flächeninanspruchnahme[4], häufig aber auch als Flächenverbrauch bezeichnet.[5] Der Begriff Flächeninanspruchnahme ist jedoch präziser, da Fläche nicht im eigentlichen Sinne „verbraucht", sondern lediglich in Anspruch genommen werden kann.[6]

Gelingt es nicht die Flächeninanspruchnahme zu begrenzen, so wird es in Zukunft immer weniger unbebaute Gebiete in Deutschland geben. Schon heute sind freie Flächen durch die starke Ausdehnung der Siedlungs- und Verkehrsflächen zu einem knappen und wertvollen Gut geworden.[7] Erschwerend kommt hinzu, dass es kaum möglich ist, nicht mehr benötigte Siedlungs- und Verkehrsflächen in freie Flächen zurück zu wandeln, da natürliche Bodenfunktionen nur schwer und erst nach langer Zeit wiederhergestellt werden können.[8]

Durch diesen zunehmenden Verlust von bislang unberührten Böden entstehen vielfältige Probleme. Diese betreffen insbesondere Natur und Landschaft, da dadurch unter anderem Bodenversiegelungen und Zerschneidungen verstärkt hervorgerufen

---

1 *Statistisches Bundesamt*, Bodenfläche nach Art der tatsächlichen Nutzung, S. 22.

2 Zu Siedlungs- und Verkehrsflächen gehören Gebäude- und Freifläche, Betriebsfläche (ohne Abbauland), Erholungsfläche, Verkehrsfläche und Friedhof: *Statistisches Bundesamt*, https://www.destatis.de/DE/ZahlenFakten/Wirtschaftsbereiche/LandForstwirtschaftFischerei/Glossar/SiedlungsUndVerkehrsflaeche.html?view=getColorboxEntry, abgerufen am: 24.07.2016.

3 *Statistisches Bundesamt*, Bodenfläche nach Art der tatsächlichen Nutzung, S. 22.

4 *Köck*, Reduzierung des Flächenverbrauchs durch Bodenschutzplanung in: Führ/Wahl/von Wilmowsky (Hrsg.), Umweltrecht und Umweltwissenschaft: Festschrift für Eckard Rehbinder, S. 397, 398; *Rink/Banzhaf*, Flächeninanspruchnahme als Umweltproblem in: Groß (Hrsg.), Handbuch Umweltsoziologie, S. 445, 448. Die Problematik wird oft auch unter den Begriffen Freiraumschutz, Flächen-, Land- oder Landschaftsverbrauch sowie speziell unter Bodenversiegelung diskutiert.

5 Die Begriffe Flächenverbrauch und Flächeninanspruchnahme werden häufig synonym verwendet. So auch: *Risch*, Neue Instrumente zur Begrenzung des Bodenverbrauches, S. 21; *UBA*, Nachhaltige Entwicklung in Deutschland, S. 364; bezüglich Verbrauch der offenen Landschaft bejahend: *Franz*, Freiraumschutz und Innenentwicklung, S. 27 ff.

6 Zum Begriff siehe ausführlich: *Rink/Banzhaf*, Flächeninanspruchnahme als Umweltproblem, S. 445, 447 f.

7 Vgl. *Schimansky*, Die Problematik des Freiflächenverbrauchs in Deutschland, S. 1.

8 *Bückmann*, Nachhaltiges Landmanagement und Klimaschutz, UPR 2009, S. 407, 414; *KBU beim UBA*, Bodenschutz beim Anbau nachwachsender Rohstoffe, S. 27; *UBA*, Schutz der biologischen Vielfalt und Schonung von Ressourcen, S. 13.

werden. Aber auch für die Gesellschaft können negative Auswirkungen auftreten wie beispielsweise soziale Entmischung durch Suburbanisierung. Die Begrenzung der Flächeninanspruchnahme (sog. quantitativer Bodenschutz) ist vor allem vor dem Hintergrund des demografischen Wandels bedeutsam. In Zukunft werden aufgrund des Bevölkerungsrückgangs, auch wenn dieser durch die neuerdings starke Zuwanderung wahrscheinlich abgeschwächt wird, weniger Siedlungs- und Verkehrsflächen als bisher benötigt werden. Die kommenden Generationen werden die negativen Auswirkungen der hohen Flächeninanspruchnahme der letzten Jahrzehnte tragen müssen.

Wegen der mit der Flächeninanspruchnahme einhergehenden Probleme muss mit den verbleibenden freien Flächen sparsam und schonend umgegangen werden. Am Besten wäre eine drastische Begrenzung der Flächeninanspruchnahme. 1998 sah das Bundesministerium für Umwelt, Naturschutz und Reaktorsicherheit diesbezüglich Handlungsbedarf und legte fest, dass bis 2020 die Zunahme der Siedlungs- und Verkehrsflächen auf 30 Hektar pro Tag begrenzt werden sollte.[9] Hierbei handelte es sich allerdings nicht um eine rechtlich verbindliche Vorgabe, sondern lediglich um eine politische Absichtserklärung. Später wurden das Ziel eines Nullwachstums der Flächeninanspruchnahme bis 2050 und ein Zwischenziel von 80 Hektar pro Tag im Jahr 2010[10] sowie von 55 Hektar pro Tag im Jahr 2015 ergänzt.[11] Das 30-Hektar-Ziel wurde 2002 in der Nationalen Nachhaltigkeitsstrategie der damaligen Bundesregierung aufgegriffen.[12] An diesem Reduktionsziel, welches nach wie vor rechtlich nicht verbindlich ist, halten seitdem alle Bundesregierungen fest.[13] Betrachtet man den aktuellen Wert von 73 Hektar pro Tag so wird deutlich, dass das Zwischenziel für 2015 nicht erreicht wurde und das 30-Hektar-Ziel noch in weiter Ferne liegt.

Untersucht man die Flächeninanspruchnahme in England, so zeigt sich ein ganz anderes Bild. Dort wurden in den letzten Jahren täglich etwa 10 Hektar als reine Siedlungs- und Verkehrsfläche (also ohne Erholungsfläche) neu ausgewiesen.[14] Somit ist die Flächeninanspruchnahme in England deutlich niedriger als in Deutschland. Dies gilt auch, wenn die Flächeninanspruchnahme auf die Einwohnerzahl bezogen wird. Nimmt man, wie üblich,[15] 100.000 Einwohner als Bezugsgröße, so

---

9 *BMU*, Nachhaltige Entwicklung in Deutschland, S. 60 ff.

10 *UBA*, Reduzierung der Flächeninanspruchnahme durch Siedlung und Verkehr, S. 4 f.; 109.

11 *UBA*, Flächenverbrauch einschränken, S. 11.

12 *Deutsche Bundesregierung*, Nationale Nachhaltigkeitsstrategie: Perspektiven für Deutschland, S. 287 ff.

13 Koalitionsvertrag zwischen CDU, CSU und SPD 2005, S. 67; Koalitionsvertrag zwischen CDU, CSU und FDP 2009, S. 30 f.; Koalitionsvertrag zwischen CDU, CSU und SPD 2013, S. 119.

14 Table P261: *Government UK*, https://www.gov.uk/government/statistical-data-sets/live-tables-on-land-use-change-statistics, abgerufen am: 24.07.2016.

15 Siehe auch: *UBA*, Hintergrundpapier: Flächenverbrauch, S. 7; *v. Haaren/Nadin*, Die Flächeninanspruchnahme in Deutschland im Vergleich mit der Situation in England, RuR 2003, S. 345, 345 ff.

werden momentan in England etwa 6,5 Hektar pro 100.000 Einwohner und Jahr und in Deutschland etwa 23 Hektar pro 100.000 Einwohner und Jahr für reine Siedlungs- und Verkehrsfläche in Anspruch genommen.[16] Damit beträgt die Flächeninanspruchnahme bezogen auf die Einwohnerzahl in Deutschland noch immer mehr als das 3,5-fache von England. Das politische Ziel der Reduktion der Flächeninanspruchnahme in Deutschland auf 30 Hektar pro Tag entspricht etwa 11 Hektar pro 100.000 Einwohner und Jahr.[17] Somit liegt dieses Ziel etwa bei dem 1,5-fachen des Wertes, den England bereits heute erreicht.

Obwohl das englische Planungsrecht, wie das deutsche, Bebauungspläne und Baugenehmigungen vorsieht, bestehen hinsichtlich der Inanspruchnahme von Flächen erhebliche Unterschiede. Daher liegt eine rechtsvergleichende Betrachtung des Planungsrechts der beiden Länder nahe. Dabei sollen unter anderem folgende Fragen diskutiert und beantwortet werden: Warum ist die Flächeninanspruchnahme in Deutschland im Vergleich zu England derart hoch? Wie erreicht England diesen geringen Wert? Wie ist das englische Planungsrecht ausgestaltet, dass so wenige Flächen in Anspruch genommen werden? Wo liegen die Schwächen des deutschen Planungsrechts, sodass derart hohe Werte entstehen? Hat das englische Planungssystem hinsichtlich des quantitativen Bodenschutzes Vorteile gegenüber dem deutschen Planungsrecht? Kann das englische Planungsrecht Impulse für eine Verbesserung des deutschen Planungsrechts hinsichtlich der Begrenzung der Flächeninanspruchnahme geben?

Zu diesen Fragen gibt es bislang keine ausführlichen Untersuchungen. Zwar wurde in der deutschen Literatur England vereinzelt als Vorbild für die geringe Flächeninanspruchnahme genannt,[18] dabei wurde allerdings nicht ausführlich erörtert, warum das englische System derart effektiv ist. Es wurden lediglich einige

---

16 Eigene Berechnung mit folgenden Daten: für England: Table P261: *Government UK*, https://www.gov.uk/government/statistical-data-sets/live-tables-on-land-use-change-statistics, abgerufen am: 24.07.2016; für Deutschland: *BBR*, Trends der Siedlungsentwicklung, S. 9; *Statistisches Bundesamt*, https://www.destatis.de/DE/ZahlenFakten/Wirtschaftsbereiche/LandForstwirtschaftFischerei/Flaechennutzung/FlaechennutzungAktuell.html, abgerufen am: 24.07.2016; *UBA*, Schutz der biologischen Vielfalt und Schonung von Ressourcen, S. 7; Da in England zu der Siedlungs- und Verkehrsfläche keine Erholungsflächen dazu zählen, wurden diese bei der Berechnung der deutschen Werte ebenfalls weggelassen. Die Werte wurden gerundet und sind daher nur Richtwerte.

17 Hierbei wurden wiederum aus Gründen der Vergleichbarkeit die Erholungsflächen herausgerechnet (mit der Annahme, dass diese etwa 20 % betragen). Das 30-Hektar-Ziel bezieht sich nämlich auf die Siedlungs- und Verkehrsfläche insgesamt, d. h. mit Erholungsflächen.

18 *Lee*, Nachhaltiger Bodenschutz international, europäisch und national, S. 204 f.; *SRU*, Umweltgutachten 2004, S. 166 f.; *Szczekalla*, Reduzierung der Flächeninanspruchnahme durch lokale und regionale Flächenressourcenbewirtschaftung. Rechtliche und institutionelle Rahmenbedingungen, DVBl 2005, S. 354, 355; *UBA*, Hintergrundpapier: Flächenverbrauch, S. 7; ausführlichste Betrachtung: *v. Haaren/Nadin*, Die

mutmaßliche Gründe wie beispielsweise ein restriktives zentrales Planungssystem ohne kommunale Planungshoheit sowie der hohe Stellenwert der Natur in der Bevölkerung genannt.

Mit dieser Arbeit soll das englische Planungssystem hinsichtlich des Umgangs mit freien Flächen ausführlich analysiert werden. Die oben aufgeworfenen Fragen sollen beantwortet und vor allem die Schwächen des deutschen Planungsrechts und die Erfolgsfaktoren des englischen Planungssystems bezüglich der Begrenzung der Flächeninanspruchnahme herausgearbeitet werden.

Das erste Kapitel der Arbeit gibt einen Überblick über Entwicklung, Gründe und Auswirkungen der Flächeninanspruchnahme in Deutschland und England. Das zweite Kapitel analysiert das deutsche Planungsrecht hinsichtlich seiner Effektivität zur Begrenzung der Flächeninanspruchnahme. Dazu wird der verfassungsrechtliche Rahmen und die Entwicklungsgeschichte dargelegt, das Raumordnungsrecht sowie das Bauplanungsrecht ausführlich untersucht, die Baunutzungsverordnung sowie das Bauordnungsrecht kurz betrachtet. Das dritte Kapitel ist dem englischen Planungsrecht gewidmet. Zentrale Aspekte sind dabei die geschichtliche Entwicklung und die Grundlagen des englischen Planungsrechts sowie die Unterschiede zum deutschen Planungsrecht. Sodann werden die Faktoren des englischen Planungssystems herausgearbeitet, die eine derart geringe Flächeninanspruchnahme ermöglichen. Im vierten Kapitel erfolgt eine Bewertung der Ergebnisse der vorherigen Kapitel. Schwerpunkt bildet die Frage, welche Aspekte des englischen Systems in das deutsche übernommen werden könnten. Abschließend werden Verbesserungsvorschläge für das deutsche Planungsrecht formuliert.

Flächeninanspruchnahme in Deutschland im Vergleich mit der Situation in England, RuR 2003, S. 345, 345 ff.

1. Kapitel: Grundlagen der Flächeninanspruchnahme

A. Entwicklung der Flächeninanspruchnahme in Deutschland und England

Um das Problem der Flächeninanspruchnahme einordnen und eventuellen Handlungsbedarf ableiten zu können, muss deren bisherige und insbesondere die zukünftig erwartete Entwicklung untersucht werden. Außerdem ist hierzu die Art der Flächennutzung zu betrachten, wobei vor allem von Bedeutung ist, inwieweit Flächen in den beiden Ländern überbaut und daher versiegelt sind.

Infolge fehlender einheitlicher Daten zur Flächeninanspruchnahme in Deutschland und England sowie unterschiedlicher Darstellungsweisen wird auf die individuellen Statistiken der jeweiligen Länder zurückgegriffen und diese – soweit möglich – ineinander umgerechnet. Sofern nur Daten für Großbritannien und nicht separat für England vorhanden sind, werden diese verwendet.

I. Entwicklung der Flächeninanspruchnahme

1. Deutschland

Im 20. Jahrhundert kam es in Deutschland zu einem extremen Anstieg der Flächeninanspruchnahme.[19] Insgesamt haben die Siedlungs- und Verkehrsflächen in den letzten 60 Jahren um mehr als das Doppelte zugenommen.[20] Der Höhepunkt der Flächeninanspruchnahme lag 1993 bei 160 Hektar pro Tag.[21] Von 1997 bis 2013 ist sie von 129 auf ungefähr 73 Hektar pro Tag kontinuierlich gesunken.[22]

Um diese Zahlen richtig bewerten und Vergleichbarkeit zu England herstellen zu können, muss darauf hingewiesen werden, dass in Deutschland zu Siedlungs- und Verkehrsflächen auch Erholungsflächen (Grünanlagen und Sportflächen[23]) zählen.

---

19 *Deutsche Bundesregierung*, Raumordnungsbericht 1968, S. 22 f.: 1968 war ungefähr ein Zehntel der Bundesrepublik überbaut, was 50 % mehr war als 1938.

20 *UBA*, Flächenverbrauch einschränken, S. 3.

21 *Kauch*, Bodenschutz aus bundesrechtlicher Sicht, S. 16.

22 *BBR*, Trends der Siedlungsentwicklung, S. 9; *Statistisches Bundesamt*, https://www.destatis.de/DE/ZahlenFakten/Wirtschaftsbereiche/LandForstwirtschaftFischerei/Flaechennutzung/FlaechennutzungAktuell.html, abgerufen am: 24.07.2016; *UBA*, Schutz der biologischen Vielfalt und Schonung von Ressourcen, S. 7.

23 Zu Siedlungs- und Verkehrsflächen gehören Gebäude- und Freifläche, Betriebsfläche (ohne Abbauland), Erholungsfläche, Verkehrsfläche und Friedhof: *Statistisches Bundesamt*, https://www.destatis.de/DE/ZahlenFakten/Wirtschaftsbereiche/LandForstwirt

Erholungsflächen sind jedoch häufig nicht versiegelt und haben somit weniger nachteilige Auswirkungen als reine Siedlungs- und Verkehrsflächen. Lässt man daher die Erholungsflächen außer Betracht, so zeigt sich, dass sich das Wachstum der reinen Siedlungs- und Verkehrsflächen von seinem Höchstwert innerhalb der letzten zwei Jahrzehnte mehr als halbierte.[24] Derzeit beträgt die Flächeninanspruchnahme bei der Siedlungs- und Verkehrsfläche ohne Erholungsfläche ungefähr 51 Hektar pro Tag.[25]

Es wird davon ausgegangen, dass die gesamte Flächeninanspruchnahme (also inklusive der Erholungsflächen) bis 2030 kontinuierlich sinken und dann bei 51 Hektar pro Tag liegen wird.[26] Die Zunahme der reinen Siedlungs- und Verkehrsflächen wird dann voraussichtlich bei etwa 36 Hektar pro Tag liegen und die Neuinanspruchnahme für Erholungsflächen bei noch knapp 15 Hektar.[27] Dies ist immer noch deutlich über dem 30-Hektar-Ziel, welches sich auf die gesamte Flächeninanspruchnahme bezieht.

Für den Vergleich mit England lohnt es sich, die Zahlen für die reinen Siedlungs- und Verkehrsfläche ohne Erholungsfläche auf die Einwohnerzahl zu beziehen. Dabei ergeben sich in Deutschland momentan eine Flächeninanspruchnahme von 23 Hektar pro 100.000 Einwohner und Jahr. Für 2030 werden etwa 16 Hektar pro 100.000 Einwohner und Jahr prognostiziert.

2. England

Betrachtet man die Entwicklung in England, so wird deutlich, dass dort die Flächeninanspruchnahme von ungefähr 25 Hektar pro Tag zu Beginn der 1990er-Jahre kontinuierlich auf etwa 10 Hektar in den letzten Jahren gesunken ist.[28] Hierbei sind allerdings, wie oben beschrieben, die Erholungsflächen nicht inbegriffen.[29] Bezogen

---

schaftFischerei/Glossar/SiedlungsUndVerkehrsflaeche.html?view=getColorboxEntry, abgerufen am: 24.07.2016.

24 *BBSR/BBR*, Flächenverbrauch, Flächenpotenziale und Trends 2030, S. 3, 17.

25 *Statistisches Bundesamt*, https://www.destatis.de/DE/ZahlenFakten/Wirtschaftsbereiche/LandForstwirtschaftFischerei/Flaechennutzung/FlaechennutzungAktuell.html, abgerufen am: 24.07.2016.

26 *BBR*, Trends der Siedlungsentwicklung, S. 9.

27 Ibid., S. 9.

28 Table T261: *Government UK*, https://www.gov.uk/government/statistical-data-sets/live-tables-on-land-use-change-statistics, abgerufen am: 24.07.2016; zur Entwicklung siehe auch: *Bibby*, Land use change in Britain, LUP 2009, S. 2, 12.

29 *Office of the Deputy Prime Minister*, National Land Use Database: Land Use and Land Cover Classification, S. 66 f.: In England wird zwischen *developed land* und *undeveloped land* differenziert. Zu *developed land* gehören Flächen für Wohnen, Transport, Infrastruktur, Industrie, Handel, Dienstleistungen, Rohstoffabbau, Militär, Mülldeponien und Brachflächen. *Undeveloped land* umfasst Flächen für Landwirtschaft, Forstwirtschaft, Erholung und Freiland.

auf die Einwohnerzahl bedeutet dies heute eine Flächeninanspruchnahme von etwa 6,5 Hektar pro 100.000 Einwohner und Jahr.

Bezüglich der zukünftigen Entwicklung in England gibt es keine Prognosen. Aufgrund der aktuellen Situation (insbesondere der akuten Wohnungsnot)[30] kann aber davon ausgegangen werden, dass die Flächeninanspruchnahme in England in den nächsten Jahren voraussichtlich etwas höher sein wird als momentan.

II. Flächennutzung in Deutschland und England

Interessant ist auch, wie die Flächen in den beiden Ländern genutzt werden. 2012 waren in Deutschland 33 % der gesamten Bodenfläche Wald, 33 % Ackerflächen, 23 % Grünland, 2 % Gewässer bzw. Feuchtgebieten, 8 % waren bebaut oder wurden mit anderen künstlich angelegten Flächen[31] bedeckt.[32] Wenn in Deutschland freie Fläche in Siedlungs- und Verkehrsfläche umgewandelt wird, findet dies fast ausschließlich zu Lasten der Landwirtschaft[33] statt.[34] Böden mit hoher Ertragsfähigkeit werden sogar überproportional häufig umgewidmet.[35]

In Großbritannien waren 2012 20 % der gesamten Bodenfläche mit Wald, 22 % mit Ackerflächen, 40 % mit Grünland, 5 % mit Gewässern bzw. Feuchtgebieten, 7 % mit bebauten und anderen künstlich angelegten Flächen und 6 % mit Heideflächen bedeckt.[36]

30 Siehe dazu: 1. Kapitel B. II.

31 *Eurostat*, Pressemitteilung 154/2013 v. 25.10.2013: „Unter bebauten und anderen künstlich angelegte Flächen versteht man überdachte Bauten (wie z. B. Gebäude und Gewächshäuser), befestigte Flächen (wie z. B. Höfe, Parkplätze, Friedhöfe) und lineare Merkmale (z. B. Straßen und Eisenbahnstrecken)."

32 *Eurostat*, Pressemitteilung 154/2013 v. 25.10.2013; zu den unterschiedlichen Flächennutzungen in Deutschland siehe ausführlich: *Losch* in: Baier/Erdmann/Holz, et al. (Hrsg.), Freiraum und Naturschutz, S. 55, 57 f.

33 Unter Landwirtschaftsfläche versteht man Ackerland, Grünland, Gartenland, Weingarten, Moor, Heide, Obstanbaufläche, landwirtschaftliche Betriebsfläche und Brachland: *Statistisches Bundesamt*, https://www.destatis.de/DE/ZahlenFakten/Wirtschaftsbereiche/LandForstwirtschaftFischerei/Glossar/Landwirtschaftsflaeche.html?view=getColorboxEntry, abgerufen am: 24.07.2016.

34 *BBSR/BBR*, Flächenverbrauch, Flächenpotenziale und Trends 2030, S. 3; *Sanden* in: Koch (Hrsg.), Umweltrecht, S. 479; *Statistisches Bundesamt*, Bodenfläche nach Art der tatsächlichen Nutzung, S. 27 ff.; *UBA*, Schutz der biologischen Vielfalt und Schonung von Ressourcen, S. 13.

35 *BBSR/BBR*, Flächenverbrauch, Flächenpotenziale und Trends 2030, S. 3.

36 *Eurostat*, Pressemitteilung 154/2013 v. 25.10.2013.

B. Beeinflussungsfaktoren der Flächeninanspruchnahme

Die derzeit hohe Umwandlung von bislang freien Flächen in Siedlungs- und Verkehrsflächen hat verschiedene Ursachen. Um die Flächeninanspruchnahme effektiv reduzieren zu können, muss mit rechtlichen Instrumenten an den folgenden Faktoren angesetzt werden.

I. Suburbanisierung

Für die hohe Flächeninanspruchnahme in Deutschland ist heutzutage die sog. Suburbanisierung von Bedeutung.[37] Darunter versteht man den Prozess der Ausdehnung der Städte über die Grenzen ihrer bisherigen Besiedlung hinaus.[38] Davon sind vor allem Metropolregionen und Großstädte betroffen.[39] Die Suburbanisierung führt dazu, dass ein Teil der städtischen Bevölkerung und damit auch der dazugehörigen Infrastruktur aus den Städten in das Umland abwandert,[40] wodurch zusätzlich Fläche in Anspruch genommen wird. Durch die gestiegene Verkehrsmobilität und die damit verbundene Flexibilität wird Suburbanisierung begünstigt[41] und durch die hohen Bodenpreise sowie das knappe Angebot an Baugrundstücken in Städten verstärkt.[42] Außerdem sind die Mieten und Lebenshaltungskosten im Umland meist niedriger

37 *Bizer/Ewen/Knieling, et al.*, Nachfrageorientiertes Nutzungszyklusmanagement, RuR 2007, S. 128, 129; *Schmalholz*, Steuerung der Flächeninanspruchnahme, S. 48; *Wieneke*, Nachhaltigkeit als Ressourcennutzungskonzept für die Bauleitplanung: zugleich ein Beitrag zur nachhaltigen Flächennutzung, S. 29.

38 *Brake* in: Brake/Dangschat/Herfert (Hrsg.), Suburbanisierung in Deutschland, S. 15.

39 Vgl. *Berlin-Institut für Bevölkerung und Entwicklung*, Die Zukunft der Dörfer, S. 6.

40 *Aengevelt*, Wiederaufbereitung von Gewerbe- und Industrieflächen für private Träger und Eigennutzer, IzR 1986, S. 185, 185; *Deichmöller*, Flächenrecycling als Instrument kommunaler Umwelt- und Standortpolitik, S. 17; *Gatzweiler/Kaltenbrunner*, Raumentwicklung ist Stadtentwicklung ist Raumentwicklung: Zur Unteilbarkeit eines inneren Zusammenhangs, RuR 2008, S. 139, 145; *Köck*, Boden- und Freiraumschutz durch Flächenhaushaltspolitik – eine einführende Problemskizze aus rechtlicher Sicht –, ZUR Sonderheft 2002, S. 121, 122; *Krautzberger*, Notwendigkeit der städtebaulichen Wiedernutzung von Baubrachen und die dafür gegebenen Planungs- und Entwicklungsinstrumente, WiVerw 1997, S. 1, 2; *Ritter/Bröcker/Fürst, et al.*, Handwörterbuch der Raumordnung, S. 1135.

41 *Schmalholz*, Steuerung der Flächeninanspruchnahme, S. 47; *UBA*, Nachhaltige Entwicklung in Deutschland, S. 198; zu dem Zusammenhang zwischen Mobilität bzw. Verkehr und Suburbanisierung siehe ausführlich: *Hesse* in: Brake/Dangschat/Herfert (Hrsg.), Suburbanisierung in Deutschland, S. 97 ff.

42 *BBSR/BBR*, Raumordnungsbericht 2011, S. 116 f.; *Bizer/Ewen/Knieling, et al.*, Nachfrageorientiertes Nutzungszyklusmanagement, RuR 2007, S. 128, 129; *Wiegandt* in: Bergmann/Einig/Hutter, et al. (Hrsg.), Siedlungspolitik auf neuen Wegen: Steuerungsinstrumente für eine ressourcenschonende Flächennutzung, S. 83, 86.

als in den Städten.[43] Problematisch ist, dass sich der Effekt der Suburbanisierung selbst verstärkt. Mit den Zuzügen in das Umland der Städte geht häufig auch dort ein Anstieg der Wohnkosten einher, was dann zu einer räumlich weitergehenden Suburbanisierung führen kann.[44]

In England hingegen, ist kaum Suburbanisierung zu beobachten.[45] Die große Mehrzahl der Neubauten wird dort innerhalb bestehender Siedlungsgebiete errichtet.[46] Suburbanisierung beeinflusst die Flächeninanspruchnahme in England daher nicht wesentlich.

II. Wandel der Wohnverhältnisse

Auch der Wandel der Wohnansprüche und der Wohnverhältnisse wirkte sich in den letzten Jahrzehnten auf den Flächenbedarf und somit auf die Flächeninanspruchnahme aus.[47] Die Zahl der Personen pro Haushalt wird immer kleiner und die Anzahl der Haushalte nimmt zu. Diese Entwicklung ist sowohl in Deutschland als auch in England zu beobachten. Zwischen 1980 und 2013 ist die Zahl der Haushalte in Deutschland von ungefähr 30[48] auf 40 Millionen[49] und in Großbritannien von etwa 20[50] auf 27 Millionen[51] angestiegen. Die Anzahl der Personen pro Haushalt ist in diesem Zeitraum in Deutschland von 2,6[52] auf 2,0[53] und in Großbritannien von 2,8[54] auf 2,3[55] gesunken. In Deutschland wird dies maßgeblich durch den demografischen Wandel beeinflusst.[56] Die Anzahl der Geburten geht

---

43 *Schmalholz*, Steuerung der Flächeninanspruchnahme, S. 48; vgl. *Köck*, Boden- und Freiraumschutz durch Flächenhaushaltspolitik – eine einführende Problemskizze aus rechtlicher Sicht –, ZUR Sonderheft 2002, S. 121, 122.

44 *BBSR/BBR*, Raumordnungsbericht 2011, S. 117.

45 *The Government Office for Science*, Land Use Futures, S. 27.

46 Ibid., S. 52.

47 Zum Wandel des Wohnverhaltens in Deutschland siehe ausführlich: *Harth/Scheller*, Das Wohnerlebnis in Deutschland: Eine Wiederholungsstudie nach 20 Jahren, S. 19 ff.

48 *EEA*, Indicator Fact Sheet 2001: Household number and size, S. 3.

49 *Eurostat*, http://appsso.eurostat.ec.europa.eu/nui/show.do?dataset=lfst_hhnhtych&lang=en, abgerufen am: 24.07.2016.

50 *EEA*, Indicator Fact Sheet 2001: Household number and size, S. 3.

51 *Eurostat*, http://appsso.eurostat.ec.europa.eu/nui/show.do?dataset=lfst_hhnhtych&lang=en, abgerufen am: 24.07.2016.

52 *EEA*, Indicator Fact Sheet 2001: Household number and size, S. 4.

53 *Eurostat*, http://appsso.eurostat.ec.europa.eu/nui/show.do?dataset=ilc_lvph01&lang=en, abgerufen am: 24.07.2016.

54 *EEA*, Indicator Fact Sheet 2001: Household number and size, S. 4.

55 *Eurostat*, http://appsso.eurostat.ec.europa.eu/nui/show.do?dataset=ilc_lvph01&lang=en, abgerufen am: 24.07.2016.

56 *Statistische Ämter des Bundes und der Länder*, Bevölkerungs- und Haushaltsentwicklung im Bund und in den Ländern, S. 28, 30; zu der Entwicklung der privaten Haushalte in Deutschland siehe ausführlich: *Schlömer*, Die privaten Haushalte in

zurück,[57] sodass weniger Kinder in den Haushalten leben.[58] Auch gibt es kaum noch Großfamilien.[59] Hinzu kommen Veränderungen des Heiratsverhaltens und Familiengründungsprozesses, wodurch viele jüngere Menschen länger alleine leben.[60] Auch immer mehr alte Menschen leben durch die Zunahme der Lebenserwartung in Ein- oder Zweipersonenhaushalten.[61] Außerdem ist ein Trend zu Individualisierung und Autonomie zu beobachten,[62] sodass immer mehr Menschen sich bewusst dazu entscheiden alleine zu leben. In England sieht die Situation ähnlich aus.[63] Durch diese Entwicklung wird mehr Fläche für Wohnnutzungen benötigt als früher.

Die Art des Wohnens hat ebenfalls Auswirkungen auf die Inanspruchnahme von Flächen. Diese unterscheidet sich in den beiden Ländern erheblich. In Deutschland leben über 50 % der Bevölkerung in Wohnungen, ungefähr 25 % wohnen in freistehenden Häusern und 20 % in Doppel- oder Reihenhäusern.[64] Etwas mehr als 50 % sind Eigentümer.[65] In Großbritannien hingegen wohnen nur etwa 10 % der Menschen in Wohnungen, ungefähr 25 % in freistehenden Häusern und über 60 % in Doppel- oder Reihenhäusern.[66] Ungefähr 70 % sind Eigentümer und 30 % Mieter.[67] Aus diesem Umstand lässt sich allerdings nicht schließen, dass in England die Wohnfläche pro Person höher ist als in Deutschland. Das Gegenteil ist der Fall.[68]

---

den Regionen der Bundesrepublik Deutschland zwischen 1990 und 2020, IzR 2004, S. 127, 127 ff.

57 *Statistisches Bundesamt*, Statistisches Jahrbuch 2012, S. 25 ff.

58 *Harth/Scheller*, Das Wohnerlebnis in Deutschland: Eine Wiederholungsstudie nach 20 Jahren, S. 21.

59 Vgl. *Statistische Ämter des Bundes und der Länder*, Bevölkerungs- und Haushaltsentwicklung im Bund und in den Ländern, S. 28.

60 *Schlömer*, Die privaten Haushalte in den Regionen der Bundesrepublik Deutschland zwischen 1990 und 2020, IzR 2004, S. 127, 127; *Statistische Ämter des Bundes und der Länder*, Bevölkerungs- und Haushaltsentwicklung im Bund und in den Ländern, S. 29.

61 *Statistische Ämter des Bundes und der Länder*, Bevölkerungs- und Haushaltsentwicklung im Bund und in den Ländern, S. 28.

62 *Bizer/Ewen/Knieling, et al.*, Nachfrageorientiertes Nutzungszyklusmanagement, RuR 2007, S. 128, 129; *Kaltenbrunner*, Auf dem Weg zum nachhaltigen Bauen?, IzR 2002, S. 1, 4; *Schlömer*, Die privaten Haushalte in den Regionen der Bundesrepublik Deutschland zwischen 1990 und 2020, IzR 2004, S. 127, 148; *Schmalholz*, Steuerung der Flächeninanspruchnahme, S. 49; *UBA*, Nachhaltige Entwicklung in Deutschland, S. 367.

63 Siehe dazu ausführlich: *The Government Office for Science*, Land Use Futures, S. 68 f.

64 *Eurostat*, Living conditions in Europe, S. 51.

65 Ibid., S. 51.

66 Ibid., S. 51.

67 Ibid., S. 51.

68 *Statistisches Bundesamt*, Indikatorenbericht 2012, S. 15: In Deutschland hat die Wohnfläche zwischen 1993 und 2006 sogar um 18,5 % zugenommen (von 36 m^2 auf

2008 betrug die durchschnittliche Wohnfläche pro Person in Deutschland 53 m^2 und in Großbritannien 43 m^2.[69] Auch sind die Häuser in Großbritannien kleiner als in Deutschland.[70] Besonders deutlich ist der Unterschied bei Neubauten. Deutsche Neubauten hatten 2008 eine durchschnittliche Größe von etwa 114 m^2[71] mit 4,9 Räumen,[72] Neubauten in Großbritannien hatten eine Größe von ungefähr 83 m^2[73] bei 4,5 Räumen.[74] Die Größe der Neubauten in Großbritannien ist im Laufe der Jahre sogar gesunken.[75]

Folglich haben auch die geänderten Wohnverhältnisse und -ansprüche eine Auswirkung auf die Flächeninanspruchnahme. Der Wandel und der damit einhergehende Flächenbedarf sind besonders in Deutschland sichtbar.

III. Bauweise

Die Bauweise beeinflusst ebenfalls den Flächenbedarf und die Flächeninanspruchnahme. Je verdichteter gebaut wird, desto weniger Flächen werden in Anspruch genommen.

In Deutschland hat seit den 1990er-Jahren die durchschnittliche Siedlungsdichte bei Wohnneubauten kontinuierlich abgenommen.[76] Dies ist vor allem auf die zunehmende Suburbanisierung zurückzuführen.[77] Aufgrund der Flächenverfügbarkeit und den vergleichbar geringen Bodenpreisen ist eine großflächige Bauweise

---

43 m^2 pro Kopf); für England siehe: *The Government Office for Science*, Land Use Futures, S. 68.

69 *Entranze*, http://www.entranze.enerdata.eu, abgerufen am: 24.07.2016.

70 *Ministry of the Interior and Kingdom Relations Netherlands*, Housing Statistics in the European Union 2010, S. 51: In Deutschland hat eine Wohneinheit (Haus oder Wohnung) (*dwelling*) eine durchschnittliche Größe von 89,9 m^2 (2006), in Großbritannien von 86,9 m^2 (2001).

71 Ibid., S. 51.

72 Ibid., S. 52.

73 Ibid., S. 51 (für den Zeitraum von 1981–2001).

74 Ibid., S. 52.

75 Ibid., S. 51.

76 *Besecke/Hänsch/Pinetzki*, Tagungsbericht: „Flächenverbrauch" und „Bodenbewusstsein" – Nationale Strategie und lokale Umsetzung, S. 19; *BBR*, Bauland- und Immobilienmärkte Ausgabe 2004, S. 47: Die geplante Dichte bei Wohnungsneubau lag bei durchschnittlich 27 Wohneinheiten je Hektar Bruttowohnbauland. In kleineren Gemeinden wurden sogar unter 20 Wohneinheiten je Hektar geplant.; *Dosch*, Siedlungsflächenentwicklung und Nutzungskonkurrenzen, TATUP 2008, S. 41, 47; *Siedentop/Kausch/Guth, et al.*, Mobilität im suburbanen Raum, S. 29; *Westphal*, Dichte als Planungsgröße im Stadtumbau? Angemessene Dichten zur Gewährleistung der stadttechnischen Daseinsvorsoge in schrumpfenden Städten, RuR 2009, S. 7, 7.

77 *Rink/Banzhaf*, Flächeninanspruchnahme als Umweltproblem, S. 445, 455; *Siedentop/Kausch/Guth, et al.*, Mobilität im suburbanen Raum, S. 28.

nur noch im ländlichen Raum möglich.[78] Dort werden vor allem große freistehende Ein- und Zweifamilienhäuser gebaut.[79] Die Verdichtung variiert daher deutlich zwischen Stadt und Land. 2001 war die Siedlungsdichte in großen Städten etwa dreimal so hoch wie in der peripheren ländlichen Gegend.[80] Auch die Bauweise in Industrie, Handel und Gewerbe wirkt sich auf die Flächeninanspruchnahme aus. In diesen Bereichen werden häufig Gebäude bevorzugt, die flächenexpansiv ausgestaltet sind, d. h. in der Regel großflächige eingeschossige Bauten mit großen Parkplätzen.[81] Folglich wirkt sich die geringe Bebauungsdichte in Deutschland negativ aus und die Bauweise ist ein Faktor, der zur hohen Flächeninanspruchnahme beiträgt.

In England hingegen wurde in der Vergangenheit und wird heute noch sehr verdichtet gebaut. Die Verdichtung hat in den letzten zwei Jahrzehnten zugenommen.[82] Die englische Bauweise trägt somit zu einer geringen Flächeninanspruchnahme bei.[83]

IV. Verkehrsmobilität

Eine der Hauptursachen der Flächeninanspruchnahme in Deutschland in den letzten Jahrzehnten ist die gestiegene Verkehrsmobilität. Die Zunahme des motorisierten Individual- und Wirtschaftsverkehrs ist auf den technischen Fortschritt, die Wirtschaftsentwicklung, den allgemein gestiegenen Wohlstand sowie die geänderten Lebensverhältnisse zurückzuführen.[84] Die Mobilität und die damit verbundene Flexibilität der Bevölkerung ermöglicht eine funktionale und räumliche Trennung von

---

78 *UBA*, Nachhaltige Entwicklung in Deutschland, S. 366; vgl. *BBR*, Bauland- und Immobilienmärkte Ausgabe 2004, S. 46; *Dosch*, Siedlungsflächenentwicklung und Nutzungskonkurrenzen, TATUP 2008, S. 41, 42.

79 Ibid., S. 42; Einfamilienhäuser benötigen gegenüber Mehrfamilienhäusern mehr als die doppelte Grundstücksfläche (Nettobauland) je Quadratmeter Wohnfläche: *Einig*, Die Bedeutung der Raumplanung für den vorsorgenden Schutz des Bodens vor Versiegelung, IzR 1999, S. 535, 547; *Schmalholz*, Steuerung der Flächeninanspruchnahme, S. 49.

80 *Siedentop/Kausch/Guth, et al.*, Mobilität im suburbanen Raum, S. 28; siehe auch: *Deichmöller*, Flächenrecycling als Instrument kommunaler Umwelt- und Standortpolitik, S. 16; *Franz*, Freiraumschutz und Innenentwicklung, S. 30.

81 *Deichmöller*, Flächenrecycling als Instrument kommunaler Umwelt- und Standortpolitik, S. 16; *Dieterich* in: Tettinger (Hrsg.), Altlasten und Flächenrecycling, S. 67; *Jörissen/Coenen*, Sparsame und schonende Flächennutzung, S. 42; *Kulke* in: Brake/Dangschat/Herfert (Hrsg.), Suburbanisierung in Deutschland, S. 57 f.; *Moewes* in: Baier/Erdmann/Holz, et al. (Hrsg.), Freiraum und Naturschutz, S. 73, 79; *UBA*, Nachhaltige Entwicklung in Deutschland, S. 198; vgl. *Kauch*, Bodenschutz aus bundesrechtlicher Sicht, S. 17.

82 Table P231: *Government UK*, https://www.gov.uk/government/statistical-data-sets/live-tables-on-land-use-change-statistics, abgerufen am: 24.07.2016.

83 Siehe dazu: 3. Kapitel B. I. 3.

84 *The Government Office for Science*, Land Use Futures, S. 195.

Wohn- und Arbeitsort sowie Dienstleistungs- und Freizeiteinrichtungen.[85] Aufgrund dieser Entzerrung der Lebensbereiche sowie der aufgelockerten Siedlungsstrukturen in Deutschland entsteht allerdings eine Abhängigkeit vom Auto.[86] Dadurch steigt der Verkehr weiter an und so kommt es zu einem kontinuierlichen Ausbau der Verkehrswege.[87] Die Zunahme des Verkehrs und der Flächeninanspruchnahme bedingen sich gegenseitig. Durch die Mobilität wurde die Suburbanisierung überhaupt erst möglich, da vorher diese Bereiche nicht erreicht werden konnten. Somit führt die gestiegene Mobilität zu einem Flächenbedarf sowohl für Siedlungs- als auch für Verkehrszwecke. Da in England kaum Suburbanisierung beobachtet werden kann, sollten dort die Auswirkungen geringer sein.[88]

V. Konsum, Freizeit und Tourismus

Das geänderte Konsum- und Freizeitverhalten sowie der zunehmende Tourismus führen ebenfalls zu einer erhöhten Inanspruchnahme von Flächen in Deutschland und England.

Die Angebotsstrukturen[89] und das Konsumverhalten[90] haben sich im Laufe der Zeit grundlegend gewandelt. Häufig werden heutzutage weitläufige Gewerbe- und Industriecenter außerhalb der Städte errichtet.[91] Bei den Freizeitangeboten ist die

85 *Austermann*, Brachflächenreaktivierung, S. 48; *Hesse* in: Brake/Dangschat/Herfert (Hrsg.), Suburbanisierung in Deutschland, S. 97, 98; *Köck*, Boden- und Freiraumschutz durch Flächenhaushaltspolitik – eine einführende Problemskizze aus rechtlicher Sicht –, ZUR Sonderheft 2002, S. 121, 122; *Schmalholz*, Steuerung der Flächeninanspruchnahme, S. 47; *Tönnies*, Räumliche Planung für eine nachhaltige Siedlungsentwicklung, RuR 1999, S. 59, 59; *UBA*, Nachhaltige Entwicklung in Deutschland, S. 198.

86 *Troge/Hülsmann/Burger*, Ziele und Handlungsansätze einer flächensparenden Siedlungsentwicklung, DVBl 2003, S. 85, 86.

87 *Deichmöller*, Flächenrecycling als Instrument kommunaler Umwelt- und Standortpolitik, S. 16; *Franz*, Freiraumschutz und Innenentwicklung, S. 30; *Kauch*, Bodenschutz aus bundesrechtlicher Sicht, S. 17; *Risch*, Neue Instrumente zur Begrenzung des Bodenverbrauches, S. 29.

88 Zur Flächeninanspruchnahme und Verkehrsinfrastruktur in England siehe ausführlich: *The Government Office for Science*, Land Use Futures, S. 192 ff.

89 *Köck*, Umweltrecht und Umweltwissenschaft, S. 397, 398.

90 *Deichmöller*, Flächenrecycling als Instrument kommunaler Umwelt- und Standortpolitik, S. 17; *Gawron* in: BMU (Hrsg.), Effektivierung des raumbezogenen Planungsrechts zur Reduzierung der Flächeninanspruchnahme, S. 133.

91 *Gatzweiler/Kaltenbrunner*, Raumentwicklung ist Stadtentwicklung ist Raumentwicklung: Zur Unteilbarkeit eines inneren Zusammenhangs, RuR 2008, S. 139, 145; *Gawron* in: BMU (Hrsg.), Effektivierung des raumbezogenen Planungsrechts zur Reduzierung der Flächeninanspruchnahme, S. 133; *Köck*, Umweltrecht und Umweltwissenschaft, S. 397, 398; vgl. *Deichmöller*, Flächenrecycling als Instrument kommunaler Umwelt- und Standortpolitik, S. 17.

Situation ähnlich. Großflächige Freizeitanlagen wie Freizeitparks, Kinos, Spaßbäder, Diskotheken sowie Veranstaltungshallen befinden sich oft außerhalb der Städte.[92] Die Verlagerung dieser Angebote von der Stadt in stadtnahe Gebiete führt wiederum zu einem Anstieg des Verkehrs und daher zu einem Ausbau der Verkehrswege, sodass sowohl Flächen für Gebäude als auch für Verkehr benötigt werden.[93] Ein zusätzlicher Flächenbedarf ist auch durch den Anstieg des Tourismus und der Outdoor-Freizeitaktivitäten zu beobachten. Immer mehr Menschen möchten ihre Freizeit und ihren Urlaub in möglichst unberührter Natur verbringen,[94] dort aber paradoxerweise dennoch eine entsprechende Infrastruktur vorfinden.[95] Dies wirkt sich negativ auf die Umwelt aus.[96] Somit verursachen auch die gewandelten Konsum-, Freizeit- und Tourismusangebote eine hohe Flächeninanspruchnahme.

VI. Problembewusstsein und gegenläufige individuelle Interessen

Als weiterer Grund für die hohe Flächeninanspruchnahme in Deutschland sind das geringe Problembewusstsein der Bevölkerung für diese Thematik sowie gegenläufige individuelle Interessen anzuführen.

Die unmittelbaren und mittelbaren Auswirkungen der Flächeninanspruchnahme sind oftmals nicht direkt sichtbar,[97] da jedes einzelne Vorhaben für sich betrachtet häufig nur eine kleine Fläche beansprucht und somit lediglich geringe Auswirkungen hat.[98] Erst durch die Summe der Flächeninanspruchnahme wird das

---

92 Zu Freizeitsuburbanisierung siehe ausführlich: *Hatzfeld* in: Brake/Dangschat/Herfert (Hrsg.), Suburbanisierung in Deutschland, S. 81 ff.

93 Ibid., S. 81, 89.

94 *Engels*, Räumliche Ansprüche des Sektors „Freizeit und Tourismus" an Natur und Landschaft, TATUP 2008, S. 52, 56; *SRU*, Umweltgutachten 1998, S. 335.

95 *Engels*, Räumliche Ansprüche des Sektors „Freizeit und Tourismus" an Natur und Landschaft, TATUP 2008, S. 52, 57; *SRU*, Umweltgutachten 1998, S. 337 f.

96 Siehe dazu ausführlich: *Opaschowski*, Ökologie von Freizeit und Tourismus, S. 53 ff.; *UBA*, Umwelt und Tourismus, S. 1 ff.; Gerade naturbezogene Freizeitaktivitäten und Sportarten führen dazu, dass naturschutzrechtlich wertvolle Flächen immer stärker beansprucht werden: *Kahlenborn/Kraack/Carius*, Tourismus- und Umweltpolitik, S. 2; *SRU*, Umweltgutachten 1998, S. 334, 337; *UBA*, Nachhaltige Entwicklung in Deutschland, S. 253 f.; Zudem ist zu berücksichtigen, dass je mehr sensible Naturräume versiegelt oder zerschnitten werden, desto kleiner die bislang unberührten Naturräume werden und diese umso mehr beansprucht werden: *Schmalholz*, Steuerung der Flächeninanspruchnahme, S. 39; *SRU*, Umweltgutachten 1998, S. 338.

97 *Ebersbach*, Rechtliche Aspekte des Landverbrauchs am ökologisch falschen Platz, S. 2; *Marty*, Der Handel mit Flächenausweisungsrechten – Rechtliche Fragen an ein ökonomisches Instrument, ZUR 2011, S. 395, 396; zur Problemwahrnehmbarkeit siehe ausführlich: *Schmalholz*, Steuerung der Flächeninanspruchnahme, S. 50 ff.

98 *Risch*, Neue Instrumente zur Begrenzung des Bodenverbrauches, S. 24.

Problem deutlich.[99] Im Vergleich zu anderen Umweltbelastungen hat die Flächeninanspruchnahme für die Menschen eher geringe direkte nachteilige Auswirkungen und wird daher nicht negativ assoziiert.[100] Werden Flächen für den Bau eines Wohnhauses verwendet, insbesondere in naturnahen Gebieten, so wird dies sogar positiv bewertet, da saubere Luft und Ruhe erwartet werden.[101] Die mit der Flächeninanspruchnahme verbundenen Probleme werden folglich von der Bevölkerung und daher ebenfalls von Politik und Verwaltung unterschätzt oder überhaupt nicht wahrgenommen.[102]

Selbst wenn das Problem, wie derzeit zu beobachten, auf Bundes- und Landesebene vermehrt thematisiert wird, trägt dies nicht zu einer Verbesserung bei,[103] da die Entscheidung über den Umgang mit freien Flächen von den einzelnen Gemeinden getroffen wird und kaum von Bund und Ländern beeinflusst werden kann.[104] Die Gemeinden als wesentliche Entscheidungsträger haben in der Regel wenig Interesse an einem sparsamen Umgang mit ihren unbebauten Flächen,[105] da sie sich hauptsächlich durch Einkommens- und Gewerbesteuer finanzieren.[106] Neuausweisung von Bauland bedeutet für sie ein Standortvorteil gegenüber anderen Gemeinden, da dadurch Gewerbe und einkommensstarke Einwohner angelockt werden können.[107]

---

99 *Marty*, Der Handel mit Flächenausweisungsrechten – Rechtliche Fragen an ein ökonomisches Instrument, ZUR 2011, S. 395, 396; vgl. *Losch* in: Baier/Erdmann/Holz, et al. (Hrsg.), Freiraum und Naturschutz, S. 55.

100 Vgl. *Rink/Banzhaf*, Flächeninanspruchnahme als Umweltproblem, S. 445, 453.

101 Ibid., S. 445, 453.

102 Vgl. *Europäische Kommission*, Praktiken zur Begrenzung, Milderung und Kompensierung der Bodenversiegelung, S. 34; *Kühner*, Bodenschutz als Planungsaufgabe, S. 82; *Schmalholz*, Steuerung der Flächeninanspruchnahme, S. 50 ff.

103 *Rink/Banzhaf*, Flächeninanspruchnahme als Umweltproblem, S. 445, 459.

104 Siehe dazu: 2. Kapitel C., D.

105 *BMVBS*, Regionalplanerische Instrumente zur Reduzierung der Flächeninanspruchnahme, S. 15; *Gawron* in: BMU (Hrsg.), Effektivierung des raumbezogenen Planungsrechts zur Reduzierung der Flächeninanspruchnahme, S. 81; *Runkel*, Wohnbaulandmobilisierung als Element der Flächenhaushaltspolitik, ZUR Sonderheft 2002, S. 138, 139; *Schmalholz*, Steuerung der Flächeninanspruchnahme, S. 52 f.

106 *Berlin-Institut für Bevölkerung und Entwicklung*, Die Zukunft der Dörfer, S. 23; *Deutscher Bundestag*, Drucksache 13/11200, S. 190; *Gawron* in: BMU (Hrsg.), Effektivierung des raumbezogenen Planungsrechts zur Reduzierung der Flächeninanspruchnahme, S. 81; *Krumm*, Kommunale Wirtschaftspolitik und ökonomischer Standortwettbewerb, Wirtschaftsdienst 2001, S. 119, 120; *Lehmann-Grube/Pfähler*, Gewerbeflächenpolitik im Standortwettbewerb: Theorie und praktische Evidenz, Wirtschaftsdienst 1998, S. 55, 57 f.

107 *Gawron* in: BMU (Hrsg.), Effektivierung des raumbezogenen Planungsrechts zur Reduzierung der Flächeninanspruchnahme, S. 81; *Jörissen/Coenen*, Sparsame und schonende Flächennutzung, S. 79 f.; *Krumm*, Kommunale Wirtschaftspolitik und ökonomischer Standortwettbewerb, Wirtschaftsdienst 2001, S. 119, 119; *Runkel*,

Viele Gemeinden sind deshalb der Ansicht, dass sie es sich nicht leisten können, auf die Ausweisung von Baugebieten zu verzichten.[108] Allerdings überschätzen sie häufig die vermeintlich positiven finanziellen Auswirkungen, da die Einnahmen die Ausgaben für die Bereitstellung und den Unterhalt der Infrastruktur häufig nicht abdecken.[109] Bereits jetzt gibt es in einigen Gebieten von Deutschland ein Überangebot von Bauland sowie Leerstände oder Siedlungsbrachen.[110] Auch der private Bauherr ist meistens nicht an einer möglichst geringen Flächeninanspruchnahme interessiert, da dies zu Einschränkungen seiner Gestaltungsfreiheit, einer weniger großzügigen Bauweise oder zu Verteuerungen führen kann.[111]

Im Übrigen gibt es in Deutschland weder ein allgemeines Interesse noch einen mehrheitlichen Konsens der Bevölkerung zum Schutz von bislang freien Flächen.[112] Zwar werden hierzulande zunehmend sog. NIMBY-Bewegungen beobachtet.[113] Das Akronym steht für „Not in my backyard" und bedeutet, dass sich Bürger gegen Planungen wenden, die in ihrer unmittelbaren räumlichen Umgebung realisiert werden sollen und eventuell negative Auswirkungen mit sich bringen.[114] Hierbei ist für die Bürger jedoch unerheblich, ob die Planung für die Gesellschaft sinnvoll ist. Im Vordergrund stehen die eigenen Interessen.[115] Diese Bewegungen verfolgen somit nicht das Ziel der Reduktion der Flächeninanspruchnahme im Allgemeinen. Es

---

Wohnbaulandmobilisierung als Element der Flächenhaushaltspolitik, ZUR Sonderheft 2002, S. 138, 139; *Schmalholz*, Steuerung der Flächeninanspruchnahme, S. 52 f.

108 *BMVBS*, Regionalplanerische Instrumente zur Reduzierung der Flächeninanspruchnahme, S. 15; *Gawron* in: BMU (Hrsg.), Effektivierung des raumbezogenen Planungsrechts zur Reduzierung der Flächeninanspruchnahme, S. 81; *Runkel*, Wohnbaulandmobilisierung als Element der Flächenhaushaltspolitik, ZUR Sonderheft 2002, S. 138, 139; *Schmalholz*, Steuerung der Flächeninanspruchnahme, S. 52 f.

109 *Gawron* in: BMU (Hrsg.), Effektivierung des raumbezogenen Planungsrechts zur Reduzierung der Flächeninanspruchnahme, S. 85; *UBA*, Schutz der biologischen Vielfalt und Schonung von Ressourcen, S. 16.

110 *Dosch*, Siedlungsflächenentwicklung und Nutzungskonkurrenzen, TATUP 2008, S. 41, 46; *UBA*, Schutz der biologischen Vielfalt und Schonung von Ressourcen, S. 16.

111 *Dosch/Beckmann*, Trends und Szenarien der Siedlungsflächenentwicklung bis 2010, IzR 1999, S. 827, 828; *Schmalholz*, Steuerung der Flächeninanspruchnahme, S. 52 f.

112 *Ebersbach*, Rechtliche Aspekte des Landverbrauchs am ökologisch falschen Platz, S. 3 f.

113 Siehe dazu ausführlich: *Menzl*, Nimby-Proteste – Ausdruck neu erwachten Partizipationsinteresses oder eines zerfallenden Gemeinwesens? in: Gestring/Ruhne/Wehrheim (Hrsg.), Stadt und soziale Bewegungen, S. 65 ff.

114 *Esaiasson*, NIMBYism – A re-examination of the phenomenon, SSR 2014, S. 185, 185; *Menzl*, Nimby-Proteste – Ausdruck neu erwachten Partizipationsinteresses oder eines zerfallenden Gemeinwesens?, S. 65.

115 *Esaiasson*, NIMBYism – A re-examination of the phenomenon, SSR 2014, S. 185, 185.

geht lediglich um die Wahrung der eigenen Vorteile. Daher führt auch die NIMBY-Bewegung nicht zu einer Stärkung des Bodenschutzbewusstseins.

Somit ist festzustellen, dass in Deutschland insgesamt das Problembewusstsein für die Thematik gering ist. Der sparsame Umgang mit Flächen steht nicht im Fokus der Be-völkerung und der verantwortlichen Akteure, da ihnen hieraus keine individuellen Vorteile und in vielen Fällen sogar eher Nachteile entstehen.

Das Problembewusstsein und der Stellenwert der Natur sind in England grundlegend anders.[116] Natur und Grünflächen haben dort große Bedeutung für die Bevölkerung, sodass diese häufig die Bebauung bislang freier Flächen ablehnt und strenge Schutzmaßnahmen befürwortet. Daher ist dort ein Bodenschutzbewusstsein vorhanden und trägt zu einer geringen Flächeninanspruchnahme bei.[117]

VII. Bevölkerungsentwicklung

Das Wachstum der Bevölkerung und der damit einhergehende Bedarf an Wohn- und Arbeitsflächen war lange ein Faktor, der die Flächeninanspruchnahme wesentlich beeinflusste. In der Vergangenheit war dies sogar der Hauptgrund für die Flächeninanspruchnahme in Deutschland.[118] Aufgrund des demografischen Wandels hat sich die Bevölkerungsentwicklung jedoch deutlich verändert. Seit 2003 geht die Bevölkerung in Deutschland kontinuierlich zurück.[119] Es wird davon ausgegangen, dass 2060 nur noch 65 bis 70 Millionen Menschen in Deutschland leben werden.[120] Ob sich die Bevölkerungsentwicklung durch die steigende Zuwanderung, vor allem im Jahr 2015,[121] deutlich ändert, ist noch nicht absehbar.

In den letzten Jahren kam es trotz der rückläufigen Bevölkerungszahlen zu keiner Verringerung der Flächeninanspruchnahme. Es zeigte sich vielmehr, dass das Wachstum der Flächeninanspruchnahme von dem Wachstum der Bevölkerung völlig abgekoppelt ist.[122] So steigt in manchen Gebieten die Inanspruchnahme von

---

116 Siehe dazu: 3. Kapitel B. III.

117 Die NIMBY-Bewegung ist ebenfalls in England zu beobachten. Siehe dazu ausführlich: *Matthews/Bramley/Hastings*, Homo Economicus in a Big Society: Understanding Middle-class Activism and NIMBYism towards New Housing Developments, HTS 2014, S. 1, 1 ff.

118 *Deichmöller*, Flächenrecycling als Instrument kommunaler Umwelt- und Standortpolitik, S. 15; *Franz*, Freiraumschutz und Innenentwicklung, S. 29.

119 *BMI*, Demografiebericht, S. 11, 225; *Statistische Ämter des Bundes und der Länder*, Bevölkerungs- und Haushaltsentwicklung im Bund und in den Ländern, S. 6.

120 *BMI*, Demografiebericht, S. 226; zur Bevölkerungsentwicklung siehe auch: *Edenharter*, Der demografische Wandel als Herausforderung für das Raumordnungsrecht und das Baurecht, S. 41 ff.

121 *BAMF*, Aktuelle Zahlen zu Asyl, S. 3.

122 *Bovet* in: BMU (Hrsg.), Effektivierung des raumbezogenen Planungsrechts zur Reduzierung der Flächeninanspruchnahme, S. 8; *Risch*, Neue Instrumente zur Begrenzung des Bodenverbrauches, S. 28; *Troge/Hülsmann/Burger*, Ziele und Handlungsansätze einer flächensparenden Siedlungsentwicklung, DVBl 2003, S. 85, 86; *UBA*, Reduzie-

Flächen, obwohl die Einwohnerzahlen stark sinken.[123] Die Bevölkerungsentwicklung ist daher in Deutschland heutzutage kein wesentlicher Grund mehr für die Zunahme der Flächeninanspruchnahme. Wie sich die neuerdings starke Zuwanderung von Asylsuchenden auf die Flächeninanspruchnahme langfristig auswirken wird, bleibt abzuwarten.

In England sieht dies grundlegend anders aus. Die Bevölkerungszahlen steigen dort seit Jahrzehnten an.[124] Eine deutliche Zunahme gibt es seit 2001[125] insbesondere aufgrund von Einwanderung.[126] Derzeit leben ungefähr 53,5 Millionen Menschen in England.[127] Es wird davon ausgegangen, dass die Bevölkerung auf 62,2 Millionen im Jahr 2037 steigen wird.[128] Infolge dieser Bevölkerungsentwicklung entsteht ein erheblicher Bedarf an Wohnraum.[129] Daher ist in England die demografische Entwicklung durchaus noch ein Faktor, der sich direkt auf die Inanspruchnahme von Flächen auswirkt.

C. Auswirkungen der Flächeninanspruchnahme

Mit der Inanspruchnahme von Flächen für bauliche Zwecke gehen ökologische, ökonomische und gesellschaftliche Auswirkungen einher. Diese werden im Folgenden näher analysiert, damit im Rahmen der rechtlichen Untersuchung geprüft werden kann, ob diese Aspekte im geltenden Recht ausreichend berücksichtigt werden.

I. Ökologische Auswirkungen

Böden erfüllen zahlreiche ökologische Funktionen. Sie bieten Lebensräume für Pflanzen und Tiere, filtern Wasser, trennen Schadstoffe ab, beeinflussen Überschwemmungen und Dürreperioden, regulieren das Mikroklima und sind für die Lebensmittelproduktion sehr wichtig.[130] Die Bebauung bislang freier Böden beeinträchtigt die Umwelt deutlich und vielgestaltig. Landnutzungsänderungen in

---

rung der Flächeninanspruchnahme durch Siedlung und Verkehr, S. 2; *UBA*, Nachhaltige Entwicklung in Deutschland, S. 365.

123 *BBSR/BBR*, Flächenverbrauch, Flächenpotenziale und Trends 2030, S. 4; *BMVBS*, Regionalplanerische Instrumente zur Reduzierung der Flächeninanspruchnahme, S. 15; *UBA*, Reduzierung der Flächeninanspruchnahme durch Siedlung und Verkehr, S. 2.

124 *ONS*, Annual Mid-year Population Estimates 2013, S. 3.

125 Ibid., S. 3.

126 Ibid., S. 4.

127 Ibid., S. 7.

128 *ONS*, National Population Projections, 2012-based Statistical Bulletin, S. 3.

129 *The Government Office for Science*, Land Use Futures, S. 9, 178 ff.

130 *Europäische Kommission*, Praktiken zur Begrenzung, Milderung und Kompensierung der Bodenversiegelung, S. 5; zu den Bodenfunktionen siehe ausführlich: *Book*, Bodenschutz durch räumliche Planung, S. 7 ff.; *Gröhn*, Bodenschutzrecht – auf dem Weg zur Nachhaltigkeit, S. 32 ff.

Form von Flächeninanspruchnahme und Landschaftszerschneidung und die damit verbundenen Habitatzerstörungen und Habitatzerteilungen sind weltweit eine der Hauptursachen für den kontinuierlichen Verlust der biologischen Vielfalt.[131] Die gravierendsten ökologischen Auswirkungen der Flächeninanspruchnahme werden im Folgenden näher betrachtet.

1. *Bodenversiegelung*

Mit der Flächeninanspruchnahme geht nicht immer, aber häufig, eine Bodenversiegelung einher.[132] Versiegelt sind solche Flächen, die aus städtebaulicher Sicht überbaut oder befestigt sind, beispielsweise asphaltierte, betonierte oder gepflasterte Flächen.[133] Bodenversiegelungen bringen zahlreiche und schwerwiegende Folgen für die Umwelt, insbesondere für den Boden, mit sich.[134] Es kommt zu Beeinträchtigungen und teilweise sogar zum kompletten Verlust der natürlichen Bodenfunktionen,[135] da die Versiegelung praktisch alle Prozesse der Bodenbildung und des Stoffumsatzes stoppt.[136] Es wird verhindert, dass der Boden mit notwendigem Sauerstoff und Wasser versorgt wird.[137] Die versiegelte

---

131 *Mooney/Lubchenco/Dirzo, et al.*, Biodiversity and Ecosystem Functioning: Basic Principles in: Heywood (Hrsg.), Global biodiversity assessment, S. 318; *SRU*, Umwelt und Straßenverkehr, S. 52.

132 *Frie/Hensel*, Schätzverfahren zur Bodenversiegelung: UGRdL-Ansatz, Statistische Analysen und Studien NRW 2007, S. 19, 19; *Marty*, Der Handel mit Flächenausweisungsrechten – Rechtliche Fragen an ein ökonomisches Instrument, ZUR 2011, S. 395, 396.

133 *Frie/Hensel*, Schätzverfahren zur Bodenversiegelung: UGRdL-Ansatz, Statistische Analysen und Studien NRW 2007, S. 19, 19 f.

134 Siehe dazu ausführlich: *Europäische Kommission*, Praktiken zur Begrenzung, Milderung und Kompensierung der Bodenversiegelung, S. 12 ff.

135 *Brandt/Sanden*, Verstärkter Bodenschutz durch die Verzahnung zwischen Bau- und Raumordnungsrecht und Bodenschutzrecht, UPR 1999, S. 367, 367; *EEA*, Urban sprawl in Europe – The ignored challenge, S. 29; *Einig*, Die Bedeutung der Raumplanung für den vorsorgenden Schutz des Bodens vor Versiegelung, IzR 1999, S. 535, 536; *Europäische Kommission*, Praktiken zur Begrenzung, Milderung und Kompensierung der Bodenversiegelung, S. 12, 32; *Kauch*, Bodenschutz aus bundesrechtlicher Sicht, S. 18; *Risch*, Neue Instrumente zur Begrenzung des Bodenverbrauches, S. 22; *Schmalholz*, Steuerung der Flächeninanspruchnahme, S. 37; *SRU*, Umweltgutachten 2008, S. 208, 268 f.; *Turowski*, Die Problematik des baulichen „Bodenverbrauchs“ als Begründung der Flächenhaushaltspolitik, ZUR Sonderheft 2002, S. 126, 126.

136 *Einig*, Die Bedeutung der Raumplanung für den vorsorgenden Schutz des Bodens vor Versiegelung, IzR 1999, S. 535, 536; *Risch*, Neue Instrumente zur Begrenzung des Bodenverbrauches, S. 22 f.

137 *Risch*, Neue Instrumente zur Begrenzung des Bodenverbrauches, S. 22; vgl. *Turowski*, Die Problematik des baulichen „Bodenverbrauchs“ als Begründung der Flächenhaushaltspolitik, ZUR Sonderheft 2002, S. 126, 126; zu den Auswirkungen

Fläche kann daher weder als Speicher noch als Filter für den Wasser- und Nährstoffhaushalt dienen.[138] Versiegelung ist außerdem deshalb besonders schädlich, da es sich bei der Ressource Boden um einen endlichen und damit grundsätzlich nicht vermehrbaren Rohstoff handelt.[139] Die Bildung einer circa fünf Zentimeter dicken Bodenschicht dauert etwa 500 Jahre,[140] sodass durch die Versiegelung der Boden langfristig geschädigt ist. Diese Beeinträchtigungen können nur zum Teil behoben werden und auch nach Entsiegelung und Rekultivierung der Flächen können diese kaum ihr ursprüngliches Leistungsniveau wiedererlangen.[141] Durch Bodenversiegelungen kann Wasser nicht mehr versickern,[142] sodass es zu Überschwemmungen kommen kann.[143] Weitere Folgen sind Erosionen[144] sowie

---

auf Wasser siehe: *Europäische Kommission*, Praktiken zur Begrenzung, Milderung und Kompensierung der Bodenversiegelung, S. 56.

138 *Erbguth*, Rechtsfragen des Bodenschutzes, UPR 1984, S. 241, 242; *Erbguth/Stollmann*, Das neue Bodenschutzrecht des Bundes, GewArch 1999, S. 223, 225; *Europäische Kommission*, Praktiken zur Begrenzung, Milderung und Kompensierung der Bodenversiegelung, S. 12 f., 68 ff.; *Schlabach*, Bodenschutzrecht, VBlBW 1989, S. 281, 281; *Turowski*, Die Problematik des baulichen „Bodenverbrauchs" als Begründung der Flächenhaushaltspolitik, ZUR Sonderheft 2002, S. 126, 126.

139 BVerfGE 21, 73, 82 f.; BVerfGE 52, 1, 32 f.; Gesetzesbegründung zum BBodSchG: *Deutscher Bundestag*, Drucksache 13/6701, S. 15; *Schlabach*, Bodenschutzrecht, VBlBW 1989, S. 281, 281; *Schmalholz*, Steuerung der Flächeninanspruchnahme, S. 36.

140 *Schmalholz*, Steuerung der Flächeninanspruchnahme, S. 37; vgl. *Europäische Kommission*, Praktiken zur Begrenzung, Milderung und Kompensierung der Bodenversiegelung, S. 8, 13.

141 *Deutscher Bundestag*, Drucksache 10/2977, S. 10; *Einig*, Die Bedeutung der Raumplanung für den vorsorgenden Schutz des Bodens vor Versiegelung, IzR 1999, S. 535, 536; *Europäische Kommission*, Praktiken zur Begrenzung, Milderung und Kompensierung der Bodenversiegelung, S. 32.

142 *Bovet*, Handelbare Flächenausweisungsrechte als Steuerungsinstrument zur Reduzierung der Flächeninanspruchnahme, NuR 2006, S. 473, 473; *Europäische Kommission*, Praktiken zur Begrenzung, Milderung und Kompensierung der Bodenversiegelung, S. 12 f.; *Risch*, Neue Instrumente zur Begrenzung des Bodenverbrauches, S. 23; *Schmalholz*, Steuerung der Flächeninanspruchnahme, S. 37; *SRU*, Umweltgutachten 2008, S. 269; *Turowski*, Die Problematik des baulichen „Bodenverbrauchs" als Begründung der Flächenhaushaltspolitik, ZUR Sonderheft 2002, S. 126, 126.

143 *Bovet*, Handelbare Flächenausweisungsrechte als Steuerungsinstrument zur Reduzierung der Flächeninanspruchnahme, NuR 2006, S. 473, 473; *Europäische Kommission*, Praktiken zur Begrenzung, Milderung und Kompensierung der Bodenversiegelung, S. 13; *Schmalholz*, Steuerung der Flächeninanspruchnahme, S. 37.

144 *Marty*, Der Handel mit Flächenausweisungsrechten – Rechtliche Fragen an ein ökonomisches Instrument, ZUR 2011, S. 395, 396; *Risch*, Neue Instrumente zur Begrenzung des Bodenverbrauches, S. 23; *Schmalholz*, Steuerung der Flächeninanspruchnahme, S. 37.

die Absenkung des Grundwasserspiegels.[145] Auch sind Änderungen des Kleinklimas[146] und Beeinträchtigungen der Lebensräume von Pflanzen und Tieren[147] durch die Versiegelung zu verzeichnen. Die Bodenversiegelung führt somit zu zahlreichen negativen ökologischen Auswirkungen.

Die Versiegelung beträgt in Deutschland etwa 5 % und in Großbritannien etwa 3,3 % der Landesfläche.[148] Deutschland wird mit diesem Wert als Land mit einem hohen Versiegelungsanteil eingeordnet.[149]

2. Zerschneidungen

Eine weitere ökologische Folge der Flächeninanspruchnahme sind Zerschneidungen. Durch den Bau von Siedlungen und Verkehrstrassen werden bislang zusammenhängende Landschaftsteile und Naturräume zerteilt und somit verkleinert.[150] Zerschneidungen haben erhebliche Auswirkungen auf die biologische Artenvielfalt und können zu Lebensraum- und Artenverlusten führen.[151] Durch die Zerschneidungen werden Biotope isoliert und Rückzugs- und Ruhegebiete der Tiere von Nahrungsgebieten sowie Wasserstellen abgeschnitten.[152] Aufgrund der Isolation bestimmter Arten wird die genetische Variabilität der Lebewesen, die für den Erhalt

145 *Marty*, Der Handel mit Flächenausweisungsrechten – Rechtliche Fragen an ein ökonomisches Instrument, ZUR 2011, S. 395, 396; *Risch*, Neue Instrumente zur Begrenzung des Bodenverbrauches, S. 23; *Schmalholz*, Steuerung der Flächeninanspruchnahme, S. 37.

146 *Erbguth/Stollmann*, Bodenschutzrecht, S. 26; *Ewer* in: Beckmann/Durner/Mann, et al. (Hrsg.), Landmann/Rohmer Umweltrecht Kommentar, Vorbemerkungen BBodSchG Rn. 16; *Risch*, Neue Instrumente zur Begrenzung des Bodenverbrauches, S. 23; *Sparwasser/Engel/Voßkuhle*, Umweltrecht, S. 581.

147 *Europäische Kommission*, Praktiken zur Begrenzung, Milderung und Kompensierung der Bodenversiegelung, S. 14 f.; *Risch*, Neue Instrumente zur Begrenzung des Bodenverbrauches, S. 22.

148 *EEA*, The European Environment: State and Outlook 2010: Land Use, S. 25.

149 *Europäische Kommission*, Praktiken zur Begrenzung, Milderung und Kompensierung der Bodenversiegelung, S. 9.

150 Zu Zerschneidungen siehe ausführlich: *EEA/FOEN*, Landscape fragmentation in Europe, S. 9 ff.

151 Ibid., S. 11; *SRU*, Umweltgutachten 2004, S. 165; zur ökologischen Wirkung von Zerschneidungen siehe ausführlich: *Jaeger*, Landschaftszerschneidungen und -zersiedelung: Bedarf nach neuen Bewertungsverfahren und der Beitrag der ökologischen Modellierung, ZAU 2001, S. 247, 247 ff.; *Lienert*, Habitat fragmentation effects on fitness of plant populations – a review, JNC 2004, S. 53, 53 ff.; *Roth/Ulbricht* in: Baier/Erdmann/Holz, et al. (Hrsg.), Freiraum und Naturschutz, S. 113 ff.

152 *Europäische Kommission*, Praktiken zur Begrenzung, Milderung und Kompensierung der Bodenversiegelung, S. 11; *The Government Office for Science*, Land Use Futures, S. 19; *Turowski*, Die Problematik des baulichen „Bodenverbrauchs" als Begründung der Flächenhaushaltspolitik, ZUR Sonderheft 2002, S. 126, 126; ausführlich siehe dazu: *SRU*, Umwelt und Straßenverkehr, S. 55 ff.

der Biodiversität notwendig ist,[153] eingeschränkt.[154] Die Isolation führt außerdem zu einer höheren Anfälligkeit der lokalen Population für Krankheiten[155] und das Aussterberisiko nimmt für bestimmte Arten zu.[156] Sobald eine Population in einem Habitat ausgestorben ist, ist die natürliche Wiederbesiedelung aufgrund der Zerschneidung weitgehend ausgeschlossen.[157] Zerschneidungen haben auch negative Auswirkungen auf wandernde Tierarten, da dadurch ihre Routen behindert werden.[158]

Innerhalb des Gebietes der Europäischen Union ist ein Drittel der Fläche hochgradig zerschnitten.[159] Nach den Beneluxstaaten ist Deutschland das am meisten zerschnittene Land Europas.[160] In Deutschland gibt es nur noch etwa 550 unzerschnittene verkehrsarme Räume.[161,162] Dies liegt daran, dass Deutschland eines der engmaschigsten Straßennetze der Welt hat und einen der höchsten Personen- und Güterverkehrstransportwerte von Europa aufweist.[163] Deutschland ist wegen seiner

---

153 *Rosenthal*, Bedeutung evolutionsbiologischer Prozesse für Landschaftsplanung und Naturschutz, Natur und Landschaft 2003, S. 497, 497 ff.

154 *Jaeger*, Landschaftszerschneidungen und -zersiedelung: Bedarf nach neuen Bewertungsverfahren und der Beitrag der ökologischen Modellierung, ZAU 2001, S. 247, 250; *Risch*, Neue Instrumente zur Begrenzung des Bodenverbrauches, S. 24; *Schmalholz*, Steuerung der Flächeninanspruchnahme, S. 27; zu der Wirkung von Zerschneidungen auf die genetischen Strukturen von Tierpopulationen und den Genfluss siehe ausführlich: *Schreiber* in: Baier/Erdmann/Holz, et al. (Hrsg.), Freiraum und Naturschutz, S. 254 ff.

155 *Risch*, Neue Instrumente zur Begrenzung des Bodenverbrauches, S. 24.

156 *EEA/FOEN*, Landscape fragmentation in Europe, S. 11; *Jaeger*, Landschaftszerschneidungen und -zersiedelung: Bedarf nach neuen Bewertungsverfahren und der Beitrag der ökologischen Modellierung, ZAU 2001, S. 247, 250; *Schmalholz*, Steuerung der Flächeninanspruchnahme, S. 27; *SRU*, Umwelt und Straßenverkehr, S. 56.

157 *Jaeger*, Landschaftszerschneidungen und -zersiedelung: Bedarf nach neuen Bewertungsverfahren und der Beitrag der ökologischen Modellierung, ZAU 2001, S. 247, 250.

158 *Europäische Kommission*, Praktiken zur Begrenzung, Milderung und Kompensierung der Bodenversiegelung, S. 13 f.; *Schmalholz*, Steuerung der Flächeninanspruchnahme, S. 23, 42; *Senger*, Straßenversiegelung in Deutschland und ihre Beeinflussung der Umwelt im Vergleich mit anderen OECD-Ländern, UWSF-Z 2000, S. 221, 223; *SRU*, Umwelt und Straßenverkehr, S. 57; zu Barriereeffekten von Infrastruktur siehe ausführlich: *Waterstraat/Roth* in: Baier/Erdmann/Holz, et al. (Hrsg.), Freiraum und Naturschutz, S. 186 ff.

159 *EEA*, The European Environment 2015, S. 60.

160 *EEA/FOEN*, Landscape fragmentation in Europe, S. 33.

161 D. h. weniger als 1.000 Kraftfahrzeuge pro 24 Stunden: *SRU*, Umweltgutachten 2008, S. 209.

162 Ibid., S. 209.

163 *EEA/FOEN*, Landscape fragmentation in Europe, S. 33.

zentralen Lage[164] und insbesondere seit der Öffnung des europäischen Binnenmarktes ein äußerst wichtiges Transitland.[165] Großbritannien hingegen hat eine der niedrigsten Zerschneidungsraten Europas,[166] auch wenn die Regionen Inner London und Outer London zu den am meisten zerschnittenen Regionen Europas gehören.[167]

3. *Auswirkungen auf das Landschaftsbild*

Durch die Flächeninanspruchnahme kommt es zusätzlich zu Auswirkungen auf das Landschaftsbild. Es ist dadurch ein Verlust von ökologisch wertvollen sowie ästhetischen Landschaftsteilen, Kulturland und Erholungsgebieten zu verzeichnen.[168] Die Bebauung von Flächen bedingt zudem eine Beeinträchtigung von charakteristischen Ortsbildern.[169] Durch Siedlungs- und Verkehrsflächen wird das landschaftliche Erscheinungsbild somit grundlegend verändert.[170]

4. *Sonstige ökologische Auswirkungen*

Die Flächeninanspruchnahme hat zudem mittelbare ökologische Auswirkungen. Der Anstieg des Verkehrs, der aus dem Ausbau der Verkehrswege und der Suburbanisierung resultiert, ist die wohl wichtigste Folge. Durch die dadurch anfallenden Autofahrten kommt es zu einem erhöhten Energieverbrauch[171] und zusätzlich zu Emissionen in Luft, Böden und Gewässern.[172] Ferner kommt es zu Lärmbelastungen in der unmittelbaren Umgebung von Straßen,[173] die für Menschen und viele

---

164 Ibid., S. 33.

165 *BMVBS*, Sachstandsbericht Verkehrsprojekte Deutsche Einheit, S. 2; *Schmalholz*, Steuerung der Flächeninanspruchnahme, S. 26.

166 *EEA/FOEN*, Landscape fragmentation in Europe, S. 35.

167 Ibid., S. 35.

168 *Schimansky*, Die Problematik des Freiflächenverbrauchs in Deutschland, S. 2.

169 *Dosch/Beckmann*, Siedlungsflächenentwicklung in Deutschland – auf Zuwachs programmiert, IzR 1999, S. 493, 493; *Schwabedal*, Das regionalplanerische Instrument Eigenentwicklung, RuR 2011, S. 17, 18; siehe dazu ausführlich: *Wienken*, Die ästhetischen Komponenten des Landschaftsverbrauchs, RuR 1992, S. 23, 23 ff.

170 *Losch* in: Baier/Erdmann/Holz, et al. (Hrsg.), Freiraum und Naturschutz, S. 55, 58.

171 *Europäische Kommission*, Praktiken zur Begrenzung, Milderung und Kompensierung der Bodenversiegelung, S. 11.

172 *Dosch/Beckmann*, Siedlungsflächenentwicklung in Deutschland – auf Zuwachs programmiert, IzR 1999, S. 493, 493; *Hesse* in: Brake/Dangschat/Herfert (Hrsg.), Suburbanisierung in Deutschland, S. 97, 98; *Troge/Hülsmann/Burger*, Ziele und Handlungsansätze einer flächensparenden Siedlungsentwicklung, DVBl 2003, S. 85, 86; *UBA*, Nachhaltige Entwicklung in Deutschland, S. 179; siehe dazu: *Koch*, Wege zu einer umweltverträglichen Mobilität: Entwicklungslinien des Verkehrsumweltrechts in: Dolde (Hrsg.), Umweltrecht im Wandel, S. 873 ff.

173 *Hesse* in: Brake/Dangschat/Herfert (Hrsg.), Suburbanisierung in Deutschland, S. 97, 98; *Losch* in: Baier/Erdmann/Holz, et al. (Hrsg.), Freiraum und Naturschutz, S. 55, 70; *SRU*, Umwelt und Straßenverkehr, S. 56.

Tierarten schädlich sind.[174] Durch akustische sowie optische Reize aufgrund des Straßenverkehrs fliehen einige Tierarten oder meiden die Nähe von Straßen,[175] andere werden durch die Kollision mit Fahrzeugen getötet.[176]

II. Ökonomische Auswirkungen

Die zunehmende Inanspruchnahme von Flächen bringt neben den ökologischen auch zahlreiche ökonomische Auswirkungen mit sich.

Am deutlichsten sind davon die Gemeinden betroffen. Einerseits können, insbesondere für ländliche Gemeinden und deren Einwohner, erhebliche Kosten entstehen. Dadurch, dass immer mehr Menschen aus den ländlichen Regionen abwandern, kommt es dort zu einem Einwohnerrückgang[177] und zu einer verringerten Auslastung der kommunalen Infrastruktur.[178] Der Aufwand pro Einwohner zum Erhalt dieser steigt[179] und führt zu höheren Versorgungskosten für die Bürger.[180] Andererseits haben Gemeinden aber auch ein großes Interesse an der Ausweisung von Baugebieten für Wohn- und Gewerbezwecke, da dadurch ihr Steuereinkommen erhöht werden kann.[181] Dies betrifft vor allem attraktive Städte in Metropolregionen.

---

174 *Schmalholz*, Steuerung der Flächeninanspruchnahme, S. 39; *UBA*, Volkswirtschaftliche Verluste durch Bodenbelastung in der Bundesrepublik Deutschland, S. 91.

175 *Schmalholz*, Steuerung der Flächeninanspruchnahme, S. 40; *SRU*, Umwelt und Straßenverkehr, S. 56.

176 *Jaeger*, Landschaftszerschneidungen und -zersiedelung: Bedarf nach neuen Bewertungsverfahren und der Beitrag der ökologischen Modellierung, ZAU 2001, S. 247, 252; *Schmalholz*, Steuerung der Flächeninanspruchnahme, S. 41; *SRU*, Umwelt und Straßenverkehr, S. 56.

177 Siehe dazu ausführlich: *Berlin-Institut für Bevölkerung und Entwicklung*, Die Zukunft der Dörfer, S. 23 ff.

178 Ibid., S. 23; *Gawron* in: BMU (Hrsg.), Effektivierung des raumbezogenen Planungsrechts zur Reduzierung der Flächeninanspruchnahme, S. 85; *Mäding* in: Brake/Dangschat/Herfert (Hrsg.), Suburbanisierung in Deutschland, S. 109, 110; *UBA*, Hintergrundpapier: Flächenverbrauch, S. 5.

179 *Berlin-Institut für Bevölkerung und Entwicklung*, Die Zukunft der Dörfer, S. 23; *Gawron* in: BMU (Hrsg.), Effektivierung des raumbezogenen Planungsrechts zur Reduzierung der Flächeninanspruchnahme, S. 85; *Mäding* in: Brake/Dangschat/Herfert (Hrsg.), Suburbanisierung in Deutschland, S. 109 f.; *UBA*, Hintergrundpapier: Flächenverbrauch, S. 5.

180 *Berlin-Institut für Bevölkerung und Entwicklung*, Die Zukunft der Dörfer, S. 23; *Bovet*, Handelbare Flächenausweisungsrechte als Steuerungsinstrument zur Reduzierung der Flächeninanspruchnahme, NuR 2006, S. 473, 474.

181 *Berlin-Institut für Bevölkerung und Entwicklung*, Die Zukunft der Dörfer, S. 23; *Gawron* in: BMU (Hrsg.), Effektivierung des raumbezogenen Planungsrechts zur Reduzierung der Flächeninanspruchnahme, S. 81.

Die Ausweisung von Neubaugebieten birgt allerdings auch finanzielle Risiken. Sobald ein Überangebot an Bauland gegeben ist, besteht die Gefahr, dass die Grundstücke überhaupt nicht oder erst nach langer Zeit verkauft werden und daher die Steuern spät oder gar nicht eingenommen werden.[182] Insgesamt überschätzen viele Gemeinden die angeblichen Vorteile neuer Wohngebiete.[183] Bei der Ausweisung von neuem Bauland kommt es außerdem zu hohen Kosten für die Einrichtung kommunaler Infrastruktur.[184] Diese sind in suburbanen Gebieten bis zu dreimal höher als in verdichteten Gebieten.[185] Dort ist ebenfalls aufgrund der geringeren Auslastung der Unterhalt öffentlicher Verkehrsmittel,[186] Krankenhäuser, Schulen und Kindergärten[187] teurer.

Für die Eigentümer von Wohnhäusern wirkt sich weitergehende Bebauung ebenfalls negativ aus, da es durch das Überangebot zu einem Entwertungsprozess der Immobilien kommen kann.[188] Auch ist die hohe Flächeninanspruchnahme vor dem Hintergrund des demografischen Wandels kritisch zu bewerten.[189] Bislang

---

182 *UBA*, Schutz der biologischen Vielfalt und Schonung von Ressourcen, S. 16.

183 *Dosch*, Siedlungsflächenentwicklung und Nutzungskonkurrenzen, TATUP 2008, S. 41, 46; *Gawron* in: BMU (Hrsg.), Effektivierung des raumbezogenen Planungsrechts zur Reduzierung der Flächeninanspruchnahme, S. 85; *UBA*, Schutz der biologischen Vielfalt und Schonung von Ressourcen, S. 16.

184 *Gawron* in: BMU (Hrsg.), Effektivierung des raumbezogenen Planungsrechts zur Reduzierung der Flächeninanspruchnahme, S. 85; *Schwabedal, Das regionalplanerische Instrument Eigenentwicklung, RuR 2011, S. 17,* 18; vgl. *Bovet*, Handelbare Flächenausweisungsrechte als Steuerungsinstrument zur Reduzierung der Flächeninanspruchnahme, NuR 2006, S. 473, 474; *Runkel*, Wohnbaulandmobilisierung als Element der Flächenhaushaltspolitik, ZUR Sonderheft 2002, S. 138, 138; zur Suburbanisierung und kommunale Finanzen siehe ausführlich: *Mäding* in: Brake/Dangschat/Herfert (Hrsg.), Suburbanisierung in Deutschland, S. 109 ff.

185 *Besecke/Hänsch/Pinetzki*, Tagungsbericht: „Flächenverbrauch“ und „Bodenbewusstsein“ – Nationale Strategie und lokale Umsetzung, S. 19; vgl. *Dosch*, Siedlungsflächenentwicklung und Nutzungskonkurrenzen, TATUP 2008, S. 41, 45 f.; zu Infrastrukturkosten durch abnehmende Verdichtung siehe ausführlich: *Westphal*, Dichte als Planungsgröße im Stadtumbau? Angemessene Dichten zur Gewährleistung der stadttechnischen Daseinsvorsoge in schrumpfenden Städten, RuR 2009, S. 7, 13 ff.

186 *Europäische Kommission*, Praktiken zur Begrenzung, Milderung und Kompensierung der Bodenversiegelung, S. 10; *Rink/Banzhaf*, Flächeninanspruchnahme als Umweltproblem, S. 445, 455; vgl. *Berlin-Institut für Bevölkerung und Entwicklung*, Die Zukunft der Dörfer, S. 23 f.; *BBSR/BBR*, Flächenverbrauch, Flächenpotenziale und Trends 2030, S. 5.

187 Vgl. *Berlin-Institut für Bevölkerung und Entwicklung*, Die Zukunft der Dörfer, S. 23 f.

188 *Besecke/Hänsch/Pinetzki*, Tagungsbericht: „Flächenverbrauch“ und „Bodenbewusstsein“ – Nationale Strategie und lokale Umsetzung, S. 19.

189 Siehe auch: *Hendler*, Zur verfassungsrechtlichen Pflicht des Staates zum Schutz vor Bodenwertminderungen, UPR 2009, S. 401, 406; *Mitschang*, Städtebauliche Planungsinstrumente für die Innenentwicklung ZfBR 2013, S. 324, 324.

galt, dass die weitreichende Neubebauung von Flächen aufgrund der sinkenden Bevölkerungsanzahl nicht sinnvoll ist und dass in Zukunft weniger Wohnraum benötigt werden wird. Dies ist allerdings durch die starke Zuwanderung ab 2015 zu relativeren, da dadurch ein erhöhter Bedarf an Wohnraum entsteht. Bisher standen zahlreiche Häuser leer, insbesondere im entlegenen ländlichen Raum, der überproportional von Alterung und Abwanderung betroffen ist.[190] Der Leerstand wird wohl zukünftig abnehmen, da diese Wohnräume nun gebraucht werden. Wie sich die Zuwanderung langfristig auf die Flächeninanspruchnahme auswirken wird, ist noch nicht absehbar.

Somit zeigt sich, dass vor allem die Gemeinden von den ökonomischen Auswirkungen der Flächeninanspruchnahme betroffen sind. Sofern sich diese im ländlich-peripheren Raum befinden, leiden sie wegen sinkenden Einwohnerzahlen unter zunehmenden Versorgungskosten. Gemeinden im Umland von größeren Städten oder in Metropolregionen können hingegen von der Ausweisung von Neubaugebieten profitieren.

III. Auswirkungen auf Mensch und Gesellschaft

Der Verlust von Grünflächen in und außerhalb der Städte kann nachteilige Folgen für die Gesundheit der Menschen[191] und die Lebensqualität mit sich bringen, da Grünflächen ein wichtiger Faktor für das Wohlbefinden sind.[192]

Die Flächeninanspruchnahme im Umland und in den Randgebieten der Städte insbesondere für Wohnzwecke bringt auch gesellschaftliche Veränderungen mit sich. Durch neue Baugebiete im Umland der Städte kommt es zu einer Abwanderung von Personen mit einem höheren Einkommen aus den Kernstädten und somit zu einer sozialen Entmischung der Stadtviertel.[193] Dies kann dazu führen,

---

190 *Berlin-Institut für Bevölkerung und Entwicklung*, Die Zukunft der Dörfer, S. 6, 24; vgl. *Dosch*, Siedlungsflächenentwicklung und Nutzungskonkurrenzen, TATUP 2008, S. 41, 46; *Edenharter*, Der demografische Wandel als Herausforderung für das Raumordnungsrecht und das Baurecht, S. 71 f.; zum Leerstand in Deutschland und dessen Potenziale siehe auch: *Fuhrhop*, Verbietet das Bauen!, S. 87 ff.

191 Zu Gefahren der Umwelt auf die Gesundheit siehe ausführlich: *EEA*, The European Environment 2015, S. 115 ff.

192 *Europäische Kommission*, Praktiken zur Begrenzung, Milderung und Kompensierung der Bodenversiegelung, S. 14 f., 68.

193 *Besecke/Hänsch/Pinetzki*, Tagungsbericht: „Flächenverbrauch" und „Bodenbewusstsein" – Nationale Strategie und lokale Umsetzung, S. 15; *Mäding* in: Brake/Dangschat/Herfert (Hrsg.), Suburbanisierung in Deutschland, S. 109, 110; *Rink/Banzhaf*, Flächeninanspruchnahme als Umweltproblem, S. 445, 455; *Schwabedal*, Das regionalplanerische Instrument Eigenentwicklung, RuR 2011, S. 17, 18; *UBA*, Hintergrundpapier: Flächenverbrauch, S. 5; vgl. *Europäische Kommission*, Praktiken zur Begrenzung, Milderung und Kompensierung der Bodenversiegelung, S. 68; zu den sozialen Folgen siehe auch: *Fuhrhop*, Verbietet das Bauen!, S. 43 ff.

dass Problemviertel in den Städten entstehen.[194] Hiervon ist nicht nur Deutschland betroffen. Dies zeigte sich insbesondere auch in Frankreich, da dort die wohlhabendere Bevölkerung zunehmend ins Umland der Städte zog,[195] wodurch es zu einer sozialen Entmischung kam und sich Problembezirke in den Randbereichen der Städte (*banlieues*) entwickelten.[196]

D. Zusammenfassung

Zusammenfassend lässt sich feststellen, dass die Flächeninanspruchnahme in Deutschland um ein Mehrfaches höher ist als in England. Dort wurde bereits in den 1990er-Jahren ein geringerer Wert als in Deutschland heute erreicht.

Wie die vorangegangene Darstellung zeigt, sind für die zunehmende Inanspruchnahme von bislang ungenutzten Flächen in Deutschland zahlreiche Gründe, insbesondere aber der gestiegene Wohlstand und die erhöhte Mobilität, verantwortlich. Aufgrund dieser Faktoren kommt es zu einer geänderten Lebensweise und zu sich wandelnden Ansprüchen der Bevölkerung. Die Suburbanisierung, der Wandel des Konsums und der Freizeitgestaltung sowie der verstärkte Tourismus werden durch die gestiegene Mobilität überhaupt erst möglich. Der allgemein gestiegene Wohlstand führt zudem zu einem größeren finanziellen Spielraum sowohl in der Bevölkerung als auch in Unternehmen und ermöglicht eine großflächigere Bauweise. Auch ist das mangelnde Problembewusstsein bzw. der Widerwille aller beteiligten Akteure hinsichtlich des Flächensparens ein weiterer wichtiger Grund für die hohe Flächeninanspruchnahme. Dies hängt auch damit zusammen, dass der sparsame Umgang mit Flächen für die Betroffenen oft mit persönlichen oder wirtschaftlichen Nachteilen einhergeht. Die genauere Betrachtung ergibt somit, dass die Gründe für die erhöhte Flächeninanspruchnahme deutlich von der Wirtschafts- und Wohlstandsentwicklung abhängig sind.

In England liegt eine andere Ausgangssituation vor. Trotz zunehmender Bevölkerungszahlen ist die Flächeninanspruchnahme gering. Dies ist vor allem darauf zurückzuführen, dass die Bebauung vorwiegend innerhalb bestehender Siedlungsgrenzen sowie in verdichteter Bauweise erfolgt. Zudem existiert dort ein anderes Verhältnis zur Natur und zu bislang freien Flächen. Es besteht eine hohe Hemmschwelle diese Fläche einer Bebauung zuzuführen. Nichtsdestotrotz sind auch in

194 *UBA*, Hintergrundpapier: Flächenverbrauch, S. 5; vgl. *Besecke/Hänsch/Pinetzki*, Tagungsbericht: „Flächenverbrauch“ und „Bodenbewusstsein“ – Nationale Strategie und lokale Umsetzung, S. 15.

195 *Glasze/Weber*, Drei Jahrzehnte area-basierte Stadtpolitik in Frankreich: die politique de la ville, RuR 2010, S. 459, 461.

196 Siehe dazu ausführlich: *Bauhardt*, Wohnungsbau und Stadtentwicklung in Frankreich – Eine intersektionale Analyse stadträumlicher Segregation in: Reuschke (Hrsg.), Wohnen und Gender: Theoretische, politische, soziale und räumliche Aspekte, S. 89, 92 ff.; *Glasze/Weber*, Drei Jahrzehnte area-basierte Stadtpolitik in Frankreich: die politique de la ville, RuR 2010, S. 459, 460 ff.

England der Wohlstand, die Mobilität sowie die Ansprüche der Bevölkerung gestiegen, was sich dort ebenfalls auf den Flächenbedarf auswirkt.

Die vorausgehende Analyse lässt außerdem erkennen, dass die zunehmende Flächeninanspruchnahme vor allem in Deutschland weitreichende ökologische, ökonomische und gesellschaftliche Folgen hat. Zu den Umweltproblemen gehören vor allem Bodenversiegelungen, Zerschneidungen sowie die mittelbaren Folgen durch den Anstieg des Verkehrs, was sich erheblich negativ auf die Tier- und Pflanzenwelt auswirkt. Die steigende Inanspruchnahme von Flächen bringt auch finanzielle Konsequenzen mit sich. Für Gemeinden kann es je nach Lage und Attraktivität ihres Gemeindegebiets zu positiven Folgen aber auch zu erheblichen finanziellen Belastungen kommen. Die weitergehende Ausweisung von Baugebieten ist insbesondere vor dem Hintergrund des demografischen Wandels kritisch zu betrachten. Durch eine hohe Inanspruchnahme von Flächen treten somit zahlreiche und vielgestaltige und vor allem langfristige Probleme für die Natur, die Gesellschaft und die Menschen auf.

2. Kapitel: Planungsrechtliche und bauordnungsrechtliche Regelungen zur Begrenzung der Flächeninanspruchnahme in Deutschland

Um die Schwachstellen des geltenden Rechts, die eine hohe Flächeninanspruchnahme ermöglichen, zu identifizieren und Verbesserungsvorschläge unterbreiten zu können, muss dieses zunächst ausführlich analysiert werden. Die hierfür relevanten Regelungen finden sich im Wesentlichen im Planungsrecht. Zu untersuchen ist daher im Folgenden, welche Normen das Raumordnungsrecht, das Bauplanungsrecht, die Baunutzungsverordnung, aber auch das Bauordnungsrecht hinsichtlich der Flächeninanspruchnahme beinhalten und ob diese jeweils einen Beitrag zur Begrenzung der Flächeninanspruchnahme leisten können. Um effektive Regelungen für den quantitativen Bodenschutz handelt es sich, wenn sie die Inanspruchnahme von bislang freien Flächen verhindern und somit den Boden wirksam vor Bebauung schützen können. Hierbei werden nicht nur die Normen betrachtet, die Flächen unmittelbar vor Inanspruchnahme bewahren, sondern auch solche Regelungen untersucht, die die Innenentwicklung vorantreiben, dadurch Flächenbedarf innerhalb der Siedlungsgebiete befriedigen und somit Außenbereichsflächen schützen. Außerdem werden die Normen herausgearbeitet, die einem konsequenten quantitativen Bodenschutz entgegenstehen.

A. Verfassungsrechtlicher Rahmen

Das Verfassungsrecht ist für die Flächeninanspruchnahme von großer Bedeutung, da dieses die bauliche Nutzung von Flächen erlaubt, aber dieser gleichzeitig Grenzen auferlegt. Die Inanspruchnahme von Flächen für bauliche Zwecke bzw. deren Begrenzung muss sich daher innerhalb des Rahmens bewegen, den das Verfassungsrecht setzt.

I. Baufreiheit gemäß Art. 14 GG

Die Eigentumsfreiheit steht in einem engen Zusammenhang mit der Inanspruchnahme von Flächen, da Art. 14 GG das Eigentum an Grundstücken[197] schützt und das Recht des Eigentümers umfasst, sein Grundstück im Rahmen der Gesetze zu bebauen (sog. Baufreiheit).[198] Die bauliche Nutzung eines Grundstücks ist essentieller

197 BVerfGE 98, 17, 35.

198 BVerfGE 35, 263, 276; siehe dazu: *Hahn*, Landschaftsrecht und Baufreiheit, DVBl 1992, S. 1408, 1408 f.; *Muckel/Ogorek*, Öffentliches Baurecht, S. 11 ff.; Strittig ist

Bestandteil der Eigentumsfreiheit.[199] Die Eigentümer haben daher einen Rechtsanspruch auf Erteilung einer Baugenehmigung, sofern keine öffentlich-rechtlichen Normen der Bebauung entgegenstehen.[200] Die Bebaubarkeit eines Grundstücks kann beispielsweise durch Normen des Raumordnungs-, Bauplanungs-, Bauordnungs- oder Umweltrechts beschränkt werden; hierbei handelt es sich um Inhalts- und Schrankenbestimmungen im Sinne von Art. 14 I 2 GG.[201] Die Befugnis zur baulichen Nutzung eines Grundstücks ist somit immer von einer öffentlich-rechtlichen Entscheidung abhängig.

Dass die Eigentümer nicht nach freiem Belieben mit ihren Grundstücken umgehen dürfen und sie kein unbegrenztes Recht haben diese zu bebauen,[202] resultiert

---

hierbei, ob die Baufreiheit mit dem Grundeigentum verbunden ist (*Axer* in: Epping/Hillgruber (Hrsg.), GG Kommentar, Art. 14 Rn. 45; *Nüßgens/Boujong*, Eigentum, Sozialbindung, Enteignung, S. 22; *Oldiges* in: Steiner (Hrsg.), Besonderes Verwaltungsrecht, S. 446 f.; *Papier* in: Herzog/Scholz/Herdegen, et al. (Hrsg.), Maunz/Dürig (Begr.), GG Kommentar, Art. 14 Rn. 57) oder es zuerst einer Verleihung einer öffentlich-rechtlichen Bebauungsbefugnis bedarf (*Badura*, Schlussvortrag: Eigentum im Verfassungsrecht der Gegenwart in: Ständige Deputation des Deutschen Juristentages (Hrsg.), Verhandlungen des 49. Deutschen Juristentages, Band II, Teil T, S. 27 f.; *Breuer*, Die Bodennutzung im Konflikt zwischen Städtebau und Eigentumsgarantie, S. 158 ff., 166 ff.; *Dähne*, Die so genannte Baufreiheit – Das Bauen und die Eigentumsgarantie –, Jura 2003, S. 455, 456 ff.; *Schmidt-Aßmann*, Grundfragen des Städtebaurechts, S. 89 ff.; *Schulte*, Das Dogma Baufreiheit, DVBl 1979, S. 133, 133 ff.; *Wieland* in: Dreier (Hrsg.), GG Kommentar Band I, Art. 14 Rn. 50); siehe dazu ausführlich: *Grochtmann*, Art. 14 GG Rechtsfragen der Eigentumsdogmatik, S. 139 ff.; *Leisner*, Baufreiheit oder staatliche Baurechtsverleihung?, DVBl 1992, S. 1065, 1065 ff.; *Leisner*, Baugebot und Baufreiheit, S. 101 ff.

199 *Axer* in: Epping/Hillgruber (Hrsg.), GG Kommentar, Art. 14 Rn. 45; *Depenheuer* in: Starck (Hrsg.), von Mangoldt/Klein (Begr.), GG Kommentar, Art. 14 Rn. 117; *Kau*, Nicht-privilegierte Bauvorhaben im Außenbereich – § 35 Abs. 2 und Abs. 3 BauGB unter verfassungs- und verwaltungsrechtlichem Blickwinkel –, ZfBR 2009, S. 120, 122; *Papier* in: Herzog/Scholz/Herdegen, et al. (Hrsg.), GG Kommentar, Art. 14 Rn. 57; *Papier*, Eigentum in der Planung in: Erbguth/Oebbecke/Rengeling, et al. (Hrsg.), Planung: Festschrift für Werner Hoppe, S. 213, 220; *Schönfeld*, Die Eigentumsgarantie und Nutzungsbeschränkungen des Grundeigentums, S. 107.

200 *Axer* in: Epping/Hillgruber (Hrsg.), GG Kommentar, Art. 14 Rn. 45; *Battis*, Öffentliches Baurecht und Raumordnungsrecht, S. 54, 184; *Depenheuer* in: Starck (Hrsg.), GG Kommentar, Art. 14 Rn. 116; *Stollmann*, Öffentliches Baurecht, S. 12.

201 Für das Baurecht: BVerwG, Beschl. v. 28.01.1955 – I B 246/53 (juris Orientierungssatz); BVerwGE 3, 28, 29 f.; *Becker* in: Stern/Becker (Hrsg.), GG Kommentar, Art. 14 Rn. 212 ff., 229 ff.; *Depenheuer* in: Starck (Hrsg.), GG Kommentar, Art. 14 Rn. 117; *Wieland* in: Dreier (Hrsg.), GG Kommentar Band I, Art. 14 Rn. 50; für das Umweltrecht: vgl. BVerfGE 79, 174, 191; BGHZ 126, 379, 379 ff.; BVerwGE 84, 361, 362 f.; für das Raumordnungsrecht: vgl. BVerwGE 118, 33, 43.

202 Ein solches Recht hat es im deutschen Recht nie gegeben. Siehe: BVerwGE 3, 28, 29; *Battis*, Öffentliches Baurecht und Raumordnungsrecht, S. 54 f.

auch aus dem Umstand, dass Grund und Boden unvermehrbar sind und daher gewisse Regelungen zur Bebauung notwendig sind.[203] Die Rechtsprechung äußert hierzu außerdem: „Befugnisse, die zur Nutzung oder Benutzung von Grundstücken berechtigen, unterliegen einer Sozialbindung insbesondere darin, daß alle Arten der Nutzung oder Benutzung der jeweiligen „Lage" des Grundstücks, seiner „Situation" und der sich daraus, im allgemeinen Interesse ergebenen „Situationsgebundenheit" entsprechen müssen."[204] Aufgrund dieser Sozialgebundenheit des Eigentums[205] (Art. 14 II GG) sind Begrenzungen der Eigentümerbefugnisse grundsätzlich entschädigungslos hinzunehmen.[206] Bei Eingriffen in das Eigentum, etwa wenn die bauliche Nutzung wegen Vorgaben aus dem Raumordnungs-, Bau- oder Umweltrecht eingeschränkt oder versagt wird,[207] muss allerdings der Verhältnismäßigkeitsgrundsatz gewahrt bleiben,[208] d. h. eine unverhältnismäßige Belastung des Eigentümers muss vermieden und die Privatnützigkeit des Eigentums so weit wie möglich erhalten werden.[209] Die verbleibenden Nutzungsmöglichkeiten müssen daher sinnvoll und ökonomisch vertretbar sein.[210] Die öffentlich-rechtlichen Vorgaben zur Nutzung des Grundeigentums wirken jedoch nicht nur grundrechtsbeeinträchtigend. Diese können auch grundrechtsverwirklichend bzw. grundrechtsfördernd sein, da dadurch die bauliche Nutzung rechtlich erst möglich wird.[211]

Die Grundidee der verfassungsrechtlich garantierten Baufreiheit steht einem konsequenten quantitativen Bodenschutz entgegen. Dadurch, dass diese aber nur im Rahmen der Gesetze gewährleistet wird und somit durch zahlreiche

---

203 BVerfGE 21, 73, 82 f.; BVerfGE 52, 1, 32 f.; siehe dazu: *Rengeling*, Das Grundeigentum als Schutzobjekt der Eigentumsgarantie (Art. 14 GG) und als Gegenstand verwaltungsrechtlicher Planung, Gestaltung und Schrankensetzung, AöR 1980, S. 423, 427 f.; *Wieland* in: Dreier (Hrsg.), GG Kommentar Band I, Art. 14 Rn. 50.

204 BGHZ 77, 351, 354; vgl. BGHZ 60, 126, 130; BVerfGE 100, 226, 242; BVerwGE 26, 111, 119; BVerwGE 49, 365, 368.

205 Siehe dazu ausführlich: *Leisner* in: Isensee/Kirchhof (Hrsg.), HStR VIII, § 173 (Eigentum) Rn. 143 ff.

206 BVerfGE 100, 226, 241; *Becker* in: Stern/Becker (Hrsg.), GG Kommentar, Art. 14 Rn. 201; *Breuer*, Die Bodennutzung im Konflikt zwischen Städtebau und Eigentumsgarantie, S. 387 ff.; *Nüßgens/Boujong*, Eigentum, Sozialbindung, Enteignung, S. 24; *Papier*, Eigentum in der Planung, S. 213, 216; *von Münch/Mager*, Staatsrecht II, S. 328.

207 *Battis*, Öffentliches Baurecht und Raumordnungsrecht, S. 54; *Depenheuer* in: Starck (Hrsg.), GG Kommentar, Art. 14 Rn. 119.

208 BVerfGE 100, 226, 245; *Becker* in: Stern/Becker (Hrsg.), GG Kommentar, Art. 14 Rn. 180.

209 BVerfGE 100, 226, 245.

210 *Becker* in: Stern/Becker (Hrsg.), GG Kommentar, Art. 14 Rn. 181; *Papier* in: Herzog/Scholz/Herdegen, et al. (Hrsg.), GG Kommentar, Art. 14 Rn. 424.

211 BVerwGE 32, 173, 178; *Battis*, Öffentliches Baurecht und Raumordnungsrecht, S. 54; *Papier* in: Herzog/Scholz/Herdegen, et al. (Hrsg.), GG Kommentar, Art. 14 Rn. 58.

Schrankengesetze eingeschränkt werden kann, ist eine planlose und unbegrenzte Inanspruchnahme von Böden für bauliche Zwecke nicht möglich. Hieran ändert auch der Verhältnismäßigkeitsgrundsatz nur wenig, der den jeweiligen Eigentümern garantiert, dass sie ihre Grundstücke dennoch möglichst sinnvoll nutzen können, da den Gemeinwohlzwecken ein höheres Gewicht zuerkannt werden kann.

II. Kommunale Planungshoheit gemäß Art. 28 II GG

Verfassungsrechtliche Grundlage zur Gestaltung der Flächeninanspruchnahme durch Bauleitplanung ist die kommunale Planungshoheit,[212] welche Ausfluss der kommunalen Selbstverwaltungsgarantie nach Art. 28 II GG ist.[213] Mit der Planungshoheit der Gemeinden wird ausgedrückt, dass diese innerhalb ihrer Gemeindegrenzen die wesentlichen Entscheidungen über die zukünftige Gestaltung des Gemeindegebiets und somit vor allem auch die Art und Weise der Bodennutzung selbst treffen können müssen.[214]

---

212 Zur Planungshoheit siehe ausführlich: *Hoppe*, Kommunale Selbstverwaltung und Planung in: von Mutius (Hrsg.), Selbstverwaltung im Staat der Industriegesellschaft: Festgabe für Georg Christoph von Unruh, S. 555 ff.; *Muckel/Ogorek*, Öffentliches Baurecht, S. 14 ff.; *Oebbecke*, Die verfassungsrechtlich gewährleistete Planungshoheit der Gemeinden in: Erbguth/Oebbecke/Rengeling, et al. (Hrsg.), Planung: Festschrift für Werner Hoppe, S. 239 ff.; *Werner-Jensen*, Planungshoheit und kommunale Selbstverwaltung, S. 36 ff.; *Widera*, Zur verfassungsrechtlichen Gewährleistung gemeindlicher Planungshoheit, S. 18 ff.; zur Planungshoheit in Bezug auf Freiraumschutz siehe: *Köck/Hofmann* in: BMU (Hrsg.), Effektivierung des raumbezogenen Planungsrechts zur Reduzierung der Flächeninanspruchnahme, S. 48 ff.

213 *Battis* in: Battis/Mitschang/Reidt (Hrsg.), Battis/Krautzberger/Löhr (Begr.), BauGB Kommentar, § 2 Rn. 20; *Werner-Jensen*, Planungshoheit und kommunale Selbstverwaltung, S. 52; *Widera*, Zur verfassungsrechtlichen Gewährleistung gemeindlicher Planungshoheit, S. 76 ff.; zur kommunalen Selbstverwaltung siehe ausführlich: *Engels*, Die Verfassungsgarantie kommunaler Selbstverwaltung, S. 3 ff.; *Engels*, Kommunale Selbstverwaltung nach Art. 28 II GG, JA 2014, S. 7, 7 ff.; *Schmidt-Aßmann*, Die Garantie der kommunalen Selbstverwaltung in: Badura/Dreier (Hrsg.), Festschrift 50 Jahre Bundesverfassungsgericht, Zweiter Band: Klärung und Fortbildung des Verfassungsrechts, S. 803 ff.

214 VerfGH Nordrhein-Westfalen, Urt. v. 09.06.1997 – VerfGH 20/95 (NVwZ-RR 1998, S. 473, 474); VerfGH Rheinland-Pfalz, Urt. v. 11.07.2005 – VGH N 25/04 (ZUR 2006, S. 30, 31); Zu den Vorteilen der Hoheit der Gemeinden über den Umgang mit ihrem Gemeindegebiet führt das BVerfG (BVerfGE 77, 288, 300) aus: „ […] daß die örtliche Verwaltungsebene die voraussehbaren Bedürfnisse der Gemeinde und die bestehende Struktur des Plangebiets in aller Regel besser kennt und daher sachgerechter planen kann, als dies ortsfernere kommunale oder staatliche Institutionen vermöchten. Zum anderen wird auf diese Weise der Initiative und Teilhabe der Einwohner, die von der Bauleitplanung unmittelbar betroffen werden, Raum gegeben."

Die Planungshoheit ist einfachgesetzlich im BauGB verankert. Eine Konkretisierung erfährt diese durch § 2 I 1 BauGB, welcher bestimmt, dass die Bauleitpläne von der Gemeinde in eigener Verantwortung aufzustellen sind. § 1 III 1 BauGB ergänzt diese Vorgabe inhaltlich dadurch, dass die Gemeinden die Bauleitpläne aufstellen müssen, sobald und soweit es für die städtebauliche Entwicklung und Ordnung erforderlich ist. Die Planungshoheit wird somit durch die Bauleitplanung ausgeübt.[215] Dadurch haben die Gemeinden die Möglichkeit sowohl über die grundsätzliche Inanspruchnahme sowie über die Art und Weise der Nutzung der Gemeindeflächen zu bestimmen. Einschränkungen der kommunalen Planungshoheit sind nach der herrschenden Rechtsprechung nur möglich, sofern der Wesensgehalt der kommunalen Selbstverwaltung nicht angetastet wird.[216] Im Übrigen sind Eingriffe gemäß Art. 28 II 1 GG nur zulässig, wenn sie im Rahmen der Gesetze stattfinden.

Die kommunale Planungshoheit ermöglicht den Gemeinden große Spielräume, ob und inwieweit sie ihr Gemeindegebiet für bauliche Zwecke nutzen möchten. Gemeinden können daher ohne Weiteres große unbebaute Flächen für Wohn-, Gewerbe- oder Industrienutzungen ausweisen. Die weitreichenden Planungsbefugnisse der Gemeinde, die durch Art. 28 II GG gewährleistet werden, stehen in einem Konflikt mit einer konsequenten Begrenzung der Flächeninanspruchnahme.

III. Staatsziel Umweltschutz gemäß Art. 20a GG

Eine verfassungsrechtliche Vorgabe hinsichtlich der Nutzung von Flächen enthält zudem Art. 20a GG.[217] Dieser normiert, dass der Staat auch in Verantwortung für die künftigen Generationen die natürlichen Lebensgrundlagen und die Tiere im Rahmen der verfassungsmäßigen Ordnung durch die Gesetzgebung und nach Maßgabe von Gesetz und Recht durch die vollziehende Gewalt und die Rechtsprechung schützt. Hierdurch wird der ökologische Aspekt der Nachhaltigkeit verfassungsrechtlich verankert.[218] Im Rahmen des Art. 20a GG verpflichtet der Schutzauftrag

---

215 *Erbguth*, Rechtsstaatsprinzip und kommunales Selbstverwaltungsrecht – aktuelle Problemlagen, Jura 1988, S. 561, 565.

216 BVerfGE 1, 167, 175; BVerfGE 56, 298, 334.

217 Zu Art. 20a GG siehe ausführlich: *Berg*, Nachhaltigkeit und Umweltstaat in: Kahl (Hrsg.), Nachhaltigkeit als Verbundbegriff, S. 425, 427 ff.; *Birkedal*, Die Implementation des Staatsziels Umweltschutz (Art. 20a GG) in das Bauplanungsrecht und seine Auswirkungen auf das bauplanungsrechtliche Abwägungsgebot, S. 14 ff.; *Kloepfer*, Umweltschutz als Verfassungsrecht: Zum neuen Art. 20a GG, DVBl 1996, S. 72, 72 ff.; *Peters*, Art. 20a GG – Die neue Staatszielbestimmung des Grundgesetzes, NVwZ 1995, S. 555, 555 ff.; *Schink*, Umweltschutz als Staatsziel, DÖV 1997, S. 221, 221 ff.; *Schmidt/Kahl/Gärditz*, Umweltrecht, S. 66 ff.; *Waechter*, Umweltschutz als Staatsziel, NuR 1996, S. 321, 321 ff.; zum Staatsziel Umweltschutz siehe auch: *Kahl*, Staatsziel Umweltschutz und die Vereinigung Deutschlands, ZRP 1991, S. 9, 9 ff.

218 *Gärditz* in Beckmann/Durner/Mann et al (Hrsg.), Landmann/Rohmer Umweltrecht Kommentar, Art. 20a GG Rn. 2; *Peters*, Art. 20a GG – Die neue Staatszielbestimmung des Grundgesetzes, NVwZ 1995, S. 555, 555; *Schulze-Fielitz* in: Dreier (Hrsg.),

des Staates nicht nur zur Abwehr von Beeinträchtigungen, sondern vor allem auch zur Vornahme aktiver Schutzmaßnahmen.[219] Unter das Schutzobjekt der natürlichen Lebensgrundlagen fällt auch der Boden[220] sowohl in qualitativer als auch in quantitativer Hinsicht.[221] Daher ist bislang freie, vor allem unversiegelte, Fläche von Art. 20a GG geschützt.

Allerdings ist die Reichweite dieser Norm begrenzt. Hierbei handelt es sich um eine Staatszielbestimmung,[222] die keine anspruchsbegründende Wirkung für den Einzelnen, sondern nur objektiv-rechtlichen Charakter hat.[223] Die Staatszielbestimmung hat zudem keinen absoluten Vorrang, sondern ist in Ausgleich mit anderen Verfassungsprinzipien und Verfassungsrechtsgütern zu bringen.[224] Daraus resultiert, dass Art. 20a GG keine Verpflichtung enthält sämtliche Umweltbeeinträchtigungen zu vermeiden.[225] Nichtsdestotrotz folgt aus dem Staatziel, dass mit erschöpfbaren Umweltgütern, wie auch dem Boden, möglichst sparsam umgegangen werden muss.[226] Daher besteht die verfassungsrechtliche Pflicht zu einer Begrenzung der

---

GG Kommentar Band II, Art. 20a Rn. 39 f.; *Sommermann* in: Kunig (Hrsg.), von Münch (Begr.), GG Kommentar, Art. 20a Rn. 25; vgl. BVerfGE 118, 79, 110 f.; *von Münch/Mager*, Staatsrecht I, S. 359.

219 *Kloepfer*, Umweltschutz als Verfassungsrecht: Zum neuen Art. 20a GG, DVBl 1996, S. 72, 77; *Schink*, Umweltschutz als Staatsziel, DÖV 1997, S. 221, 226; *Sommermann* in: Kunig (Hrsg.), GG Kommentar, Art. 20a Rn. 19.

220 *Sannwald* in: Hofmann/Henneke (Hrsg.), Schmidt-Bleibtreu/Klein (Begr.), GG Kommentar, Art. 20a Rn. 22; *Scholz* in: Herzog/Scholz/Herdegen, et al. (Hrsg.), GG Kommentar, Art. 20a Rn. 36; *Schmidt/Kahl/Gärditz*, Umweltrecht, S. 70; *Sommermann* in: Kunig (Hrsg.), GG Kommentar, Art. 20a Rn. 28; *von Münch/Mager*, Staatsrecht I, S. 359.

221 BVerwG, Beschl. v. 13.04.1995 – 4 B 70/95 (DVBl 1995, S. 1008, 1009); *Murswiek* in: Sachs (Hrsg.), GG Kommentar, Art. 20a Rn. 38; *Risch*, Neue Instrumente zur Begrenzung des Bodenverbrauches, S. 35; *Scholz* in: Herzog/Scholz/Herdegen, et al. (Hrsg.), GG Kommentar, Art. 20a Rn. 36.

222 BVerfGE 102, 1, 18; *Sannwald* in: Hofmann/Henneke (Hrsg.), GG Kommentar, Art. 20a Rn. 1 f.; *Schmidt/Kahl/Gärditz*, Umweltrecht, S. 68; *Scholz* in: Herzog/Scholz/Herdegen, et al. (Hrsg.), GG Kommentar, Art. 20a Rn. 33; *Sommermann* in: Kunig (Hrsg.), GG Kommentar, Art. 20a Rn. 18.

223 BVerwG, Beschl. v. 19.12.1997 – 8 B 234/97 (NVwZ 1998, S. 1080, 1081); *Schmidt/Kahl/Gärditz*, Umweltrecht, S. 69; *Scholz* in: Herzog/Scholz/Herdegen, et al. (Hrsg.), GG Kommentar, Art. 20a Rn. 33; *Sommermann* in: Kunig (Hrsg.), GG Kommentar, Art. 20a Rn. 18; *Waechter*, Umweltschutz als Staatsziel, NuR 1996, S. 321, 321; siehe dazu ausführlich: *Epiney* in: Starck (Hrsg.), GG Kommentar, Art. 20a Rn. 32 ff.

224 BVerwG, Beschl. v. 13.04.1995 – 4 B 70/95 (DVBl 1995, S. 1008, 1009).

225 *Epiney* in: Starck (Hrsg.), GG Kommentar, Art. 20a Rn. 67; *Schink*, Umweltschutz als Staatsziel, DÖV 1997, S. 221, 226; *Schulze-Fielitz* in: Dreier (Hrsg.), GG Kommentar Band II, Art. 20a Rn. 44; *Sommermann* in: Kunig (Hrsg.), GG Kommentar, Art. 20a Rn. 40.

226 *Epiney* in: Starck (Hrsg.), GG Kommentar, Art. 20a Rn. 66; *Gassner*, Rechtskonkretisierung zum Schutz der natürlichen Lebensgrundlagen nach Art. 20a GG, NuR

Flächeninanspruchnahme.[227] Außerdem erfordert Art. 20a GG die Beachtung des Verhältnismäßigkeitsgrundsatzes staatlichen Handelns auch unter ökologischen Gesichtspunkten[228] sowie die Rechtfertigungsbedürftigkeit des Staates, sofern ein Eingriff in eines der Schutzgüter von Art. 20a GG erfolgt.[229] Somit enthält Art. 20a GG trotz der nur begrenzten Reichweite zusätzliche Prüfstationen bevor Fläche in Anspruch genommen werden darf. Folglich sind der Schutz des Bodens vor Inanspruchnahme und die größtmögliche Schonung unbebauter Flächen Bestrebungen des Art. 20a GG[230] und daher bei jedem Akt staatlichen Handelns zu berücksichtigen.

B. Entwicklung des Planungsrechts

Das Planungsrecht befasste sich schon früh mit der Reduktion der Flächeninanspruchnahme.[231] Bereits zu Beginn des 20. Jahrhunderts bestanden vereinzelt landesrechtliche Regelungen zur Begrenzung der Ausdehnung der Städte in die freie Landschaft.[232] Aufgrund der Weltkriege und des dadurch notwendig gewordenen schnellen Wiederaufbaus der Städte trat dieses Bestreben allerdings in den

---

2011, S. 320, 321 f.; *Gassner*, Die Umweltpflichtigkeit nach Art. 20a GG als Pflicht zur Maßstabsbildung, DVBl 2013, S. 547, 549; *Jarass* in: Jarass/Pieroth (Hrsg.), GG Kommentar, Art. 20a Rn. 10; *Kluth*, Verfassungs- und abgabenrechtliche Rahmenbedingungen der Ressourcenbewirtschaftung, NuR 1997, S. 105, 108; *Kluth* in: Kluth/Smeddinck (Hrsg.), Umweltrecht, S. 20; *Schulze-Fielitz* in: Dreier (Hrsg.), GG Kommentar Band II, Art. 20a Rn. 39 f.; *Sommermann* in: Kunig (Hrsg.), GG Kommentar, Art. 20a Rn. 26; *Waechter*, Umweltschutz als Staatsziel, NuR 1996, S. 321, 326.

227 *Gassner*, Rechtskonkretisierung zum Schutz der natürlichen Lebensgrundlagen nach Art. 20a GG, NuR 2011, S. 320, 321 f.; *Gassner*, Die Umweltpflichtigkeit nach Art. 20a GG als Pflicht zur Maßstabsbildung, DVBl 2013, S. 547, 549; *Schmidt/Kahl/Gärditz*, Umweltrecht, S. 71.

228 *Scholz* in: Herzog/Scholz/Herdegen, et al. (Hrsg.), GG Kommentar, Art. 20a Rn. 42; *Schulze-Fielitz* in: Dreier (Hrsg.), GG Kommentar Band II, Art. 20a Rn. 47.

229 *Sannwald* in: Hofmann/Henneke (Hrsg.), GG Kommentar, Art. 20a Rn. 16; *Schulze-Fielitz* in: Dreier (Hrsg.), GG Kommentar Band II, Art. 20a Rn. 73.

230 *Schröter*, Die bauplanungsrechtliche Zulässigkeit von Bauvorhaben im Außenbereich, S. 125 f.; siehe zum Freiraumschutz durch Art. 20a GG: *Franz*, Freiraumschutz und Innenentwicklung, S. 106 ff.

231 Zur Entwicklung der Siedlungsstruktur in Deutschland siehe ausführlich: *Behrens* in: Baier/Erdmann/Holz, et al. (Hrsg.), Freiraum und Naturschutz, S. 81 ff.; *von der Heide* in: Dyong/Arenz/Dallhammer, et al. (Hrsg.), von der Heide/Cholewa (Begr.), Raumordnung in Bund und Ländern, § 2 ROG 1998 Rn. 4 ff.; zur Entwicklung des Städtebaurechts siehe ausführlich: *Ehebrecht-Stüer*, Entwicklung des Städtebaurechts in: Erbguth/Oebbecke/Rengeling, et al. (Hrsg.), Planung: Festschrift für Werner Hoppe, S. 39 ff.

232 Siehe dazu: *Ehebrecht-Stüer*, Entwicklung des Städtebaurechts, S. 39, 42 f.; *von der Heide* in: Dyong/Arenz/Dallhammer, et al. (Hrsg.), Raumordnung in Bund und Ländern Kommentar, II Einf. Rn. 6 ff.

Hintergrund.[233] Die Thematik erlangte erst wieder ab den 1960er-Jahren Aufmerksamkeit. Dies ist vor allem auch darauf zurückzuführen, dass 1960 das Bundesbaugesetz (BBauG)[234] eingeführt wurde, welches das Planungsrecht grundlegend neu gestaltete und insbesondere erstmals ein einheitliches Städtebaurecht für die gesamte Bundesrepublik Deutschland beinhaltete.[235] 1965 wurde zudem das Raumordnungsgesetz (ROG) für die überörtliche Planung erlassen.[236] Im Folgenden wird daher die Entwicklung des Planungsrechts bezüglich der für die Begrenzung der Flächeninanspruchnahme wichtigen Maßnahmen ab den 1960er-Jahren bis heute dargestellt.

I. 1960er- und 1970er-Jahre

Bereits 1960 beinhaltete das BBauG eine Norm zum Schutz vor Flächeninanspruchnahme. Die sog. Umwidmungssperrklausel besagte, dass landwirtschaftlich genutzte Flächen nur in dem notwendigen Umfang für andere Nutzungsarten vorgesehen und in Anspruch genommen werden sollen (§ 1 V 2 BBauG[237]). Ziel dieser Regelung war die landwirtschaftlichen Flächen vor der zunehmenden Bebauung zu schützen.[238] Die Reichweite dieser Soll-Vorschrift war damals unklar.[239]

---

233 Vgl. *Ehebrecht-Stüer*, Entwicklung des Städtebaurechts, S. 39, 48 f.; *von der Heide* in: Dyong/Arenz/Dallhammer, et al. (Hrsg.), Raumordnung in Bund und Ländern Kommentar, II Einf. Rn. 35.

234 Seit 1987 Baugesetzbuch (BauGB).

235 Siehe dazu ausführlich: *Ehebrecht-Stüer*, Entwicklung des Städtebaurechts, S. 39, 48 f.; *Krautzberger*, 50 Jahre Städtebaurecht des Bundes, NVwZ 2010, S. 729, 730 ff.; *Schmidt-Eichstaedt/Weyrauch/Zemke*, Städtebaurecht S. 73.

236 Siehe dazu ausführlich: *Appold*, Die historische Entwicklung des Rechts der Raumordnung in: Erbguth/Oebbecke/Rengeling, et al. (Hrsg.), Planung: Festschrift für Werner Hoppe, S. 21 ff.; *von der Heide* in: Dyong/Arenz/Dallhammer, et al. (Hrsg.), Raumordnung in Bund und Ländern Kommentar, II Einf. Rn. 40 ff.

237 BBauG in der Fassung vom 29.06.1960 (BGBl. I S. 341 ff.); In der Folgezeit wurden zudem forstwirtschaftliche oder für Wohnzwecke genutzte Flächen in die Norm integriert, siehe: § 1VI 3 BBauG in der Fassung vom 25.08.1976 (BGBl. I S. 2221).

238 *Knaup/Ingenstau* in: Knaup/Ingenstau (Hrsg.), BBauG Kommentar, § 1 Anmerkungen (S. 25); vgl. *Schütz/Frohberg* in: Schütz/Frohberg (Hrsg.), BBauG Kommentar, § 1 Anmerkung 15.

239 *Schlez* in: Schlez (Hrsg.), Bundesbaugesetz Kommentar, § 1 Rn. 51, Verweis auf Rn. 28: „Der Ausgestaltung als „Soll"-Vorschrift kommt keine praktische Bedeutung zu. […] ist wie eine Muß-Vorschrift einzuhalten, denn im Hinblick auf das Gewicht der aufgestellten Erfordernisse kann nicht angenommen werden, daß der Gesetzgeber mit der Verwendung der „Soll"-Vorschrift zum Ausdruck bringen wollte, der Einhaltung des Gesetzes komme insoweit eine geringere Bedeutung zu. Es kann daher auch der für die Exekutive geltende Grundsatz keine Anwendung finden, daß bei einer Soll-Vorschrift zugunsten des Staatsbürgers grundsätzlich zwar eine Verbindlichkeit besteht, die Behörde aber im Einzelfall besondere Umstände dartun und beweisen kann, die ausnahmsweise ein Abweichen von der

Zu Beginn der 1960er-Jahre gab es außerdem erstmals eine ausführliche Diskussion zur ansteigenden Flächeninanspruchnahme. In dem Manifest „Grüne Charta von der Mainau“[240] vom 20.04.1961, welches von damals führenden Natur- und Landschaftsschützern der Bundesrepublik unterzeichnet wurde, hieß es: „Die gesunde Landschaft mit Boden [...] wird übermäßig und naturwidrig beansprucht. [...] Die gesunde Landschaft wird in alarmierendem Ausmaß verbraucht.“[241] In den folgenden Jahren wurde das Thema auch in Berichten und Programmen der Bundesregierung angesprochen.[242] Bedeutende Schritte zum Schutz der freien Flächen wurden allerdings nicht vorgenommen.

II. 1980er-Jahre

Erst in den 1980er-Jahren gewann der quantitative Bodenschutz an politischer Bedeutung. In dieser Zeit wurde das vorherrschende Konzept der Außenentwicklung, d. h. Inanspruchnahme von großflächigen Außenbereichsflächen für bauliche Zwecke, durch die Stärkung der Innenentwicklung abgelöst.[243] Man war sich einig, dass die Flächeninanspruchnahme auf bislang unbebauten Flächen reduziert werden

---

Regel gestatten.“; andere Einordnung: *Schütz/Frohberg* in: Schütz/Frohberg (Hrsg.), BBauG Kommentar, § 1 Anmerkung 15, Verweis auf § 6 Anmerkung 2, dort: „Soweit es sich um Sollvorschriften handelt [...] liegt eine Rechtsverletzung jedoch nur bei grober Nichtbeachtung der Grundsätze vor, da der Natur der Sache nach nur Ermessensentscheidungen möglich sind und daher nur Ermessensmißbrauch die Beanstandung rechtfertigt.“; viele andere Kommentierungen äußerten sich anfangs noch nicht zur Rechtsnatur der Norm.

240 Zur „Grünen Charta von der Mainau“ siehe ausführlich: *Frohn*, Zur Entstehungsgeschichte der „Grünen Charta von der Mainau“, Stiftung Naturschutzgeschichte 2011, S. 7, 7 ff.

241 Siehe: *Grüne Charta von der Mainau* vom 20.04.1961, III.

242 *Deutsche Bundesregierung*, Raumordnungsbericht 1968, S. 22 f.: „Zur Zeit sind rund 1/10 der Gesamtfläche der Bundesrepublik überbaut, das sind 50 % mehr als 1938. Vielerorts zeigen sich bereits die Grenzen einer weiteren Beanspruchung des Bodens.“; *Deutsche Bundesregierung*, Umweltprogramm der Bundesregierung 1971, S. 10: „Der Raum und die Naturgrundlagen (Wasser, Luft, Grundstoffe, Boden) dürfen nur so weit in Anspruch genommen werden, daß auch kommende Generationen den größtmöglichen Nutzen haben werden.“; zudem in *Rat von Sachverständigen für Umweltfragen*, Umweltgutachten 1978 veröffentlicht in *Deutscher Bundestag*, Drucksache 8/1938, S. 387, 569 f. thematisiert.

243 *BMBau*, Baulandbericht 1983, S. 62, 65; *Interministerielle Arbeitsgruppe Bodenschutz*, Abschlussbericht der Unterarbeitsgruppe IV „Flächennutzung“ vom 20. Februar 1984, IzR 1985, S. 73, 73 ff., 143; *Deutsche Bundesregierung*, Programmatische Schwerpunkte der Raumordnung 1985, veröffentlicht in *Deutscher Bundestag*, Drucksache 10/3146, S. 7 ff.; *Deutscher Bundestag*, Drucksache 10/4012, S. 7; *BMBau*, Baulandbericht 1986, S. 100 ff.; siehe ausführlich: *Bielenberg*, Bodenrechtspolitik im Rück- und Ausblick in: Driehaus/Birk (Hrsg.), Baurecht – Aktuell: Festschrift für Felix Weyreuther, S. 31, 35 ff.

müsse und daher Bautätigkeiten hauptsächlich im Innenbereich stattfinden sollte.[244] Insbesondere durch die Bodenschutzkonzeption der Bundesregierung von 1985 wurde der Freiraumschutz gestärkt. Hierin wurden zwei zentrale Ziele für den Bodenschutz formuliert: Die Reduzierung der Schadstoffe im Boden sowie eine Trendwende im Landverbrauch.[245] Dadurch trat die Reduktion der Flächeninanspruchnahme als gleichberechtigter Aspekt neben den stofflichen Bodenschutz. 1987 wurde die sog. Bodenschutzklausel in das Baugesetzbuch (BauGB) eingeführt, welche normierte, dass mit Grund und Boden sparsam und schonend umgegangen werden soll (§ 1 V 3 BauGB[246]). In den 1980er-Jahren wurde zudem erstmals eine Regelung zum Bodenschutz in das ROG aufgenommen.[247]

III. 1990er-Jahre

Die in den 1980er-Jahren vorangetriebenen Maßnahmen gegen die zunehmende Flächeninanspruchnahme konnten nach der Wiedervereinigung Deutschlands nicht konsequent weiterverfolgt werden, da sich die Gesamtsituation deutlich änderte.[248] Neben einer Zunahme der Außenwanderung kam es zu einer starken Binnenwanderung in den Westen Deutschlands.[249] In den großen Verdichtungsräumen zeichneten sich gravierende Wohnungsengpässe ab.[250] Die Flächenknappheit in beliebten Städten bedingte dort eine Suburbanisierung.[251] Ein zusätzlicher hoher Flächenbedarf war für wirtschaftliche Zwecke, Infrastruktur und Verkehr

---

244 *BMBau*, Baulandbericht 1983, S. 62, 65; *Deutsche Bundesregierung*, Programmatische Schwerpunkte der Raumordnung 1985, veröffentlicht in *Deutscher Bundestag*, Drucksache 10/3146, S. 7 ff.; *Deutscher Bundestag*, Drucksache 10/4012, S. 7; *BMBau*, Baulandbericht 1986, S. 100 ff.

245 *Deutscher Bundestag*, Drucksache 10/2977, S. 8; siehe dazu: *Kloepfer*, Zur Geschichte des deutschen Umweltrechts, S. 137; *Gröhn*, Bodenschutzrecht – auf dem Weg zur Nachhaltigkeit, S. 76 ff.; 1988 verabschiedete die Bundesregierung einen Katalog von „Leitlinien und Maßnahmen zum Bodenschutz“, womit die Inhalte der Bodenschutzkonzeption der Bundesregierung in konkrete Maßnahmen umgesetzt wurden: *Deutscher Bundestag*, Drucksache 11/1625, S. 5.

246 BauGB in der Fassung vom 12.12.1986 (BGBl. I S. 2253 ff.).

247 § 2 Nr. 7 ROG in der Fassung vom 19.12.1986 (BGBl. I S. 2669 ff.); siehe dazu: *Brummund*, Die Grundsätze der Raumordnung, S. 97 ff.; *Deutscher Bundesrat*, Drucksache 360/85, S. 1 ff.; *Deutscher Bundestag*, Drucksache 10/6027, S. 174; *von der Heide* in: Dyong/Arenz/Dallhammer, et al. (Hrsg.), Raumordnung in Bund und Ländern, § 2 ROG 1998 Rn. 55.

248 Zur Situation Anfang der 1990er-Jahre siehe ausführlich: *Bielenberg*, Bodenrechtspolitik im Rück- und Ausblick, S. 31, 40 ff.

249 *BMBau*, Raumordnungsbericht 1993, S. 7 ff.; 75 ff.; *Rink/Banzhaf*, Flächeninanspruchnahme als Umweltproblem, S. 445, 452.

250 *BMBau*, Raumordnungsbericht 1993, S. 3.

251 Ibid., S. 21.

zu beobachten.[252] Als Folge trat 1993 das Gesetz zur Erleichterung von Investitionen und der Ausweisung und Bereitstellung von Bauland (Investitionserleichterungs- und Wohnbaulandgesetz)[253] in Kraft. Dadurch wurde unter anderem die Inanspruchnahme von Außenbereichsflächen für Wohnzwecke vereinfacht.[254] Im Raumordnungsrecht wurde zudem ein Grundsatz der Raumordnung eingeführt, der die Ausweisung von Wohnbauland auf raumordnerischer Ebene sichern sollte.[255] Daher kam es in dieser Zeit zu erheblichen Konflikten zwischen Freiraumschutz einerseits und Flächenbedarf für Siedlungs- und Verkehrsflächen andererseits.[256] Das Bestreben der Begrenzung der Flächeninanspruchnahme wurde in dieser Zeit nicht völlig aufgegeben.[257] Allerdings erst Ende der 1990er-Jahre, als die ersten Hürden der Wiedervereinigung überwunden waren, erlangte das Thema wieder vermehrt Aufmerksamkeit.[258] 1997 empfahl die Enquete-Kommission des Bundestages „Schutz des Menschen und der Umwelt" die Abkopplung der Flächeninanspruchnahme von Wirtschafts- und Bevölkerungswachstum, die Reduktion jener um 90 % bis 2010 (d. h. von 120 auf ungefähr 12 Hektar Neuinanspruchnahme täglich[259]) sowie, dass langfristig nur noch voll kompensierte Flächeninanspruchnahme möglich sein sollte.[260] Für das Reduktionsziel gab es keine wissenschaftliche Begründung, es sollte sich dabei lediglich um einen Ausgangspunkt für eine Diskussion handeln.[261] Daraufhin formulierte das Bundesumweltministerium 1998 Handlungsziele für eine

---

252 Ibid., S. 21 f.

253 Gesetz zur Erleichterung von Investitionen und der Ausweisung und Bereitstellung von Bauland (Investitionserleichterungs- und Wohnbaulandgesetz) vom 22.04.1993 (BGBl. I S. 466 ff.).

254 Siehe dazu: *Battis* in Battis/Mitschang/Reidt (Hrsg.), BauGB Kommentar, Einleitung Rn. 37; *Kauch*, Bodenschutz aus bundesrechtlicher Sicht, S. 210 f.; *Krautzberger*, Das Investitionserleichterungs- und Wohnbaulandgesetz: Zu den Änderungen im Städtebau- und Raumordnungsrecht, NVwZ 1993, S. 520, 522.

255 § 2 I Nr. 13 ROG in der Fassung vom 28.04.1993 (BGBl. I S. 480 ff.); siehe dazu: *von der Heide* in: Dyong/Arenz/Dallhammer, et al. (Hrsg.), Raumordnung in Bund und Ländern, § 2 ROG 1998 Rn. 58.

256 *BMBau*, Raumordnungsbericht 1993, S. 44 ff.

257 *Köck/Bizer/Hansjürgens, et al.*, Handelbare Flächenausweisungsrechte, S. 22.

258 *Köck*, Boden- und Freiraumschutz durch Flächenhaushaltspolitik – eine einführende Problemskizze aus rechtlicher Sicht –, ZUR Sonderheft 2002, S. 121, 122; siehe etwa: *Deutsches Nationalkomitee Habitat II*, Nationaler Aktionsplan zur nachhaltigen Siedlungsentwicklung vom 5. März 1996, RuR 1996, S. 159, 159 ff.

259 Die Enquete-Kommission forderte, dass die Siedlungs- und Verkehrsfläche bis 2010 auf 10 % der Rate, die für die Jahre 1993 bis 1995 festgestellt wurde, reduziert wird. *Statistisches Bundesamt*, Indikatorenbericht 2012, S. 13 f.: Für den Zeitraum von 1993–1996 sind die Siedlungs- und Verkehrsflächen täglich um 120 Hektar angestiegen.

260 *Deutscher Bundestag*, Enquete-Kommission „Schutz des Menschen und der Umwelt", S. 55.

261 *Deutscher Bundestag*, Drucksache 13/11200, S.130.

Trendwende bei der Flächeninanspruchnahme. Neben der dauerhaften Entkopplung der Flächeninanspruchnahme für Siedlung und Verkehr vom wirtschaftlichen Wachstum sollte eine Begrenzung der Zunahme der Siedlungs- und Verkehrsflächen auf 30 Hektar pro Tag bis 2020 erfolgen.[262] Hierbei handelte es sich allerdings nicht um eine rechtlich verbindliche Vorgabe, sondern um eine politische Absichtserklärung. Zudem trat 1998 das neue ROG in Kraft.[263] Dieses beinhaltete in § 1 II ROG erstmals die Leitvorstellung einer nachhaltigen Raumentwicklung, wobei auch die natürlichen Lebensgrundlagen zu schützen und zu entwickeln waren (§ 1 II 2 Nr. 2 ROG). Ferner wurden die Grundsätze der Raumordnung in § 2 ROG deutlich erweitert. Es wurden zahlreiche Grundsätze, die einen sparsamen Umgang mit der Fläche bezwecken, eingeführt.[264] Dadurch erfuhr der quantitative Bodenschutz im ROG eine maßgebliche Stärkung.

IV. 2000er-Jahre bis Heute

In den 2000er-Jahren wurde der Schwerpunkt in der Diskussion um die Begrenzung der Flächeninanspruchnahme vor allem auf das 30-Hektar-Ziel gelegt. Der Rat von Sachverständigen für Umweltfragen sah dieses auf lange Zeit als unzureichend an und forderte, dass dies allenfalls ein Zwischenziel darstellen könne und langfristig ein Nullwachstum der Flächeninanspruchnahme angestrebt werden müsse.[265] Daraufhin ergänzte das Umweltbundesamt 2003 das Ziel eines Nullwachstums bis 2050 sowie ein Zwischenziel von 80 Hektar pro Tag im Jahr 2010.[266] Später wurde zudem ein Zwischenziel von 55 Hektar pro Tag im Jahr 2015 festgeschrieben.[267] Das 30-Hektar-Ziel wurde in der Nationalen Nachhaltigkeitsstrategie der damaligen Bundesregierung aufgegriffen und ausführlicher erörtert.[268] An dem Reduktionsziel, welches nach wie vor rechtlich nicht verbindlich ist, halten seitdem alle

262 *BMU*, Nachhaltige Entwicklung in Deutschland, S. 60 ff.; zum 30-Hektar-Ziel siehe ausführlich: *Jörissen/Coenen*, Sparsame und schonende Flächennutzung, S. 52 ff.

263 Art. 2 des Gesetzes zur Änderung des Baugesetzbuchs und zur Neuregelung des Rechts der Raumordnung (Bau- und Raumordnungsgesetz 1998 – BauROG) vom 18.08.1997 (BGBl. I S. 2081, 2102 ff.).

264 Siehe: Grundsatz bzgl. nachhaltiger Raumentwicklung gemäß § 2 II Nr. 1 S. 2 ROG 1998; Grundsatz bzgl. Raum- und Siedlungsstrukturen sowie vorrangigem Flächenrecycling gemäß § 2 II Nr. 2 S. 2, 3 ROG 1998; Grundsatz bzgl. Freiraumschutz gemäß § 2 II Nr. 3 ROG 1998; Grundsatz bzgl. Schutz des Bodens gemäß § 2 II Nr. 8 S. 3 Hs. 1, S. 5 ROG 1998.

265 *SRU*, Umweltgutachten 2000, S. 251 Rn. 532.

266 *UBA*, Reduzierung der Flächeninanspruchnahme durch Siedlung und Verkehr, S. 4 f.; 109.

267 *UBA*, Flächenverbrauch einschränken, S. 11.

268 *Deutsche Bundesregierung*, Nationale Nachhaltigkeitsstrategie: Perspektiven für Deutschland, S. 287 ff.

Bundesregierungen fest.[269] 2007 wurde der Bebauungsplan der Innenentwicklung nach § 13a BauGB[270] eingeführt, der bezweckt, die Innenentwicklungspotenziale weitergehend auszuschöpfen und dadurch die Flächeninanspruchnahme von Außenbereichsflächen zu reduzieren.[271] Durch die ROG Novelle 2008[272] wurden die Grundsätze der Raumordnung weiter konkretisiert und damit der Schutz der bislang freien Flächen verstärkt. Dadurch wurden wichtige Impulse zur Bekämpfung der zunehmenden Flächeninanspruchnahme gesetzt.[273] In den letzten Jahren wurden zudem vermehrt neue Lösungsmöglichkeiten für die Problematik gesucht. Dabei wurden insbesondere handelbare Flächenausweisungsrechte[274] und ökonomische Steuerungsmöglichkeiten[275] diskutiert. Bislang wurden jedoch noch keine neuen Instrumente eingeführt.

---

269 Koalitionsvertrag zwischen CDU, CSU und SPD 2005, S. 67; Koalitionsvertrag zwischen CDU, CSU und FDP 2009, S. 30 f.; Koalitionsvertrag zwischen CDU, CSU und SPD 2013, S. 119.

270 Gesetz zur Erleichterung der Planungsvorhaben für die Innenentwicklung der Städte vom 21.12.2006 (BGBl. I S. 3316 ff.).

271 *Deutscher Bundestag*, Drucksache 16/2496, S. 1 f.

272 Gesetz zur Neufassung des Raumordnungsgesetz und zur Änderung anderer Vorschriften (GeROG) vom 30.12.2008 (BGBl. I S. 2986 ff.).

273 *Faßbender*, Der Beitrag der Rechtsprechung zur Reduzierung des Flächenverbrauchs, ZUR 2010, S. 81, 82.

274 Hierzu gibt es bereits umfangreiche Untersuchungen, sodass auf eine nähere Untersuchung verzichtet wird. Siehe dazu beispielsweise: *Bizer/Ewrigmann/Bergmann, et al.*, Mögliche Maßnahmen, Instrumente und Wirkungen einer Steuerung der Verkehrs- und Siedlungsflächennutzung, S. 44 ff., 71 ff.; *Bovet*, Handelbare Flächenausweisungsrechte als Steuerungsinstrument zur Reduzierung der Flächeninanspruchnahme, NuR 2006, S. 473, 473 ff.; *Distelkamp/Ulrich* in: Bizer/Einig/Köck, et al. (Hrsg.), Raumordnungsinstrumente zur Flächenverbrauchsreduktion: Handelbare Flächenausweisungsrechte in der räumlichen Planung, S. 357 ff.; *Henger*, Ibid., S. 325 ff.; *Köck/Bizer/Hansjürgens, et al.*, Handelbare Flächenausweisungsrechte, S. 48 ff.; *Marty*, Der Handel mit Flächenausweisungsrechten – Rechtliche Fragen an ein ökonomisches Instrument, ZUR 2011, S. 395, 395 ff.; *Risch*, Neue Instrumente zur Begrenzung des Bodenverbrauches, S. 189 ff.; *Schmalholz*, Zur rechtlichen Zulässigkeit handelbarer Flächenausweisungsrechte, ZUR Sonderheft 2002, S. 158, 158 ff.; *Schmalholz*, Steuerung der Flächeninanspruchnahme, S. 163 ff.

275 Hierzu gibt es ebenfalls bereits umfangreiche Untersuchungen, sodass auch hier auf eine nähere Betrachtung verzichtet wird. Siehe dazu etwa: *Bizer/Ewrigmann/Bergmann, et al.*, Mögliche Maßnahmen, Instrumente und Wirkungen einer Steuerung der Verkehrs- und Siedlungsflächennutzung, S. 47 ff., 88 ff.; *Köck*, Boden- und Freiraumschutz durch Flächenhaushaltspolitik – eine einführende Problemskizze aus rechtlicher Sicht –, ZUR Sonderheft 2002, S. 121, 125; *Michaelis*, Ökonomische Instrumente zur Steuerung des Flächenverbrauchs, ZUR Sonderheft 2002, S. 129, 129 ff.; *Risch*, Neue Instrumente zur Begrenzung des Bodenverbrauches, S. 180 ff.; *Rodi*, Die Grundsteuer als Instrument einer Flächenhaushaltspolitik, ZUR

C. Raumordnungsrecht

Das Raumordnungsrecht regelt die überörtliche und überfachliche Nutzung des Raums. Dadurch werden Entscheidungen über die Verwendung von großen Gebietseinheiten für Siedlung, Infrastruktur, Freiraum oder sonstige Zwecke getroffen. Das Raumordnungsrecht, welches im Raumordnungsgesetz des Bundes (ROG) und in den einzelnen Bundesländern durch Landesplanungsgesetze sowie durch landesweite Raumordnungspläne normiert ist, ist folglich sowohl für die Inanspruchnahme als auch die Freihaltung von Flächen verantwortlich und daher für die hier diskutierte Thematik von herausragender Bedeutung.

Das überörtliche Raumordnungsrecht spielt für die gemeindliche Bauleitplanung eine wichtige Rolle. Einerseits ist es dem Raumordnungsrecht verwehrt, in den Aufgabenbereich der Bauleitplanung der Gemeinde einzugreifen. Maßnahmen der Raumordnung und Landesplanung dürfen daher grundsätzlich keine unmittelbare Nutzung von Grund und Boden regelnde Wirkung haben.[276] Die konkrete, d. h. parzellenscharfe, Überplanung der kommunalen Flächen darf nur von der Bauleitplanung und nicht von der Raumordnung entschieden werden. Andererseits sind raumordnungsrechtliche Vorgaben für die Bauleitplanung maßgeblich, da diese an die Ziele der Raumordnung anzupassen ist (§ 1 IV BauGB). Dadurch hat die Raumordnung weitreichende Möglichkeiten, auf die Bauleitplanung einzuwirken.

Das Recht der Raumordnung ist Gegenstand der konkurrierenden Gesetzgebung (Art. 74 I Nr. 31 GG). Den Ländern kommt gemäß Art. 72 III Nr. 4 GG eine Abweichungskompetenz zu.[277] Bislang wurden nur in den Landesplanungsgesetzen von Bayern und Niedersachsen abweichende Regelungen zum Bundesrecht getroffen. In den übrigen Bundesländern konkretisieren und ergänzen (§ 28 III ROG) die jeweiligen Landesplanungsgesetze das ROG lediglich.

Aufgabe der Raumordnung ist es, den Gesamtraum der Bundesrepublik Deutschland und seine Teilräume durch zusammenfassende, überörtliche und fachübergreifende Raumordnungspläne, durch raumordnerische Zusammenarbeit und durch Abstimmung raumbedeutsamer Planungen und Maßnahmen zu entwickeln, zu ordnen und zu sichern (§ 1 I 1 ROG). Die Entwicklung, Ordnung und Sicherung der Teilräume soll sich in die Gegebenheiten und Erfordernisse des Gesamtraums einfügen; die Entwicklung, Ordnung und Sicherung des Gesamtraums soll die Gegebenheiten und Erfordernisse seiner Teilräume berücksichtigen (Gegenstromprinzip) (§ 1 III ROG).

Die Aufgaben der Raumordnung werden auf mehreren Ebenen geleistet: die Raumordnung des Bundes für das Bundesgebiet, die zentrale Landesplanung für

Sonderheft 2002, S. 164, 164 ff.; *Runkel*, Wohnbaulandmobilisierung als Element der Flächenhaushaltspolitik, ZUR Sonderheft 2002, S. 138, 138 ff.; siehe dazu ausführlich: *Jörissen/Coenen*, Sparsame und schonende Flächennutzung, S. 173 ff.

276 BVerfGE 3, 407, 425.

277 BVerfGE 3, 407, 428: Der Bund hat allerdings die ausschließliche Gesetzgebungskompetenz für das Bundesgebiet als Ganzes.

das Landesgebiet sowie die Regionalplanung für Teilräume des Landes. Bezüglich der Raumordnung des Bundes gibt es nur wenige Vorgaben (§§ 17 ff. ROG). Diese betreffen die Raumordnungspläne für den Gesamtraum und für die deutsche ausschließliche Wirtschaftszone und sind für die vorliegende Untersuchung nicht von Bedeutung. Die Raumordnung ist mithin ganz überwiegend Aufgabe der Länder. Landesweite Raumordnungspläne[278] (§ 8 I 1 Nr. 1 ROG) sind auf Landesebene aufzustellen und aus diesen sind Regionalpläne,[279] d. h. Raumordnungspläne für Teilräume der Länder (§ 8 I 1 Nr. 2 ROG), zu entwickeln (§ 8 II 1 ROG). Die Raumordnung ist demzufolge durch einen stufenförmigen, immer konkreter werdenden Aufbau gekennzeichnet. Die Planungseinheiten werden auf den nachfolgenden Ebenen kleiner und die Vorgaben präziser, ohne den höheren Ebenen zu widersprechen.

I. Berücksichtigung der Flächeninanspruchnahme im ROG

1. Nachhaltige Raumentwicklung gemäß § 1 II ROG

Im Zusammenhang der Inanspruchnahme von Flächen ist die nachhaltige Raumentwicklung gemäß § 1 II ROG von Bedeutung. Diese Norm besagt, dass Leitvorstellung bei der Aufgabenerfüllung der Raumordnung eine nachhaltige Raumentwicklung ist, die die sozialen und wirtschaftlichen Ansprüche an den Raum mit seinen ökologischen Funktionen in Einklang bringt und zu einer dauerhaft, großräumig ausgewogenen Ordnung mit gleichwertigen Lebensverhältnissen in den Teilräumen führt. Diese Definition geht auf internationale Vorgaben zurück.[280] Die nachhaltige

278 In Berlin, Bremen und Hamburg kann ein Flächennutzungsplan gemäß § 5 BauGB diese Funktion übernehmen (§ 8 I 2 Hs. 1 ROG).

279 Diese Vorschrift gilt nicht für Berlin, Bremen, Hamburg und Saarland (§ 8 I 2 Hs. 2 ROG).

280 Der Begriff „nachhaltige Entwicklung" entspricht der deutschen Übersetzung des Begriffs *sustainable development*, welcher von der Kommission für Umwelt und Entwicklung (Brundlandt-Kommission), die die Vereinten Nationen eingesetzt wurde, geprägt wurde. In dem Abschlussbericht 1987 (*United Nations*, Report of the World Commission on Environment and Development: Our Common Future, Part I, Chapter 2, 1) wurde der Begriff definiert als „Sustainable development is development that meets the needs of the present without compromising the ability of future generations to meet their own needs." Übersetzt mit: „Dauerhafte Entwicklung, die die Bedürfnisse der Gegenwart befriedigt, ohne zu riskieren, daß künftige Generationen ihre eigenen Bedürfnisse nicht befriedigen können." *Hauff*, Unsere gemeinsame Zukunft: Der Brundtland-Bericht der Weltkommission für Umwelt und Entwicklung, S. 46; Die Enquete-Kommission des Bundestages „Schutz des Menschen und der Umwelt" (*Deutscher Bundestag*, Drucksache 13/11200, S. 16) spricht von „nachhaltig zukunftsverträglicher Entwicklung"; siehe zur Entwicklung des Begriffs: *Bode*, Der Planungsgrundsatz der nachhaltigen Raumentwicklung, S. 35 ff.; *Frenz*, Sustainable Development durch Raumplanung, S. 13 ff.; *Kahl*, Einleitung: Nachhaltigkeit als Verbundbegriff in: Kahl (Hrsg.), Nachhaltigkeit als

Raumentwicklung[281] ist die zentrale Handlungsmaxime bei der raumordnerischen Aufgabenerfüllung[282] und nach § 2 I ROG sind die Grundsätze der Raumordnung im Sinne der Leitvorstellung anzuwenden.

Ein Bestreben der nachhaltigen Raumentwicklung ist auch die Verringerung der Flächeninanspruchnahme.[283] Allerdings kann dieses Ziel nicht zulasten der anderen (d. h. sozialen und wirtschaftlichen) Nachhaltigkeitsaspekte durchgesetzt werden.[284] Vielmehr sind alle Nachhaltigkeitsziele in Einklang zu bringen und keines darf gänzlich vernachlässigt werden.[285] Die Belange sind somit gleichrangig[286] und die

---

Verbundbegriff, S. 1, 6 ff.; zum Begriff der Nachhaltigkeit siehe: *Kahl*, Der Nachhaltigkeitsgrundsatz im System der Prinzipien des Umweltrechts in: Bauer/Czybulka/Kahl, et al. (Hrsg.), Umwelt, Wirtschaft und Recht: Wissenschaftliches Symposium aus Anlaß des 65. Geburtstages von Reiner Schmidt, S. 111, 113 ff.; *Klippel/Otto*, Nachhaltigkeit und Begriffsgeschichte in: Kahl (Hrsg.), Nachhaltigkeit als Verbundbegriff, S. 39, 44 ff; *Sieben*, Was bedeutet Nachhaltigkeit als Rechtsbegriff?, NVwZ 2003, S. 1173, 1173 ff.

281 Siehe dazu ausführlich: *Bode*, Der Planungsgrundsatz der nachhaltigen Raumentwicklung, S. 23 ff.; *Hilligardt*, Planungsprinzipien für eine nachhaltige Siedlungsentwicklung in Verdichtungsräumen, RuR 1998, S. 9, 9 ff.

282 *Deutscher Bundestag*, Drucksache 13/6392, S. 79; siehe auch: *Ludwig*, Planungsinstrumente zum Schutz des Bodens, S. 55.

283 *Runkel* in: Bielenberg/Runkel/Spannowsky, et al. (Hrsg.), Raumordnungs- und Landesplanungsrecht, § 2 ROG Rn. 227.

284 *Runkel* in: Bielenberg/Runkel/Spannowsky, et al. (Hrsg.), Raumordnungs- und Landesplanungsrecht, § 2 ROG Rn. 227.

285 *Erbguth*, Verkehrsvermeidung durch Raumordnung – Zugleich zur nachhaltigkeitsbedingten „Wegwägsperre", NVwZ 2000, S. 28, 31 f.; *Ludwig*, Planungsinstrumente zum Schutz des Bodens, S. 54; *Risch*, Neue Instrumente zur Begrenzung des Bodenverbrauches, S. 90; andere Ansicht: *Beaucamp*, Das Konzept der zukunftsfähigen Entwicklung im Recht – Untersuchungen zur völkerrechtlichen, europarechtlichen, verfassungsrechtlichen und verwaltungsrechtlichen Relevanz eines neuen politischen Leitbildes, S. 413 ff.; *Brandt/Sanden*, Verfassungsrechtliche Zulässigkeit neuer übergreifender Rechtsinstrumente zur Begrenzung des Flächenverbrauchs, S. 45 f.

286 *Beaucamp*, Die Leitvorstellung der nachhaltigen Raumentwicklung, RuR 2002, S. 232, 233; *Brandt/Sanden*, Verfassungsrechtliche Zulässigkeit neuer übergreifender Rechtsinstrumente zur Begrenzung des Flächenverbrauchs, S. 45; *Frenz*, Sustainable Development durch Raumplanung, S. 148 f.; *Gärditz*, Umweltgesetzbuch und Umweltgesamtplanung, Die Verwaltung 2007, S. 203, 233 f.; *Hoppe*, „Nachhaltige Raumentwicklung" und gelungene Neufassung des „Abwägungsgebots" im Regierungsentwurf zur Novellierung des Raumordnungsgesetzes, NVwZ 2008, S. 936, 937; *Hoppe*, Die Gewichtung der Umweltbelange durch die Umweltprüfung in der bauleitplanungsrechtlichen Abwägung nach dem EAG Bau (BauGB 2004) bei der Aufstellung der Bauleitpläne in: Geis/Umbach (Hrsg.), Planung – Steuerung – Kontrolle: Festschrift für Richard Bartlsperger, S. 321, 336; *Kahl*, Staatsziel Nachhaltigkeit und Generationengerechtigkeit, DÖV 2009, S. 2, 6; *Runkel* in:

Inanspruchnahme von Flächen kann daher nicht wegen Berufung auf die nachhaltige Raumentwicklung untersagt oder begrenzt werden.[287] Dies liegt auch darin begründet, dass für zahlreiche soziale und wirtschaftliche Zwecke eine Flächeninanspruchnahme zwingend nötig ist.[288] Folglich ist der quantitative Bodenschutz innerhalb dieser Norm von Bedeutung, allerdings nur soweit dieser mit den anderen Belangen in Einklang gebracht werden kann. Somit handelt es sich bei § 1 II ROG um keine Norm, die die Flächeninanspruchnahme effektiv verringern kann.

2. *Grundsätze der Raumordnung gemäß § 2 ROG*

Für den quantitativen Bodenschutz sind auch die Grundsätze der Raumordnung gemäß § 2 ROG von Bedeutung. Hierbei handelt es sich gemäß § 3 I Nr. 3 ROG um Aussagen zur Entwicklung, Ordnung und Sicherung des Raums als Vorgaben für nachfolgende Abwägungs- und Ermessensentscheidungen. Diese sind im Sinne der Leitvorstellung nach § 1 II ROG anzuwenden und durch Festlegungen in Raumordnungsplänen zu konkretisieren, soweit dies erforderlich ist (§ 2 I ROG). Sie sind bei Abwägungs- und Ermessensentscheidungen (§ 3 I Nr. 3 ROG, § 4 I ROG) von öffentlichen Stellen (§ 3 I Nr. 5 ROG) zu berücksichtigen. Hierbei gilt, dass alle Grundsätze in ihrer Gewichtung gleichrangig sind.[289] Daher haben ökologische Belange und somit auch Belange, die dem Schutz bislang freier Flächen dienen, keinen

---

Spannowsky/Runkel/Goppel (Hrsg.), ROG Kommentar, § 1 Rn. 95; *Runkel*, Das neue Raumordnungsgesetz und das Umweltrecht, NuR 1998, S. 449, 450; *Sieben*, Was bedeutet Nachhaltigkeit als Rechtsbegriff?, NVwZ 2003, S. 1173, 1175; *Werk* in: Schumacher/Werk/Albrecht (Hrsg.), ROG Kommentar, § 1 Rn. 33; andere Ansicht: *Gawron* in: BMU (Hrsg.), Effektivierung des raumbezogenen Planungsrechts zur Reduzierung der Flächeninanspruchnahme, S. 84, 115 ff., der bezüglich des Grundsatzes der nachhaltigen Raumentwicklung im ROG 1998 von einem Optimierungsgebot ausgeht; ausführliche Entkräftung dieser Argumentation: *Ludwig*, Planungsinstrumente zum Schutz des Bodens, S. 55 ff.; siehe dazu auch: *Bartlsperger*, Ökologische Gewichtungs- und Vorrangregelungen in: Erbguth/Oebbecke/Rengeling, et al. (Hrsg.), Planung: Festschrift für Werner Hoppe, S. 127 ff.

287 *Faßbender*, Der Beitrag der Rechtsprechung zur Reduzierung des Flächenverbrauchs, ZUR 2010, S. 81, 82.

288 Siehe beispielsweise: § 2 II Nr. 1, 3, 4 ROG; vgl. auch: *Risch*, Neue Instrumente zur Begrenzung des Bodenverbrauches, S. 90.

289 *Deutscher Bundestag*, Drucksache 13/6392, S. 79: Die Begründung des Gesetzentwurfs ordnet die Grundsätze als „abstrakt gleichwertige Handlungsmaximen" ein.; *Kloepfer*, Umweltschutzrecht, S. 396; *Risch*, Neue Instrumente zur Begrenzung des Bodenverbrauches, S. 92; *Schink*, Der Bodenschutz und seine Bedeutung für die nachhaltige städtebauliche Entwicklung, DVBl 2000, S. 221, 226; *von der Heide* in: Dyong/Arenz/Dallhammer, et al. (Hrsg.), Raumordnung in Bund und Ländern, § 2 ROG 1998 Rn. 19.

Vorrang gegenüber den sonstigen Belangen.[290] Folglich können diese im Rahmen der Abwägung weggewogen werden.[291]

Die Grundsätze der Raumordnung des ROG können durch Landesrecht in den einzelnen Landesplanungsgesetzen durch zusätzliche Grundsätze ergänzt werden.[292] Von dieser Möglichkeit haben nur wenige Länder Gebrauch gemacht.[293] In den entsprechenden Grundsätzen wird zwar die Reduktion der Flächeninanspruchnahme angesprochen, allerdings haben diese keinen wesentlich anderen Inhalt als die Grundsätze im ROG, sodass im Folgenden lediglich die Grundsätze des ROG näher betrachtet werden.

a) Grundsätze mit Bezug zur Flächeninanspruchnahme

Zahlreiche der in § 2 II ROG normierten gesetzlichen Grundsätze weisen einen Bezug zur Flächeninanspruchnahme bzw. deren Begrenzung auf. Bereits im ROG 1998 waren viele Grundsätze enthalten, die den Schutz bislang freier Flächen bezweckten. Durch die Novelle des ROG[294] im Jahr 2008 wurden diese Grundsätze konkretisiert, wodurch wichtige Impulse zur Reduktion der Flächeninanspruchnahme gegeben wurden, um auf die anhaltend hohen Werte trotz des Bevölkerungsrückgangs zu reagieren.[295]

---

290 *Hoppe*, Staatsaufgabe Umweltschutz, VVDStRL 1979, S. 211, 279; *Kauch*, Bodenschutz – Die Steuerung des Land- und Freiflächenverbrauchs im geltenden Recht, DVBl 1993, S. 1033, 1036; vgl. *Wahl*, Entwicklung des Fachplanungsrechts, NVwZ 1990, S. 426, 437.

291 *Faßbender*, Der Beitrag der Rechtsprechung zur Reduzierung des Flächenverbrauchs, ZUR 2010, S. 81, 82; *Goppel/Maier*, Nachhaltigkeit und Raumordnung in: Kahl (Hrsg.), Nachhaltigkeit als Verbundbegriff, S. 369, 373.

292 *Koch/Hendler*, Baurecht, Raumordnungs- und Landesplanungsrecht, S. 53; *Ludwig*, Planungsinstrumente zum Schutz des Bodens, S. 58; *Söfker*, Das Gesetz zur Neufassung des Raumordnungsgesetzes, UPR 2009, S. 161, 167; zu Grundsätzen in Raumordnungsplänen siehe: *Goppel*, Grundsätze der Raumordnung in Raumordnungsplänen, BayVBl 1999, S. 331, 331 ff.

293 Bayern (Art. 6 Bayerisches Landesplanungsgesetz), Mecklenburg-Vorpommern (§ 2 Landesplanungsgesetz Mecklenburg-Vorpommern), Niedersachsen (§ 2 Niedersächsisches ROG) und Sachsen-Anhalt (§ 2a Landesplanungsgesetz Sachsen-Anhalt).

294 Gesetz zur Neufassung des Raumordnungsgesetz und zur Änderung anderer Vorschriften (GeROG) vom 30.12.2008 (BGBl. I S. 2986 ff.); bezüglich der Neuerungen hinsichtlich der Umweltaspekte siehe: *Scheidler*, Vorgaben zur Umweltplanung im Raumordnungsgesetz 2009, NVwZ 2010, S. 19, 19 ff.

295 *Faßbender*, Der Beitrag der Rechtsprechung zur Reduzierung des Flächenverbrauchs, ZUR 2010, S. 81, 82; *Spannowsky*, Stärkung der Innenentwicklung und Reduzierung der Flächeninanspruchnahme, UPR 2013, S. 201, 203; *Spannowsky* in: Spannowsky/Runkel/Goppel (Hrsg.), ROG Kommentar, § 2 Rn. 131, zur Berücksichtigung des demografischen Wandels im Planungsrecht siehe ausführlich:

aa) Nachhaltige Raumentwicklung gemäß § 2 II Nr. 1 ROG

Nach § 2 II Nr. 1 S. 1 ROG sind sowohl im Gesamtraum der Bundesrepublik Deutschland als auch in seinen Teilräumen ausgeglichene soziale, infrastrukturelle, wirtschaftliche, ökologische und kulturelle Verhältnisse anzustreben. Dabei ist die nachhaltige Daseinsvorsorge zu sichern, nachhaltiges Wirtschaftswachstum und Innovation zu unterstützen, Entwicklungspotenziale sind zu sichern und Ressourcen nachhaltig zu schützen (§ 2 II Nr. 1 S. 2 ROG). Ferner normiert § 2 II Nr. 1 S. 3 ROG, dass auf strukturverändernde Entwicklungen, auch demografischer Natur, einzugehen ist. Dieser Grundsatz benennt somit die zahlreichen, zum Teil auch gegenläufigen Bestrebungen, die mithilfe des Raumordnungsrechts erreicht werden sollen. Diese können jedoch nur soweit realisiert werden, wie der nachhaltige Ressourcenschutz gewährleistet werden kann. Flächeninanspruchnahme, die sich erheblich negativ auf Umwelt und Ressourcen auswirkt, ist mit diesem Grundsatz nicht vereinbar.[296] Dies gilt insbesondere für Bodennutzungen, die nicht auf längere Sicht ausgerichtet sind.[297] Der quantitative Bodenschutz wird daher in diesem Grundsatz berücksichtigt.

bb) Raum- und Siedlungsstrukturen gemäß § 2 II Nr. 2 ROG

Die zentralen Vorschriften innerhalb der Grundsätze für die Begrenzung der Flächeninanspruchnahme sind in § 2 II Nr. 2 S. 4–6 ROG normiert. Im Einzelnen wird darin bestimmt, dass die Siedlungstätigkeit räumlich zu konzentrieren und vorrangig auf vorhandene Siedlungen mit ausreichender Infrastruktur und auf Zentrale Orte auszurichten ist (§ 2 II Nr. 2 S. 4 ROG). Dadurch soll der Flächenbedarf sowohl für Siedlungs- als auch Verkehrsflächen reduziert werden.[298] Zudem ist der Freiraum durch übergreifende Planung zu schützen, ein großräumig übergreifendes, ökologisch wirksames Freiraumverbundsystem zu schaffen (§ 2 II Nr. 2 S. 5 ROG), die weitere Zerschneidung der freien Landschaft und von Waldflächen zu vermeiden sowie die Flächeninanspruchnahme im Freiraum zu begrenzen (§ 2 II Nr. 2 S. 6 ROG). Dieser Grundsatz bezweckt somit ausdrücklich die Reduktion der Flächeninanspruchnahme. Hierzu wird sowohl bei den Ursachen der hohen Flächeninanspruchnahme als auch bei deren negativen Folgen angesetzt.

Edenharter, Der demografische Wandel als Herausforderung für das Raumordnungsrecht und das Baurecht, S. 131 ff.

296 *Werk* in: Schumacher/Werk/Albrecht (Hrsg.), ROG Kommentar, § 2 Rn. 15.

297 *Werk* in: Schumacher/Werk/Albrecht (Hrsg.), ROG Kommentar, § 2 Rn. 15 f., 36.

298 *Runkel* in: Bielenberg/Runkel/Spannowsky, et al. (Hrsg.), Raumordnungs- und Landesplanungsrecht, § 2 ROG Rn. 102; *Werk* in: Schumacher/Werk/Albrecht (Hrsg.), ROG Kommentar, § 2 Rn. 45.

cc) Verringerung des Verkehrs gemäß § 2 II Nr. 3 ROG

In § 2 II Nr. 3 ROG sind Grundsätze hinsichtlich der Infrastruktur und Daseinsversorgung in den unterschiedlich dicht besiedelten Regionen enthalten. Vor allem sind Vorgaben bezüglich des Verkehrs normiert. Gemäß § 2 II Nr. 3 S. 8 ROG sind Raumstrukturen so zu gestalten, dass die Verkehrsbelastung verringert und zusätzlicher Verkehr vermieden wird. Dies beinhaltet auch die Ausweisung von Neubaugebieten nur in Reichweite des öffentlichen Nahverkehrs,[299] da dadurch der Flächenbedarf für Verkehrszwecke reduziert wird.[300] Insofern knüpft dieser Grundsatz ebenfalls an einer Ursache der hohen Flächeninanspruchnahme an.

dd) Schutz der Natur und Landschaft gemäß § 2 II Nr. 5 ROG

Gemäß § 2 II Nr. 5 S. 4 ROG ist dafür zu sorgen, dass die Land- und Forstwirtschaft einen Beitrag dazu leisten kann, die natürlichen Lebensgrundlagen in ländlichen Räumen zu schützen sowie Natur und Landschaft zu pflegen und zu gestalten. Dadurch soll insbesondere Wald- und Grünlandverlust unterbunden werden,[301] was sich ebenfalls positiv für den quantitativen Bodenschutz auswirkt.

ee) Gewährleistung der ökologischen Funktionen gemäß § 2 II Nr. 6 ROG

Auch in § 2 II Nr. 6 S. 1–3 ROG sind ausdrücklich Regelungen zur Begrenzung der Flächeninanspruchnahme enthalten. Darin ist normiert, dass der Raum in seiner Bedeutung für die Funktionsfähigkeit der Böden einschließlich der jeweiligen Wechselwirkungen zu entwickeln, zu sichern oder, soweit erforderlich, möglich und angemessen, wiederherzustellen ist (§ 2 II Nr. 6 S. 1 ROG). Wirtschaftliche und soziale Nutzungen des Raums sind unter Berücksichtigung seiner ökologischen Funktionen zu gestalten; dabei sind Naturgüter sparsam und schonend in Anspruch zu nehmen (§ 2 II Nr. 6 S. 2 ROG). Zudem ist die erstmalige Inanspruchnahme von Freiflächen für Siedlungs- und Verkehrszwecke zu vermindern, insbesondere durch die vorrangige Ausschöpfung der Potenziale für die Wiedernutzbarmachung von Flächen, für die Nachverdichtung und für andere Maßnahmen zur Innenentwicklung der Städte und Gemeinden sowie zur Entwicklung vorhandener Verkehrsflächen (§ 2 II Nr. 6 S. 3 ROG). Diese Bestimmungen korrespondieren mit den Vorgaben des BauGB

299 *Runkel* in: Bielenberg/Runkel/Spannowsky, et al. (Hrsg.), Raumordnungs- und Landesplanungsrecht, § 2 ROG Rn. 166; *Werk* in: Schumacher/Werk/Albrecht (Hrsg.), ROG Kommentar, § 2 Rn. 70.

300 Vgl. *Runkel* in: Bielenberg/Runkel/Spannowsky, et al. (Hrsg.), Raumordnungs- und Landesplanungsrecht, § 2 ROG Rn. 166.

301 *Runkel* in: Bielenberg/Runkel/Spannowsky, et al. (Hrsg.), Raumordnungs- und Landesplanungsrecht, § 2 ROG Rn. 208; *Werk* in: Schumacher/Werk/Albrecht (Hrsg.), ROG Kommentar, § 2 Rn. 92; vgl. *Spannowsky* in: Spannowsky/Runkel/Goppel (Hrsg.), ROG Kommentar, § 2 Rn. 126.

hinsichtlich des schonenden und sparsamen Umgangs mit Grund und Boden[302] sowie hinsichtlich der Innenentwicklung.[303] Dieser Grundsatz knüpft somit vor allem an die ökologischen Folgen der Flächeninanspruchnahme an, regelt die Innen- vor Außenentwicklung sowie das Flächenrecycling.

b) Bewertung der Grundsätze der Raumordnung

Die Betrachtung der Grundsätze in § 2 II ROG zeigt, dass darin zahlreiche die Flächeninanspruchnahme betreffende Belange, wie Freiraum- und Bodenschutz, Flächenrecycling sowie Begrenzung der Siedlungsentwicklung, normiert sind. Dennoch kann die Flächeninanspruchnahme durch die Grundsätze der Raumordnung nicht drastisch reduziert werden. Dies ist darauf zurückzuführen, dass diese in Abwägungs- und Ermessensentscheidungen zu berücksichtigen sind und dabei mit zahlreichen anderen Belangen konkurrieren. Im Rahmen der Entscheidungen der öffentlichen Stellen können diese somit durch andere gewichtige Belange verdrängt werden. Folglich wird die Bedeutung des quantitativen Bodenschutzes durch die zahlreichen Regelungen zu der Problematik der Flächeninanspruchnahme in den Grundsätzen der Raumordnung zwar ausdrücklich betont, durch die Einordnung als Abwägungsbelang ist deren Reichweite allerdings begrenzt.

3. Raumordnungspläne

In Raumordnungsplänen werden Grundsätze räumlich konkretisiert und gegebenenfalls zu Zielen verdichtet. Unter Raumordnungsplänen versteht man gemäß § 3 I Nr. 7 ROG zusammenfassende, überörtliche und fachübergreifende Pläne nach §§ 8 und 17[304] ROG. In diesen werden für einen bestimmten Planungsraum und einen regelmäßig mittelfristigen Zeitraum Festlegungen als Ziele und Grundsätze der Raumordnung zur Entwicklung, Ordnung und Sicherung des Raums, insbesondere zu den Nutzungen und Funktionen des Raums, getroffen (§ 7 I 1 ROG). Nach § 7 II 1 ROG sind bei der Aufstellung der Raumordnungspläne die öffentlichen und privaten Belange, soweit sie auf der jeweiligen Planungsebene erkennbar und von Bedeutung sind, gegeneinander und untereinander abzuwägen; bei der Festlegung von Zielen der Raumordnung ist abschließend abzuwägen. Zudem sind das Ergebnis der Umweltprüfung nach § 9 ROG sowie die Stellungnahmen in den Beteiligungsverfahren nach den §§ 10, 18 ROG in dieser Abwägung zu berücksichtigen (§ 7 II 2 ROG). Die

---

302 *Gawron* in: BMU (Hrsg.), Effektivierung des raumbezogenen Planungsrechts zur Reduzierung der Flächeninanspruchnahme, S. 89; *Ludwig*, Planungsinstrumente zum Schutz des Bodens, S. 58; vgl. *Söfker*, Das Gesetz zur Neufassung des Raumordnungsgesetzes, UPR 2009, S. 161, 162 f.

303 *Werk* in: Schumacher/Werk/Albrecht (Hrsg.), ROG Kommentar, § 2 Rn. 99.

304 Gemäß § 17 ROG kann der Bund Raumordnungspläne für den Gesamtraum und für die deutsche ausschließliche Wirtschaftszone erlassen. Diese sind für die Begrenzung der Flächeninanspruchnahme unbedeutend, sodass sie nicht näher betrachtet werden.

Raumordnungspläne müssen ferner den Anforderungen des Verfassungsrechts, vor allem Art. 28 II 1 GG, sowie höherstufigen Planvorgaben genügen.[305]

Gemäß § 8 I 1 Nr. 1, Nr. 2 ROG sind in den Ländern Raumordnungspläne für das Landesgebiet (landesweite Raumordnungspläne) und Raumordnungspläne für Teilräume der Länder (Regionalpläne) aufzustellen. Hieraus folgt eine Planungspflicht, die zwingend zur raumordnerischen Aufgabenwahrnehmung gehört.[306] Die Regionalpläne sind aus dem Raumordnungsplan für das Landesgebiet zu entwickeln (§ 8 II 1 ROG).

a) Inhalt der Raumordnungspläne

In § 8 V 1 ROG wird der Inhalt von Raumordnungsplänen vorgegeben. Danach sollen diese Festlegungen zur Raumstruktur enthalten, wozu auch die anzustrebende Freiraumstruktur (Nr. 2) sowie der Freiraumschutz (Nr. 2a) gehören. Somit sollen Raumordnungspläne auch quantitativ bodenschützende Elemente beinhalten. Unter Freiraum im Sinne des § 8 V 1 Nr. 2 ROG wird „der Teil der Erdoberfläche, der in einem naturnahen Zustand ist oder dessen Nutzung mit seinen ökologischen Grundfunktionen überwiegend verträglich ist (z. B. Land- und Forstwirtschaft, Fischerei)“[307] verstanden. Orientierung für die anzustrebende Freiraumstruktur bieten die oben aufgelisteten Grundsätze.[308] Freiraumschutz heißt jedoch nicht, dass der Freiraum umfassend geschützt werden muss und daher nicht genutzt werden darf. Vielmehr müssen dort auch Raumnutzungen ermöglicht werden, die nur in diesem stattfinden können wie beispielsweise Land- und Forstwirtschaft, Fischerei, Naherholung, Fremdenverkehr, bestimmte Sportarten, Nutzung regenerativer Energie, Rohstoffabbau oder besondere Einzelvorhaben, die aufgrund ihrer besonderen Wirkung dem Außenbereich zuzuordnen sind.[309] Der Freiraumschutz findet daher seine Grenzen in den wirtschaftlichen und sozialen Nutzungen (vgl. § 1 II ROG), wobei diese unter Berücksichtigung der ökologischen Funktionsfähigkeit des Raums

---

305 *Krebs* in: Schoch (Hrsg.), Besonderes Verwaltungsrecht, S. 457.

306 *Goppel* in: Spannowsky/Runkel/Goppel (Hrsg.), ROG Kommentar, § 1 Rn. 58, § 8 Rn. 14.

307 *Ritter/Bröcker/Fürst, et al.*, Handwörterbuch der Raumordnung, S. 336; siehe auch: *Dallhammer* in: Dyong/Arenz/Dallhammer, et al. (Hrsg.), Raumordnung in Bund und Ländern, § 8 ROG Rn. 139; zum Begriff Freiraum siehe auch: *Kloepfer*, Freiraumschutz durch Planung in: Hoppe/Appold (Hrsg.), Umweltschutz in der Raumplanung – Symposium aus Anlaß des 25jährigen Bestehens des Zentralinstituts für Raumplanung an der Universität Münster am 21. September 1989 in Münster –, S. 88, 89 ff.

308 *Dallhammer* in: Dyong/Arenz/Dallhammer, et al. (Hrsg.), Raumordnung in Bund und Ländern, § 8 ROG Rn. 138.

309 *Dallhammer* in: Dyong/Arenz/Dallhammer, et al. (Hrsg.), Raumordnung in Bund und Ländern, § 8 ROG Rn. 139; vgl. *Deutscher Bundestag*, Drucksache 13/6392, S. 83.

zu gestalten und die Naturgüter sparsam und schonend in Anspruch zu nehmen sind (§ 2 II Nr. 6 S. 2 ROG).

b) Ziele der Raumordnung

In Raumordnungsplänen können Ziele[310] der Raumordnung festgelegt werden. Ziele sind verbindliche Vorgaben in Form von räumlich und sachlich bestimmten oder bestimmbaren, vom Träger der Raumordnung abschließend abgewogenen (§ 7 II ROG) textlichen oder zeichnerischen Festlegungen in Raumordnungsplänen zur Entwicklung, Ordnung und Sicherung des Raums (§ 3 I Nr. 2 ROG). Aus dieser Vorgabe folgt, dass die Ziele durch die jeweiligen Planungsträger formuliert werden und auf einer abschließenden Abwägung beruhen. Ziele haben somit Letztentscheidungscharakter.[311]

Wesentlicher Unterschied zwischen Zielen und Grundsätzen ist, dass die Ziele im Gegensatz zu Grundsätzen nicht der Abwägung unterstellt sind und beachtet werden müssen.[312] Die Abgrenzung von Zielen und Grundsätzen der Raumordnung kann im Einzelfall dennoch schwierig sein. Deshalb gab und gibt es immer wieder Streitigkeiten darüber, wie die einzelnen Vorgaben in den Raumordnungsplänen einzuordnen sind.[313] Inzwischen wurden durch die Rechtsprechung einige

---

310 Siehe dazu ausführlich: *Bartram*, Die Ziele der Raumordnung, S. 23 ff.; *Goppel*, Ziele der Raumordnung, BayVBl 1998, S. 289, 289 ff.; *Paetow*, Ziele der Raumordnung – Entwicklung in Gesetzgebung und Gerichtsbarkeit in: Erbguth/Kluth (Hrsg.), Planungsrecht in der gerichtlichen Kontrolle: Kolloquium zum Gedenken an Werner Hoppe, S. 179 ff.; *Ronellenfitsch*, Ziele der Raumordnung in: Erbguth/Oebbecke/Rengeling, et al. (Hrsg.), Planung: Festschrift für Werner Hoppe, S. 355 ff.; *Schulte*, Ziele der Raumordnung, NVwZ 1999, S. 942, 942 ff.

311 BVerwGE 90, 329, 332 f.; *Appold*, Freiraumschutz durch räumliche Planung, S. 113; *Bartram*, Die Ziele der Raumordnung, S. 53; *Goppel*, Grundsätze der Raumordnung in Raumordnungsplänen, BayVBl 1999, S. 331, 332; *Hoppe*, „Ziele der Raumordnung und Landesplanung“ und „Grundsätze der Raumordnung und Landesplanung“ in normtheoretischer Sicht, DVBl 1993, S. 681, 682; *Koch/Hendler*, Baurecht, Raumordnungs- und Landesplanungsrecht, S. 57; *Schink*, Bodenschutz in der Bauleitplanung (Teil 1), ZfBR 1995, S. 178, 180; *Ziekow* in: Ziekow (Hrsg.), Handbuch des Fachplanungsrechts, S. 163.

312 Zur Abgrenzung von Zielen und Grundsätzen siehe: *Beckmann* in: Hoppenberg/de Witt (Hrsg.), Handbuch des öffentlichen Baurechts Band 2, N Rn. 65 ff.; *Heemeyer*, Zur Abgrenzung von Zielen und Grundsätzen der Raumordnung, UPR 2007, S. 10, 10 ff.

313 Dazu ergingen einige Urteile, in denen entschieden wurde, dass die Ziele nicht hinreichend bestimmt bzw. bestimmbar waren und daher lediglich als Grundsätze qualifiziert werden konnten: BVerwGE 119, 25, 40 ff.; OVG Niedersachsen, Urt. v. 30.03.2000 – 1 K 2491/98 (ZfBR 2000, S. 573, 575); OVG Nordrhein-Westfalen, Urt. v. 06.06.2005 – 10 D 145/04.NE (ZfBR 2005, S. 815, 818); OVG Rheinland-Pfalz, Urt. v. 06.10.2011 – 1 C 11322/10 (BeckRS 2012, 47024); OVG Rheinland-Pfalz, Urt. v. 28.05.2013 – 8 C 10071/13.OVG (BeckRS 2014, 46775); zur Problematik siehe auch:

Abgrenzungskriterien festgelegt: Zunächst muss sich bereits aus der Formulierung der Planaussage deren Qualität ergeben.[314] Für die Einordnung als Ziel oder Grundsatz der Raumordnung ist der materielle Gehalt der Planaussage und nicht deren Bezeichnung entscheidend.[315] Die Kennzeichnung ist lediglich ein Indiz für die jeweilige Kategorisierung.[316] Landesplanerische Aussagen, die eine Regel-Ausnahme-Struktur aufweisen, können nach der Rechtsprechung auch Ziele der Raumordnung sein, sofern die Regel- aber auch die Ausnahmevoraussetzungen mit hinreichender Bestimmtheit oder zumindest Bestimmbarkeit normiert sind.[317] Das Bundesverwaltungsgericht führt hierzu aus: „In einem solchen Fall handelt es sich um verbindliche Aussagen, die nach Maßgabe ihrer – beschränkten – Reichweite der planerischen Disposition nachgeordneter Planungsträger entzogen sind".[318] Höchstrichterlich ist nunmehr außerdem entschieden, dass Soll-Formulierungen der Einordnung als Ziel der Raumordnung dann nicht entgegenstehen, „wenn die Voraussetzungen, bei deren Vorliegen die Soll-Vorschrift auch ohne förmliches Zielabweichungsverfahren eine Ausnahme von der Zielbindung zulässt, im Wege der Auslegung auf der Grundlage des Plans hinreichend bestimmt oder doch wenigstens bestimmbar

---

Hoppe, Kritik an der textlichen Fassung und inhaltlichen Gestaltung von Zielen der Raumordnung in der Planungspraxis, DVBl 2001, S. 81, 81 ff.; zur Anforderung an Bestimmtheit der Ziele siehe: *Kment*, Ziele der Raumordnung – Anforderungen an ihre Bestimmtheit, DVBl 2006, S. 1336, 1336 ff.
Gleichzeitig gab es, vor allem in den letzten Jahren, auch zahlreiche Urteile, bei denen die Gerichte die Einordnung als Ziel und damit deren Verbindlichkeit bestätigt haben: BVerwGE 138, 301, 303; OVG Rheinland-Pfalz, Urt. v. 15.10.2008 – 1 A 10388/08 (DVBl 2009, S. 386, 387); VGH Baden-Württemberg, Urt. v. 17.12.2009 – 3 S 2110/08 (VBlBW 2010, S. 357 ff.); OVG Rheinland-Pfalz, Urt. v. 23.03.2012 – 2 A 11176/11 (DVBl 2012, S. 716, 717); VGH Baden-Württemberg, Urt. v. 04.07.2012 – 3 S 351/11 (BauR 2013, S. 425 ff.); OVG Niedersachsen, Beschl. v. 17.05.2013 – 1 ME 56/13 (juris Rn. 16); OVG Sachsen, Urt. v. 20.01.2014 – 4 A 622/10 (juris Rn. 54); VGH Baden-Württemberg, Urt. v. 05.03.2014 – 8 S 808/12 (BeckRS 2014, 51491); OVG Sachsen, Urt. v. 16.04.2014 – 1 C 21/12 (juris Rn. 37 ff.); OVG Sachsen-Anhalt, Urt. v. 15.05.2014 – 2 K 36/12 (BeckRS 2014, 55277).

314 BVerwG, Beschl. v. 22.06.1993 – 4 B 45/93 (juris Rn. 14); VGH Baden-Württemberg, Urt. v. 06.11.2012 – 8 S 2525/09 (DVBl 2013, S. 384, 385); VGH Baden-Württemberg, Urt. v. 05.03.2014 – 8 S 808/12 (BeckRS 2014, 51491).

315 BVerwGE 119, 54, 59.

316 BVerwG, Beschl. v. 15.04.2003 – 4 BN 25/03 (juris Rn. 4); BVerwGE 119, 54, 59; VGH Baden-Württemberg, Urt. v. 05.03.2014 – 8 S 808/12 (BeckRS 2014, 51491).

317 BVerwGE 119, 54, 60; OVG Nordrhein-Westfalen, Urt. v. 06.06.2005 – 10 D 145/04.NE (ZfBR 2005, S. 815, 818); VGH Baden-Württemberg, Urt. v. 05.03.2014 – 8 S 808/12 (BeckRS 2014, 51491).

318 BVerwGE 119, 54, 60; vgl. auch: OVG Nordrhein-Westfalen, Urt. v. 06.06.2005 – 10 D 145/04.NE (ZfBR 2005, S. 815, 818 f.); VGH Baden-Württemberg, Urt. v. 17.12.2009 – 3 S 2110/08 (VBlBW 2010, S. 357, 358).

sind.“[319] Soll-Vorschriften, die den nachgeordneten Planungsträgern bei der Frage, ob eine Atypik gegeben ist, einen Abwägungsspielraum überlassen, entfalten hingegen keinen Verbindlichkeitsanspruch.[320]

Gemäß § 4 I 1 ROG sind Ziele bei raumbedeutsamen Planungen von den öffentlichen Stellen zu beachten. Diese Beachtenspflicht hat weitreichende Folgen für die nachfolgenden Planungsebenen. Ziele sind aufgrund von § 1 IV BauGB i. V. m. § 4 I 1 ROG auch im Rahmen der Bauleitplanung strikt verbindlich und daher nicht abwägbar.[321] Zudem sind Ziele für Außenbereichsvorhaben relevant: Nach § 35 III 2 Hs. 1 BauGB dürfen raumbedeutsame Vorhaben den Zielen der Raumordnung nicht widersprechen. Da die Ziele die kommunale Planungshoheit der Gemeinden erheblich einschränken können,[322] müssen bei deren Formulierung die Belange der Gemeinden berücksichtigt werden.[323] Ziele, die dies missachten, entfalten keine Bindungswirkung für Gemeinden.[324] Zusätzlich müssen die Ziele der Raumordnung den Gemeinden einen hinreichenden Entscheidungsspielraum überlassen,[325] was durch § 4 I 1 ROG nicht ausgeschlossen ist.[326]

Von Bedeutung ist allerdings auch, dass die Ziele der Raumordnung nicht in allen Fällen gelten. Von diesen können zum einen im Raumordnungsplan Ausnahmen festgelegt werden (§ 6 I ROG). Zum anderen sieht § 6 II ROG ein

---

319 BVerwGE 138, 301 (Leitsatz); siehe auch: BVerwGE 140, 54, 60; VGH Baden-Württemberg, Urt. v. 05.03.2014 – 8 S 808/12 (BeckRS 2014, 51491).

320 BVerwGE 138, 301, 304; BVerwGE 140, 54, 60; siehe auch: VGH Baden-Württemberg, Urt. v. 05.03.2014 – 8 S 808/12 (BeckRS 2014, 51491).

321 BVerwGE 90, 329, 332 f.; *Franz*, Freiraumschutz und Innenentwicklung, S. 126; *Hoppe*, „Ziele der Raumordnung und Landesplanung“ und „Grundsätze der Raumordnung und Landesplanung“ in normtheoretischer Sicht, DVBl 1993, S. 681, 683.

322 *Battis*, Öffentliches Baurecht und Raumordnungsrecht, S. 35; *Ludwig*, Planungsinstrumente zum Schutz des Bodens, S. 65; *Rabe* in: Rabe/Pauli/Wenzel (Hrsg.), Bau- und Planungsrecht, S. 29; zu Einschränkung der Planungshoheit durch Raumordnungsrecht siehe: BVerwGE 90, 329, 335 f.; VerfGH Nordrhein-Westfalen, Urt. v. 26.08.2009 – 18/08 (ZfBR 2010, S. 161 ff.); *Bartram*, Die Ziele der Raumordnung, S. 225 ff.; *Paßlick*, Die Ziele der Raumordnung und Landesplanung, S. 70 ff.; *Spoerr*, Raumordnungsziele und gemeindliche Bauleitplanung in: Erbguth/Oebbecke/Rengeling, et al. (Hrsg.), Planung: Festschrift für Werner Hoppe, S. 343 ff.

323 *Ludwig*, Planungsinstrumente zum Schutz des Bodens, S. 65; siehe hierzu: *Ronellenfitsch*, Ziele der Raumordnung, S. 355, 365.

324 BVerwGE 90, 329, 335; BVerwGE 95, 123, 129; OVG Rheinland-Pfalz, Urt. v. 24.06.1992 – 10 C 12780/90 (DÖV 1993, S. 209, 210 f.); *Ronellenfitsch*, Ziele der Raumordnung, S. 355, 365.

325 *Appold*, Freiraumschutz durch räumliche Planung, S. 113; vgl. *Spoerr*, Raumordnungsziele und gemeindliche Bauleitplanung, S. 343, 348.

326 *Hendler*, Systematische Aspekte der Raumordnungsgebiete und die Bindungswirkung von Raumordnungszielen in: Jarass (Hrsg.), Raumordnungsgebiete (Vorbehalts-, Vorrang- und Eignungsgebiete) nach dem neuen Raumordnungsgesetz, S. 88, 91.

Zielabweichungsverfahren[327] vor, wonach von den Zielen abgewichen werden darf, wenn dies unter raumordnerischen Gesichtspunkten vertretbar ist und die Grundzüge der Planung nicht berührt werden.

Dadurch, dass in den Raumordnungsplänen auch Vorgaben zum Freiraumschutz festgelegt werden sollen, können auch Vorgaben zur Begrenzung der Flächeninanspruchnahme als Ziele der Raumordnung festgelegt werden. Aufgrund der Verbindlichkeit der Ziele der Raumordnung und der damit einhergehenden Einschränkung der gemeindlichen Planungshoheit bietet dieses Instrument erhebliches Potenzial zur Begrenzung der Flächeninanspruchnahme.[328]

4. Vorranggebiete und Vorbehaltsgebiete gemäß § 8 VII 1 Nr. 1, 2 ROG

In den Raumordnungsplänen können außerdem Vorrang- und Vorbehaltsgebiete festgelegt werden (§ 8 VII 1 ROG), die ebenfalls die Flächeninanspruchnahme beeinflussen. Gemäß § 8 VII 1 Nr. 1 ROG sind Vorranggebiete solche Gebiete, die für bestimmte raumbedeutsame Funktionen oder Nutzungen vorgesehen sind und andere raumbedeutsame Nutzungen in diesem Gebiet ausschließen, soweit diese mit den vorrangigen Funktionen, Nutzungen oder Zielen der Raumordnung nicht vereinbar sind. Vorranggebiete[329] sind Ziele der Raumordnung[330] und lösen somit deren Beachtenspflicht aus. Die anderen, nicht dem Vorranggebiet entsprechenden Nutzungen sind in diesem Gebiet strikt ausgeschlossen.[331] Zusätzlich ist es der Gemeinde verwehrt, andere Nutzungen für dieses Gebiet zu ergänzen.[332] Bei der

---

327 Zum Zielabweichungsverfahren siehe ausführlich: *Schrage*, Zielabweichungsverfahren bei Raumordnungsplänen, S. 18 ff.

328 So auch: *Appold*, Freiraumschutz durch räumliche Planung, S. 113.

329 Zur Ausweisung von Vorranggebieten zum Schutz des Bodens siehe ausführlich: *Ludwig*, Planungsinstrumente zum Schutz des Bodens, S. 67 ff.; zu Vorranggebieten allgemein siehe: *Lehners*, Raumordnungsgebiete nach dem Raumordnungsgesetz 1998 – Zugleich eine hypothetische Zuordnung von Festlegungen in nordrhein-westfälischen Raumordnungsplänen, S. 19 ff.

330 BVerwG, Beschl. v. 31.03.2011 – 4 BN 19/10 (juris Rn. 13); *Deutscher Bundestag*, Drucksache 13/6392, S. 84; *Dallhammer* in: Dyong/Arenz/Dallhammer, et al. (Hrsg.), Raumordnung in Bund und Ländern, § 8 ROG Rn. 175; *Grotefels*, Vorrang-, Vorbehalts- und Eignungsgebiete in der Raumordnung (§ 7 Abs. 4 ROG) in: Erbguth/Oebbecke/Rengeling, et al. (Hrsg.), Planung: Festschrift für Werner Hoppe, S. 369, 374; *Hoppe/Bönker/Grotefels*, Öffentliches Baurecht, S. 60; *Koch/Hendler*, Baurecht, Raumordnungs- und Landesplanungsrecht, S. 59.

331 *Dallhammer* in: Dyong/Arenz/Dallhammer, et al. (Hrsg.), Raumordnung in Bund und Ländern, § 8 ROG Rn. 175; *Hendler*, Systematische Aspekte der Raumordnungsgebiete und die Bindungswirkung von Raumordnungszielen, S. 88, 105; *Koch/Hendler*, Baurecht, Raumordnungs- und Landesplanungsrecht, S. 59.

332 *Dallhammer* in: Dyong/Arenz/Dallhammer, et al. (Hrsg.), Raumordnung in Bund und Ländern, § 8 ROG Rn. 175; *Grotefels*, Vorrang-, Vorbehalts- und Eignungsgebiete in der Raumordnung (§ 7 Abs. 4 ROG), S. 369, 375; vgl. *Hoppe/Bönker/*

Festlegung von Vorranggebieten muss die kommunale Planungshoheit gewahrt werden, d. h. den Gemeinden muss genügend Konkretisierungsspielraum überlassen bleiben.[333]

Ferner können Vorbehaltsgebiete ausgewiesen werden. In diesen Gebieten ist bestimmten raumbedeutsamen Funktionen oder Nutzungen besonderes Gewicht beizumessen (§ 8 VII 1 Nr. 2 ROG). Dieses kann im Rahmen der Abwägung jedoch durch ein größeres anderes Gewicht überwunden werden.[334] Daher handelt es sich bei Vorbehaltsgebieten im Gegensatz zu Vorranggebieten nicht um Ziele, sondern um Grundsätze der Raumordnung.[335]

Die Nutzungen, die in Vorrang- oder Vorbehaltsgebieten vorgesehen werden können, sind in § 8 V ROG aufgelistet, da § 8 VII 1 ROG darauf ausdrücklich verweist. Infolgedessen besteht nicht nur die Möglichkeit Gebiete für Freiraum und Freiraumschutz festzulegen, sondern auch für Siedlungs- oder Infrastrukturzwecke.

Für die Begrenzung der Flächeninanspruchnahme sind insbesondere Vorranggebiete von Bedeutung, da diese verbindlich die Nutzung von Flächen vorgeben können. Die Ausweisung von Vorranggebieten kann in zweierlei Hinsicht den quantitativen Bodenschutz vorantreiben: Zum einen können explizit Flächen festgelegt werden, in denen die bauliche Nutzung ausgeschlossen ist.[336] Zum anderen können

---

Grotefels, Öffentliches Baurecht, S. 61; Konkretisierungsmöglichkeit nur bezüglich Parzellenschärfe und evtl. bezüglich nicht konkurrierender Nutzung: *Runkel*, Das neue Raumordnungsgesetz, WiVerw 1997, S. 267, 289.

333 *Grotefels*, Vorrang-, Vorbehalts- und Eignungsgebiete in der Raumordnung (§ 7 Abs. 4 ROG), S. 369, 375; vgl. *Busse*, Neue Vorgaben für die Regionalplanung – ein trojanisches Pferd für die örtliche Bauleitplanung?, BayVBl 1998, S. 293, 294; zur Vereinbarkeit mit der kommunalen Planungshoheit siehe ausführlich: *Schink*, Raumordnungsgebiete und kommunale Planungshoheit – Chancen und Schwierigkeiten für die Kommunen – in: Jarass (Hrsg.), Raumordnungsgebiete (Vorbehalts-, Vorrang- und Eignungsgebiete) nach dem neuen Raumordnungsgesetz, S. 46, 50 ff.

334 BVerwGE 118, 33, 47; *Dallhammer* in: Dyong/Arenz/Dallhammer, et al. (Hrsg.), Raumordnung in Bund und Ländern, § 8 ROG Rn. 181; *Deutscher Bundestag*, Drucksache 13/6392, S. 84.

335 BVerwGE 118, 33, 48; BVerwG, Urt. v. 15.06.2009 – 4 BN 10/09 (ZfBR 2009, S. 684, 685); Bayerischer VGH, Urt. v. 22.01.2009 – 4 N 08.708 (juris Rn. 30); *Dallhammer* in: Dyong/Arenz/Dallhammer, et al. (Hrsg.), Raumordnung in Bund und Ländern, § 8 ROG Rn. 180; *Hoppe*, Die Beimessung eines besonderen Gewichts „bei der Abwägung mit konkurrierenden raumbedeutsamen Nutzungen" in Vorbehaltsgebieten nach § 7 Abs. 4 Satz 1 Nr. 2 ROG 1998, DVBl 1998, S. 1008, 1009; andere Ansicht: *Goppel* in: Spannowsky/Runkel/Goppel (Hrsg.), ROG Kommentar, § 8 Rn. 82; *Koch/Hendler*, Baurecht, Raumordnungs- und Landesplanungsrecht, S. 59; *J. Schumacher* in: Schumacher/Werk/Albrecht (Hrsg.), ROG Kommentar, § 8 Rn. 59.

336 Vgl. *Jörissen/Coenen*, Sparsame und schonende Flächennutzung, S. 95; *Ludwig*, Planungsinstrumente zum Schutz des Bodens, S. 72; *Schink*, Der Bodenschutz

dadurch aber auch Siedlung und Verkehr auf bestimmte Gebiete gelenkt werden[337] und so bauliche Entwicklung örtlich gesteuert werden. Es können beispielsweise bereits vorbelastete Flächen für Siedlungs- oder Verkehrszwecke genutzt werden, die aus ökologischen Gründen nicht besonders schützenswert sind. Des Weiteren ist es dadurch möglich, Siedlung und Infrastruktur räumlich zu konzentrieren.[338] Daher beinhalten insbesondere Vorranggebiete mit entsprechendem Inhalt großes Potenzial zur Begrenzung der Flächeninanspruchnahme.

5. *Umweltprüfung gemäß § 9 ROG*

Gemäß § 9 I ROG ist bei der Aufstellung von Raumordnungsplänen nach § 8 ROG (d. h. sowohl bei landesweiten Raumordnungsplänen als auch Regionalplänen) eine Umweltprüfung durchzuführen.[339] Dabei müssen die voraussichtlich erheblichen Auswirkungen des Raumordnungsplans auf verschiedene Umweltgüter, auch auf den Boden (§ 9 I 1 Nr. 2 ROG), ermittelt werden. Eine Ausnahme von der Umweltprüfung kommt gemäß § 9 II 1 ROG nur bei geringfügigen Änderungen von Raumordnungsplänen in Betracht, sofern eine überschlägige Prüfung ergibt, dass voraussichtlich keine erheblichen Umweltauswirkungen entstehen werden. Bei der Umwandlung von Freiraum in Siedlungs- und Verkehrsflächen wird jedoch davon

---

und seine Bedeutung für die nachhaltige städtebauliche Entwicklung, DVBl 2000, S. 221, 225.

337 *Einig/Spieker*, Die rechtliche Zulässigkeit regionalplanerischer Mengenziele zur Begrenzung des Siedlungs- und Verkehrsflächenwachstums, ZUR Sonderheft 2002, S. 150, 152; *Goppel*, Die Festlegung von Raumordnungsgebieten – Rechtliche Fragen und planerische Konsequenzen aus der Sicht der Raumordnungsverwaltung in: Jarass (Hrsg.), Raumordnungsgebiete (Vorbehalts-, Vorrang- und Eignungsgebiete) nach dem neuen Raumordnungsgesetz, S. Die Festlegung von Raumordnungsgebieten – Rechtliche Fragen und planerische Konsequenzen aus der Sicht der Raumordnungsverwaltung in: Jarass (Hrsg.26, 37; *Jörissen/Coenen*, Sparsame und schonende Flächennutzung, S. 95; *Ludwig*, Planungsinstrumente zum Schutz des Bodens, S. 73.

338 *Einig/Spieker*, Die rechtliche Zulässigkeit regionalplanerischer Mengenziele zur Begrenzung des Siedlungs- und Verkehrsflächenwachstums, ZUR Sonderheft 2002, S. 150, 152; *Ludwig*, Planungsinstrumente zum Schutz des Bodens, S. 73.

339 Zur Umweltprüfung siehe ausführlich: *Uebbing*, Umweltprüfung bei Raumordnungsplänen, S. 31 ff.; *Uechtritz*, Die Umweltprüfung in der Raumordnung – zur Umsetzung der Plan-UP-Richtlinie, ZUR 2006, S. 9, 9 ff.; *Scheidler*, Vorgaben zur Umweltplanung im Raumordnungsgesetz 2009, NVwZ 2010, S. 19, 21 f.; allgemein zur Umweltprüfung siehe: *Schink*, Umweltprüfung für Pläne und Programme – Anwendungsbereich der SUP-Richtlinie und Umsetzung in deutsches Recht, NVwZ 2005, S. 615, 615 ff.; *Steinberg*, Umweltverträglichkeitsprüfung von Programmen und Plänen in: Erbguth/Oebbecke/Rengeling, et al. (Hrsg.), Planung: Festschrift für Werner Hoppe, S. 493 ff.; *Verwiebe*, Umweltprüfungen auf Plan- und Programmebene, S. 27 ff.

ausgegangen, dass erhebliche Umweltauswirkungen gegeben sind.[340] Auch wenn die Flächeninanspruchnahme im Rahmen der Umweltprüfung berücksichtigt wird, führt die Umweltprüfung lediglich dazu, dass die Umweltbelange und so auch die Belange des Bodens in Entscheidungen mit einbezogen werden.[341] Darüber hinaus kann dieser Norm jedoch keine besondere bodenschützende Wirkung zugesprochen werden.[342]

II. Inhalt der landesweiten Raumordnungspläne

Wie bereits erläutert, sind die Bundesländer verpflichtet, landesweite Raumordnungspläne (§ 8 I 1 Nr. 1 ROG) und Regionalpläne (§ 8 I 1 Nr. 2 ROG) aufzustellen. Darin werden die Ziele der Raumordnung sowie zusätzliche Grundsätze festgelegt. Für die Inanspruchnahme bzw. die Freihaltung von Flächen sind diese Pläne von grundlegender Bedeutung, da auf diesen Ebenen Konkretisierungen vorgenommen werden.

Die Raumordnungspläne nach § 8 I 1 Nr. 1 ROG haben in den Bundesländern unterschiedliche Bezeichnungen wie beispielsweise Landesentwicklungsplan, Landesentwicklungsprogramm oder Landesraumordnungsprogramm. Da die Regionalpläne lediglich aus den Raumordnungsplänen entwickelt werden und diese zwar konkretisieren, aber nichts grundlegend Neues enthalten, werden im Folgenden lediglich die Raumordnungspläne der einzelnen Bundesländer näher untersucht.

1. *Allgemeine Vorgabe zur Begrenzung der Flächeninanspruchnahme*

Eine allgemeine Aussage zur Begrenzung der landesweiten Inanspruchnahme von Flächen ist in einigen Bundesländern als Ziel[343] und in anderen als Grundsatz[344] oder

340 *Spannowsky* in: Bielenberg/Runkel/Spannowsky, et al. (Hrsg.), Raumordnungs- und Landesplanungsrecht, § 9 ROG Rn. 39.

341 *Risch*, Neue Instrumente zur Begrenzung des Bodenverbrauches, S. 96.

342 Siehe auch: Ibid., S. 96.

343 Landesentwicklungsplan Baden-Württemberg 2002 (im Folgenden LEP Baden-Württemberg): Ziel (im Folgenden Z) 2.2.3.1 dabei Beschränkung auf das notwendige Maß; Landesraumordnungsprogramm Niedersachsen 2012 (im Folgenden LROPro Niedersachsen) (zu diesem LROPro gibt es derzeit ein Änderungsverfahren): Z 3.1.1 02, siehe dazu aber auch: Grundsatz (im Folgenden immer G): 1.1 02; Landesentwicklungsplan Nordrhein-Westfalen 1995 (im Folgenden LEP Nordrhein-Westfalen) (zu diesem LEP gibt es derzeit ein Änderungsverfahren): Z B III 1.23.

344 Landesraumentwicklungsprogramm Mecklenburg-Vorpommern 2005 (im Folgenden LREPro Mecklenburg-Vorpommern): G 4.1.5; Landesentwicklungsprogramm Rheinland-Pfalz 2008 (im Folgenden LEPro Rheinland-Pfalz): Z 31. Allerdings hat das OVG Rheinland-Pfalz in Urt. v. 06.10.2011 – 1 C 11322/10 (BeckRS 2012, 47024) sowie Urt. v. 28.05.2013 – 8 C 10071/13.OVG (BeckRS 2014, 46775)

als Leitvorstellung[345] normiert. Über diese allgemeine Formulierung hinaus, sind in den Plänen viele speziellere Regelungen enthalten.

2. *Vorgaben zur Siedlungsentwicklung*

Die Landesraumordnungspläne beinhalten zahlreiche Aussagen zur Siedlungsentwicklung. Das zentrale Prinzip, welches der heutigen Siedlungsentwicklung in Deutschland zugrunde liegt, ist Innen- vor Außenentwicklung. Bereits in Anspruch genommene Flächen sollen weitergehend ausgenutzt werden, bevor bislang freie Flächen einer Bebauung zugeführt werden. In Baden-Württemberg, Bayern, Berlin und Brandenburg, Hessen, Nordrhein-Westfalen, Saarland, Sachsen und Schleswig-Holstein ist dies verbindlich als Ziel[346] festgelegt. In den Bundesländern Mecklenburg-Vorpommern, Rheinland-Pfalz, Sachsen-Anhalt sowie Thüringen handelt es sich hierbei lediglich um einen Grundsatz.[347]

Zur Vermeidung weiterer Inanspruchnahme von freien Flächen trägt auch das Flächenrecycling von Brachen, Konversionsgebieten oder sonstigen Flächen bei. Hinsichtlich der Wiedernutzbarmachung dieser Flächen findet sich in fast allen Bundesländern eine Vorgabe. Allerdings handelt es sich nur in Baden-Württemberg,

---

Z 31 trotz Bezeichnung als Ziel mangels Bestimmbarkeit als Grundsatz eingeordnet.; Landesentwicklungsplan Sachsen 2013 (im Folgenden LEP Sachsen): G 2.1.1.3, G 2.2.1.1; Landesentwicklungsplan Sachsen-Anhalt 2010 (im Folgenden LEP Sachsen-Anhalt): G 87, 110 dabei Beschränkung auf das notwendige Maß; Landesentwicklungsplan Schleswig-Holstein 2010 (im Folgenden LEP Schleswig-Holstein): G 3 2.7.

345 Landesentwicklungsprogramm Thüringen 2014 (im Folgenden LEPro Thüringen): Leitvorstellung 2.4 Nr. 3.

346 LEP Baden-Württemberg: Z 3.1.2, 3.1.9; Landesentwicklungsprogramm Bayern 2013 (im Folgenden LEPro Bayern): Z 3.2; vgl. gemeinsamer Landesentwicklungsplan für Berlin und Brandenburg 2009 (im Folgenden LEP Berlin-Brandenburg): Z 4.2 siehe dazu auch: G 4.1. Allerdings wurde der LEP Berlin-Brandenburg durch OVG Berlin-Brandenburg, Urt. v. 16.06.2014 – OVG 10 A 8.10 (BeckRS 2014, 52498) für unwirksam erklärt.; Landesentwicklungsplan Hessen 2000 (im Folgenden LEP Hessen): Z 4.1.2; LEP Nordrhein-Westfalen: Z B III 2.2; Landesentwicklungsplan Siedlung Saarland 2006 (im Folgenden LEP Siedlung Saarland): Z 2.3.2 (17), (23); Z 2.4.2 (32); LEP Sachsen: Z 2.2.1.4; vgl. LEP Schleswig-Holstein: Z 4 2.4.1, aber auch G 2 2.7, G 3 2.7.

347 LREPro Mecklenburg-Vorpommern: G 4.1.3; LEPro Rheinland-Pfalz Z 31: Allerdings hat das OVG Rheinland-Pfalz in Urt. v. 06.10.2011 – 1 C 11322/10 (BeckRS 2012, 47024) sowie Urt. v. 28.05.2013 – 8 C 10071/13.OVG (BeckRS 2014, 46775) Z 31 trotz Bezeichnung als Ziel mangels Bestimmbarkeit als Grundsatz eingeordnet. Siehe auch: G 52; LEP Sachsen-Anhalt: G 13; LEPro Thüringen: G 2.4.1.

Bayern und Sachsen um ein Ziel,[348] in den anderen Ländern ist dies nur als Grundsatz[349] verankert.

Mit dem Bestreben vorrangig die Innenentwicklung voranzutreiben, wird gleichzeitig die Vermeidung der Zersiedelung der Landschaft bezweckt. Streu- und Splittersiedlungen sollen verhindert und die Siedlungsentwicklung an zentralen Standorten konzentriert werden. In den Raumordnungsplänen gibt es zahlreiche Vorgaben mit diesem oder vergleichbarem Inhalt. Als Ziel[350] findet sich eine solche Regelung in Baden-Württemberg, Berlin und Brandenburg, Hessen, Mecklenburg-Vorpommern, Rheinland-Pfalz, Saarland, Sachsen, Sachsen-Anhalt, Schleswig-Holstein und als Grundsatz[351] in Bayern.

In den Kontext der Vermeidung der Außenentwicklung ist auch die vorrangige Ausrichtung der Siedlungsentwicklung an bestehende Infrastruktur- sowie Verkehrseinrichtungen einzuordnen. Es finden sich Grundsätze[352] zur räumlichen Bündelung dieser sowie Ziele[353] zur Anbindung von neuen Siedlungen an den öffentlichen Personen- und Nahverkehr. Zudem wird in Baden-Württemberg und Rheinland-Pfalz der Grundsatz normiert, dass vorrangig bestehende Verkehrswege ausgebaut, bevor neue gebaut werden sollen.[354]

---

348 LEP Baden-Württemberg: Z 2.2.3.1, 3.1.9, G 3.4.3 zur Nutzung ehemaliger Militärflächen; vgl. LEPro Bayern: Z 3.3; LEP Sachsen 2013 Z 2.2.1.7, Z 2.2.2.6.

349 LEP Berlin-Brandenburg: G 4.4, jedoch LEP unwirksam; LEP Hessen: G 6.2; LREPro Mecklenburg-Vorpommern: G 4.1.4, G 5.1.4.2; LROPro Niedersachsen: G 3.1.1 04; LEPro Rheinland-Pfalz: G 20; LEP Siedlung Saarland: G 2.3.2 (26); LEP Sachsen-Anhalt: G 15, 49, 112; LEP Schleswig-Holstein: G 5 5.2, 3 2.7; LEPro Thüringen: G 2.4.2.

350 LEP Baden-Württemberg: Z 2.6.4, 2.6.4.1, siehe dazu auch: G 2.2.3.2; LEP Berlin-Brandenburg: Z 4.3, siehe dazu auch: Z 4.5, jedoch LEP unwirksam; LEP Hessen: Z 4.1.2; LREPro Mecklenburg Vorpommern: Z 4.1.6, Z 4.1.7; LEPro Rheinland-Pfalz: Z 34; vgl. auch Z 33; LEP Siedlung Saarland: Z. 2.2.2 (12), Z 2.3.2 (22), siehe dazu auch: G 2.3.2 (22); LEP Sachsen: Z 2.2.1.9; LEP Sachsen-Anhalt: Z 7, Z 18, Z 22; LEP Schleswig-Holstein: Z 1 2.4.1, siehe dazu auch: G 2 2.4.1 sowie Z 3 2.4.1, Z 1 5.3.1.

351 LEPro Bayern: G 3.3.

352 LEPro Bayern: G 7.1.3 für Infrastruktur; LEP Berlin-Brandenburg: G 6.8: räumliche Bündelung der Leitungs- und Verkehrstrassen, jedoch LEP unwirksam; allgemeiner: LEP Sachsen: G 3.1.1: Beim Neubau von Verkehrsinfrastruktur ist auf eine effiziente Flächennutzung und eine Reduzierung der Flächeninanspruchnahme zu achten.

353 LEP Baden-Württemberg: Z 2.2.3.2, 3.2.5; LEPro Bayern: Z 3.3; LEP Hessen: G 4.1.1: Siedlungstätigkeit entlang der Nahverkehrsachsen, G 6.3: Siedlungstätigkeit an die bestehende Infrastruktur anbinden; LEPro Rheinland-Pfalz: Z 33.

354 LEP Baden-Württemberg: G 4.1.2; LEPro Rheinland-Pfalz: G 139.

3. Vorgaben zum Schutz des Bodens und des Freiraums

In den landesweiten Raumordnungsplänen lassen sich auch konkrete Vorgaben zum Schutz des Bodens und des Freiraums finden. Beispielsweise ist die nachhaltige Siedlungsentwicklung bzw. Flächenausweisung in Bayern, Baden-Württemberg, Hessen sowie Niedersachsen als Grundsatz[355] normiert. Auch der Schutz der Bodenfunktionen findet als Grundsatz[356] in einigen Bundesländern Berücksichtigung. In manchen Landesraumordnungsplänen ist zudem die Pflicht zur Entsiegelung als Grundsatz[357] verankert. Im Falle einer Ausweisung von Neubauflächen geben einige Pläne ferner eine flächensparende Bebauung oder Siedlungsform als Ziel[358] oder als Grundsatz[359] vor. Auch die Sicherung von bestehenden Freiräumen erfährt durch die landesweiten Raumordnungspläne Berücksichtigung. In Baden-Württemberg, Hessen, Nordrhein-Westfalen, Sachsen sowie Schleswig-Holstein ist dies als Ziel[360] normiert, in dem Planungsgebiet Berlin und Brandenburg, Mecklenburg-Vorpommern, Niedersachsen, Rheinland-Pfalz, Sachsen-Anhalt als Grundsatz[361] sowie als Leitvorstellung[362] in Thüringen. Die Verringerung der landesweiten Zerschneidung ist in fast allen Bundesländern als Grundsatz,[363] in Baden-Württemberg aber als Ziel[364] festgehalten.

---

355 LEP Baden-Württemberg: G 3.1.7: nachhaltige Flächenausweisung; LEPro Bayern: G 3.1; LEP Hessen: G 4.1.1; LROPro Niedersachsen: G 1.1 02: Planungen sollen zu nachhaltigem Wachstum beitragen.

356 LREPro Mecklenburg-Vorpommern: G 5.1.1, 5.1.2, 5.1.4.1; LROPro Niedersachsen: G 3.1.1 04; LEPro Rheinland-Pfalz: G 112; LEP Sachsen: G 4.1.3.1, 4.1.3.2; LEP Sachsen-Anhalt: G 109, 110, 111, 113; LEP Schleswig-Holstein: G 5 5.2; in Thüringen als Leitvorstellung: LEP Thüringen: Leitvorstellung 6.1 Nr. 1–4.

357 LEP Hessen: G 8.2.2; LEP Sachsen-Anhalt: G 112; LEP Schleswig-Holstein: G 5 5.2.

358 LEP Baden-Württemberg: Z 2.3.1.2, siehe dazu auch: G 3.2.4; LEP Nordrhein-Westfalen Z B III 1.25; LEP Siedlung Saarland: Z 2.3.2 (26), siehe dazu auch: G 2.3.2 (16) und zu Verdichtung G 2.3.2 (20).

359 LEPro Bayern: G 3.1; LREPro Mecklenburg-Vorpommern: G 4.1.5; LEPro Rheinland-Pfalz: G 86; LEP Sachsen-Anhalt: G 109, 110, 111; LEP Schleswig-Holstein: G 3 2.7.

360 LEP Baden-Württemberg: Z 2.2.3.7, 5.1.1 zum Schutz der ökologischen Ressourcen, für Erholung sowie land- und forstwirtschaftliche Nutzungen; LEP Hessen: Z 5.1, siehe auch: Z 5.2; LEP Nordrhein-Westfalen: Z B III 1.21, 1.22; LEP Sachsen: Z 1.5.4, Z 2.2.1.8; LEP Schleswig-Holstein: Z 1 5.3.1, Z 2 5.3.1.

361 LEP Berlin-Brandenburg: G 5.1, jedoch LEP unwirksam; LREPro Mecklenburg-Vorpommern: G 4.1.11; LROPro Niedersachsen: G 3.1.1 01, 3.1.1. 03; LEPro Rheinland-Pfalz: G 85; LEP Sachsen-Anhalt: G 87.

362 LEPro Thüringen: Leitvorstellung 6.1.

363 LEPro Bayern: G 7.1.3; LEP Berlin-Brandenburg: G 5.1, siehe dazu aber auch: Z 5.2, jedoch LEP unwirksam; LEP Hessen: G 7.3.1; LREPro Mecklenburg-Vorpommern: G 5.1.1.2; LROPro Niedersachsen: G 3.1.1. 02; LEP Sachsen: G 4.1.1.1, siehe dazu auch: Z 4.1.1.2 zu unzerschnittenen verkehrsarmen Räumen; LEP Sachsen-Anhalt: G 87; LEPro Thüringen: G 4.5.1, 6.1.4.

364 LEP Baden-Württemberg: Z 5.1.2.2, siehe dazu auch: G 4.1.2.

4. *Vorranggebiete und Vorbehaltsgebiete*

Wie oben bereits erläutert, können in den jeweiligen Raumordnungsplänen auch Vorrang- und Vorbehaltsgebiete für bestimmte Raumnutzungen festgelegt werden. Diesbezüglich zeigt sich, dass bislang nur wenige Bundesländer Vorrang- oder Vorbehaltsgebiete für Freiraumschutz vorsehen.[365] Gleichwohl beinhalten einige Raumordnungspläne Vorrang- und Vorbehaltsgebiete für Natur und Landschaft[366] oder Arten- und Biotopschutz.[367] Auch diese wirken sich positiv auf bislang freie Flächen aus, da diese Bereiche von einer Bebauung verschont bleiben. Vorrang- oder Vorbehaltsgebiete für Siedlungszwecke, in denen die Bebauung von Flächen konzentriert und daher andere Flächen freigehalten werden, sind in den einzelnen Raumordnungsplänen bisher nicht enthalten.[368]

5. *Sonstige freiraumschützende Vorgaben*

In den landesweiten Raumordnungsplänen finden sich weitere Vorgaben, die einen Beitrag zur Verringerung der Flächeninanspruchnahme leisten können. Hierzu zählt die Eigenentwicklung. In der Raumordnung wird zwischen solchen Gemeinden unterschieden, in denen die Siedlungsentwicklung verstärkt stattfinden soll und solchen, die auf Eigenentwicklung begrenzt werden sollen. Die Eigenentwicklung beschränkt dabei Gemeinden auf die Ausweisung von Siedlungsflächen zur Deckung des örtlichen Bedarfs, eine darüber hinausgehende Ausweisung ist ihnen nicht erlaubt.[369] Als Gemeinden der Eigenentwicklung werden in der Regel kleine

---

365 LROPro Niedersachsen: Z 3.1.1 03: Vorranggebiet Freiraumfunktionen; LEPro Rheinland-Pfalz: Z 87: Vorrangausweisungen für regionale Grünzüge sowie Vorrang- und Vorbehaltsausweisungen für Grünzäsuren siehe auch für Siedlungserweiterung: G 28; Landesentwicklungsplan Umwelt Saarland 2004 (LEP Umwelt Saarland): Z 2.2.2 (47), (48): Vorranggebiet Freiraumschutz; LEPro Thüringen: 6.1.6: Vorbehaltsgebiet für Freiraumpotenzial.

366 LEPro Bayern: Z 7.1.2: Vorbehaltsgebiete für Natur und Landschaftspflege; LREPro Mecklenburg-Vorpommern: Z 5.1.4: Vorranggebiete für Naturschutz und Landschaftspflege sowie G 5.1.5, 5.1.6; LEP Umwelt Saarland: Z 2.2.1 (44): Vorranggebiet Naturschutz; LEP Sachsen-Anhalt: Z 117, 118: Vorranggebiet für Natur und Landschaft; LEP Schleswig-Holstein: Z 1 5.2.1: Vorranggebiet für Naturschutz.

367 LEP Sachsen: Z 4.1.1.16.

368 In manchen Regionalplänen sind solche jedoch enthalten. Siehe beispielsweise: Regionales Raumordnungsprogramm Hannover 2005: D 1.5 04; Regionalplan Heilbronn-Franken 2020 von 2006: Z 2.4.1; siehe auch: § 11 III 2 Nr. 3 i. V. m. VII 1 LplG Baden-Württemberg.

369 *Gawron* in: BMU (Hrsg.), Effektivierung des raumbezogenen Planungsrechts zur Reduzierung der Flächeninanspruchnahme, S. 122; *Ritter/Bröcker/Fürst, et al.*, Handwörterbuch der Raumordnung, S. 192; zur Eigenentwicklung siehe auch: *Schwabedal*, Das regionalplanerische Instrument Eigenentwicklung, RuR 2011, S. 17, 17 ff.

Gemeinden im ländlichen Raum eingeordnet, die nicht über infrastrukturelle oder standortbezogene Voraussetzungen verfügen,[370] beispielsweise keine eigenen Versorgungseinheiten und nur mäßig gute Verkehrsanbindungen haben.[371] In einigen Raumordnungsplänen werden hierzu Vorgaben getroffen. Die Beschränkung mancher Gemeinden auf Eigenentwicklung ist in Hessen und Rheinland-Pfalz als Grundsatz[372] und in Baden-Württemberg als Ziel[373] normiert. Im Saarland und in Sachsen ist dies ebenfalls ein Ziel,[374] hierbei wird konkretisiert, dass eine Siedlungsentwicklung, die über die Eigenentwicklung hinausgeht, nur in Zentralen Orten möglich ist. Das Landesraumentwicklungsprogramm für Mecklenburg-Vorpommern beinhaltet einen Grundsatz[375] zur Konzentration der gewerblichen Bauflächenentwicklung auf Zentrale Orte, für die restlichen Gemeinden ist nur der Eigenbedarf maßgeblich. Solche Vorgaben können ebenfalls einen Beitrag dazu leisten, dass die Inanspruchnahme von Flächen gesteuert und insgesamt verringert wird.

Ferner kann sich eine Ausweisung von Flächen nach Bedarf positiv auswirken. Jedoch finden sich nur vereinzelt in den Plänen Ziele[376] zur vorherigen Ermittlung des benötigten Flächenbedarfs. In Rheinland-Pfalz ist ein Grundsatz[377] zur Festsetzung von Schwellenwerten der Wohnbauflächenentwicklung in den Regionalplänen normiert. Auch eine interkommunal abgestimmte Bauflächenausweisung, vor allem im Bereich Gewerbe, kann sich für den quantitativen Bodenschutz positiv auswirken.

---

370 *Ritter/Bröcker/Fürst, et al.*, Handwörterbuch der Raumordnung, S. 194; vgl. *Einig/Spieker*, Die rechtliche Zulässigkeit regionalplanerischer Mengenziele zur Begrenzung des Siedlungs- und Verkehrsflächenwachstums, ZUR Sonderheft 2002, S. 150, 152.

371 *Schwabedal*, Das regionalplanerische Instrument Eigenentwicklung, RuR 2011, S. 17, 19.

372 LEP Hessen: G 4.1.1; LEPro Rheinland-Pfalz: G 26.

373 LEP Baden-Württemberg: Z 3.1.3, Z 3.1.5.

374 LEP Siedlung Saarland: Z 2.1.3 (2), (3), Z 2.3.2 (16); LEP Sachsen: Z 2.2.1.6.

375 LREPro Mecklenburg-Vorpommern: G 4.1.8.

376 LEP Hessen: Z 4.1.2: In den Regionalplänen ist gemeindeweise der voraussichtliche Bedarf an Wohnsiedlungsflächen zu ermitteln und darzustellen.; LEP Siedlung Saarland: Z 2.3.2 (21), Z 2.4.2 (33): Ermittlung des örtlichen Bauflächenbedarfs; LEP Schleswig-Holstein: Z 4 2.6: Für die Festlegung sind zunächst der vorsorgende, überregionale Flächenbedarf und die Standortanforderungen der weiteren gewerblichen Entwicklung festzustellen.

377 Im LEPro Rheinland-Pfalz ist dies als Ziel normiert: Z 32: In den Regionalplänen sind mindestens für die Ebene der vorbereitenden Bauleitpläne Schwellenwerte als Ziele der Raumordnung zur weiteren Wohnbauflächenentwicklung vor dem Hintergrund der absehbaren demografischen Entwicklung festzulegen. Allerdings hat das OVG Rheinland-Pfalz in Urt. v. 06.10.2011 – 1 C 11322/10 (BeckRS 2012, 47024) Z 32 als Grundsatz eingeordnet.

In Baden-Württemberg, Hessen, Niedersachsen und Schleswig-Holstein sind dazu Ziele[378] verankert, in Mecklenburg-Vorpommern und Sachsen Grundsätze.[379]

III. Zusammenfassung und Bewertung des Raumordnungsrechts

Durch das Raumordnungsrecht wird die überfachliche und überörtliche Nutzung des Raums geregelt und eine Gesamtstrategie für große Gebietseinheiten vorgegeben. Dabei werden sowohl Gebiete, die baulich genutzt als auch solche, die freigehalten werden sollen, festgelegt. Das Raumordnungsrecht kann die Planung maßgeblich steuern, da sie überörtlich gilt und die jeweils darunter liegende Planungsebene die Vorgaben der höheren Ebene beachten muss. Daher beinhaltet das Raumordnungsrecht Ansatzpunkte zur Begrenzung der Flächeninanspruchnahme. Sowohl auf Bundes- als auch Landesebene wird die Problematik der Flächeninanspruchnahme im Raumordnungsrecht berücksichtigt. Die Untersuchung der einzelnen Reglungen des ROG zeigt, dass dem Bodenschutz, auch in quantitativer Hinsicht, Bedeutung beigemessen wird.

Die Reduzierung der Flächeninanspruchnahme ist ein Teilziel der nachhaltigen Raumentwicklung nach § 1 II ROG, welches jedoch mit den konkurrierenden Belangen in Ausgleich gebracht werden muss. Daher kann die Flächeninanspruchnahme durch § 1 II ROG nicht wirksam verhindert werden. Ausdrücklich wird die Thematik in den Grundsätzen der Raumordnung gemäß § 2 ROG bedacht. Neben der expliziten Regelung zur Reduktion der Flächeninanspruchnahme für Siedlungs- und Verkehrszwecke werden in den Grundsätzen des ROG Vorgaben zur Beseitigung der negativen Ursachen und Folgen der Flächeninanspruchnahme gemacht. Auch die mittelbaren Auswirkungen, wie etwa die Zunahme des Verkehrs, werden berücksichtigt. Die Grundsätze entfalten jedoch ebenfalls keine absolute Beachtenspflicht. Sie können im Rahmen der Abwägung weggewogen werden. Sowohl mit der nachhaltigen Raumentwicklung als auch mit den Raumordnungsgrundsätzen mit Bezug zur Begrenzung der Flächeninanspruchnahme setzt der Gesetzgeber ein klares Zeichen zum quantitativen Bodenschutz. Hierbei handelt es sich allerdings nicht um effektive Regelungen, da die Begrenzung der Flächeninanspruchnahme jeweils durch andere Belange bzw. Bestrebungen verdrängt werden kann.

Anders sieht es bei den Zielen der Raumordnung und den Vorranggebieten aus. Dies sind Instrumente, die prinzipiell die Inanspruchnahme von Flächen steuern und reduzieren können. Hierbei hängt es allerdings maßgeblich davon ab, welchen Inhalt die Ziele der Raumordnung jeweils konkret festlegen und welcher Art die jeweiligen

378 LEP Baden-Württemberg: Z 3.1.5: 3.1.6: bzgl. größerer Neubauflächen; LEP Hessen: Z 4.1.2: bzgl. Gewerbeflächenkonzepte; LROPro Niedersachsen: Z 2.3 03: bzgl. Einzelhandelsgroßprojekte; LEP Schleswig-Holstein: Z 4 2.6, siehe vor allem auch: G 4 1.3.

379 LREPro Mecklenburg-Vorpommern: G 4.1.13: bzgl. Gewerbegebiete; LEP Sachsen: G 2.3.1.2: bzgl. gewerbliche Bauflächen.

Vorranggebiete sind. Sofern diese den Boden vor Inanspruchnahme schützen, handelt es sich hierbei aufgrund ihrer Verbindlichkeit um die wirksamsten Normen des Raumordnungsrechts bezüglich des quantitativen Bodenschutzes.

Betrachtet man die Raumordnungspläne der einzelnen Bundesländer, so zeigt sich, dass sich diese mit dem Problem der hohen Flächeninanspruchnahme ausführlich auseinandergesetzt und zahlreiche Regelungen festgelegt haben. Alle Raumordnungspläne beinhalten eine allgemeine Bestrebung zur Begrenzung der Flächeninanspruchnahme. Daraus folgt, dass bundesweit Handlungsbedarf in diesem Bereich gesehen wird. Neben den allgemeinen Aussagen zur Thematik, enthalten viele Landesraumordnungspläne zusätzlich ausführliche Regelungen bezüglich der Ursachen und Folgen der Flächeninanspruchnahme. Eine konkrete Mengenvorgabe hinsichtlich der anzustrebenden Begrenzung ist allerdings in keinem Raumordnungsplan enthalten. Positiv zu bewerten ist, dass viele Vorgaben in den Raumordnungsplänen als verbindliches Ziel qualifiziert werden. Dies verdeutlicht, dass die Bundesländer aktiv gegen zunehmende Flächeninanspruchnahme vorgehen und die jeweils darunter liegenden Planungsebenen diesbezüglich binden möchten.

Im Raumordnungsrecht findet die Problematik folglich sowohl auf Bundes- als auch auf Landesebene Berücksichtigung. Mit Zielen der Raumordnung und Vorranggebieten mit entsprechendem Inhalt bestehen raumordnerische Instrumente, die geeignet sind, einen Beitrag zur Begrenzung der Flächeninanspruchnahme zu leisten. Ob und wieweit dies in der Praxis erfolgt, hängt maßgeblich von der Ausgestaltung in den einzelnen Landesraumordnungsplänen ab.

D. Bauplanungsrecht

Das Bauplanungsrecht enthält die weitaus meisten Vorgaben zur Flächeninanspruchnahme. Dies ist insbesondere darauf zurückzuführen, dass die weitreichende Planungshoheit der Gemeinden nach Art. 28 II GG im BauGB einfachgesetzlich verankert ist. Das Bauplanungsrecht beinhaltet einerseits zahlreiche Regelungen, die die Inanspruchnahme von Flächen für bauliche und sonstige Nutzungen erlauben. Andererseits sind jedoch auch Normen enthalten, die den Schutz von freien Flächen bezwecken. Im Folgenden wird untersucht, ob die Flächeninanspruchnahme in Deutschland auch deshalb vergleichsweise hoch ist, da sie durch das BauGB nicht effektiv begrenzt werden kann.

I. Verhältnis des BauGB zu anderen Gesetzen

Nicht nur das Planungsrecht, sondern auch das BBodSchG und das BNatSchG weisen einen Bezug zum quantitativen Bodenschutz auf. Obwohl die Untersuchung jener Gesetze nicht Gegenstand dieser Arbeit ist, wird im Folgenden kurz das Verhältnis dieser zu dem BauGB erläutert.

1. Verhältnis zum BBodSchG

Der Schutz des Bodens ist gemäß § 1 BBodSchG Inhalt und Zweck des BBodSchG. Der Anwendungsbereich des BBodSchG ist in § 3 BBodSchG normiert. Nach § 3 I Nr. 9 BBodSchG findet das BBodSchG Anwendung auf schädliche Bodenveränderungen, soweit Vorschriften des Bauplanungs- und Bauordnungsrechts Einwirkungen auf den Boden nicht regeln. Hieraus folgt, dass das BBodSchG nur dann anwendbar ist, wenn keine diesbezüglichen Regelungen im Bauplanungs- oder Bauordnungsrecht bestehen. Insoweit sind die Normen des Bauplanungs- und Bauordnungsrechts leges speciales zum BBodSchG und letzterem kommt nur eine ergänzende Funktion zu.

2. Verhältnis zum BNatSchG

Das BNatSchG bezweckt den Schutz der Natur und Landschaft (§ 1 I BNatSchG) und somit auch den Schutz des Bodens. Durch Flächeninanspruchnahme kommt es in der Regel zu Eingriffen in Natur und Landschaft,[380] sodass die Bebauung freier Flächen in einem Konflikt zum Naturschutzrecht steht. Das Verhältnis zwischen Baurecht und Naturschutzrecht wird in § 18 BNatSchG normiert. § 18 I BNatSchG besagt, dass über die Folgen eines Eingriffs in Natur und Landschaft, die durch Bauleitpläne und Satzungen nach § 34 IV 1 BauGB zu erwarten sind, nach Maßgabe des BauGB entschieden wird.[381] § 18 II BNatSchG regelt hingegen die Anwendbarkeit der naturschutzrechtlichen Eingriffsregelung bei baulichen Vorhaben und stellt klar, dass die §§ 14–17 BNatSchG auf Außenbereichsvorhaben nach § 35 BauGB und Bebauungspläne, die eine Planfeststellung ersetzen, anzuwenden sind. Nicht anwendbar sind diese auf Vorhaben in Gebieten mit Bebauungsplänen nach § 30 BauGB, während der Planaufstellung nach § 33 BauGB und im Innenbereich nach § 34 BauGB. Somit ist das BNatSchG nur in Fällen des § 35 BauGB sowie bei Bebauungsplänen, die eine Planfeststellung ersetzen, maßgeblich. In allen anderen Fällen sind die Regelungen des BauGB entscheidend.

---

380 *Gellermann* in: Beckmann/Durner/Mann, et al. (Hrsg.), Landmann/Rohmer Umweltrecht Kommentar, § 14 BNatSchG Rn. 6; *Mitschang* in: Schlichter/Stich/Driehaus, et al. (Hrsg.), BauGB Kommentar, § 1a Rn. 156; *Scheidler*, Das Verhältnis der naturschutzrechtlichen Eingriffsregelung zum Baurecht, ZfBR 2011, S. 228, 228; zu Straßen siehe: OVG Niedersachsen, Beschl. v. 04.12.1997 – 7 M 1155/97 (NuR 1998, S. 275, 276).

381 *Deutscher Bundestag*, Drucksache 12/3944, S. 51: Mit diesen Regelungen bezweckt der Gesetzgeber, dass über die Folgen eines Eingriffs in Natur und Landschaft aus Gründen der Rechts- und Verwaltungsvereinfachung nur auf einer Ebene, nämlich der der Bauleitplanung, entschieden werden soll. Siehe dazu auch: BVerwGE 112, 41, 44.

II. Planerforderlichkeit gemäß § 1 III 1 BauGB

§ 1 III 1 BauGB[382] normiert, dass Gemeinden Bauleitpläne nur aufstellen dürfen, sobald und soweit es für die städtebauliche Entwicklung und Ordnung erforderlich ist. Somit stellt sich die Frage, ob durch diese Norm die Flächeninanspruchnahme begrenzt werden kann.

Die Planerforderlichkeit beinhaltet zum einen ein Gebot erforderlicher und zum anderen ein Verbot nicht erforderlicher Bauleitpläne.[383] Das Bundesverwaltungsgericht[384] hat die folgenden drei wesentlichen Aspekte der Planerforderlichkeit hervorgehoben: Erstens, dass es sich bei § 1 III 1 BauGB um „eine praktisch nur bei groben und einigermaßen offensichtlichen Mißgriffen wirksame Schranke der Planungshoheit“[385] handelt, dass zweitens „als „erforderlich“ ausreicht, wenn der Plan „vernünftigerweise geboten“ ist“[386] und drittens, dass „diese Erforderlichkeit ihren Anknüpfungspunkt in der „planerischen Konzeption der Gemeinde““[387] hat.

Der Gemeinde steht daher ein weites Planungsermessen zu, das nur eingeschränkt überprüft werden kann.[388] Dies zeigt sich auch darin, dass die Gemeinde bei der Ausweisung von Wohngebieten weder den tatsächlichen Bedarf an Wohnbauflächen ermitteln muss[389] noch prüfen muss, ob Nachfrage dafür im Einzelnen

---

382 Zur Planerforderlichkeit siehe ausführlich: *Bender*, Befugnis und Pflicht zur Bauleitplanung – Zu einer Neuinterpretation des § 1 Abs. 3 BauGB – in: Driehaus/Birk (Hrsg.), Baurecht – Aktuell: Festschrift für Felix Weyreuther, S. 125 ff.; *Weyreuther*, Über die Erforderlichkeit von Bebauungsplänen, DVBl 1981, S. 369, 369 ff.; *Ziekow*, Die städtebauliche Erforderlichkeit des Bebauungsplans, VerwArch 2006, S. 115, 115 ff.

383 BVerwGE 119, 25, 29; *Battis* in: Battis/Mitschang/Reidt (Hrsg.), BauGB Kommentar, § 1 Rn. 25; *Koch/Hendler*, Baurecht, Raumordnungs- und Landesplanungsrecht, S. 227; *Moench*, Die Planungspflicht der Gemeinde, DVBl 2005, S. 676, 677; *Werner-Jensen*, Planungshoheit und kommunale Selbstverwaltung, S. 52; *Weyreuther*, Über die Erforderlichkeit von Bebauungsplänen, DVBl 1981, S. 369, 371; *Ziekow*, Die städtebauliche Erforderlichkeit des Bebauungsplans, VerwArch 2006, S. 115, 116.

384 BVerwGE 92, 8, 14 f.

385 Siehe dazu: BVerwGE 38, 152, 157.

386 Siehe dazu in anderen Zusammenhängen: BVerwGE 56, 71, 76; BVerwGE 56, 110, 1119; BVerwGE 88, 35, 37.

387 Siehe dazu: BVerwG, Urt. v. 07.05.1971 – IV C 76/68 (NJW 1971, S. 1626); BVerwGE 40, 258, 263; BVerwGE 133, 310, 314.

388 BVerwG, Urt. v. 07.05.1971 – IV C 76/68 (NJW 1971, S. 1626); BVerwG, Beschl. v. 14.08.1995 – 4 NB 21/95 (juris Rn. 3); BVerwG, Urt. v. 16.01.1996 – 4 NB 1/96 (NVwZ-RR 1997, S. 83); BVerwG, Beschl. v. 11.05.1999 – 4 BN 15/99 (NVwZ 1999, S. 1338); BVerwGE 133, 310, 314; *Gaentzsch* in: Schlichter/Stich/Driehaus, et al. (Hrsg.), BauGB Kommentar, § 1 Rn. 17; *Schrödter/Wahlhäuser* in: Schrödter (Hrsg.), Schrödter (Begr.), BauGB Kommentar, § 1 Rn. 25, 50.

389 BVerwG, Beschl. v. 14.08.1995 – 4 BN 21/95 (juris Rn. 3); Bayerischer VGH, Urt. v. 29.11.2012 – 15 N 09.693 (juris Rn. 23).

vorhanden ist.[390] Die Planerforderlichkeit verlangt somit nicht, dass für die konkrete Planung ein aktuelles Bedürfnis besteht oder gar ein zwingender Grund vorliegt.[391] Vielmehr ist auch eine Angebotsplanung möglich, d. h. die gezielte Entwicklung der Planung zur Deckung eines möglichen künftigen Bedarfs.[392] Dies steht einer konsequenten Begrenzung der Flächeninanspruchnahme entgegen, da dadurch Neubaugebiete ausgewiesen werden können, auch wenn nicht absehbar ist, ob zukünftig tatsächlich alle Flächen benötigt werden. Grenzen setzt die Rechtsprechung[393] lediglich dahingehend, dass eine großräumige, der Tendenz nach überdimensionierte Planung unzulässig sein kann, wenn kein hinreichender Bedarf besteht und die Planung deshalb nicht auf Verwirklichung in angemessener Zeit angelegt ist. Folglich kann die Planerforderlichkeit die Flächeninanspruchnahme nur in Ausnahmefällen begrenzen, die Planungshoheit gemäß Art. 28 II GG setzt sich im Regelfall durch.

Aufgrund dieses Umstandes und der Tatsache, dass kein konkreter Bedarf zur Baulandausweisung vorliegen muss, handelt es sich bei der Erforderlichkeit nach § 1 III 1 BauGB um keine Norm, die die Flächeninanspruchnahme reduzieren kann.[394]

---

390 OVG Niedersachsen, Urt. v. 24.04.2007 – 1 KN 74/05 (ZfBR 2007, S. 577): In diesem Fall wurde der Bedarf an der Ausweisung von Wohnbauland in Gestalt von Einfamilienhäusern plausibel mit dem Trend zu kleineren Haushalten begründet, der ebenso wie der Trend zu größeren Wohnflächen einen zusätzlichen Wohnflächenbedarf auslöst.

391 OVG Rheinland-Pfalz, Urt. v. 16.01.1985 – 10 C 13/84 (NVwZ 1985, S. 766); vgl. auch BVerwG, Beschl. v. 08.09.1999 – 4 BN 14/99 (ZfBR 2000, S. 275); VGH Baden-Württemberg, Urt. v. 18.09.1968 – III 129/67 (VerwRspr 1969, S. 685, 687); *Hoppe/Bönker/Grotefels*, Öffentliches Baurecht, S. 97; Nur *Ferner* (*Ferner*, Minimierung von Flächenverbrauch bei der Schaffung von Wohnraum, S. 49 ff.) schlägt vor, die Erforderlichkeit dahingehend zu verstehen, dass eine Bauleitplanung nur dann gerechtfertigt ist, wenn und soweit die städtebaulichen Ziele nicht ohne bzw. mit weniger Flächeninanspruchnahme erreicht werden können.

392 BVerwG, Beschl. v. 11.05.1999 – 4 BN 15/99 (NVwZ 1999, S. 1338); VGH Baden-Württemberg, Urt. v. 30.11.2000 – 5 S 3227/98 (BauR 2001, S. 1224 f.); Bayerischer VGH, Beschl. v. 27.06.2008 – 15 ZB 07.1989 (juris Rn. 16); Bayerischer VGH, Urt. v. 29.11.2012 – 15 N 09.693 (juris Rn. 23); OVG Rheinland-Pfalz, Urt. v. 23.01.2013 – 8 C 10946/12.OVG (BeckRS 2013, 46701); *Gaentzsch* in: Schlichter/Stich/Driehaus, et al. (Hrsg.), BauGB Kommentar, § 1 Rn. 17.

393 Bayerischer VGH, Urt. v. 25.10. 2005 – 25 N 04. 642 (ZfBR 2006, S. 595); vgl. BVerwGE 92, 8, 15 f.

394 Freiraumschützende Wirkung insgesamt bejahend: *Deichmöller*, Flächenrecycling als Instrument kommunaler Umwelt- und Standortpolitik, S. 48; *Franz*, Freiraumschutz und Innenentwicklung, S. 133; *Schmidt-Eichstaedt/Weyrauch/Zemke*, Städtebaurecht S. 113 f., die darauf hinweisen, dass die Ausweisung neuen Baulands nicht erforderlich ist, wenn noch hinreichend Bauland im Innenbereich verfügbar ist.

III. Anpassungsgebot gemäß § 1 IV BauGB

Raumordnerische Vorgaben sind im Rahmen der Bauleitplanung von erheblicher Bedeutung. Gemäß § 1 IV BauGB sind die Bauleitpläne den Zielen der Raumordnung anzupassen. Anpassen bedeutet, dass die kommunale Bauleitplanung strikt an die raumordnerischen Ziele gebunden ist.[395] Ziele sind nicht der bauleitplanerischen Abwägung unterstellt[396] und von ihnen kann nicht abgewichen werden. Sofern ein Bauleitplan nicht den Anforderungen des § 1 IV BauGB genügt, ist er nichtig.[397] Die Anpassungspflicht gilt nicht nur für zukünftig aufzustellende Bauleitpläne, sondern auch für bestehende Pläne.[398] Die Reichweite der Norm ist sogar so weit, dass die Gemeinden verpflichtet sind, erstmals Bauleitpläne aufzustellen, sobald und soweit dies zur Verwirklichung der raumordnerischen Vorgaben notwendig ist.[399]

Um das Anpassungsgebot auszulösen, müssen die Ziele der Raumordnung und Landesplanung hinreichend bestimmt bzw. bestimmbar sein.[400] Dennoch sind die Ziele in der Regel so abstrakt formuliert, dass den Gemeinden noch ein Spielraum zur Konkretisierung bleibt.[401] Die Raumordnung hat somit die Aufgabe der Grobsteuerung und die örtliche Bauleitplanung die der Feinsteuerung.[402] Aufgrund dieser verbleibenden gemeindlichen Gestaltungsfreiheit verstößt § 1 IV BauGB nicht

---

395 *Dirnberger* in: Spannowsky/Uechtritz (Hrsg.), BauGB Kommentar, § 1 Rn. 65; *Gaentzsch* in: Schlichter/Stich/Driehaus, et al. (Hrsg.), BauGB Kommentar, § 1 Rn. 29; *Runkel* in: Krautzberger (Hrsg.), Ernst/Zinkahn/Bielenberg (Begr.), BauGB Kommentar, § 1 Rn. 43; siehe dazu ausführlich: *Spoerr*, Raumordnungsziele und gemeindliche Bauleitplanung, S. 346 ff.

396 BVerwGE 90, 329, 331; *Dirnberger* in: Spannowsky/Uechtritz (Hrsg.), BauGB Kommentar, § 1 Rn. 66; *Gaentzsch* in: Schlichter/Stich/Driehaus, et al. (Hrsg.), BauGB Kommentar, § 1 Rn. 29; *Runkel* in: Krautzberger (Hrsg.), BauGB Kommentar, § 1 Rn. 43.

397 Bayerischer VGH, Urt. v. 29.07.1992 – 20 N 91.2692, 3793 (NuR 1993, S. 328 f.); *Battis* in: Battis/Mitschang/Reidt (Hrsg.), BauGB Kommentar, § 1 Rn. 42.

398 *Dirnberger* in: Spannowsky/Uechtritz (Hrsg.), BauGB Kommentar, § 1 Rn. 71; *Runkel* in: Krautzberger (Hrsg.), BauGB Kommentar, § 1 Rn. 65b f.; *Schink*, Bodenschutz in der Bauleitplanung (Teil 1), ZfBR 1995, S. 178, 180.

399 BVerwGE 119, 25, 39; *Battis*, Öffentliches Baurecht und Raumordnungsrecht, S. 49; *Runkel* in: Krautzberger (Hrsg.), BauGB Kommentar, § 1 Rn. 65b f.

400 BVerwGE 119, 25, 40; VGH Hessen, Urt. v. 01.07.2010 – 4 C 2302/09.N (BauR 2011, S. 85 f.); OVG Niedersachsen, Urt. v. 08.12.2011 – 12 KN 208/09 (ZfBR 2012, S. 265, 266); *Battis* in: Battis/Mitschang/Reidt (Hrsg.), BauGB Kommentar, § 1 Rn. 39, 41.

401 BVerwGE 90, 329, 334 f.; *Battis* in: Battis/Mitschang/Reidt (Hrsg.), BauGB Kommentar, §1 Rn. 39, 41; *Dirnberger* in: Spannowsky/Uechtritz (Hrsg.), BauGB Kommentar, § 1 Rn. 68; *Runkel*, Das neue Raumordnungsgesetz, WiVerw 1997, S. 267, 279.

402 *Schink*, Bodenschutz in der Bauleitplanung (Teil 1), ZfBR 1995, S. 178, 181; *Wahl*, Aktuelle Probleme im Verhältnis der Landesplanung zu den Gemeinden, DÖV 1981, S. 597, 603; vgl. *Ronellenfitsch*, Ziele der Raumordnung, S. 355, 365.

gegen die Planungshoheit gemäß Art. 28 II GG.[403] Zudem werden die Gemeinden vor zu weitreichenden Vorgaben seitens der Raumordnung geschützt, indem nur solche Ziele der Raumordnung die Gemeinden binden, bei deren Formulierung ihre Mitwirkungsrechte beachtet wurden.[404]

Das Anpassungsgebot ist hinsichtlich der Begrenzung der Flächeninanspruchnahme von besonderer Bedeutung, da bereits auf raumordnerischer Ebene weitreichende Entscheidungen über die Nutzung von großräumigen Flächen für verschiedene Zwecke getroffen werden. Bei entsprechendem Inhalt kann sowohl durch die Ziele der Raumordnung als auch durch die Ausweisung von Vorranggebieten die Flächeninanspruchnahme reduziert werden.[405] Falls solche Vorgaben im Raumordnungsrecht getroffen werden, garantiert das Anpassungsgebot deren Umsetzung in den Bauleitplänen. Folglich trägt § 1 IV BauGB nicht per se zur Verringerung der Inanspruchnahme von Flächen bei. Die Norm entfaltet nur bei entsprechenden Regelungen in den Raumordnungsplänen freiraumschützende Wirkung.

IV. Bodenschutz in der Abwägung gemäß § 1 V-VII BauGB

Der Bodenschutz findet in der Abwägung nach § 1 V-VII BauGB Beachtung. In § 1 VI Nr. 7a BauGB wird ausdrücklich darauf Bezug genommen und klargestellt, dass es sich bei dem Schutzgut Boden um einen Abwägungsbelang handelt. Die in die Abwägung einzustellenden Belange sind grundsätzlich alle gleichrangig,[406] sodass dem Bodenschutz kein besonderes Gewicht zukommt.

Für die Inanspruchnahme von Flächen ist zudem § 1 V BauGB von Bedeutung. In § 1 V 1 BauGB wird normiert, dass die Bauleitpläne eine nachhaltige städtebauliche Entwicklung,[407] die die sozialen, wirtschaftlichen und umweltschützenden

---

403 BVerwGE 6, 342 ff.; *Battis* in: Battis/Mitschang/Reidt (Hrsg.), BauGB Kommentar, § 1 Rn. 34; *Dirnberger* in: Spannowsky/Uechtritz (Hrsg.), BauGB Kommentar, § 1 Rn. 60.1; *Ronellenfitsch*, Ziele der Raumordnung, S. 364 f.; siehe dazu auch: BVerfGE 76, 107, 118.

404 BVerwGE 90, 329, 335; BVerwGE 95, 123, 129; OVG Rheinland-Pfalz, Urt. v. 24.06.1992 – 10 C 12780/90 (DÖV 1993, S. 209, 210 f.); *Schrödter/Wahlhäuser* in: Schrödter (Hrsg.), BauGB Kommentar, § 1 Rn. 27.

405 Siehe dazu: 2. Kapitel C. I. 3. b) und 4.

406 BVerwGE 47, 144, 146 f.; *Koch/Schütte*, Bodenschutz und Altlasten in der Bauleitplanung, DVBl 1997, S. 1415, 1419; *Kuschnerus*, Die Belange von Natur und Landschaft in der Abwägung nach § 1 Abs. 6 BauGB – Zur praktischen Anwendung der naturschutzrechtlichen Eingriffsregelung in der Bauleitplanung –, BauR 1998, S. 1, 4; *Reidt* in: Bracher/Reidt/Schiller (Hrsg.), Bauplanungsrecht, S. 233.

407 Siehe dazu: *Kersten*, Nachhaltigkeit und Städtebau in: Kahl (Hrsg.), Nachhaltigkeit als Verbundbegriff, S. 396, 411 ff.; *Krautzberger/Stemmler*, Zum Rechtsbegriff der nachhaltigen räumlichen Entwicklung, insbesondere § 1 Abs. 5 Satz 1 BauGB und § 1 Abs. 2 Satz 1 ROG in: Erbguth/Oebbecke/Rengeling, et al. (Hrsg.), Planung: Festschrift für Werner Hoppe, S. 317 ff.; *Stüer/Hönig*, Nachhaltige städtebauliche Entwicklung – Anforderungen an die gemeindliche Bauleitplanung –, DVBl 1999,

Anforderungen auch in Verantwortung gegenüber künftigen Generationen miteinander in Einklang bringt, und eine dem Wohl der Allgemeinheit dienende sozialgerechte Bodennutzung gewährleisten sollen. Die Bauleitpläne sollen unter anderem auch die natürlichen Lebensgrundlagen schützen und entwickeln (§ 1 V 2 BauGB). Unter den Schutz der natürlichen Lebensgrundlagen fällt auch allgemein der Bodenschutz.[408] Hinsichtlich des quantitativen Bodenschutzes ist jedoch § 1a II BauGB spezieller,[409] wonach mit Grund und Boden sparsam und schonend umgegangen werden soll und zur Verringerung der zusätzlichen Flächeninanspruchnahme insbesondere die Möglichkeiten der Innenentwicklung zu nutzen sind.[410]

Durch die BauGB Novelle 2013[411] wurde § 1 V 3 BauGB ergänzt. Dieser lautet: Hierzu soll die städtebauliche Entwicklung vorrangig durch Maßnahmen der Innenentwicklung erfolgen. Diese Norm wurde aufgrund des 30-Hektar-Ziels[412] eingeführt.[413] Neben der Vermeidung der Inanspruchnahme von bislang naturnahen Flächen soll die Norm dafür sorgen, dass die Attraktivität der Städte und Gemeinden gewahrt und gestärkt wird.[414] Durch diese Vorschrift wird der Grundsatz der Innenentwicklung vor Außenentwicklung materiell-rechtlich umgesetzt.[415] Auch wenn der Gesetzgeber mit der Norm ein Zeichen für die Wichtigkeit der Begrenzung der Flächeninanspruchnahme setzen wollte,[416] hat diese lediglich „Appellcharakter“[417]

S. 1717, 1717 ff.; *Wieneke*, Nachhaltigkeit als Ressourcennutzungskonzept für die Bauleitplanung: zugleich ein Beitrag zur nachhaltigen Flächennutzung, S. 135 ff.

408 *Gärditz* in: Beckmann/Durner/Mann, et al. (Hrsg.), Landmann/Rohmer Umweltrecht Kommentar, Art. 20a GG Rn. 9; *Kloepfer*, Umweltrecht, S. 120; *Sannwald* in: Hofmann/Henneke (Hrsg.), GG Kommentar, Art. 20a Rn. 21; *Scholz* in: Herzog/Scholz/Herdegen, et al. (Hrsg.), GG Kommentar, Art. 20a Rn. 36; *Sommermann* in: Kunig (Hrsg.), GG Kommentar, Art. 20a Rn. 28.

409 Für § 1 VI Nr. 7a BauGB ausdrücklich: OVG Berlin-Bradenburg, Urt. v. 19.10.2010 – OVG 2 A 15.09 (juris Rn. 48).

410 Siehe dazu im Einzelnen: 2. Kapitel D. V.

411 Art. 1 des Gesetzes zur Stärkung der Innenentwicklung in den Städten und Gemeinden und weiteren Fortentwicklung des Städtebaurechts vom 11.06.2013 (BGBl. I S. 1548 ff.).

412 Siehe dazu: 2. Kapitel B. III. und IV.

413 *Deutscher Bundestag*, Drucksache 17/11468, S. 9.

414 Ibid., S. 1.; siehe dazu ausführlich: *Spannowsky*, Stärkung der Innenentwicklung und Reduzierung der Flächeninanspruchnahme, UPR 2013, S. 201, 201 ff.

415 *Mitschang*, Städtebauliche Planungsinstrumente für die Innenentwicklung ZfBR 2013, S. 324, 326; vgl. *Battis* in: Battis/Mitschang/Reidt (Hrsg.), BauGB Kommentar, § 1 Rn. 44.

416 Vgl. *Ferner* in: Ferner/Kröninger/Aschke (Hrsg.), BauGB mit BauNVO Handkommentar, § 1 BauGB Rn. 36.

417 *Stüer*, Städtebaurechtsnovelle 2013 – Gesetz zur Stärkung der Innenentwicklung und zur weiteren Fortentwicklung des Städtebaurechts –, DVBl 2012, S. 1017, 1018; bzw. „programmatischen Charakter“ *Gaentzsch* in: Schlichter/Stich/Driehaus, et al. (Hrsg.), BauGB Kommentar, § 1 Rn. 54d; vgl. *Krautzberger/Stüer*, BauGB-Novelle

und bringt keine materielle Änderung der Planungsbefugnisse bzw. -pflichten für die Gemeinde mit sich.[418] Aus der Formulierung, dass städtebauliche Maßnahmen vorrangig durch Maßnahmen der Innenentwicklung erfolgen sollen, folgt kein Vorrang vor anderen Abwägungsbelangen.[419] Diese erklärt lediglich, dass die Maßnahmen der Innenentwicklung vor solchen der Außenentwicklung vorrangig sind.[420] In der Stellungnahme zum Gesetzentwurf der Bundesregierung hatte der Bundesrat vorgeschlagen § 1 V 3 BauGB als zwingende Vorschrift zu formulieren.[421] Dies lehnte die Bundesregierung mit dem Argument ab, dass durch die Einräumung eines höheren Wertes der Innenentwicklung gegenüber den anderen Zielen ein Rangverhältnis hergestellt werden würde, welches dem Zweck der Regelung des § 1 V 3 BauGB widerspreche und nicht sachgerecht sei.[422]

In der bauleitplanerischen Abwägung finden der Bodenschutz und die vorrangige Ausnutzung der Innenentwicklungspotenziale folglich Berücksichtigung. Diese Aspekte sind jedoch gleichrangig zu anderen Abwägungsbelangen und können die Flächeninanspruchnahme daher nicht maßgeblich begrenzen.

V. Bodenschutz- und Umwidmungssperrklausel gemäß § 1a II BauGB

§ 1a II BauGB widmet sich ausdrücklich der Reduktion der Flächeninanspruchnahme und der Bodenversiegelung.

1. *Entstehungsgeschichte*

Bereits 1960 befand sich in § 1 V 2 BBauG[423] die Umwidmungssperrklausel, welche forderte, dass landwirtschaftlich genutzte Flächen nur in notwendigem Umfang

---

2013 – Gesetz zur Stärkung der Innenentwicklung in den Städten und Gemeinden und weiteren Fortentwicklung des Städtebaurechts, DVBl 2013, S. 805, 808.

418 *Dirnberger* in: Spannowsky/Uechtritz (Hrsg.), BauGB Kommentar, § 1 Rn. 76a; *Gaentzsch* in: Schlichter/Stich/Driehaus, et al. (Hrsg.), BauGB Kommentar, § 1 Rn. 54d.

419 *Battis/Mitschang/Reidt*, Stärkung der Innenentwicklung in den Städten und Gemeinden, NVwZ 2013, S. 961, 962; *Gaentzsch* in: Schlichter/Stich/Driehaus, et al. (Hrsg.), BauGB Kommentar, § 1 Rn. 54e; *Hagebölling*, Das Gesetz zur Stärkung der Innenentwicklung in den Städten und Gemeinden und weiteren Fortentwicklung des Städtebaurechts, NuR 2013, S. 99, 100; *Otto*, Innenentwicklung und Klimaschutz – Besteht ein Vorrang?, ZfBR 2013, S. 434, 435, 437.

420 *Gaentzsch* in: Schlichter/Stich/Driehaus, et al. (Hrsg.), BauGB Kommentar, § 1 Rn. 54e; *Söfker* in: Krautzberger (Hrsg.), BauGB Kommentar, § 1 Rn. 107h.

421 *Deutscher Bundestag*, Drucksache 17/11468, S. 21.

422 Ibid., S. 30.

423 In der Fassung vom 29.06.1960 (BGBl. I S. 341 ff.); In der Folgezeit wurden zudem forstwirtschaftliche oder für Wohnzwecke genutzte Flächen in die Norm integriert, siehe: § 1VI 3 BBauG in der Fassung vom 25.08.1976 (BGBl. I S. 2221).

für andere Nutzungsarten vorgesehen und in Anspruch genommen werden sollen. Die Bodenschutzklausel wurde 1987 in § 1 V 3 BauGB[424] eingeführt. Sie lautete: „Mit Grund und Boden soll sparsam und schonend umgegangen werden." Durch das BauROG 1998[425] wurde § 1a BauGB neu geschaffen. Dabei wurde der Inhalt des vorherigen § 1 V 3 BauGB übernommen und um die Vorgabe ergänzt, dass Bodenversiegelungen auf das notwendige Maß zu begrenzen sind. Der Gesetzgeber bezweckte mit der neuen Norm, dass der Staatszielbestimmung des Art. 20a GG[426] im Bauplanungsrecht Rechnung getragen wird und alle für die Bauleitplanung wichtigen Umweltschutzaspekte zusammengeführt werden.[427] Ziel des § 1a I BauGB war es außerdem, den vorsorgenden Bodenschutz zu stärken.[428] 2004 wurde die Norm durch das EAGBau[429] geändert. In § 1a II BauGB wurde die Bodenschutzklausel des bisherigen § 1a I BauGB mit der Umwidmungssperrklausel zusammengeführt und das Versiegelungsbegrenzungsgebot um das Gebot der Reduktion der Flächeninanspruchnahme erweitert. Damit sollte eine einheitliche Vorschrift zur Begrenzung der Flächeninanspruchnahme geschaffen werden.[430]

Seitdem lautet die Vorschrift: „Mit Grund und Boden soll sparsam und schonend umgegangen werden; dabei sind zur Verringerung der zusätzlichen Inanspruchnahme von Flächen für bauliche Nutzungen die Möglichkeiten der Entwicklung der Gemeinde insbesondere durch Wiedernutzbarmachung von Flächen, Nachverdichtung und andere Maßnahmen zur Innenentwicklung zu nutzen sowie Bodenversiegelungen auf das notwendige Maß zu begrenzen. Landwirtschaftlich, als Wald oder für Wohnzwecke genutzte Flächen sollen nur im notwendigen Umfang umgenutzt werden. Die Grundsätze nach den Sätzen 1 und 2 sind nach § 1 VII in der Abwägung zu berücksichtigen." 2013 wurde die Vorschrift durch die Innenentwicklungsnovelle[431] um einen weiteren Satz ergänzt: „Die Notwendigkeit der Umwandlung landwirtschaftlich oder als Wald genutzter Flächen soll begründet werden; dabei sollen Ermittlungen zu den Möglichkeiten der Innenentwicklung zugrunde gelegt werden, zu denen insbesondere Brachflächen, Gebäudeleerstand, Baulücken und andere Nachverdichtungsmöglichkeiten zählen können."

---

424 BauGB in der Fassung vom 12.12.1986 (BGBl. I S. 2253 ff.).

425 Gesetz zur Änderung des Baugesetzbuchs und zur Neuregelung des Rechts zur Raumordnung (Bau- und Raumordnungsgesetz 1998 – BauROG) vom 18.08.1997 (BGBl. I S. 2081 ff.).

426 Siehe dazu: 2. Kapitel A. III.

427 *Deutscher Bundestag*, Drucksache 13/6392, S. 36.

428 Ibid., S. 43.

429 Gesetz zur Anpassung des Baugesetzbuchs an EU-Richtlinien (Europarechtsanpassungsgesetz Bau – EAG Bau) vom 25.06.2004 (BGBl. I S. 1359 ff.).

430 *Deutscher Bundestag*, Drucksache 15/2250, S. 40.

431 Art. 1 des Gesetzes zur Stärkung der Innenentwicklung in den Städten und Gemeinden und weiteren Fortentwicklung des Städtebaurechts vom 11.06.2013 (BGBl. I S. 1548 ff.).

2. *Bodenschutzklausel gemäß § 1a II 1 BauGB*

a) Zweck und Inhalt der Bodenschutzklausel

Die Bodenschutzklausel verfolgt laut Wortlaut den Zweck, Boden vor unnötiger Inanspruchnahme zu schützen. § 1a II 1 BauGB beinhaltet dazu drei verschiedene Vorgaben für die planende Gemeinde: der sparsame und schonende Umgang mit Grund und Boden, die Verringerung der zusätzlichen Flächeninanspruchnahme sowie die Begrenzung der Bodenversiegelung.

aa) Sparsamer und schonender Umgang mit Grund und Boden

Der sparsame und schonende Umgang mit Grund und Boden ist in § 1a II 1 Hs. 1 BauGB normiert. Grund und Boden ist nicht im BauGB definiert. Aufgrund der Subsidiaritätsklausel des § 3 I Nr. 9 BBodSchG wird auf die im BBodSchG enthaltene Definition auch im Bauplanungsrecht zurückgegriffen.[432] Danach bezeichnet Boden[433] die obere Erdkruste, soweit diese Träger der in § 2 II Nr. 1–3 BBodSchG genannten Bodenfunktionen ist, einschließlich der flüssigen Bestandteile (Bodenlösung) und der gasförmigen Bestandteile (Bodenluft), ohne Grundwasser und Gewässerbetten (§ 2 I BBodSchG). Grund umfasst zudem auch Gewässerufer und -betten, ist aber im Übrigen ein Synonym für Boden.[434]

Was unter „sparsamer Umgang mit Grund und Boden“ zu verstehen ist, wird vom Gesetzgeber weder in qualitativer noch in quantitativer Hinsicht vorgegeben. Aus der Gesetzesbegründung[435] geht lediglich hervor, dass die planende Gemeinde in zweierlei Hinsicht sparsam mit Grund und Boden umgehen muss: Einerseits ist die Nutzung bereits beanspruchter bzw. vorbelasteter Flächen vorrangig gegenüber der Neuinanspruchnahme bislang freier Flächen, was dem Prinzip Innen- vor Außenentwicklung entspricht. Andererseits ist, falls eine Neuinanspruchnahme unumgänglich ist, eine flächensparende Bauweise, die zu möglichst wenig Bodenversiegelung führt, anzustreben.

---

432 Siehe dazu ausführlich: *Brandt/Sanden*, Verstärkter Bodenschutz durch die Verzahnung zwischen Bau- und Raumordnungsrecht und Bodenschutzrecht, UPR 1999, S. 367, 369; *Louis/Wolf*, Bodenschutz in der Bauleitplanung, NuR 2002, S. 61, 64; *Schink*, Der Bodenschutz und seine Bedeutung für die nachhaltige städtebauliche Entwicklung, DVBl 2000, S. 221, 223; *Schrödter* in: Schrödter (Hrsg.), BauGB Kommentar, § 1a Rn. 12; zu §§ 1 und 2 BBodSchG als Maßstab für andere Gesetze: *Wolf*, Bodenfunktionen, Bodenschutz und Naturschutz: Zum Verhältnis von Bodenschutz- und Naturschutzgesetz, NuR 1999, S. 545, 546.

433 Zum Boden siehe ausführlich: *Wolf*, Bodenfunktionen, Bodenschutz und Naturschutz: Zum Verhältnis von Bodenschutz- und Naturschutzgesetz, NuR 1999, S. 545, 545; zu Grund und Boden siehe ausführlich: *Kuhlmann*, Das Gebot sparsamen und schonenden Umgangs mit Grund und Boden im Städtebaurecht, S. 9 ff.

434 *Louis/Wolf*, Bodenschutz in der Bauleitplanung, NuR 2002, S. 61, S. 64; *Schrödter* in: Schrödter (Hrsg.), BauGB Kommentar, §1a Rn. 14.

435 *Deutscher Bundestag*, Drucksache 10/4630, S. 62.

„Schonend" ist der Umgang, wenn durch die Flächeninanspruchnahme die nachteiligen Auswirkungen auf den Boden so gering wie möglich gehalten und die natürlichen Funktionen des Bodens nicht oder nur unerheblich beeinträchtigt werden.[436] In dem Schonungsgebot sind sowohl der quantitative Bodenschutz durch die Vermeidung von Bodenversiegelung als auch der qualitative Bodenschutz durch die Erhaltung der natürlichen Bodenfunktionen inbegriffen.[437] Soll Boden befestigt werden, ist im Sinne des Schonungsgebots beispielsweise die Nutzung von Kies vorteilhafter als die Nutzung von Beton, da dadurch der Boden nicht dauerhaft geschädigt wird.

Durch einen sparsamen Umgang mit Grund und Boden wird in der Regel auch schonend mit diesem umgegangen, sodass durch das Sparsamkeits- gleichzeitig das Schonungsgebot umgesetzt wird.[438] Dennoch können die Gebote auch im Konflikt stehen. Wird beispielsweise im Interesse des Sparsamkeitsgebots ein Gebiet maximal verdichtet, kann dadurch der Boden stark belastet und somit beeinträchtigt werden, was dem Schonungsgebot widerspricht.[439]

bb) Verringerung der zusätzlichen Flächeninanspruchnahme

Das Sparsamkeits- und Schonungsgebot wird durch § 1a II 1 Hs. 2 BauGB konkretisiert. Darin wird angeordnet, dass zur Verringerung der zusätzlichen Flächeninanspruchnahme für bauliche Nutzungen die Entwicklungsmöglichkeiten der Gemeinde, insbesondere durch Wiedernutzbarmachung von Flächen, Nachverdichtung und andere Maßnahmen zur Innenentwicklung, zu nutzen sind. Aus dieser Vorgabe folgt, dass die Gemeinde die Potenziale an Baufläche innerhalb des Gemeindegebiets ausschöpfen soll, damit weniger neue Siedlungs- und Verkehrsfläche ausgewiesen werden muss. Als Maßnahmen schlägt der Gesetzgeber die im Folgenden näher erläuterten Möglichkeiten vor.

Unter der Wiedernutzbarmachung von Flächen (sog. Flächenrecycling) wird die Wiedereingliederung von beispielsweise ehemaligen Bahnflächen, Kasernen,

---

436 *Dirnberger* in: Spannowsky/Uechtritz (Hrsg.), BauGB Kommentar, § 1a Rn. 7; Jarass/Kment (Hrsg.), Baugesetzbuch Kommentar, § 1a Rn. 2; *Wagner* in: Krautzberger (Hrsg.), BauGB Kommentar, § 1a Rn. 48; *Louis/Wolf*, Bodenschutz in der Bauleitplanung, NuR 2002, S. 61, 64.

437 *Mitschang* in: Schlichter/Stich/Driehaus, et al. (Hrsg.), BauGB Kommentar, § 1a Rn. 69; *Stich*, Rechtsprobleme bei der Umsetzung der Forderungen des Umweltschutzes nach § 1a BauGB 1998 in die städtebaulichen Planungen und bei deren Vollzug, UPR 1998, S. 121, 122.

438 *Franz*, Freiraumschutz und Innenentwicklung, S. 254.

439 Ibid., S. 255; *Gierke* in: Bank/Korbmacher/Dürr (Hrsg.), Brügelmann (Begr.), BauGB Kommentar, § 1a Rn. 28; *Löhr*, Das neue Baugesetzbuch – Bauleitplanung, NVwZ 1987, S. 361, 363; *Mitschang*, Die Belange von Natur und Landschaft in der kommunalen Bauleitplanung, S. 40; *Mitschang* in: Schlichter/Stich/Driehaus, et al. (Hrsg.), BauGB Kommentar, § 1a Rn. 70.

stillgelegten Industrie- oder Gewerbebetriebsflächen oder aufgegebenen Wohngebäuden verstanden, die ihre bisherige Funktion oder Nutzung verloren haben.[440]

Nachverdichtung umfasst Maßnahmen, die zu einer Erhöhung der Bebauungsdichte in schon bestehenden und besiedelten Gebieten oder zu einer Nutzungsintensivierung von bebauten und unbebauten Grundstücken führen, z. B. durch Hinterlandbebauung.[441] Die Nachverdichtung wird durch Festsetzungen über das Maß der baulichen Nutzung und die überbaubare Grundfläche realisiert.[442]

Andere Maßnahmen der Innenentwicklung umfassen als Auffangtatbestand[443] die Maßnahmen, die weder unter das Flächenrecycling noch unter die Nachverdichtung fallen. Dazu gehören beispielsweise die in § 1 VI Nr. 4 Var. 1 BauGB genannten Maßnahmen (Erhaltung, Erneuerung, Fortentwicklung, Anpassung und Umbau vorhandener Ortsteile), Umnutzung, Umstrukturierung oder weitergehende Bebauung innerhalb des bestehenden Siedlungsbereichs.[444]

cc) Begrenzung der Bodenversiegelung

Obwohl die Vermeidung von Bodenversiegelung bereits in dem Gebot des schonenden Umgangs mit Grund und Boden inbegriffen ist,[445] wurde dieses durch das

---

440 *Bienek/Krautzberger*, Aktuelle Fragen zum städtebaulichen Innenbereich nach § 34 BauGB und zum Außenbereich nach § 35 BauGB, UPR 2008, S. 81, 83; *Bunzel*, DIFU Bericht BauGB-Novelle 2006, S. 23; *Fachkommission Städtebau der Bauministerkonferenz*, BauGBÄndG 2007 – Mustererlass, S. 5; *Gierke* in: Bank/Korbmacher/Dürr (Hrsg.), BauGB Kommentar, § 13a Rn. 57; *Schink*, Nachverdichtung, Baulandmobilisierung und Umweltschutz, UPR 2001, S. 161, 161; *Spannowsky* in: Schlichter/Stich/Driehaus, et al. (Hrsg.), BauGB Kommentar, § 13a Rn. 15; zum Flächenrecycling siehe ausführlich: *Deichmöller*, Flächenrecycling als Instrument kommunaler Umwelt- und Standortpolitik, S. 12 ff.

441 *Bienek/Krautzberger*, Aktuelle Fragen zum städtebaulichen Innenbereich nach § 34 BauGB und zum Außenbereich nach § 35 BauGB, UPR 2008, S. 81, 82; *Fachkommission Städtebau der Bauministerkonferenz*, BauGBÄndG 2007 – Mustererlass, S. 5; *Krautzberger* in: Krautzberger (Hrsg.), BauGB Kommentar, § 13a Rn. 29; *Schrödter* in: Schrödter (Hrsg.), BauGB Kommentar, §1a Rn. 22.

442 *Gierke* in: Bank/Korbmacher/Dürr (Hrsg.), BauGB Kommentar, § 13a Rn. 60; *Kirchmeier* in: Ferner/Kröninger/Aschke (Hrsg.), BauGB mit BauNVO Handkommentar, § 13a BauGB Rn. 6; *Spannowsky* in: Schlichter/Stich/Driehaus, et al. (Hrsg.), BauGB Kommentar, § 13a Rn. 16.

443 *Bunzel*, Das beschleunigte Verfahren für Bebauungspläne der Innenentwicklung, LKV 2007, S. 444, 445; *Fachkommission Städtebau der Bauministerkonferenz*, BauGBÄndG 2007 – Mustererlass, S. 5; *Gierke* in: Bank/Korbmacher/Dürr (Hrsg.), BauGB Kommentar, § 13a Rn. 61; *Krautzberger* in: Krautzberger (Hrsg.), BauGB Kommentar, § 13a Rn. 30.

444 *Gierke* in: Bank/Korbmacher/Dürr (Hrsg.), BauGB Kommentar, § 13a Rn. 61; *Krautzberger* in: Krautzberger (Hrsg.), BauGB Kommentar, § 13a Rn. 30.

445 *Mitschang* in: Schlichter/Stich/Driehaus, et al. (Hrsg.), BauGB Kommentar, § 1a Rn. 71.

BauROG 1998 ausdrücklich normiert. Aus der Vorgabe der Begrenzung auf das notwendige Maß in § 1a II 1 Hs. 2 BauGB ergibt sich, dass bei jeder Planung die Notwendigkeit der Versiegelung geprüft werden muss. In der Begründung des Regierungsentwurfs[446] wurde dazu ausgeführt: „Durch entsprechende Darstellungen und Festsetzungen in Flächennutzungs- und Bebauungsplänen ist sicherzustellen, daß schädliche Bodenveränderungen, die auf Bodenversiegelungen zurückzuführen sind, möglichst vermieden werden." Die planende Gemeinde muss daher bereits im Rahmen der Aufstellung der Bauleitpläne den tatsächlich benötigten Flächenbedarf und vor allem die erforderliche Versiegelung des geplanten Vorhabens abschätzen.[447] Diese Vorgabe ist allerdings nicht dahingehend zu verstehen, dass eine Bedarfsplanung[448] erforderlich ist. Das Bundesverwaltungsgericht[449] erlaubt ausdrücklich eine vorsorgende Ausweisung von Bauland durch Angebotsplanung: „Eine Gemeinde darf grundsätzlich auch dann Bauleitpläne aufstellen, wenn es noch an konkreten Interessenten für die Baugrundstücke fehlt. [...] Bauleitplanung ist grundsätzlich Angebotsplanung."

b) Gewichtung der Bodenschutzklausel

Es stellt sich die Frage, welches Gewicht § 1a II 1 BauGB im Rahmen der Bauleitplanung zukommt. Gemäß § 1a II 3 BauGB sind die Grundsätze nach Satz 1 in der Abwägung zu berücksichtigen. Im Rahmen der bauleitplanerischen Abwägung nach § 1 VI, VII BauGB sind bei der Aufstellung der Bauleitpläne die öffentlichen und privaten Belange gegen-einander und untereinander gerecht abzuwägen. Die in die Abwägung einzustellenden Belange sind grundsätzlich alle gleichrangig.[450] Vor- und Nachrang der einzelnen Belange werden erst in der konkreten Planungssituation durch Gewichtung und Abwägung bestimmt.[451] Nichtsdestotrotz kann der Gesetzgeber bestimmten Belangen ein höheres Gewicht als anderen zuordnen, beispielsweise durch die Einordnung als Optimierungsgebot.[452] Ob es sich bei der

446 *Deutscher Bundestag*, Drucksache 13/6392, S. 43.

447 *Mitschang* in: Schlichter/Stich/Driehaus, et al. (Hrsg.), BauGB Kommentar, § 1a Rn. 72.

448 Siehe dazu auch: 2. Kapitel D. II.

449 BVerwGE 112, 41, 50.

450 BVerwGE 47, 144, 146 f.; *Koch/Schütte*, Bodenschutz und Altlasten in der Bauleitplanung, DVBl 1997, S. 1415, 1419; *Kuschnerus*, Die Belange von Natur und Landschaft in der Abwägung nach § 1 Abs. 6 BauGB – Zur praktischen Anwendung der naturschutzrechtlichen Eingriffsregelung in der Bauleitplanung –, BauR 1998, S. 1, 4; *Reidt* in: Bracher/Reidt/Schiller (Hrsg.), Bauplanungsrecht, S. 233.

451 VGH Baden-Württemberg, Urt. v. 14.09.2001 – 5 S 2869/99 (NVwZ-RR 2002, S. 638, 640).

452 *Reidt* in: Bracher/Reidt/Schiller (Hrsg.), Bauplanungsrecht, S. 233; siehe dazu ausführlich: *Grüner*, Die Einschränkung der planerischen Gestaltungsfreiheit durch Optimierungsgebote und Abwägungsdirektiven, UPR 2011, S. 50, 52 ff.; *Stüer*, Handbuch des Bau- und Fachplanungsrechts, S. 542 ff.

Bodenschutzklausel um einen einfachen Abwägungsbelang oder um ein Optimierungsgebot handelt, war lange umstritten.

aa) Bodenschutzklausel als Optimierungsgebot

In der Vergangenheit gab es zahlreiche Stimmen, die bei der Bodenschutzklausel von einem Optimierungsgebot ausgegangen sind. Die herrschende Meinung der Literatur[453] ordnete die Bodenschutzklausel bis Ende der 1990er-Jahre als

453 *Bielenberg*, Einige Vollzugsprobleme des neuen Baugesetzbuches, ZfBR 1988, S. 55, 55; *Birkedal*, Die Implementation des Staatsziels Umweltschutz (Art. 20a GG) in das Bauplanungsrecht und seine Auswirkungen auf das bauplanungsrechtliche Abwägungsgebot, S. 118; *Blumenberg*, Neuere Entwicklungen zu Struktur und Inhalt des Abwägungsgebots im Bauplanungsrecht, DVBl 1989, S. 86, 93; *Bunzel*, Nachhaltigkeit – ein neues Leitbild für die kommunale Flächennutzungsplanung. Was bringt das novellierte Baugesetzbuch?, NuR 1997, S. 583, 584 f.; *Dreier*, Die normative Steuerung der planerischen Abwägung, S. 330; *Erbguth/Wagner*, Bauplanungsrecht, S. 39; *Gruehn*, Die Berücksichtigung der Belange von Naturschutz und Landschaftspflege in der vorbereitenden Bauleitplanung, S. 111; *Kauch*, Bodenschutz – Die Steuerung des Land- und Freiflächenverbrauchs im geltenden Recht, DVBl 1993, S. 1033, 1037; *Koch/Schütte*, Bodenschutz und Altlasten in der Bauleitplanung, DVBl 1997, S. 1415, 1419; *Kuhlmann*, Das Gebot sparsamen und schonenden Umgangs mit Grund und Boden im Städtebaurecht, S. 213, *Louis/Wolf*, Bodenschutz in der Bauleitplanung, NuR 2002, S. 61, 63; *Mitschang*, Die Belange von Natur und Landschaft in der kommunalen Bauleitplanung, S. 40; *Pfeifer*, Regeln und Prinzipien im Bauplanungsrecht, DVBl 1989, S. 337, 342; *Schink*, Die Bedeutung umweltschützender Belange für die Flächennutzungsplanung, ZfBR 2000, S. 154, 157; *Stich*, Notwendigkeit der Weiterentwicklung der Baunutzungsverordnung zur Bodennutzungsverordnung, NuR 1988, S. 221, 221; *Söfker*, Fortentwicklung des Raumordnungsrechts im Bauplanungsrecht und Raumordnungsgesetz, DVBl 1987, S. 597, 598; aber auch noch in den letzten Jahren und heute: *Krautzberger*, 20 Jahre Bodenschutz im Städtebaurecht in: Ipsen/Stüer (Hrsg.), Europa im Wandel: Festschrift für Hans-Werner Rengeling, S. 139, 147; *Kloepfer*, Umweltschutzrecht, S. 395; *Koch/Hendler*, Baurecht, Raumordnungs- und Landesplanungsrecht, S. 299; *Peine/Spyra/Hüttl*, Vorschläge zur Aktivierung des flächenhaften Bodenschutzes, UPR 2006, S. 375, 376; *Tomerius*, Flächenrecycling als Instrument nachhaltiger Stadtentwicklung, Strategien und Rechtsfragen in der kommunalen Praxis, NuR 2005, S. 14, 16; *Peine* (*Peine* in: Dolde (Hrsg.), Umweltrecht im Wandel, S. 545) verweist auf die Terminologie *Alexys* (*Alexy*, Theorie der Grundrechte, S. 75 f.: Nach *Alexys* Ansicht sind Prinzipien Optimierungsgebote, „die dadurch charakterisiert sind, daß sie in unterschiedlichen Graden erfüllt werden können und dass gebotene Maß ihrer Erfüllung nicht nur von den tatsächlichen, sondern auch von den rechtlichen Möglichkeiten abhängt“) und ordnen die Bodenschutzklausel dementsprechend als Optimierungsgebot mit prima-facie-Vorrang ein. Einige Stimmen in der Literatur wenden sich sowohl gegen den Begriff des Optimierungsgebots als auch gegen das Gebot als solches: *Bartlsperger*, Planungsrechtliche Optimierungsgebote, DVBl 1996, S. 1, 1 ff.; *Franz*, Freiraumschutz durch Innenentwicklung, Das

Optimierungsgebot[454] ein. Unter einem Optimierungsgebot verstanden sie, dass dieses keine strikte Beachtung verlangt, wohl aber eine qualifizierte, möglichst weitgehende Berücksichtigung.[455] Die Belange des quantitativen Bodenschutzes könnten nur dann zurückgestellt werden, wenn es andere Belange mit herausragendem Gewicht erfordern.[456]

Auch die Rechtsprechung ging lange davon aus, dass es sich bei der Bodenschutzklausel um ein Optimierungsgebot handelt. In einem Beschluss des Bundesverwaltungsgerichts vom 20.08.1992 wurde dies eher beiläufig festgestellt.[457] Das Verwaltungsgericht München[458] und der Bayerische Verwaltungsgerichtshof[459] ordneten die Bodenschutzklausel explizit als Optimierungsgebot ein. Die Gerichte präzisierten dabei, dass es in dem Sinne verstanden wird, dass „der sparsame

---

Verhältnis von Freirauminanspruchnahme und Innenentwicklung vor dem Hintergrund der Forderungen Ökologischen Planens und Bauens, ZfBR 2001, S. 445, 447; *Kuschnerus*, Die „Nachhaltigkeit" im Abwägungsprozess und in der gerichtlichen Überprüfung – Zur praxisgerechten Struktur des Rechts der Bauleitplanung, ZfBR 2000, S. 15, 18.

454 Das BVerwG (BVerwGE 71, 163, 165) hat den Begriff des Optimierungsgebots verwendet, um dieses von Planungsleitsätzen abzugrenzen. Danach sind „Planungsleitsätze die Vorschriften, die bei der öffentlichen Planung strikte Beachtung verlangen und deswegen nicht durch planerische Abwägung überwunden werden können". Optimierungsgebote hingegen wurden folgendermaßen eingeordnet: „Regelungen, die ihrem Inhalt nach selbst nicht mehr als eine Zielvorgabe für den Planer enthalten und erkennen lassen, daß diese Zielsetzung bei öffentlichen Planungen im Konflikt mit anderen Zielen zumindest teilweise zurücktreten können. Typisch sind hierfür Regelungen mit einem Optimierungsgebot, das eine möglichst weitgehende Bedeutung bestimmter Belange fordert. Die Bedeutung solcher Vorschriften besteht darin, den in ihnen enthaltenen Zielvorgaben ein besonderes Gewicht zuzumessen und insoweit die planerische Gestaltungsfreiheit einzuschränken." In dieser Entscheidung wurden als Beispiele für Optimierungsgebote § 1 II BNatSchG a. F., der einen ausdrücklichen Abwägungsvorbehalt gegenüber den sonstigen Anforderungen an Natur und Landschaft enthielt, sowie § 50 BImSchG genannt.

455 *Battis* in: Battis/Mitschang/Reidt (Hrsg.), BauGB Kommentar, § 1a Rn. 5; *Gierke* in: Bank/Korbmacher/Dürr (Hrsg.), BauGB Kommentar, § 1 Rn. 1554a; *Hoppe*, Die Bedeutung von Optimierungsgeboten im Planungsrecht, DVBl 1992, S. 853, 853 ff.; *Krautzberger*, 20 Jahre Bodenschutz im Städtebaurecht, S. 139, 147; *Stollmann*, Öffentliches Baurecht, S. 89; *Stüer*, Handbuch des Bau- und Fachplanungsrechts, S. 595.

456 *Kloepfer*, Umweltschutzrecht, S. 395; *Louis/Wolf*, Bodenschutz in der Bauleitplanung, NuR 2002, S. 61, 63; *Peine/Spyra/Hüttl*, Vorschläge zur Aktivierung des flächenhaften Bodenschutzes, UPR 2006, S. 375, 376; *Schink*, Die Bedeutung umweltschützender Belange für die Flächennutzungsplanung, ZfBR 2000, S. 154, 157.

457 BVerwGE 90, 329, 332.

458 VG München, Urt. v. 03.08.2004 – M 1 K 04.3122 (BeckRS 2004, 32760).

459 Bayerischer VGH, Urt. v. 28.06.2006 – 8 N 06.710 (BeckRS 2006, 27309).

und schonende Umgang mit Grund und Boden im Rahmen des Möglichen zu berücksichtigen ist." Dieser Einschätzung schloss sich der Verwaltungsgerichtshof Baden-Württemberg[460] an, ohne jedoch die Bodenschutzklausel ausdrücklich als Optimierungsgebot zu bezeichnen und ergänzte, dass der Belang des quantitativen Bodenschutzes ein größeres Gewicht habe als die sonstigen in der Abwägung zu berücksichtigenden Belange.

bb) Bodenschutzklausel als Abwägungsbelang

Die Einordnung der Bodenschutzklausel als Optimierungsgebot währte jedoch nicht lange. In der Rechtsprechung zeigten sich im Laufe der Zeit vermehrt Tendenzen, die in Richtung eines einfachen Abwägungsbelangs deuteten. Einige Gerichte ließen das Gewicht der Bodenschutzklausel in der Abwägung offen und stellten lediglich fest, dass die Belange der Flächeninanspruchnahme als für die Abwägung beachtliche Belange zu qualifizieren seien.[461] Das Bundesverwaltungsgericht[462] urteilte am 21.12.1993, dass die Vorgaben der Bodenschutzklausel nicht mit einem unüberwindlichen Planungshindernis gleichzusetzen seien. Der Verwaltungsgerichtshof Baden-Württemberg[463] ordnete trotz vorheriger Tendenz Richtung Optimierungsgebot die Bodenschutzklausel 2001 als Abwägungsdirektive ein, die im Konflikt mit anderen städtebaulichen Zielen zurücktreten und also durch Abwägung überwunden werden könne. Das Oberverwaltungsgericht Schleswig-Holstein[464] äußerte, dass dem Schutz des Bodens im Rahmen der Abwägung „keine Vorrangstellung gegenüber den anderen in der Abwägung zu berücksichtigenden Gesichtspunkten" beizumessen sei. Durch das Urteil des Bundesverwaltungsgerichts[465] vom 12.06.2008 wurde Klarheit hinsichtlich der rechtlichen Einordnung der Bodenschutzklausel geschaffen. Darin wurde entschieden: „Die in § 1a Abs. 2 S. 1 und 2 BauGB genannten Belange setzen der Gemeinde im Rahmen der planerischen Abwägung keine strikten, unüberwindbaren Grenzen. Der Gesetzgeber hat diesen Belangen auch keinen generellen gesetzlichen Vorrang eingeräumt. Ob sich die genannten Belange im Einzelfall durchsetzen, hängt von dem Gewicht der ihnen gegenüberstehenden abwägungserheblichen öffentlichen beziehungsweise privaten Belange ab. Ein Zurückstellen der in § 1a Abs. 2 S. 1 und 2 BauGB genannten Belange bedarf einer Rechtfertigung, die dem Gewicht dieser vom Gesetzgeber herausgehobenen

460 VGH Baden-Württemberg, Urt. v. 05.05.1999 – 3 S 2216/98 (juris Rn. 33).

461 Bayerischer VGH, Urt. v. 12.05.2004 – 20 N 04.329 und 336 (NuR 2004, S. 528, 531); VG München, Urt. v. 20.06.2007 – M 9 K 06.2588 (juris Rn. 46).

462 BVerwG, Beschl. v. 21.12.1993 – 4 NB 40/93 (NVwZ 1994, S. 685, 686).

463 VGH Baden-Württemberg, Urt. v. 14.09.2001 – 5 S 2869/99 (NVwZ-RR 2002, S. 638, 640). Auch das OVG Nordrhein-Westfalen (Urt. v. 18.12.2009 – 7 D 124/07.NE, 7 D 128/08.NE (juris Rn. 180) spricht bei der Bodenschutzklausel von einer Abwägungsdirektive ohne dies näher zu erläutern.

464 OVG Schleswig-Holstein, Urt. v. 31.05.2005 – 1 KN 6/04 (NuR 2006, S. 467, 469).

465 BVerwG, Beschl. v. 12.06.2008 – 4 BN 8/08 (ZfBR 2008, S. 689).

Belange Rechnung trägt." Seither orientieren sich die Gerichte[466] an diesem Urteil und die Ansicht, die Bodenschutzklausel sei ein Optimierungsgebot, wurde aufgegeben. Auch die Literatur ordnet seit etwa 2000 die Bodenschutzklausel vermehrt als Abwägungsbelang ein.[467]

Auch wenn die Bodenschutzklausel weder in der aktuellen noch in den vorherigen Fassungen in den Katalog der Abwägungsbelange integriert ist bzw. war und daher eine gewisse Sonderstellung inne hat bzw. hatte, spricht vieles dafür, dass es sich bei der Bodenschutzklausel um einen „normalen" Abwägungsbelang handelt. Es ist nicht ersichtlich, warum dem quantitativen Bodenschutz ein höheres Gewicht zukommen sollte als anderen Belangen, die in dem Abwägungskatalog des § 1 VI BauGB aufgelistet sind. Durch die Änderung des Wortlauts des § 1a II 3 BauGB im Jahr 2004 wurde klargestellt, dass die Bodenschutzklausel in der Abwägung zu berücksichtigen ist. Seitdem kann erst recht nicht mehr davon ausgegangen werden, dass es sich hierbei um ein Optimierungsgebot handelt.

cc) Reichweite der Bodenschutzklausel

Aus dem Wortlaut der Bodenschutzklausel wird für die planende Gemeinde nicht ersichtlich, wie weit die in § 1a II 1 BauGB normierten Gebote reichen. Sowohl in der

---

466 So beispielsweise: Bayerischer VerfGH, Entsch. v. 17.03.2011 – Vf. 17-VII/10 (juris Rn. 48); Bayerischer VerfGH, Entsch. v. 29.03.2012 – Vf 5-VII-11 (juris Rn. 42); Bayerischer VGH, Urt. v. 27.04.2010 – 1 N 08.2703 (juris Rn. 39); OVG Berlin-Brandenburg, Urt. v. 19.10.2010 – OVG 2 A 15.09 (juris Rn. 48); Bayerischer VGH, Urt. v. 21.12.2010 – 1 N 08.3385 (BeckRS 2010, 33350); Bayerischer VGH, Urt. v. 20.04.2011 – 15 N 10.1320 (BeckRS 2011, 52829); Bayerischer VGH, Urt. v. 28.06.2011 – 15 N 08.3388 (BeckRS 2011, 52828); OVG Rheinland-Pfalz, Urt. v. 06.10.2011 – 1 C 11322/10 (BeckRS 2012, 47024); OVG Niedersachsen, Beschl. v. 04.01.2012 – 12 MN 160/11 (juris Rn. 25); Bayerischer VGH, Urt. v. 07.08.2012 – 1 N 11.1728 (juris Rn. 18); OVG Sachsen-Anhalt Urt. v. 14.02.2013 – 2 K 122/11 (BeckRS 2013, 51999); OVG Nordrhein-Westfalen, Urt. v. 18.02.2013 – 2 D 38/12.NE (BeckRS 2013, 49337).

467 *Dirnberger* in: Jäde/Dirnberger/Weiß (Hrsg.), BauGB BauNVO Kommentar, § 1a BauGB Rn. 9; *Dirnberger* in: Spannowsky/Uechtritz (Hrsg.), BauGB Kommentar, § 1a Rn. 10; *Erbguth/Schubert*, Öffentliches Baurecht, S. 50; *Finkelnburg/Ortloff/Kment*, Bauplanungsrecht, S. 45 f.; *Franz*, Freiraumschutz durch Innenentwicklung, Das Verhältnis von Freirauminanspruchnahme und Innenentwicklung vor dem Hintergrund der Forderungen Ökologischen Planens und Bauens, ZfBR 2001, S. 445, 447; *Gierke* in: Bank/Korbmacher/Dürr (Hrsg.), BauGB Kommentar, § 1a Rn. 36; *Mitschang* in: Schlichter/Stich/Driehaus, et al. (Hrsg.), BauGB Kommentar, § 1a Rn. 115 ff.; *Reidt* in: Bracher/Reidt/Schiller (Hrsg.), Bauplanungsrecht, S. 278; *Schlichter/Stich* in: Schlichter/Stich (Hrsg.), BauGB Kommentar, § 1a Rn. 10; *Schrödter* in: Schrödter (Hrsg.), BauGB Kommentar, §1a Rn. 29; siehe dazu auch: *Bartlsperger*, Ökologische Gewichtungs- und Vorrangregelungen, S. 127 ff.

Rechtsprechung[468] als auch in der Literatur[469] besteht Einigkeit dahingehend, dass die Bodenschutzklausel weder eine Baulandsperre noch ein Versiegelungsverbot enthält. Dies ist darauf zurückzuführen, dass, wie oben erörtert, § 1a II 1 BauGB den Gemeinden in der planerischen Abwägung keine strikten unüberwindlichen Grenzen setzt.[470] Ob sich der quantitative Bodenschutz gegenüber den anderen abwägungserheblichen öffentlichen oder privaten Belangen durchsetzt, muss daher in der konkreten Abwägung entschieden werden.[471] Somit können die Flächeninanspruchnahme und die damit einhergehende Bodenversiegelung durch andere, in der konkreten Planungssituation wichtigere, Belange gerechtfertigt sein.[472] Folglich ergibt sich aus § 1a II 2 BauGB nicht, dass erst alle bislang unbebauten Flächen einer Gemeinde innerhalb des Innenbereichs erschöpft sein müssen, bevor neue Flächen in Anspruch genommen werden dürfen.[473] Dies gilt auch dann, wenn dafür erstmals Natur und Landschaft in Anspruch genommen werden.[474] Wenn allerdings trotz vorhandener Innenentwicklungspotenziale neue Bauflächen außerhalb bestehender Siedlungsgrenzen ausgewiesen werden, müssen ausreichend gewichtige

468 VGH Baden-Württemberg, Urt. v. 05.05.1999 – 3 S 2216/98 (juris Rn. 33); OVG Bremen, Urt. v. 25.09.2001 – 1 D 136/01 (BeckRS 2002, 22721); VGH Hessen, Urt. v. 25.02.2004 – 9 N 3123/01 (juris Rn. 60); Bayerischer VGH, Urt. v. 12.05.2004 – 20 N 04.329 und 336 (NuR 2004, S. 528, 531); Bayerischer VGH, Urt. v. 27.04.2010 – 1 N 08.2703 (juris Rn. 39); Bayerischer VGH, Urt. v. 21.12.2010 – 1 N 08.3385 (BeckRS 2010, 33350); Bayerischer VGH, Urt. v. 20.04.2011 – 15 N 10.1320 (juris Rn. 115); Bayerischer VerfGH, Entsch. v. 17.03.2011 – Vf. 17-VII-10 (juris Rn. 48); Bayerischer VerfGH, Entsch. v. 23.08.2012 – Vf. 4-VII-12 (juris Rn. 17); OVG Rheinland-Pfalz, Urt. v. 06.10.2011 – 1 C 11322/10 (BeckRS 2012, 47024).

469 *Austermann*, Brachflächenreaktivierung, S. 157; *Battis* in: Battis/Mitschang/Reidt (Hrsg.), BauGB Kommentar, § 1a Rn. 6; *Dirnberger* in: Spannowsky/Uechtritz (Hrsg.), BauGB Kommentar, § 1a Rn. 10; *Krautzberger*, 20 Jahre Bodenschutz im Städtebaurecht, S. 139, 147; *Wagner* in: Krautzberger (Hrsg.), BauGB Kommentar, § 1a Rn. 53; *Mitschang* in: Schlichter/Stich/Driehaus, et al. (Hrsg.), BauGB Kommentar, § 1a Rn. 51; *Waechter*, Flächensparsamkeit in der Bauleitplanung, DVBl 2009, S. 997, 997.

470 BVerwG, Beschl. v. 12.06.2008 – 4 BN 8/08 (ZfBR 2008, S. 689); OVG Rheinland-Pfalz, Urt. v. 06.10.2011 – 1 C 11322/10 (BeckRS 2012, 47024); *Wagner* in: Krautzberger (Hrsg.), BauGB Kommentar, § 1a Rn. 54.

471 BVerwG, Beschl. v. 12.06.2008 – 4 BN 8/08 (ZfBR 2008, S. 689); OVG Rheinland-Pfalz, Urt. v. 06.10.2011 – 1 C 11322/10 (BeckRS 2012, 47024);

472 *Wagner* in: Krautzberger (Hrsg.), BauGB Kommentar, § 1a Rn. 54.

473 Bayerischer VGH, Urt. v. 27.04.2010 – 1 N 08.2703 (juris Rn. 39); OVG Rheinland-Pfalz, Urt. v. 06.10.2011 – 1 C 11322/10 (BeckRS 2012, 47024); *Krautzberger*, 20 Jahre Bodenschutz im Städtebaurecht, S. 139, 147.

474 Bayerischer VGH, Urt. v. 27.04.2010 – 1 N 08.2703 (juris Rn. 39); OVG Rheinland-Pfalz, Urt. v. 06.10.2011 – 1 C 11322/10 (BeckRS 2012, 47024); *Krautzberger*, 20 Jahre Bodenschutz im Städtebau, S. 139, 147.

städtebauliche Gründe gegeben sein, die dies auch vor dem Hintergrund der Bodenschutzklausel rechtfertigen.[475]

3. *Umwidmungssperrklausel gemäß § 1a II 2 BauGB*

Für die Begrenzung der Flächeninanspruchnahme ist zudem die Umwidmungssperrklausel nach § 1a II 2 BauGB von Bedeutung. Danach sollen landwirtschaftlich, als Wald oder für Wohnzwecke genutzte Flächen nur im notwendigen Umfang umgenutzt werden. Ziel dieser Norm ist es, die natürlichen Bodenfunktionen für Landwirtschaft und Wald zu erhalten, damit die Versorgung mit land- und forstwirtschaftlichen Produkten gesichert ist.[476] Zudem sollen, insbesondere in Gebieten mit großer Wohnraumnachfrage,[477] Flächen für Wohnraum geschützt werden.

a) Flächen für Landwirtschaft, Wald und Wohnzwecke

Die Norm nimmt Bezug auf landwirtschaftliche, als Wald oder für Wohnzwecke genutzte Flächen. Landwirtschaft ist gemäß § 201 BauGB insbesondere der Ackerbau, die Wiesen- und Weidewirtschaft einschließlich Tierhaltung, soweit das Futter überwiegend auf den zum landwirtschaftlichen Betrieb gehörenden, landwirtschaftlich genutzten Flächen erzeugt werden kann, die gartenbauliche Erzeugung, der Erwerbsobstbau, der Weinbau, die berufsmäßige Imkerei und die berufsmäßige Binnenfischerei. Eine Definition des Begriffs „Wald" kann dem BauGB nicht entnommen werden. Diesbezüglich ist auf das BWaldG sowie die Waldgesetze der Länder zurückzugreifen.[478] Wald ist in § 2 I 1 BWaldG definiert als jede mit Forstpflanzen bestockte Grundfläche. Als Wald gelten auch kahlgeschlagene oder verlichtete Grundflächen, Waldwege, Waldeinteilungs- und Sicherungsstreifen, Waldblößen und Lichtungen, Waldwiesen, Wildäsungsplätze, Holzlagerplätze sowie weitere mit dem Wald verbundene und ihm dienende Flächen (§ 2 I 2 BWaldG). Hinsichtlich

---

475 OVG Rheinland-Pfalz, Urt. v. 06.10.2011 – 1 C 11322/10 (BeckRS 2012, 47024); *Wagner* in: Krautzberger (Hrsg.), BauGB Kommentar, § 1a Rn. 54; vgl. BVerwG, Beschl. v. 12.06.2008 – 4 BN 8/08 (ZfBR 2008, S. 689).

476 *Mitschang* in: Schlichter/Stich/Driehaus, et al. (Hrsg.), BauGB Kommentar, § 1a Rn. 110.

477 Vgl. *Wagner* in: Krautzberger (Hrsg.), BauGB Kommentar, § 1a Rn. 49.

478 *Dirnberger* in: Spannowsky/Uechtritz (Hrsg.), BauGB Kommentar, § 1a Rn. 8; *Gierke* in: Bank/Korbmacher/Dürr (Hrsg.), BauGB Kommentar, § 1a Rn. 40; *Wagner* in: Krautzberger (Hrsg.), BauGB Kommentar, § 1a Rn. 50; *Mitschang* in: Schlichter/Stich/Driehaus, et al. (Hrsg.), BauGB Kommentar, § 1a Rn. 113; Nach dem BVerwG (BVerwG, Beschl. v. 12.02.2003 – 4 BN 9/03 (NVwZ-RR 2003, S. 406)) knüpft das BauGB an die Begriffsmerkmale aus § 1 I Nr. 1 BWaldG an. Danach hat der Wald neben der wirtschaftlichen Nutzfunktion auch eine Schutz- und Erholungsfunktion wegen seiner Bedeutung für die Umwelt.

der Definition der Wohnzwecke kommt es nicht auf die nach dem Bebauungsplan vorgesehene, sondern vielmehr auf die tatsächliche Nutzung für Wohnzwecke an.[479]

b) Reichweite und Gewichtung der Umwidmungssperrklausel

Auch bei der Umwidmungssperrklausel müssen Reichweite und Gewichtung der Norm im Rahmen der bauleitplanerischen Entscheidungen untersucht werden. Laut Wortlaut gilt, dass die Umnutzung der bezeichneten Flächen nicht von vorneherein ausgeschlossen, sondern lediglich eine Begrenzung auf das notwendige Maß erforderlich ist. Hieraus folgt, dass Fläche, die für die Landwirtschaft, den Wald oder für Wohnzwecke genutzt wird, eines gewissen Schutzes bedarf und diese Flächen nicht ohne Weiteres umgewidmet werden können.[480] Die Umwidmungssperrklausel dient deshalb der Erhaltung der bezeichneten Flächen in dem Umfang, wie sie für die Inanspruchnahme anderer Nutzungen nicht notwendig ist.[481] Daher kann eine Umwidmung beispielsweise dann sachgerecht sein, wenn in einem überwiegend ländlichen Gebiet die bislang landwirtschaftlich genutzten Flächen aufgrund konkret erkennbarer Nachfrage für neue Baugebiete in Anspruch genommen werden.[482]

Hinsichtlich der Gewichtung der Umwidmungssperrklausel ist wiederum § 1a II 3 BauGB entscheidend, wonach die Umwidmungssperrklausel im Rahmen der Abwägung nach § 1 VII BauGB zu berücksichtigen ist. Das Bundesverfassungsgericht urteilte diesbezüglich zwar, dass die Gemeinden verpflichtet sind die Belange der Umwidmungssperrklausel mit einem erhöhten Gewicht in ihre Abwägung einzustellen.[483] Dieses erhöhte Gewicht kann jedoch nicht dahingehend interpretiert werden, dass dieser Belang im Rahmen der Abwägung unüberwindbar ist. Es handelt sich vielmehr, wie bei der Bodenschutzklausel auch, um einen „normalen"

---

479 *Gierke* in: Bank/Korbmacher/Dürr (Hrsg.), BauGB Kommentar, § 1a Rn. 41; *Wagner* in: Krautzberger (Hrsg.), BauGB Kommentar, § 1a Rn. 50; *Mitschang* in: Schlichter/Stich/Driehaus, et al. (Hrsg.), BauGB Kommentar, § 1a Rn. 114; *Schwarz*, Der Beitrag informeller Konzepte zum Bodenschutz in der Bauleitplanung, UPR 2013, S. 408, 409; andere Ansicht: *Dirnberger* in: Spannowsky/Uechtritz (Hrsg.), BauGB Kommentar, § 1a Rn. 8, der vertritt, dass der Begriff über die jeweiligen Kategorien des Bauplanungsrechts ausgefüllt werde. Richtigerweise kann der Ausdruck „für Wohnzwecke genutzte Flächen" jedoch nicht mit dem Begriff des „Wohngebiets" gleichgesetzt werden, so auch: *Mitschang* in: Schlichter/Stich/Driehaus, et al. (Hrsg.), BauGB Kommentar, § 1a Rn. 114.

480 *Mitschang* in: Schlichter/Stich/Driehaus, et al. (Hrsg.), BauGB Kommentar, § 1a Rn. 109.

481 *Mitschang* in: Schlichter/Stich/Driehaus, et. al. (Hrsg.), BauGB Kommentar, § 1a Rn. 109; vgl. OVG Schleswig-Holstein, Urt. v. 31.05.2005 – 1 KN 6/04 (NuR 2006, S. 467, 469).

482 VGH Baden-Württemberg, Urt. v. 05.05.1999 – 3 S 2216/98 (juris Rn. 32).

483 BVerfGE 74, 264, 289; so auch: OVG Niedersachsen, Urt. v. 26.05.1997 – 1 L 6175/95 (NVwZ-RR 1998, S. 161, 161); OVG Nordrhein-Westfalen, Beschl. v. 14.07.2010 – 2 B 637/10.NE (juris Rn. 77).

in der Abwägung zu berücksichtigenden Belang.[484] Die Bezeichnung des § 1a II 2 BauGB als Umwidmungssperrklausel ist somit irreführend, da die Norm gerade keine zwingende Sperre beinhaltet.[485] Dennoch hat sich der Begriff sowohl in der Literatur als auch in der Rechtsprechung etabliert und wird daher auch in dieser Arbeit der Einfachheit halber benutzt.

c) Begründungspflicht gemäß § 1a II 4 BauGB

Zur weiteren Stärkung der Innenentwicklung[486] wurde die Umwidmungssperrklausel durch die Änderung des BauGB im Jahr 2013 um einen Satz ergänzt.[487] Nach dem neu eingeführten § 1a II 4 BauGB soll die Notwendigkeit der Umwidmung landschaftlicher oder als Wald genutzter Flächen begründet werden. Ermittlungen zu den Möglichkeiten der Innenentwicklung sollen dabei zugrunde gelegt werden, zu denen insbesondere Brachflächen, Gebäudeleerstand, Baulücken und andere Nachverdichtungsmöglichkeiten zählen können. Die Gesetzesbegründung empfiehlt hierfür einen Rückgriff auf Flächenkataster[488] sowie eine verlässliche Ermittlung des Neubaubedarfs, welche auf aktuellen Prognosen der Bevölkerungs- und Wirtschaftsentwicklung basieren.[489] Die Gemeinden müssen sich mit den Innenentwicklungsmöglichkeiten ausführlich auseinandersetzen und im Fall einer Inanspruchnahme des Außenbereichs argumentieren können, warum das städtebauliche Ziel nicht gleich oder zumindest gleichwertig durch Innenentwicklung zu realisieren ist.[490] Bereits vor der Normierung dieser Begründungspflicht wurde allerdings davon

---

484 BVerwG, Beschl. v. 12.06.2008 – 4 BN 8/08 (ZfBR 2008, S. 689); OVG Nordrhein-Westfalen, Urt. v. 06.07.2000 – 7a D 101/97.NE (BauR 2001, S. 55, 57); OVG Schleswig-Holstein, Urt. v. 31.05.2005 – 1 KN 6/04 (NuR 2006, S. 467, 469); Bayerischer VGH, Urt. v. 24.05.2012 – 2 N 12.448 (juris Rn. 61); *Battis* in: Battis/Mitschang/Reidt (Hrsg.), BauGB Kommentar, § 1a Rn. 10; *Dirnberger* in: Spannowsky/Uechtritz (Hrsg.), BauGB Kommentar, § 1a Rn. 10; *Gierke* in: Bank/Korbmacher/Dürr (Hrsg.), BauGB Kommentar, § 1a Rn. 45; *Wagner* in: Krautzberger (Hrsg.), BauGB Kommentar, § 1a Rn. 49; *Mitschang* in: Schlichter/Stich/Driehaus, et al. (Hrsg.), BauGB Kommentar, § 1a Rn. 109; hingegen geht *Schrödter* in: Schrödter (Hrsg.), BauGB Kommentar, § 1a Rn. 30 von einer Abwägungsdirektive aus.

485 *Battis* in: Battis/Mitschang/Reidt (Hrsg.), BauGB Kommentar, § 1a Rn. 9; *Gierke* in: Bank/Korbmacher/Dürr (Hrsg.), BauGB Kommentar, § 1a Rn. 38.

486 *Deutscher Bundestag*, Drucksache 17/11468, S. 12.

487 Siehe dazu ausführlicher: *Schwarz*, Der Beitrag informeller Konzepte zum Bodenschutz in der Bauleitplanung, UPR 2013, S. 408, 410.

488 Siehe dazu: 2. Kapitel D. XIV.

489 *Deutscher Bundestag*, Drucksache 17/11468, S. 12.

490 *Dirnberger* in: Spannowsky/Uechtritz (Hrsg.), BauGB Kommentar, § 1a Rn. 8a; *Schwarz*, Der Beitrag informeller Konzepte zum Bodenschutz in der Bauleitplanung, UPR 2013, S. 408, 410; siehe auch Bayerischer VGH, Beschl. v. 14.01.2013 – 15 ZB 11.2566 (BeckRS 2013, 46133), der urteilte, dass die bloße Behauptung eines Bedarfs an Wohnbebauung ohne konkrete Anhaltspunkte unzureichend ist.

ausgegangen, dass die Umwidmung der bezeichneten Flächen einer besonderen Begründung bedarf.[491] Die Einführung dieser Norm diente somit lediglich der Klarstellung. Ob aufgrund dieser Neuregelung Umwidmungen in größerem Umfang als bisher vermieden werden, bleibt abzuwarten.

4. *Bewertung des § 1 a II BauGB*

Sowohl die Umwidmungssperrklausel als auch die Bodenschutzklausel haben bereits früh Eingang in die Bauleitplanung gefunden. Die Regelungen wurden im Laufe der Zeit kontinuierlich präzisiert und erweitert. § 1a II BauGB bezweckt im Einzelnen den sparsamen und schonenden Umgang mit Grund und Boden, die Verringerung von zusätzlicher Flächeninanspruchnahme, die weitergehende Nutzung des Flächenrecyclings sowie Innen- vor Außenentwicklung. Zudem werden die Bodenversiegelung und die Umwidmung vor allem von land- und forstwirtschaftlichen Flächen für andere Nutzungen auf das notwendige Maß begrenzt. Somit sollen nach dem Willen des Gesetzgebers bislang freie Flächen nur im Ausnahmefall für Siedlungs- und Verkehrszwecke ausgewiesen werden. Vorrangig soll die Innenentwicklung vorangetrieben und bereits vorher genutzte Flächen verwendet werden.

Auch wenn § 1a II BauGB ausdrücklich die Begrenzung der Flächeninanspruchnahme bezweckt, stellt sich die Frage, ob es sich hierbei tatsächlich um eine effektive Norm zum Schutz von bislang freien Flächen handelt. Weder die Bodenschutz- noch die Umwidmungssperrklausel zwingt die Gemeinde dazu, die Flächeninanspruchnahme zu begrenzen. Dies liegt darin begründet, dass es sich bei beiden Normen lediglich um Abwägungsbelange handelt, denen in der Abwägung die gleiche Gewichtung zukommt wie allen anderen Belangen auch. Die Gemeinden haben somit nur die Verpflichtung, sich im Rahmen der Abwägung mit diesen Belangen auseinanderzusetzen und (seit der letzten BauGB Novelle) eine Begründung vorzulegen. Dadurch wird ihre gemeindliche Planungshoheit jedoch nicht wesentlich eingeschränkt und die Gemeinden können trotz der Anforderungen des § 1a II BauGB weitgehend frei über die verfügbaren Flächen in ihrem Gemeindegebiet entscheiden. Zudem besteht sowohl in der Literatur als auch in der Rechtsprechung Einigkeit dahingehend, dass aus § 1a II BauGB weder eine Baulandsperre noch ein Versiegelungsverbot folgt. Innerhalb der Gemeinden müssen daher nicht erst alle Potenziale der Innenentwicklung ausgeschöpft werden, bevor bislang freie Flächen für bauliche Zwecke genutzt werden. Allerdings müssen ausreichend gewichtige städtebauliche Gründe gegeben sein, die dies rechtfertigen.

Trotz der Vorgaben in § 1a II BauGB, dass sowohl die Versiegelung als auch die Umwidmung von insbesondere land- und forstwirtschaftlichen Flächen auf das notwendige Maß begrenzt werden müssen, erlaubt die Rechtsprechung eine Planung

---

491 OVG Niedersachsen, Urt. v. 26.05.1997 – 1 L 6175/95 (NVwZ-RR 1998, S. 161, 161); VGH Baden-Württemberg, Urt. v. 05.05.1999 – 3 S 2216/98 (juris Rn. 30); *Schink*, Nachverdichtung, Baulandmobilisierung und Umweltschutz, UPR 2001, S. 161, 163.

ohne den Nachweis eines konkreten Flächenbedarfs. Dies ist darauf zurückzuführen, dass im deutschen Planungsrecht die vorsorgende Ausweisung von Bauland durch Angebotsplanung und gerade keine Bedarfsplanung vorgesehen ist. Diese Rechtsprechung steht mit einem konsequenten quantitativen Bodenschutz in Konflikt.

Dementsprechend können die Bodenschutz- und Umwidmungssperrklausel durch die Kategorisierung als Abwägungsbelange naturgemäß keine drastische Begrenzung der Flächeninanspruchnahme erreichen. Der eigentlich verfolgte Zweck der Norm wird verfehlt.[492] Dies wird auch dadurch belegt, dass die Werte der Flächeninanspruchnahme seit Einführung der Umwidmungssperrklausel 1960 und der Bodenschutzklausel 1987 jahrzehntelang gestiegen und nicht, wie bezweckt, gesunken sind. Somit bestätigen auch die konkreten Zahlenwerte der Flächeninanspruchnahme, dass die Norm nicht effektiv ist.[493]

VI. Eingriffsregelung gemäß § 1a III BauGB

Durch die bauliche Nutzung von Flächen kommt es in der Regel zu einem Eingriff in Natur und Landschaft, sodass die Eingriffsregelung gemäß § 1a III BauGB[494] von Bedeutung ist.

---

492 Siehe auch: *Ahrens-Salzsieder*, Der Freiraumschutz im neuen Baugesetzbuch, UPR 1988, S. 10, 10; *Franz*, Freiraumschutz und Innenentwicklung, S. 232 f.; *Jörissen/Coenen*, Sparsame und schonende Flächennutzung, S. 97; *Kauch*, Bodenschutz aus bundesrechtlicher Sicht, S. 211; *Kauch*, Bodenschutz – Die Steuerung des Land- und Freiflächenverbrauchs im geltenden Recht, DVBl 1993, S. 1033, 1041; *Kaupat*, Baurechtliches Entwicklungsgebot und Bodenschutz, BauR 2004, S. 1891, 1892; *Kuhlmann*, Das Gebot sparsamen und schonenden Umgangs mit Grund und Boden im Städtebaurecht, S. 120; *Mitschang*, Bebauungspläne im beschleunigten Verfahren, ZfBR 2007, S. 433, 433; *Peine*, Bodenschutz – Gesetzliches Instrumentarium und gesetzgeberischer Handlungsbedarf in: Breuer/Kloepfer/Marburger, et al. (Hrsg.), Jahrbuch des Umwelt- und Technikrechts 1987, S. 234; *Rehbinder*, Festlegung von Umweltzielen – Begründung, Begrenzung, instrumentelle Umsetzung –, NuR 1997, S. 313, 324; *Sparwasser/Engel/Voßkuhle*, Umweltrecht, S. 275; *Wieneke*, Nachhaltigkeit als Ressourcennutzungskonzept für die Bauleitplanung: zugleich ein Beitrag zur nachhaltigen Flächennutzung, S. 214; vgl. *Einig/Spieker*, Die rechtliche Zulässigkeit regionalplanerischer Mengenziele zur Begrenzung des Siedlungs- und Verkehrsflächenwachstums, ZUR Sonderheft 2002, S. 150, 151; *Gröhn*, Bodenschutzrecht – auf dem Weg zur Nachhaltigkeit, S. 288, 301; *Köck/Hofmann* in: BMU (Hrsg.), Effektivierung des raumbezogenen Planungsrechts zur Reduzierung der Flächeninanspruchnahme, S. 227; *Mitschang*, Städtebauliche Entwicklung durch Bauleitplanung, S. 355; *Stüer* in: Hoppenberg/de Witt (Hrsg.), Handbuch des öffentlichen Baurechts Band 1, B Rn. 578.

493 Siehe auch: *Krautzberger*, 20 Jahre Bodenschutz im Städtebaurecht, S. 139, 149; *Krautzberger*, Die Bodenschutzklausel des § 1a Abs. 1 BauGB – Regelungsgehalt und Wirkungen, ZUR Sonderheft 2002, S. 135, 137.

494 Siehe dazu ausführlich: *Brohm*, Die naturschutzrechtliche Eingriffs- und Ausgleichsregelung im Bauplanungsrecht in: Erbguth/Oebbecke/Rengeling, et al.

1. *Inhalt der Eingriffsregelung*

§ 1a III 1 BauGB besagt, dass die Vermeidung und der Ausgleich voraussichtlich erheblicher Beeinträchtigungen des Landschaftsbildes sowie der Leistungs- und Funktionsfähigkeit in seinen in § 1 VI Nr. 7a BauGB bezeichneten Bestandteilen (Eingriffsregelung nach dem BNatSchG) in der Abwägung nach § 1 VII BauGB zu berücksichtigen sind. Dadurch wird Bezug auf die Eingriffsregelung nach dem BNatSchG (§ 14 I BNatSchG) genommen. Diese versteht unter einem Eingriff in Natur und Landschaft, Veränderungen der Gestalt oder Nutzung von Grundflächen oder Veränderungen des mit der belebten Bodenschicht in Verbindung stehenden Grundwasserspiegels, die die Leistungs- und Funktionsfähigkeit des Naturhaushalts oder das Landschaftsbild erheblich beeinträchtigen können.

Wenn bislang naturnahe Fläche bebaut wird, liegt dabei in aller Regel ein solcher Eingriff vor.[495] Wie oben bereits erörtert,[496] wird das Verhältnis zwischen BauGB und dem BNatSchG in § 18 I BNatSchG normiert. Somit ist § 1a III BauGB und nicht die Eingriffsregelung gemäß § 14 I BNatSchG[497] maßgeblich, sofern aufgrund von Bauleitplänen und Satzungen nach § 34 IV 1 Nr. 3 BauGB Eingriffe zu erwarten sind. Über die Eingriffe durch das Bauplanungsrecht und deren Folgen wird folglich nur aufgrund der Vorgaben des BauGB entschieden. Durch die Bauleitplanung selbst wird jedoch noch kein Eingriff in Natur und Landschaft vorgenommen, sie bereitet einen solchen lediglich vor.[498]

(Hrsg.), Planung: Festschrift für Werner Hoppe, S. 512 ff.; *Bunzel*, Nachhaltigkeit – ein neues Leitbild für die kommunale Flächennutzungsplanung. Was bringt das novellierte Baugesetzbuch?, NuR 1997, S. 583, 586 ff.; *Busse/Dirnberger/Pröbstl-Haider, et al.*, Die Umweltprüfung in der Gemeinde, S. 50 ff.; *Erbguth/Schubert*, Öffentliches Baurecht, S. 54 ff.; *Mitschang*, Auswirkungen der naturschutzrechtlichen Eingriffsregelung nach §§ 13 ff. BNatSchG auf die kommunale Bauleitplanung, BauR 2011, S. 33, 48 ff.; *Thum*, Rechtsprechungs-Report: Bauplanerische Eingriffsregelung, ZUR 2004, S. 278, 278 ff.

495 *Gellermann* in: Beckmann/Durner/Mann, et al. (Hrsg.), Landmann/Rohmer Umweltrecht Kommentar, § 14 BNatSchG Rn. 6; *Mitschang* in: Schlichter/Stich/Driehaus, et al. (Hrsg.), BauGB Kommentar, § 1a Rn. 156; *Scheidler*, Das Verhältnis der naturschutzrechtlichen Eingriffsregelung zum Baurecht, ZfBR 2011, S. 228, 228; zu Straßen: OVG Niedersachsen, Beschl. v. 04.12.1997 – 7 M 1155/97 (juris Rn. 37 ff.).

496 Siehe dazu: 2. Kapitel D. I. 2.

497 Auf Vorhaben in Gebieten mit Bebauungsplänen nach § 30 BauGB, während der Planaufstellung nach § 33 BauGB und im Innenbereich nach § 34 BauGB sind die §§ 14–17 BNatSchG nicht anzuwenden. Für Vorhaben im Außenbereich nach § 35 BauGB sowie für Bebauungspläne, soweit sie eine Planfeststellung ersetzen, bleibt die Geltung der §§ 14–17 BNatSchG unberührt (§ 18 II BNatSchG).

498 *Battis* in: Battis/Mitschang/Reidt (Hrsg.), BauGB Kommentar, § 1a Rn. 17.

Die Eingriffsregelung verlangt entsprechend dem naturschutzrechtlichen Vermeidungsgebot[499] die Überprüfung, ob die Eingriffe zur Realisierung des gemeindlichen Planungsziels tatsächlich erforderlich sind.[500] Die Gemeinden müssen untersuchen, ob die Planung nicht mit einem geringeren Eingriff beispielsweise an anderen Standorten, durch andere Trassen oder durch Varianten des Projekts realisiert werden kann.[501] § 1a III BauGB fordert aber nicht, dass die Gemeinde ihr Planungsziel als solches in Frage stellt.[502]

Von besonderer Bedeutung ist, dass die Vermeidung und der Ausgleich gemäß § 1a III 1 BauGB in der bauleitplanerischen Abwägung[503] zu berücksichtigen sind, wobei den Belangen des Naturschutzes und der Landschaftspflege keine vorrangige Berücksichtigung vor den anderen Abwägungsbelangen zukommt.[504] Aus

---

499 § 15 I BNatSchG besagt, dass der Verursacher eines Eingriffs verpflichtet ist, vermeidbare Beeinträchtigungen von Natur und Landschaft zu unterlassen. Beeinträchtigungen sind vermeidbar, wenn zumutbare Alternativen, den mit dem Eingriff verfolgten Zweck am gleichen Ort ohne oder mit geringeren Beeinträchtigungen von Natur und Landschaft zu erreichen, gegeben sind.; siehe dazu: *Schmidt/Kahl/Gärditz*, Umweltrecht, S. 432 f.

500 BVerwGE 104, 68 (Leitsatz): „Sind aufgrund der Aufstellung, Änderung, Ergänzung oder Aufhebung eines Bebauungsplans Eingriffe in Natur und Landschaft zu erwarten, so verpflichtet § 8a Abs. 1 Satz 1 BNatSchG die Gemeinde zu ermitteln und zu entscheiden, ob vermeidbare Beeinträchtigungen von Natur und Landschaft zu unterlassen sind und ob und wie unvermeidbare Beeinträchtigungen auszugleichen oder durch Ersatzmaßnahmen zu kompensieren sind."; *Battis* in: Battis/Mitschang/Reidt (Hrsg.), BauGB Kommentar, § 1a Rn. 19; *Runkel*, Die naturschutzrechtliche Eingriffsregelung in der Bauleitplanung, NVwZ 1993, S. 1136, 1137; *Scheidler*, Das Verhältnis der naturschutzrechtlichen Eingriffsregelung zum Baurecht, ZfBR 2011, S. 228, 229.

501 BVerwGE 104, 144, 149; VGH Baden-Württemberg, Urt. v. 03.09.1993 – 5 S 874/92 (NVwZ-RR 1994, S. 378 f.); *Brohm*, Die naturschutzrechtliche Eingriffs- und Ausgleichsregelung im Bauplanungsrecht, S. 511, 512; *Kuschnerus*, Die naturschutzrechtliche Eingriffsregelung, NVwZ 1996, S. 235, 239; *Mitschang*, Die neue Eingriffs- und Ausgleichsregelungen und ihre Bedeutung für die städtebaulichen Planungen, WiVerw 1998, S. 20, 31.

502 VGH Baden-Württemberg, Urt. v. 03.09.1993 – 5 S 874/92 (NVwZ-RR 1994, S. 377 f.); *Battis* in: Battis/Mitschang/Reidt (Hrsg.), BauGB Kommentar, § 1a Rn. 19; *Brohm*, Die naturschutzrechtliche Eingriffs- und Ausgleichsregelung im Bauplanungsrecht, S. 511, 512; *Scheidler*, Das Verhältnis der naturschutzrechtlichen Eingriffsregelung zum Baurecht, ZfBR 2011, S. 228, 229.

503 Siehe dazu: *Kuschnerus*, Die Belange von Natur und Landschaft in der Abwägung nach § 1 Abs. 6 BauGB – Zur praktischen Anwendung der naturschutzrechtlichen Eingriffsregelung in der Bauleitplanung –, BauR 1998, S. 1, 1 ff.

504 BVerwGE 104, 68, 74; OVG Niedersachsen, Beschl. v. 04.12.1997 – 7 M 1155/97 (juris Rn. 28); *Battis* in: Battis/Mitschang/Reidt (Hrsg.), BauGB Kommentar, § 1a Rn. 22; *Mitschang*, Auswirkungen der naturschutzrechtlichen Eingriffsregelung nach §§ 13 ff. BNatSchG auf die kommunale Bauleitplanung, BauR 2011, S. 33,

der Einordnung in die Abwägung folgt, dass auch der Umfang der Eingriffskompensation der Abwägung unterliegt und die Gemeinden somit, im Gegensatz zum Naturschutzrecht,[505] nicht strikt an eine Vollkompensation gebunden sind.[506]

Die den Gemeinden für den Ausgleich der Eingriffe zur Verfügung stehenden Instrumente werden in § 1a III 2, 4 BauGB aufgelistet: Der Ausgleich kann durch geeignete Darstellungen nach § 5 BauGB oder Festsetzungen nach § 9 BauGB erfolgen, es können vertragliche Vereinbarungen nach § 11 BauGB getroffen werden oder die Gemeinde kann den Ausgleich auf von ihr selbst bereitgestellten Grundstücken durchführen. Nach § 1a III 3 BauGB kann der Ausgleich räumlich[507] und nach § 135a II 2 BauGB auch zeitlich entkoppelt werden. Die Gemeinden können daher Ausgleichsmaßnahmen „ansparen" und erst später, wenn die Eingriffe tatsächlich erfolgen, diese den neuen Baugebieten zuordnen.[508]

Problematisch ist allerdings, dass für die Kompensationsmaßnahmen ausreichend geeignete Flächen zur Verfügung stehen müssen.[509] Zunehmend verweigern die Eigentümer der in Betracht kommenden Flächen eine Verwendung ihrer Grundstücke,[510] da diese ökonomisch abgewertet werden[511] und für andere Nutzungen nicht mehr zur Verfügung stehen.[512] In der Vergangenheit wurden hauptsächlich landwirtschaftliche Flächen für den Ausgleich genutzt. Dies ist zunehmend

---

51; *Scheidler*, Das Verhältnis der naturschutzrechtlichen Eingriffsregelung zum Baurecht, ZfBR 2011, S. 228, 229.

505 *Durner*, Kompensation für Eingriffe in Natur und Landschaft nach deutschem und europäischem Recht, NuR 2001, S. 601, 603; *Gellermann* in: Beckmann/Durner/Mann, et al. (Hrsg.), Landmann/Rohmer Umweltrecht Kommentar, § 15 BNatSchG Rn. 9; *Guckelberger* in: Frenz/Müggenborg (Hrsg.), BNatSchG Kommentar, § 15 Rn. 54 f.

506 *Götze/Müller*, Das Gesetz zur Erleichterung von Planungsvorhaben für die Innenentwicklung der Städte („BauGB 2007") – Zu „Risiken und Nebenwirkungen" eines Planungserleichterungsgesetzes, ZUR 2008, S. 8, 12; *Mitschang* in: Schlichter/Stich/Driehaus, et al. (Hrsg.), BauGB Kommentar, § 1a Rn. 243; *Runkel*, Die naturschutzrechtliche Eingriffsregelung in der Bauleitplanung, NVwZ 1993, S. 1136, 1137; *Stüer*, Handbuch des Bau- und Fachplanungsrechts, S. 563.

507 Diese räumliche Entzerrung ist auch in § 200a BauGB normiert, wonach zudem die Differenzierung zwischen Ausgleich und Ersatz aufgehoben wird.

508 *Dirnberger* in: Spannowsky/Uechtritz (Hrsg.), BauGB Kommentar, § 135a Rn. 3; *Krautzberger* in: Krautzberger (Hrsg.), BauGB Kommentar, § 135a Rn. 10; *Mitschang* in: Battis/Mitschang/Reidt (Hrsg.), BauGB Kommentar, § 135a Rn. 5.

509 *Wolf*, Zur Flexibilisierung des Kompensationsinstrumentariums der naturschutzrechtlichen Eingriffsregelung, NuR 2001, S. 481, 488.

510 Ibid., S. 488.

511 Ibid., S. 489.

512 *Szczekalla*, Flächenverbrauch in der Auseinandersetzung: Der Bauernverband gegen Naturschutzgebiete, die Naturschutzverbände für Nachhaltigkeit und die (vorläufige) Antwort des Baugesetzgebers in: Krautzberger/Rengeling/Saerbeck (Hrsg.), Bau- und Fachplanungsrecht: Festschrift für Bernhard Stüer, S. 575, 578;

auf Ablehnung gestoßen,[513] da diese „doppelt" der Landwirtschaft entzogen wurden: Einerseits für den Eingriff als solchen, d. h. für die bauliche Nutzung, und andererseits für die Ausgleichsmaßnahme.[514] Um diesen Konflikt zu verringern, wurde dafür ein landwirtschaftliches Rücksichtsnahmegebot geschaffen.[515] Nach der sog. Agrarklausel sind daher nun bei der Inanspruchnahme von land- oder forstwirtschaftlich genutzten Flächen für Ausgleichs- und Ersatzmaßnahmen auf agrarstrukturelle Belange Rücksicht zu nehmen, insbesondere sind für die landwirtschaftliche Nutzung besonders geeignete Böden nur im notwendigen Umfang in Anspruch zu nehmen (§ 1a III 4 BauGB i. V. m. § 15 III BNatSchG). Durch diese Regelung wird die Inanspruchnahme von land- oder forstwirtschaftlich genutzten Flächen jedoch nicht völlig ausgeschlossen, diese beinhaltet lediglich eine Prüf- und Begründungspflicht.[516]

Ein Ausgleich ist gemäß § 1a III 5 BauGB nicht erforderlich, soweit die Eingriffe bereits vor der planerischen Entscheidung erfolgt sind oder zulässig waren. Mit dieser Regelung wird die leichtere Überplanung von Brach- oder Konversionsflächen bezweckt.[517] Problematisch hierbei ist allerdings, dass durch das lange Brachliegen dort häufig Lebensräume für Tier- und Pflanzenarten entstanden sind und diese Flächen daher ökologisch wertvoll sein können.[518]

Thum, Die Eingriffsregelung zur Verringerung des Flächenverbrauchs, NuR 2005, S. 762, 763.

513 *Szczekalla*, Flächenverbrauch in der Auseinandersetzung: Der Bauernverband gegen Naturschutzgebiete, die Naturschutzverbände für Nachhaltigkeit und die (vorläufige) Antwort des Baugesetzgebers, S. 575, 579 ff.; *Thum*, Die Eingriffsregelung zur Verringerung des Flächenverbrauchs, NuR 2005, S. 762, 763.

514 *Ohlenburg/Herberg*, Flächen- und Maßnahmenpools im Rahmen der Eingriffsregelung, RuR 2007, S. 60, 60; *Szczekalla*, Flächenverbrauch in der Auseinandersetzung: Der Bauernverband gegen Naturschutzgebiete, die Naturschutzverbände für Nachhaltigkeit und die (vorläufige) Antwort des Baugesetzgebers, S. 575, 578 f.

515 *Deutscher Bundestag*, 16/12274, S. 57 f.; siehe hierzu auch: BVerwG, Beschl. v. 11.11.2008 – 9 A 52/07 (NVwZ 2009, S. 182 ff.); BVerwG, Urt. v. 18.03.2009 – 9 A 40/07 (NVwZ 2010, S. 66 ff.).

516 *Mitschang* in: Schlichter/Stich/Driehaus, et al. (Hrsg.), BauGB Kommentar, § 1a Rn. 214d; vgl. *Dirnberger* in: Spannowsky/Uechtritz (Hrsg.), BauGB Kommentar, § 1a Rn. 33a.

517 *Battis* in: Battis/Mitschang/Reidt (Hrsg.), BauGB Kommentar, § 1a Rn. 28; *Thum*, Die Eingriffsregelung zur Verringerung des Flächenverbrauchs, NuR 2005, S. 762, 764; siehe dazu ausführlich: *Schink*, Innenentwicklung und Eingriffsausgleich, BauR 2013, S. 861, 869 f.

518 *Thum*, Die Eingriffsregelung zur Verringerung des Flächenverbrauchs, NuR 2005, S. 762, 767; siehe dazu ausführlich: *Kersten*, „Im Dickicht der Städte" – Biodiversität und Stadtentwicklung, UPR 2012, S. 15, 15 ff.

2. *Bewertung des § 1a III BauGB*

Auch hier stellt sich die Frage, ob die Eingriffsregelung die Flächeninanspruchnahme reduzieren kann. Intention dieser ist es, Eingriffe zu vermeiden und unvermeidbare Eingriffe auszugleichen, so „dass keine Beeinträchtigung des Naturhaushalts zurückbleibt und das Landschaftsbild nach Beendigung des Eingriffs zumindest landschaftsgerecht neu gestaltet ist“[519]. Dadurch soll auch der Inanspruchnahme von naturnahen Flächen und dem Artenschwund entgegengewirkt werden.[520] Da die Eingriffsregelung nicht fordert, dass von der gemeindlichen Planung im Einzelfall abgesehen wird, sondern nur, dass andere Varianten geplant werden, kann die Norm die Inanspruchnahme von Flächen nicht verhindern. § 1a III BauGB führt jedoch dazu, dass, sofern Flächen einer Bebauung zugeführt werden, dies möglichst umweltverträglich gestaltet wird. Durch die Eingliederung der Eingriffsregelung in die Abwägung besteht allerdings in der Regel ein Kompensationsverlust.[521] Werden beispielsweise Flächen versiegelt, so müssen nicht gleich große Flächen entsiegelt werden, und gehen Freiflächen verloren, so müssen keine neu geschaffen werden. Vielmehr genügen auch weniger weitreichende Maßnahmen, sofern die beeinträchtigten Funktionen durch diese wieder hergestellt werden.[522] Die Effektivität der Regelung ist daher begrenzt.[523] Nichtsdestotrotz führt die Norm dazu, dass dadurch Eingriffe überhaupt ausgeglichen werden. Die Ausgleichsflächen sind einer anderweitigen Nutzung entzogen und können dementsprechend auch keiner Bebauung zugeführt werden. Sie stehen somit unter einem gewissen Schutz. Folglich kann die Eingriffsregelung die Inanspruchnahme von Flächen nicht verhindern, sie führt jedoch dazu, dass die bauliche Nutzung von Böden möglichst umweltverträglich ausgestaltet wird.

---

519 *Deutscher Bundestag*, Drucksache 7/5251, S. 3.

520 *Ohlenburg/Herberg*, Flächen- und Maßnahmenpools im Rahmen der Eingriffsregelung, RuR 2007, S. 60, 60; *Wolf*, Zur Flexibilisierung des Kompensationsinstrumentariums der naturschutzrechtlichen Eingriffsregelung, NuR 2001, S. 481, 481.

521 *Louis/Wolf*, Flächenverbrauch und Kompensation: Die naturschutzrechtliche Eingriffsregelung als Mittel der Flächenhaushaltspolitik, ZUR Sonderheft 2002, S. 146, 149.

522 *Thum*, Die Eingriffsregelung zur Verringerung des Flächenverbrauchs, NuR 2005, S. 762, 764, 767.

523 *Mitschang* in: Schlichter/Stich/Driehaus, et al. (Hrsg.), BauGB Kommentar, § 1a Rn. 241; *Schmidt-Eichstaedt/Weyrauch/Zemke*, Städtebaurecht S. 218 f.; *Thum*, Die Eingriffsregelung zur Verringerung des Flächenverbrauchs, NuR 2005, S. 762, 767.

VII. Gebiete der FFH- und der Vogelschutzrichtlinie gemäß § 1a IV BauGB

Für den quantitativen Bodenschutz spielt auch § 1a IV BauGB[524] eine Rolle. Dieser regelt, dass soweit ein Gebiet im Sinne des § 1 VI Nr. 7b BauGB in seinen für die Erhaltungsziele oder den Schutzzweck maßgeblichen Bestandteilen erheblich beeinträchtigt werden kann, die Vorschriften des BNatSchG über die Zulässigkeit und Durchführung von derartigen Eingriffen einschließlich der Einholung der Stellungnahme der Europäischen Kommission anzuwenden sind.[525] Gebiete im Sinne des § 1 VI Nr. 7b BauGB sind Natura 2000 Gebiete, die gemäß § 7 I Nr. 8 BNatSchG Gebiete von gemeinschaftlicher Bedeutung[526] sowie Europäischen Vogelschutzgebiete[527] umfassen. Derzeit sind ungefähr 15 % der terrestrischen Fläche Deutschlands als solche Gebiete ausgewiesen.[528]

Nach § 1a IV BauGB i.V.m. §§ 36 S. 1 Nr. 2, 34 II BNatSchG ist eine Bauleitplanung somit unzulässig, wenn die Verträglichkeitsprüfung[529] zu dem Ergebnis kommt, dass es durch den Bauleitplan zu erheblichen Beeinträchtigungen[530] des Gebiets in seinen für die Erhaltungsziele oder den Schutzzweck maßgeblichen Bestandteilen kommen kann. Hieraus ergibt sich für die planenden Gemeinden ein Planungsverbot, das durch die bauleitplanerische Abwägung nicht überwunden werden kann.[531]

---

524 Siehe dazu ausführlich: *Mitschang/Wagner*, FFH-Verträglichkeitsprüfung in der Bauleitplanung – planerische und rechtliche Belange, DVBl 2010, S. 1257, 1257 ff.; *Schink*, Der Einfluss der FFH-Richtlinie auf die Bauleitplanung in: Erbguth/Oebbecke/Rengeling, et al. (Hrsg.), Planung: Festschrift für Werner Hoppe, S. 589 ff.

525 Die Pflicht zur Durchführung einer Verträglichkeitsprüfung gilt nach § 34 I 1 BNatSchG ausdrücklich nur für Projekte. Allerdings normiert § 36 S. 1 Nr. 2 BNatSchG, dass § 34 I-V BNatSchG auch für „Pläne, die bei behördlichen Entscheidungen zu beachten und zu berücksichtigen sind", sodass dazu auch Flächennutzungs- und Bebauungspläne gelten. § 36 S. 2 BNatSchG nimmt Bauleitpläne ausdrücklich von der Anwendung des § 34 I 1 BNatSchG aus.

526 Siehe dazu § 7 I Nr. 6 BNatSchG.

527 Siehe dazu § 7 I Nr. 7 BNatSchG.

528 *Bundesamt für Naturschutz*, https://www.bfn.de/0316_gebiete.html#c5409, abgerufen am: 24.07.2016.

529 Siehe dazu ausführlich: *Krautzberger* in: Krautzberger (Hrsg.), BauGB Kommentar, § 1a Rn. 210 ff.

530 Zur Erheblichkeit einer Beeinträchtigung siehe: *Dirnberger* in: Spannowsky/Uechtritz (Hrsg.), BauGB Kommentar, § 1a Rn. 38; *Krautzberger* in: Krautzberger (Hrsg.), BauGB Kommentar, § 1a Rn. 223 ff.; Die Verträglichkeitsprüfung ist nicht auf Vorhaben innerhalb der Schutzgebiete beschränkt, sondern umfasst auch Vorhaben, die von außen auf die Schutzgebiete einwirken können, siehe dazu: *Battis* in: Battis/Mitschang/Reidt (Hrsg.), BauGB Kommentar, § 1a Rn. 32; *Dirnberger* in: Spannowsky/Uechtritz (Hrsg.), BauGB Kommentar, § 1a Rn. 38.2.

531 *Battis* in: Battis/Mitschang/Reidt (Hrsg.), BauGB Kommentar, § 1a Rn. 33; *Erbguth/Schubert, Öffentliches Baurecht, S.* 67; *Ferner* in: Ferner/Kröninger/Aschke (Hrsg.),

Eine Ausnahme sieht allerdings §§ 1a IV BauGB i.V.m. §§ 36 S. 1 Nr. 2, 34 III BNatSchG vor. Danach darf abweichend von § 34 II BNatSchG eine Bauleitplanung zugelassen oder durchgeführt werden, soweit es aus zwingenden Gründen des überwiegenden öffentlichen Interesses, einschließlich solcher sozialer oder wirtschaftlicher Art, notwendig ist (Nr. 1) und zumutbare Alternativen, den mit der Bauleitplanung verfolgten Zweck an anderer Stelle ohne oder mit geringeren Beeinträchtigungen zu erreichen, nicht gegeben sind (Nr. 2). Sofern prioritäre natürliche Lebensraumtypen oder prioritäre Arten betroffen sind, gelten noch strengere Zulässigkeitsvoraussetzungen (siehe im Einzelnen § 34 IV, V BauGB[532]).

Da § 34 II BNatSchG somit ein absolutes Planungshindernis enthält und die Hürden der Ausnahmeregelung des § 34 III BNatSchG hoch sind, unterliegen die Natura 2000 Gebiete gemäß § 1a IV BauGB zumindest relativem Schutz vor Bebauung. Somit trägt die Norm zur Begrenzung der Flächeninanspruchnahme bei.[533]

VIII. Umweltprüfung gemäß § 2 IV BauGB

Die Begrenzung der Flächeninanspruchnahme wird auch im Rahmen der bauleitplanerischen Umweltprüfung[534] nach § 2 IV BauGB berücksichtigt. Danach sind für die Belange des Umweltschutzes nach § 1 VI Nr. 7 BauGB und § 1a BauGB eine Umweltprüfung durchzuführen, in der die voraussichtlichen erheblichen Umweltauswirkungen ermittelt und in einem Umweltbericht beschrieben und bewertet

---

BauGB mit BauNVO Handkommentar, § 1a Rn. 9; *Gierke* in: Bank/Korbmacher/Dürr (Hrsg.), BauGB Kommentar, § 1a Rn. 228 f.; *Mitschang/Wagner*, FFH-Verträglichkeitsprüfung in der Bauleitplanung – planerische und rechtliche Belange, DVBl 2010, S. 1257, 1257 ff.

532 Siehe dazu ausführlich: *Reidt*, Verfahren zur Beteiligung der Europäischen Kommission nach § 34 Abs. 4 und Abs. 5 BNatSchG bei Projekten und Plänen, UPR 2011, S. 330, 330 ff.

533 *Peine*, Bodenschutz außerhalb der Bodenschutzgesetze – der Beitrag des Naturschutzrechts, NuR 2007, S. 138, 143; *Schmalholz*, Steuerung der Flächeninanspruchnahme, S. 94; *UBA*, Reduzierung der Flächeninanspruchnahme durch Siedlung und Verkehr, S. 190 f.

534 Zur Umweltprüfung allgemein siehe: *Busse/Dirnberger/Pröbstl-Haider, et al.*, Die Umweltprüfung in der Gemeinde, S. 5 ff.; *Kunig*, Die Umweltverträglichkeitsprüfung in der Bauleitplanung in: Driehaus/Birk (Hrsg.), Baurecht – Aktuell: Festschrift für Felix Weyreuther, S. 157 ff.; *Schink*, Umweltprüfung für Pläne und Programme – Anwendungsbereich der SUP-Richtlinie und Umsetzung in deutsches Recht, NVwZ 2005, S. 615, 615 ff.; *Spannowsky*, Umweltprüfung im Bauleitplanverfahren nach dem BauGB 2004, S. 9 ff.; *Steinberg*, Umweltverträglichkeitsprüfung von Programmen und Plänen, S. 493 ff.; *Tändler*, Umweltprüfung und Umweltkontrolle in der Bauleitplanung, S. 23 ff.; *Verwiebe*, Umweltprüfungen auf Plan- und Programmebene, S. 27 ff.

werden; die Anlage 1 zum BauGB ist anzuwenden.[535] Bei der Aufstellung von Bauleitplänen ist eine Umweltprüfung folglich verbindlich. Ausnahmen hiervon finden sich allerdings bei dem vereinfachten Verfahren nach § 13 BauGB (§ 13 III 1 BauGB) sowie dem beschleunigten Verfahren gemäß § 13a BauGB (§ 13a II Nr. 1 i. V. m. § 13 III 1 BauGB). Der Boden[536] ist sowohl über § 1 VI Nr. 7a BauGB als auch über § 1a BauGB Schutzgut der Umweltprüfung. Die anzuwendende Anlage 1 zum BauGB normiert in Nr. 1a zusätzlich, dass in dem zu erstellenden Umweltbericht unter anderem Angaben zum Bedarf an Grund und Boden des geplanten Vorhabens anzugeben sind.[537] Somit wird im Rahmen der Umweltprüfung dem Bodenschutz auch in quantitativer Hinsicht Rechnung getragen.[538] Hierbei handelt es sich allerdings nicht um ein Verfahren, welches ausdrücklich dem Schutz der Flächen vor Inanspruchnahme dient.

IX. Darstellungs- und Festsetzungsmöglichkeiten gemäß §§ 5, 9 BauGB

Durch die Bauleitplanung werden Flächen für verschiedene Nutzungen festgelegt. Sowohl in Flächennutzungsplänen (§ 5 BauGB) als auch in Bebauungsplänen (§ 9 BauGB) können für unterschiedliche Zwecke Flächen dargestellt bzw. festgesetzt werden. Hierbei gibt es auch Möglichkeiten, die die entsprechenden Gebiete vor einer Bebauung schützen und sich daher positiv auf die Verringerung der Flächeninanspruchnahme auswirken können.

1. Darstellungsmöglichkeiten im Flächennutzungsplan

Auf der Ebene der Flächennutzungsplanung können Entscheidungen über die Flächeninanspruchnahme eines Gemeindegebiets getroffen werden. Nach dem Entwicklungsgebot gemäß § 8 II 1 BauGB sind die Bebauungspläne aus den

---

535 Das Verhältnis des UVPG zu den Vorschriften des BauGB über die Umweltprüfung wird in § 17 UVPG normiert. Unter Ziff. 18 der Anlage 1 des UVPG sind diverse Bauvorhaben aufgelistet, die UVP-pflichtig (nach dem UVPG) sind.

536 Zum Belang „Boden" in der Umweltprüfung siehe ausführlich: *Gassner/Winkelbrandt/Bernotat*, UVP und Strategische Umweltprüfung, S. 79 ff.; *Tändler*, Umweltprüfung und Umweltkontrolle in der Bauleitplanung, S. 60 f.

537 *Mitschang* in: Schlichter/Stich/Driehaus, et al. (Hrsg.), BauGB Kommentar, § 2 Rn. 327: Bei Angebotsplanungen der Gemeinde kann der Bedarf häufig jedoch nicht detailliert angegeben werden. In einem solchen Fall sind Aussagen zum räumlichen Geltungsbereich, zur voraussichtlichen Inanspruchnahme von Grund und Boden, zum Verhältnis der versiegelten und unversiegelten Flächen sowie zur beabsichtigten Nutzung zu treffen.; vgl. *Gassner/Winkelbrandt/Bernotat*, UVP und Strategische Umweltprüfung, S. 91.

538 Siehe dazu ausführlich: *Wieneke*, Nachhaltigkeit als Ressourcennutzungskonzept für die Bauleitplanung: zugleich ein Beitrag zur nachhaltigen Flächennutzung, S. 211 ff.

Flächennutzungsplänen zu entwickeln. Dies gewährleistet, dass es zu einer Abstimmung von den Flächennutzungsplänen und Bebauungsplänen kommt und dass eine planerische Gesamtkonzeption der Gemeinde vorliegt.[539] § 5 II BauGB listet die unterschiedlichen Darstellungsmöglichkeiten für Flächennutzungspläne auf.[540] Dieser Katalog beinhaltet auch Möglichkeiten, die dem Boden zugute kommen.[541] Beispielsweise normiert § 5 II Nr. 10 BauGB, dass Flächen für Maßnahmen zum Schutz, zur Pflege oder zur Entwicklung von Boden, Natur und Landschaft dargestellt werden können. Dadurch werden die entsprechenden Flächen freigehalten und negative Auswirkungen verhindert. Auch wenn Flächen für andere Zwecke ausgewiesen werden, kann dies den Boden vor Bebauung schützen. § 5 II Nr. 5 BauGB sieht beispielsweise die Darstellungsmöglichkeit für Grünflächen und Parkanlagen vor. Außerdem können Flächen für Landwirtschaft und Wald dargestellt werden (§ 5 II Nr. 9a, b BauGB). Dadurch werden die Bebauung und auch die Versiegelung der entsprechenden Flächen verhindert.

2. Festsetzungsmöglichkeiten im Bebauungsplan

Neben der allgemeineren Planung auf der Ebene des Flächennutzungsplans erfolgt eine detailliertere Planung auf der des Bebauungsplans. Hierbei gibt es zahlreiche Festsetzungsmöglichkeiten,[542] die die Flächeninanspruchnahme reduzieren können.[543] Unmittelbar dem quantitativen Bodenschutz dienen die Festsetzungsmöglichkeiten der § 9 I Nr. 10 und 20 BauGB, wonach Flächen, die von der Bebauung freizuhalten sind, sowie Flächen oder Maßnahmen zum Schutz, zur Pflege und zur Entwicklung von Boden, Natur und Landschaft festgesetzt werden können. Auch auf der Ebene der Bebauungspläne gilt, dass die Festsetzung bestimmter Flächen für andere Zwecke als der Bebauung dem Schutz des Bodens zugute kommen kann. Es gibt folgende Möglichkeiten: §§ 9 I Nr. 14 (Flächen für die Rückhaltung und Versickerung von Niederschlagswasser), Nr. 15 (öffentliche und private Grünflächen und Parkanlagen), Nr. 16 (Wasserflächen sowie Flächen für die Wasserwirtschaft, für Hochwasserschutzanlagen und für die Regelung des Wasserabflusses), Nr. 18

---

539 *Ferner* in: Ferner/Kröninger/Aschke (Hrsg.), BauGB mit BauNVO Handkommentar, § 8 BauGB Rn. 4.

540 Siehe dazu ausführlich: *Schiller* in: Bracher/Reidt/Schiller (Hrsg.), Bauplanungsrecht, S. 62 ff.

541 Siehe dazu: *Otto*, Die Verpflichtung zum Schutz des Bodens nach dem Baugesetzbuch, NVwZ 2000, S. 47, 48 f.; *Schink*, Bodenschutz- und Umwidmungssperrklausel, UPR 2016, S. 166, 170.

542 Siehe dazu ausführlich: *Bracher* in: Bracher/Reidt/Schiller (Hrsg.), Bauplanungsrecht, S. 98 ff.

543 Siehe dazu: *Kratzenberg*, Bodenschutz in der Bauleitplanung, UPR 1997, S. 177, 182; *Otto*, Die Verpflichtung zum Schutz des Bodens nach dem Baugesetzbuch, NVwZ 2000, S. 47, 49; *Schink*, Bodenschutz- und Umwidmungssperrklausel, UPR 2016, S. 166, 171.

(Flächen für Landwirtschaft und Wald) sowie Nr. 25 BauGB (Flächen für Bepflanzungen). Zudem können detaillierte Vorgaben zur Art und Weise der Bebauung von Grundstücken im Bebauungsplan festgelegt werden, was im Einzelfall ebenfalls die Flächeninanspruchnahme reduzieren kann. Gemäß § 9 I Nr. 1 BauGB können z. B. die Art und das Maß der baulichen Nutzung,[544] nach § 9 I Nr. 2 BauGB die überbaubare und nicht überbaubare Grundstücksfläche oder gemäß § 9 I Nr. 3 BauGB Höchstmaße von Baugrundstücken festgelegt werden.

X. Bebauungsplan der Innenentwicklung gemäß § 13a BauGB

Der Bebauungsplan der Innenentwicklung ermöglicht eine erleichterte Überplanung von freien Flächen innerhalb des bestehenden Siedlungsgebiets, sodass diese Norm für die Reduktion der Flächeninanspruchnahme im Außenbereich von Bedeutung ist. Im Folgenden wird daher erörtert, unter welchen Voraussetzungen ein solcher Bebauungsplan von den Gemeinden genutzt werden und ob diese Norm einen Beitrag zur Begrenzung der Flächeninanspruchnahme leisten kann.

1. Entstehungsgeschichte

§ 13a BauGB wurde durch das „Gesetz zur Erleichterung von Planungsvorhaben für die Innenentwicklung der Städte vom 21.12.2006“[545] in das BauGB eingeführt. Da die Bebauung vorher genutzter Flächen in der Vergangenheit für die Gemeinden mit diversen Schwierigkeiten verbunden war und stattdessen häufig Flächen des Außenbereichs genutzt wurden,[546] sollte ein neues Verfahren zur erleichterten Innenentwicklung geschaffen werden.[547]

---

544 Siehe dazu auch: § 5 II Nr. 1 BauGB; siehe dazu: 2. Kapitel E.

545 Gesetz zur Erleichterung von Planungsvorhaben für die Innenentwicklung der Städte vom 21.12.2006 (BauGB-Novelle 2007) (BGBl. I S. 3316 ff.) in Kraft getreten am 01.01.2007. Die Innenentwicklungsnovelle 2013 (Gesetz zur Stärkung der Innenentwicklung in den Städten und Gemeinden und weiteren Fortentwicklung des Städtebaurechts vom 11.06.2013 (BGBl I S. 1548 ff.) brachte lediglich eine redaktionelle Änderung des § 13a BauGB mit sich, welche auf einer Erweiterung des § 1a BauGB beruhte: In § 13a II Nr. 4 BauGB wurde die Angabe „Satz 5“ durch die Angabe „Satz 6“ ersetzt.

546 *Schink*, Nachverdichtung, Baulandmobilisierung und Umweltschutz, UPR 2001, S. 161, 163; *Uechtritz*, Die Änderungen des BauGB durch das Gesetz zur Erleichterung von Planungsvorhaben für die Innenentwicklung der Städte – „BauGB 2007“, BauR 2007, S. 476, 477.

547 Vgl. *Deutscher Bundestag*, Drucksache 16/2496, S. 9.

2. *Ziel des § 13a BauGB*

Mit § 13a BauGB wird das Anliegen verfolgt, die Innenentwicklung der Städte zu stärken.[548] Dieses Ziel ist wesentlicher Bestandteil der Nationalen Nachhaltigkeitsstrategie[549] und liegt dem heutigen Städtebaurecht als Leitidee zugrunde.[550] Aktuell stehen in Deutschland über 120.000 Hektar Fläche innerhalb bestehender Siedlungsgrenzen in Form von baulichen Brachflächen und Baulücken zur Verfügung.[551] Durch die Ausschöpfung dieser Innenentwicklungspotenziale soll die Neuinanspruchnahme von Flächen, vor allem im bauplanungsrechtlichen Außenbereich, verhindert werden.[552] Die Vorteile der vorrangigen Innenentwicklung liegen zudem darin, dass bereits bestehende Infrastruktur weitergehend genutzt, innerstädtische Gebiete verschönert, die Wohnsituation verbessert und natürliche Lebensgrundlagen geschützt werden können.[553] Zudem können Baulücken geschlossen, Brachflächen reaktiviert und zusätzliche Grünflächen geschaffen werden.[554] Somit kann mithilfe der Innenentwicklung einerseits zusätzlicher Wohnraum geschaffen und gleichzeitig das Stadtbild verbessert werden, ohne dass es andererseits zu einer Neuinanspruchnahme von bislang freier Fläche kommt.

§ 13a BauGB bezieht sich auf § 1a II 1 Hs. 2 BauGB und schafft ein Instrument zur Umsetzung der darin normierten Leitlinie.[555] Der Anreiz zur Innenentwicklung wurde durch Verfahrensvereinfachungen und -verkürzungen in Anlehnung an das

548 Ibid., S. 1 f.

549 Ibid., S. 9.

550 *Bienek/Krautzberger*, Aktuelle Fragen zum städtebaulichen Innenbereich nach § 34 BauGB und zum Außenbereich nach § 35 BauGB, UPR 2008, S. 81, 81; *Krautzberger* in: Krautzberger (Hrsg.), BauGB Kommentar, § 13a Rn. 2.

551 *Schiller/Oertel*, Innenentwicklungspotenziale in Deutschland, Ergebnisse einer bundesweiten Befragung, S. 39; siehe zum Gesamtbestand an Brachflächen in Deutschland ausführlich: *Austermann*, Brachflächenreaktivierung, S. 35 ff.

552 *Deutscher Bundestag*, Drucksache 16/2496, S. 9.

553 *Büchner*, Sonderrechtsbedarf für die Innenentwicklung in: Spannowsky/Büchner (Hrsg.), Schnittmengen zwischen Planung und Planverwirklichung im Städtebaurecht: Festschrift für Hans-Jörg Birk, S. 63, 69; *Schink*, Nachverdichtung, Baulandmobilisierung und Umweltschutz, UPR 2001, S. 161, 162, 165; *Spangenberger*, Zukunftsaufgabe Innenentwicklung – Umsetzung in der Planungspraxis, UPR 2009, S. 217, 217; zu Vorteilen siehe ausführlich: *Austermann*, Brachflächenreaktivierung, S. 63 ff.

554 *Büchner*, Sonderrechtsbedarf für die Innenentwicklung, S. 63, 69; *Spangenberger*, Zukunftsaufgabe Innenentwicklung – Umsetzung in der Planungspraxis, UPR 2009, S. 217, 217.

555 VG Berlin, Urt. v. 15. 11. 2011 – 13 A 184.08 (juris Rn. 30); *Bienek/Krautzberger*, Aktuelle Fragen zum städtebaulichen Innenbereich nach § 34 BauGB und zum Außenbereich nach § 35 BauGB, UPR 2008, S. 81, 81; *Deutscher Bundestag*, Drucksache 16/2496, S. 12; *Krautzberger*, 20 Jahre Bodenschutz im Städtebaurecht, S. 139, 144; *Schmidt-Eichstaedt/Weyrauch/Zemke*, Städtebaurecht S. 147.

vereinfachte Verfahren gemäß § 13 BauGB geschaffen.[556] Mit § 13a BauGB wird somit den Gemeinden ein Mittel zur zügigen Schaffung von Baurechten im bestehenden Siedlungsbereich zur Verfügung gestellt.[557]

3. *Anwendungsvoraussetzungen des § 13a BauGB*

Gemäß § 13a BauGB ist der Bebauungsplan der Innenentwicklung ein Bebauungsplan für die Wiedernutzbarmachung von Flächen, Nachverdichtung und für andere der Innenentwicklung dienenden Maßnahmen. Das beschleunigte Verfahren nach § 13a BauGB kann bei jedem Bebauungsplan, d. h. auch bei einem vorhabenbezogenen,[558] angewandt werden.[559] Aufgrund ihrer Planungshoheit kann die Gemeinde frei entscheiden, ob sie das beschleunigte Verfahren oder das Regelverfahren für einen Bebauungsplan wählt.[560] § 13a BauGB ist somit ein zusätzliches Angebot an die Gemeinden.[561] Vorhabenträger haben keinen Anspruch auf die Durchführung eines für sie eventuell kostengünstigeres beschleunigtes Verfahren.[562] Aus Gründen der Rechtsklarheit und Rechtssicherheit kann es im Einzelfall

---

556 Siehe dazu: 2. Kapitel D. X. 4.

557 *Fachkommission Städtebau der Bauministerkonferenz*, BauGBÄndG 2007 – Mustererlass, S. 3.

558 OVG Saarland, Beschl. v. 04.04.2011 – 2 B 20/11 (juris Rn. 20); OVG Saarland, Urt. v. 04.210.2012 – 2 C 305/10 (BeckRS 2012, 58458); *Krautzberger* in: Krautzberger (Hrsg.), BauGB Kommentar, § 13a Rn. 13; *Jaeger* in: Spannowsky/Uechtritz (Hrsg.), BauGB Kommentar, § 13a Rn. 3; *Spannowsky* in: Schlichter/Stich/Driehaus, et al. (Hrsg.), BauGB Kommentar, § 13a Rn. 18: In machen Fällen kann der Gesetzeszweck gerade besonders gut durch die Kombination eines vorhabenbezogenen Bebauungsplans und des beschleunigten Verfahrens realisiert werden.; so auch: *Austermann*, Brachflächenreaktivierung, S. 218.

559 Für Flächennutzungspläne kann das Verfahren nach § 13a BauGB nicht angewendet werden: *Krautzberger* in: Krautzberger (Hrsg.), BauGB Kommentar, § 13a Rn. 13; *Spannowsky* in: Schlichter/Stich/Driehaus, et al. (Hrsg.), BauGB Kommentar, § 13a Rn. 18.

560 Jarass/Kment (Hrsg.), Baugesetzbuch Kommentar, § 13a Rn. 1; *Krautzberger* in: Krautzberger (Hrsg.), BauGB Kommentar, § 13a Rn. 13; *Reidt*, Wer die Wahl hat, hat die Qual – Vor- und Nachteile des beschleunigten Verfahrens gem. § 13a BauGB, NVwZ 2007, S. 1029, 1032; *Scheidler*, Das beschleunigte Verfahren für Bebauungspläne der Innenentwicklung, BauR 2007, S. 650, 653; *Spannowsky* in: Schlichter/Stich/Driehaus, et al. (Hrsg.), BauGB Kommentar, § 13a Rn. 9; *Stüer*, Handbuch des Bau- und Fachplanungsrechts, S. 381.

561 *Krautzberger* in: Krautzberger (Hrsg.), BauGB Kommentar, § 13a Rn. 21; *Schmidt-Eichstaedt/Weyrauch/Zemke*, Städtebaurecht S. 147; *Tomerius*, Auswirkungen der Baugesetzbuch-Novelle 2007 – Impulse für mehr Innenentwicklung und Flächensparen in den Gemeinden?, ZUR 2008, S. 1, 4.

562 *Krautzberger* in: Krautzberger (Hrsg.), BauGB Kommentar, § 13a Rn. 13; *Scheidler*, Das beschleunigte Verfahren für Bebauungspläne der Innenentwicklung, BauR 2007,

vorteilhaft sein das Regelverfahren zu wählen, da in einem solchen alle Verfahrensschritte durchgeführt werden.

a) Maßnahmen der Innenentwicklung

Der Begriff der Innenentwicklung, der räumliche Anwendungsbereich und die einzelnen Maßnahmen der Innenentwicklung entscheiden darüber, ob das Verfahren des § 13a BauGB im konkreten Fall anwendbar ist.

aa) Begriff der Innenentwicklung und räumlicher Anwendungsbereich

Als Bebauungsplan der Innenentwicklung wird in § 13a I 1 BauGB ein Bebauungsplan für die Wiedernutzbarmachung von Flächen, die Nachverdichtung oder anderer Maßnahmen der Innenentwicklung bezeichnet. Der Begriff der Innenentwicklung[563] wird nicht gesetzlich definiert, es handelt sich hierbei um einen unbestimmten Rechtsbegriff.[564] Den planenden Gemeinden kommt folglich ein Gestaltungsspielraum hinsichtlich der konkreten Ausgestaltung der Innenentwicklung zu.[565] Diese können ein beliebiges Planungskonzept für die betreffende Fläche festlegen, solange die Voraussetzungen des § 13a I 1 BauGB eingehalten werden.[566] Hierin liegt der wesentliche Unterschied zwischen dem Innenbereich gemäß § 34 BauGB und der Innenentwicklung nach § 13a BauGB.[567] Während § 34 BauGB die bauliche Nutzung kraft Gesetzes bestimmt, wird die bauliche Nutzung in einem Gebiet des § 13a BauGB durch die planende Gemeinde festgelegt.[568] Durch § 34 BauGB wird

---

S. 650, 653; *Tomerius*, Auswirkungen der Baugesetzbuch-Novelle 2007 – Impulse für mehr Innenentwicklung und Flächensparen in den Gemeinden?, ZUR 2008, S. 1, 4.

563 Siehe dazu ausführlich: *Büchner*, Sonderrechtsbedarf für die Innenentwicklung, S. 63 ff.

564 OVG Rheinland-Pfalz, Urt. v. 12.01.2012 – 1 C 10546/11 (juris Rn. 23); *Krautzberger*, Der Bebauungsplan der Innenentwicklung (§ 13a BauGB) im Lichte der aktuellen Rechtsprechung, DVBl 2014, S. 270, 271; *Seidler*, Die Innenentwicklung nach § 13a BauGB, NZBau 2008, S. 445, 445; *Spangenberger*, Zukunftsaufgabe Innenentwicklung – Umsetzung in der Planungspraxis, UPR 2009, S. 217, 217; *Tomerius*, Auswirkungen der Baugesetzbuch-Novelle 2007 – Impulse für mehr Innenentwicklung und Flächensparen in den Gemeinden?, ZUR 2008, S. 1, 3.

565 *Krautzberger* in: Krautzberger (Hrsg.), BauGB Kommentar, § 13a Rn. 24; *Krautzberger*, 20 Jahre Bodenschutz im Städtebaurecht, S. 139, 144 f.

566 *Krautzberger* in: Krautzberger (Hrsg.), BauGB Kommentar, § 13a Rn. 24.

567 Siehe dazu: OVG Rheinland-Pfalz, Urt. v. 12.01.2012 – 1 C 10546/11 (juris Rn. 23); *Krautzberger* in: Krautzberger (Hrsg.), BauGB Kommentar, § 13a Rn. 24; zum Unterschied siehe auch: *Schröer*, Was ist ein Bebauungsplan der Innenentwicklung?, NZBau 2007, S. 293, 294; zum Innenbereich und Innenentwicklung siehe ausführlich: *Bienek/Krautzberger*, Aktuelle Fragen zum städtebaulichen Innenbereich nach § 34 BauGB und zum Außenbereich nach § 35 BauGB, UPR 2008, S. 81, 81 f.

568 Siehe dazu auch: *Krautzberger*, Der Bebauungsplan der Innenentwicklung (§ 13a BauGB) im Lichte der aktuellen Rechtsprechung, DVBl 2014, S. 270, 272.

zudem ein Rechtsanspruch auf die bauliche Nutzung im Innenbereich begründet.[569] § 13a BauGB legt hingegen lediglich ein Gebiet fest, das potenziell der Bebauung zugeführt werden kann.

Ein weiterer Unterschied zum Innenbereich besteht darin, dass der Bereich der Innenentwicklung räumlich weiter gefasst ist. Der räumliche Anwendungsbereich ist weder ausdrücklich in § 13a BauGB normiert, noch lässt er sich aus dem Begriff der Innenentwicklung eingrenzen. Im Rahmen des Gesetzgebungsverfahrens wurde geäußert, dass Bebauungspläne der Innenentwicklung strikt von den Bebauungsplänen zu trennen sind, die eine Bebauung außerhalb der Ortslagen ermöglichen.[570] Zudem wurde klargestellt, dass von § 13a BauGB solche Bebauungspläne nicht erfasst werden dürfen, die vor der Überplanung im Außenbereich gelegenes Bauland neu ausweisen und daher höchstens indirekt die Innenentwicklung vorantreiben.[571] Daher wurde die ursprünglich vorgesehene Formulierung, dass der Bebauungsplan den in § 13a I 1 BauGB genannten Zwecken „dient", abgelehnt.[572] Somit können unter § 13a BauGB nur solche Bebauungspläne subsumiert werden, die unmittelbar für Maßnahmen der Innenentwicklung aufgestellt werden[573] und durch ihre bauliche Prägung noch als zur Siedlungsfläche gehörig gelten.[574]

Daher werden Flächen des Innenbereichs nach § 34 I BauGB, aber auch qualifiziert beplante Gebiete innerhalb der Ortslagen im Sinne von § 30 I 1, 2 BauGB, sofern diese bebaut sind, unproblematisch vom räumlichen Anwendungsbereich des § 13a BauGB umfasst.[575] Sofern die Fläche, die einer neuen Nutzung zugeführt werden soll, sich eindeutig und ausschließlich dem Außenbereich zuordnen lässt,

569 *Gänslmayer/Hauth* in: Rixner/Biedermann/Stegner (Hrsg.), Kommentar BauGB/BauNVO, § 34 BauGB Rn. 1; *Schmidt-Eichstaedt/Weyrauch/Zemke*, Städtebaurecht S. 315.

570 *Deutscher Bundestag*, Drucksache 16/2496, S. 12; *Fachkommission Städtebau der Bauministerkonferenz*, BauÄndG 2007 – Mustererlass, S. 5.

571 Beschlussempfehlung des Ausschusses für Verkehr, Bau und Stadtentwicklung vom 08.11.2006, *Deutscher Bundestag*, Drucksache 16/3308, S. 17.

572 Ibid., S. 5, 17.

573 *Fachkommission Städtebau der Bauministerkonferenz*, BauGBÄndG 2007 – Mustererlass, S. 5.

574 *Bienek/Krautzberger*, Aktuelle Fragen zum städtebaulichen Innenbereich nach § 34 BauGB und zum Außenbereich nach § 35 BauGB, UPR 2008, S. 81, S. 83; *Krautzberger* in: Krautzberger (Hrsg.), BauGB Kommentar, § 13a Rn. 27; *Schmidt-Eichstaedt*, Erste Fragen und Antworten zur praktischen Anwendung des beschleunigten Verfahrens nach § 13a BauGB 2006/2007, BauR 2007, S. 1148, 1149.

575 *Birk*, Planungsrechtliche Vorschriften des Gesetzes zur Erleichterung von Planungsvorhaben für die Innenentwicklung der Städte – BauGB 2007 KommJur 2007, S. 81, 82; *Gierke* in: Bank/Korbmacher/Dürr (Hrsg.), BauGB Kommentar, § 13a Rn. 33; zum Innenbereich: VGH Baden-Württemberg, Beschl. v. 27.07.2011 – 8 S 1712/09 (juris Rn. 167); VGH Hessen, Urt. v. 08.12.2011 – 4 C 2108/10.N (juris Rn. 33); OVG Saarland, Beschl. v. 11.10.2012 – 2 B 272/12 (juris Rn. 13); VGH Baden-Württemberg, Urt. v. 30.10.2014 – 8 S 940/12 (ZfBR 2015, S. 278, 279).

kann diese jedoch nicht mit Hilfe des § 13a BauGB überplant werden. Dies bedeutet allerdings nicht, dass alle Außenbereichsflächen vom Anwendungsbereich des § 13a BauGB ausgeschlossen sind. Jedenfalls dann sind Flächen des § 35 BauGB einzuschließen, „wenn sie auf allen Seiten von Bebauung umgeben und damit dem Siedlungsbereich zuzurechnen und von diesem geprägt sind oder wenn sie Teil einer solchen Fläche sind."[576] Auch kann ein Bebauungsplan der Innenentwicklung aufgestellt werden, wenn im Wesentlichen der Siedlungsbereich erfasst wird und nur einzelne Außenbereichsflächen in das Plangebiet einbezogen werden, da diese Außenbereichsflächen dann im städtebaulichen Zusammenhang mit dem Siedlungsbereich zu beurteilen sind.[577] Diese Auslegung des Anwendungsbereichs ergibt sich aus den Vorgaben des Unionsrechts, vor allem aus Art. 3 II-V der Richtlinie 2001/42/EG des Europäischen Parlaments und des Rates vom 27.06.2001 über die Prüfung der Umweltauswirkungen bestimmter Pläne und Programme.[578]

Ferner können mithilfe des § 13a BauGB sog. Außenbereichsinseln im Innenbereich[579] überplant werden.[580] Nach der Rechtsprechung des Bayerischen

---

576 VGH Baden-Württemberg, Urt. v. 30.10.2014 – 8 S 940/12 (ZfBR 2015, S. 278, 279); siehe ebenfalls: VGH Baden-Württemberg, Beschl. v. 27.07.2011 – 8 S 1712/09 (juris Rn. 167); VGH Hessen, Urt. v. 08.12.2011 – 4 C 2108/10.N (juris Rn. 33); OVG Saarland, Beschl. v. 11.10.2012 – 2 B 272/12 (juris Rn. 13).

577 VGH Hessen, Urt. v. 25.08.2011 – 4 C 419/10.N (juris Rn. 25); *Fachkommission Städtebau der Bauministerkonferenz*, BauGBÄndG 2007 – Mustererlass, S. 5; *Jaeger* in: Spannowsky/Uechtritz (Hrsg.), BauGB Kommentar, § 13a Rn. 8; *Krautzberger* in: Krautzberger (Hrsg.), BauGB Kommentar, § 13a Rn. 27; *Mitschang*, Bebauungspläne im beschleunigten Verfahren, ZfBR 2007, S. 433, 435; vgl. Parallelwertung zu Satzungen nach § 34 IV 1 Nr. 3 sowie § 35 VII 1 BauGB *Bienek/Krautzberger*, Aktuelle Fragen zum städtebaulichen Innenbereich nach § 34 BauGB und zum Außenbereich nach § 35 BauGB, UPR 2008, S. 81, 83; *Schmidt-Eichstaedt*, Erste Fragen und Antworten zur praktischen Anwendung des beschleunigten Verfahrens nach § 13a BauGB 2006/2007, BauR 2007, S. 1148, 1149.

578 VGH Baden-Württemberg, Urt. v. 30.10.2014 – 8 S 940/12 (ZfBR 2015, S. 278, 279).

579 Siehe dazu: BVerwGE 41, 227, 234 ff.; BVerwGE 75, 34, 39; BVerwG, Beschl. v. 09.11.2005 – 4 B 67/05 (ZfBR 2006, S. 161, 162).

580 Bayerischer VerfGH, Entsch. v. 13.07.2009 – VF. 3-VII-09 (NVwZ-RR 2009, S. 825 ff.); OVG Rheinland-Pfalz, Urt. v. 24.02.2010 – 1 C 10852/09 (juris Rn. 39); OVG Berlin-Brandenburg, Urt. v. 19.10.2010 – OVG 2 A 15.09, OVG 2 A 15/09 (BeckRS 2011, 49709); OVG Saarland, Beschl. v. 11. 10. 2012 – 2 B 272/12 (NJOZ 2013, S. 742 ff.); VGH Baden-Württemberg, Urt. v. 29.10.2013 – 3 S 198/12 (BeckRS 2013, 58379); *Krautzberger* in: Krautzberger (Hrsg.), BauGB Kommentar, § 13a Rn. 27; *Schiller* in: Bracher/Reidt/Schiller (Hrsg.), Bauplanungsrecht, S. 340; *Schmidt-Eichstaedt*, Erste Fragen und Antworten zur praktischen Anwendung des beschleunigten Verfahrens nach § 13a BauGB 2006/2007, BauR 2007, S. 1148, 1148; *Spannowsky* in: Schlichter/Stich/Driehaus, et al. (Hrsg.), BauGB Kommentar, § 13a Rn. 13; *Uechtritz*, Die Änderungen des BauGB durch das Gesetz zur Erleichterung von Planungsvorhaben für die Innenentwicklung der Städte – „BauGB 2007", BauR 2007, S. 476, 478.

Verwaltungsgerichtshofs kann außerdem weder dem Wortlaut des § 13a BauGB noch der Gesetzesbegründung entnommen werden, dass Gebiete mit bestimmter Nutzung vom beschleunigten Verfahren ausgenommen sind, sodass auch Waldflächen beplant werden können.[581] Dies wurde ebenso für größere öffentliche Grünflächen angenommen.[582] Diese Argumentation ist nicht zu beanstanden, da für die Beplanung eines Gebiets lediglich die Vorgaben des § 13a BauGB maßgeblich sind, sodass es sich nur um eine Maßnahme der Innenentwicklung handeln muss.[583] Das Verbot der Überplanung eines Waldes oder anderer größerer Grünflächen kann der Norm gerade nicht entnommen werden.[584] Hinsichtlich des räumlichen Anwendungsbereichs der Norm ist die Rechtsprechung somit eher großzügig.

Innenentwicklung und Innenbereich sind folglich nicht gleichzusetzen, vielmehr hat die Innenentwicklung eine eigenständige Funktion. Es handelt sich bei der Innenentwicklung um einen eigenen Rechtsbegriff[585] und von der Innenentwicklung werden deutlich mehr Gebiete als vom Innenbereich gemäß § 34 I BauGB erfasst.

bb) Wiedernutzbarmachung von Flächen

Als eine Maßnahme der Innenentwicklung wird in § 13a I 1 BauGB die Wiedernutzbarmachung von Flächen (sog. Flächenrecycling) genannt. Dazu eignen sich Flächen, die unterschiedlich vorgenutzt wurden und zum jetzigen Zeitpunkt brachgefallen sind oder nicht mehr ihrer Bestimmung entsprechend genutzt werden.[586]

---

581 Bayerischer VGH, Entsch. v. 13.07.2009 – VF. 3-VII-09 (NVwZ-RR 2009, S. 825 ff.).

582 VGH Baden-Württemberg, Urt. v. 06.05.2011 – 5 S 1670/09 (NuR 2011, S. 659, 660); *Krautzberger* in: Krautzberger (Hrsg.), BauGB Kommentar, § 13a Rn. 27; andere Ansicht: *Schmidt-Eichstaedt*, Erste Fragen und Antworten zur praktischen Anwendung des beschleunigten Verfahrens nach § 13a BauGB 2006/2007, BauR 2007, S. 1148, 1148.

583 *Jaeger* in: Spannowsky/Uechtritz (Hrsg.), BauGB Kommentar, § 13a Rn. 6.

584 *Jaeger* in: Spannowsky/Uechtritz (Hrsg.), BauGB Kommentar, § 13a Rn. 6.1; andere Ansicht: *Schmidt-Eichstaedt*, Erste Fragen und Antworten zur praktischen Anwendung des beschleunigten Verfahrens nach § 13a BauGB 2006/2007, BauR 2007, S. 1148, 1148; *Tomerius*, Auswirkungen der Baugesetzbuch-Novelle 2007 – Impulse für mehr Innenentwicklung und Flächensparen in den Gemeinden?, ZUR 2008, S. 1, 6.

585 OVG Rheinland-Pfalz, Urt. v. 12.01.2012 – 1 C 10546/11 (juris Rn. 23); *Gierke* in: Bank/Korbmacher/Dürr (Hrsg.), BauGB Kommentar, § 13a Rn. 29; *Jaeger* in: Spannowsky/Uechtritz (Hrsg.), BauGB Kommentar, § 13a Rn. 5; *Krautzberger* in: Krautzberger (Hrsg.), BauGB Kommentar, § 13a Rn. 24.

586 *Bienek/Krautzberger*, Aktuelle Fragen zum städtebaulichen Innenbereich nach § 34 BauGB und zum Außenbereich nach § 35 BauGB, UPR 2008, S. 81, 83; *Bunzel*, DIFU Bericht BauGB-Novelle 2006, S. 23; *Fachkommission Städtebau der Bauministerkonferenz*, BauGBÄndG 2007 – Mustererlass, S. 5; *Gierke* in: Bank/Korbmacher/Dürr (Hrsg.), BauGB Kommentar, § 13a Rn. 57; *Schink*, Nachverdichtung, Baulandmobilisierung und Umweltschutz, UPR 2001, S. 161, 161; *Spannowsky* in: Schlichter/Stich/Driehaus, et al. (Hrsg.), BauGB Kommentar, § 13a Rn. 15; zum

Dazu zählen Konversionsflächen von beispielsweise Bahn, Post oder Militär,[587] aber auch industrielle oder gewerbliche Betriebsstandorte,[588] die nicht mehr für den ursprünglichen Zweck gebraucht und für Wohnen oder Gewerbe umgenutzt werden können.[589]

cc) Nachverdichtung

Zudem ist die Nachverdichtung in § 13a BauGB genannt. Darunter versteht man im Allgemeinen Maßnahmen, die zu einer Erhöhung der Bebauungsdichte in schon bestehenden besiedelten Gebieten oder zu einer Nutzungsintensivierung von bebauten und unbebauten Grundstücken führen.[590] In der Regel wird dabei die bisherige Nutzungsart bewahrt.[591] Die Nachverdichtung wird durch Festsetzungen über das Maß der baulichen Nutzung[592] insbesondere die Grundfläche, die überbaut werden soll, realisiert.[593] Beispielsweise können neue Baupotenziale auf bereits bebauten Grundstücken erschlossen werden,[594] indem Dachgeschosse ausgebaut,[595] bestehende Baulücken[596] oder das Hinterland bebaut werden.[597]

Flächenrecycling siehe ausführlich: *Deichmöller*, Flächenrecycling als Instrument kommunaler Umwelt- und Standortpolitik, S. 12 ff.

587 *Bunzel*, DIFU Bericht BauGB-Novelle 2006, S. 23; *Tomerius*, Auswirkungen der Baugesetzbuch-Novelle 2007 – Impulse für mehr Innenentwicklung und Flächensparen in den Gemeinden?, ZUR 2008, S. 1, 3.

588 *Bunzel*, DIFU Bericht BauGB-Novelle 2006, S. 23; *Spannowsky* in: Schlichter/Stich/Driehaus, et al. (Hrsg.), BauGB Kommentar, § 13a Rn. 15.

589 *Bienek/Krautzberger*, Aktuelle Fragen zum städtebaulichen Innenbereich nach § 34 BauGB und zum Außenbereich nach § 35 BauGB, UPR 2008, S. 81, 83; *Schink*, Nachverdichtung, Baulandmobilisierung und Umweltschutz, UPR 2001, S. 161, 161.

590 *Bienek/Krautzberger*, Aktuelle Fragen zum städtebaulichen Innenbereich nach § 34 BauGB und zum Außenbereich nach § 35 BauGB, UPR 2008, S. 81, 82; *Fachkommission Städtebau der Bauministerkonferenz*, BauGBÄndG 2007 – Mustererlass, S. 5; *Krautzberger* in: Krautzberger (Hrsg.), BauGB Kommentar, § 13a Rn. 29; *Schrödter* in: Schrödter (Hrsg.), BauGB Kommentar, § 1a Rn. 22.

591 *Bunzel*, DIFU Bericht BauGB-Novelle 2006, S. 23; *Spannowsky* in: Schlichter/Stich/Driehaus, et al. (Hrsg.), BauGB Kommentar, § 13a Rn. 16.

592 Siehe dazu: 2. Kapitel E.

593 *Gierke* in: Bank/Korbmacher/Dürr (Hrsg.), BauGB Kommentar, § 13a Rn. 60; *Kirchmeier* in: Ferner/Kröninger/Aschke (Hrsg.), BauGB mit BauNVO Handkommentar, § 13a BauGB Rn. 6; *Spannowsky* in: Schlichter/Stich/Driehaus, et al. (Hrsg.), BauGB Kommentar, § 13a Rn. 16.

594 *Schink*, Nachverdichtung, Baulandmobilisierung und Umweltschutz, UPR 2001, S. 161, 161.

595 Ibid., S. 161.

596 Ibid., S. 161.

597 *Jaeger* in: Spannowsky/Uechtritz (Hrsg.), BauGB Kommentar, § 13a Rn. 8; *Kirchmeier* in: Ferner/Kröninger/Aschke (Hrsg.), BauGB mit BauNVO Handkommentar, § 13a BauGB Rn. 6.

dd) Andere Maßnahmen der Innenentwicklung

Zu anderen Maßnahmen der Innenentwicklung im Sinne des § 13a I 1 BauGB zählen all die Maßnahmen, die weder unter die Wiedernutzbarmachung von Flächen noch unter die Nachverdichtung fallen. Es handelt sich hierbei um einen Auffangtatbestand.[598] Dazu gehören somit sämtliche Planungsvorhaben, die der Erhaltung, Fortentwicklung, Anpassung und dem Umbau vorhandener Ortsteile dienen (vgl. § 1 VI Nr. 4 BauGB).[599] Hierauf verweist auch ausdrücklich die Gesetzesbegründung.[600] Darin wird zudem ausgeführt: „In Betracht kommen insbesondere Gebiete, die im Zusammenhang bebaute Ortsteile im Sinne des § 34 [I BauGB] darstellen, innerhalb des Siedlungsbereichs befindliche brachgefallene Flächen sowie innerhalb des Siedlungsbereichs befindliche Gebiete mit einem Bebauungsplan, der infolge notwendiger Anpassungsmaßnahmen geändert oder durch einen neuen Bebauungsplan abgelöst werden soll."[601]

b) Größenbegrenzung der Bebauungspläne der Innenentwicklung

Der Bebauungsplan der Innenentwicklung kommt zudem nur dann in Betracht, wenn die zu überplanende Fläche eine bestimmte Größe unterschreitet. Es werden in § 13a I 2 BauGB zwei Fallgruppen unterschieden: Bebauungspläne, die eine Größe der Grundfläche von unter 20.000 Quadratmetern (Nr. 1) und von 20.000 Quadratmetern bis weniger als 70.000 Quadratmetern (Nr. 2) festsetzen.

aa) Größenberechnung

Welche Flächen bei der Berechnung der Grundfläche einbezogen werden, ist von entscheidender Bedeutung für die Begrenzung der Flächeninanspruchnahme. Je größer die Flächen des Bebauungsplans nach § 13a BauGB sind, desto mehr Flächenbedarf kann durch Innenentwicklung befriedigt und desto weniger Außenbereichsflächen müssen in Anspruch genommen werden.

Für die Berechnung der Grundfläche, die für die Größenberechnung des Bebauungsplans maßgeblich ist, wird in § 13a I 2 BauGB auf die im Rahmen des Maßes

598 *Bunzel*, Das beschleunigte Verfahren für Bebauungspläne der Innenentwicklung, LKV 2007, S. 444, 445; *Fachkommission Städtebau der Bauministerkonferenz*, BauGBÄndG 2007 – Mustererlass, S. 5; *Gierke* in: Bank/Korbmacher/Dürr (Hrsg.), BauGB Kommentar, § 13a Rn. 61; *Krautzberger* in: Krautzberger (Hrsg.), BauGB Kommentar, § 13a Rn. 30.

599 *Bunzel*, Das beschleunigte Verfahren für Bebauungspläne der Innenentwicklung, LKV 2007, S. 444, 445; *Fachkommission Städtebau der Bauministerkonferenz*, BauGBÄndG 2007 – Mustererlass, S. 5; *Spannowsky* in: Schlichter/Stich/Driehaus, et al. (Hrsg.), BauGB Kommentar, § 13a Rn. 17.

600 *Deutscher Bundestag*, Drucksache 16/2496, S. 12.

601 Ibid., S. 12; so auch: *Fachkommission Städtebau der Bauministerkonferenz*, BauGBÄndG 2007 – Mustererlass, S. 5; vgl. VG Berlin, Urt. v. 15.11.2011 – 13 A 184.08 (juris Rn. 30).

der baulichen Nutzung gemäß § 16 III Nr. 1 Alt. 1 BauNVO festzusetzende zulässige Grundfläche nach § 19 II BauNVO Bezug genommen. Danach ist die zulässige Grundfläche der nach § 19 I BauNVO errechnete Anteil des Baugrundstücks, der von baulichen Anlagen überdeckt werden darf. Die Norm bezieht sich somit ausdrücklich auf das Baugrundstück, sodass öffentliche Erschließungsflächen[602] sowie öffentliche und private Grünflächen[603] bei der Berechnung ausgeschlossen sind. § 13a I 2 BauGB stellt auf die festgesetzte Grundfläche ab. Sowohl Flächen im Bestand als auch die neu festgesetzten Grundflächen sind daher zu berücksichtigen.[604]

Es stellt sich die Frage, ob bei der Berechnung der Grundfläche lediglich die Fläche des „Hauptgebäudes" entscheidend ist oder ob auch sonstige bauliche Anlagen wie beispielsweise Garagen, Stellplätze oder Nebenanlagen in die Berechnung einfließen.[605] Dies ist von erheblicher Bedeutung, da sich je nach Berechnung deutliche Unterschiede hinsichtlich der Größe der Bebauungspläne ergeben. Gemäß § 19 IV 1 BauNVO sind solche Anlagen bei der Ermittlung der Grundflächen mitzurechnen. Da § 13a I 2 BauGB lediglich auf § 19 II BauNVO und nicht zusätzlich auf § 19 IV BauNVO verweist, ist umstritten, ob diese Flächen bei der Größenberechnung angerechnet werden.

Einerseits wird vertreten, dass die Flächen nach § 19 IV 1 BauNVO nicht in die Berechnung mit einbezogen werden.[606] Als Begründung wird hierfür angeführt,

---

602 *Birk*, Planungsrechtliche Vorschriften des Gesetzes zur Erleichterung von Planungsvorhaben für die Innenentwicklung der Städte – BauGB 2007 KommJur 2007, S. 81, 83; *Gierke* in: Bank/Korbmacher/Dürr (Hrsg.), BauGB Kommentar, § 13a Rn. 68; *Jaeger* in: Spannowsky/Uechtritz (Hrsg.), BauGB Kommentar, § 13a Rn. 9.1; *Krautzberger* in: Krautzberger (Hrsg.), BauGB Kommentar, § 13a Rn. 41.

603 *Birk*, Planungsrechtliche Vorschriften des Gesetzes zur Erleichterung von Planungsvorhaben für die Innenentwicklung der Städte – BauGB 2007 KommJur 2007, S. 81, 83; *Gierke* in: Bank/Korbmacher/Dürr (Hrsg.), BauGB Kommentar, § 13a Rn. 68; *Jaeger* in: Spannowsky/Uechtritz (Hrsg.), BauGB Kommentar, § 13a Rn. 9.1.

604 *Bunzel*, Das beschleunigte Verfahren für Bebauungspläne der Innenentwicklung, LKV 2007, S. 444, 446; *Gierke* in: Bank/Korbmacher/Dürr (Hrsg.), BauGB Kommentar, § 13a Rn. 64; *Schmidt-Eichstaedt*, Erste Fragen und Antworten zur praktischen Anwendung des beschleunigten Verfahrens nach § 13a BauGB 2006/2007, BauR 2007, S. 1148, 1150; *Schrödter*, Der Bebauungsplan der Innenentwicklung – Teil 1, ZfBR 2010, S. 332, 333; andere Ansicht: *Krautzberger* in: Krautzberger (Hrsg.), BauGB Kommentar, § 13a Rn. 41.

605 Zu diesem Problem siehe ausführlich: *Robl*, Das beschleunigte Verfahren für Bebauungspläne der Innenentwicklung, S. 161 ff.

606 *Birk*, Planungsrechtliche Vorschriften des Gesetzes zur Erleichterung von Planungsvorhaben für die Innenentwicklung der Städte – BauGB 2007 KommJur 2007, S. 81, 83; *Jaeger* in: Spannowsky/Uechtritz (Hrsg.), BauGB Kommentar, § 13a Rn. 9.1; *Krautzberger* in: Krautzberger (Hrsg.), BauGB Kommentar, § 13a Rn. 41; *Schrödter* in: Schrödter (Hrsg.), BauGB Kommentar, § 13a Rn. 10; *Schmidt-Eichstaedt*, Erste Fragen und Antworten zur praktischen Anwendung des beschleunigten

dass bei § 13a I 2 BauGB die gleiche Formulierung wie im UVPG 2001 für die Anlage 1 Nr. 18 gewählt worden sei, in der für die UVP-Pflicht von Bebauungsplänen auf die Grundflächenbegrenzung abgestellt worden war.[607] In der dazugehörigen Begründung des Regierungsentwurfs wird ausgeführt: „Bei der Ermittlung der Grundfläche ist ausschließlich § 19 Abs. 2 der BauNVO zugrunde zu legen, d. h. der sich aus der festgesetzten Grundflächenzahl ergebende rechnerische Anteil der überbaubaren Flächen. Die Überschreitungsmöglichkeiten nach § 19 Abs. 4 BauNVO bleiben dabei unberücksichtigt."[608] Ferner wird argumentiert, dass eine andere Abgrenzungsmöglichkeit nicht praktikabel und daher im Grunde nicht durchführbar sei.[609] § 19 IV BauNVO habe die Funktion einer Zulässigkeitsregel und sei nicht als Abgrenzungsmaßstab für § 13a BauGB geeignet.[610] Nach dieser Ansicht fallen folglich die Flächen nach § 19 IV BauNVO für die Berechnung der Schwellenwerte nicht ins Gewicht.

Andererseits wird vertreten, dass auch die sonstigen baulichen Anlagen nach § 19 IV BauNVO in die Berechnung miteinzubeziehen seien.[611] Dies gebiete der Zweck der Normen des § 13a I 2 BauGB, der §§ 3b ff. UVPG in Verbindung mit Anlage 1 Nr. 18.7 und 18.8 sowie des § 19 IV BauNVO.[612] § 19 IV BauNVO verfolge ausdrücklich das Ziel, die Bodenversiegelungen insgesamt durch die Anrechnung der Nebenanlagen zu begrenzen und den Boden dadurch zu schützen.[613]

Verfahrens nach § 13a BauGB 2006/2007, BauR 2007, S. 1148, 1151; *Schmidt-Eichstaedt/Weyrauch/Zemke*, Städtebaurecht S. 149.

607 *Krautzberger* in: Krautzberger (Hrsg.), BauGB Kommentar, § 13a Rn. 41.

608 *Deutscher Bundestag*, Drucksache 14/4599, S. 121; so auch: *Fachkommission Städtebau der Bauministerkonferenz*, BauGBÄndG 2007 – Mustererlass, S. 6.

609 *Krautzberger* in: Krautzberger (Hrsg.), BauGB Kommentar, § 13a Rn. 41.

610 *Krautzberger* in: Krautzberger (Hrsg.), BauGB Kommentar, § 13a Rn. 41.

611 *Birk*, Bauplanungsrecht in der Praxis, S. 92; *Gierke* in: Bank/Korbmacher/Dürr (Hrsg.), BauGB Kommentar, § 13a Rn. 70; *Robl*, Das beschleunigte Verfahren für Bebauungspläne der Innenentwicklung, S. 165 f.; *Schröer*, Die BauGB-Novelle 2006 (Teil 1), NZBau 2006, S. 703, 704; *Spannowsky* in: Schlichter/Stich/Driehaus, et al. (Hrsg.), BauGB Kommentar, § 13a Rn. 19.

612 *Spannowsky* in: Schlichter/Stich/Driehaus, et al. (Hrsg.), BauGB Kommentar, § 13a Rn. 19.

613 *Deutscher Bundesrat*, Drucksache 354/89, S. 35 f.; *Heintz*, Baunutzungsverordnung 1990 – Auswirkungen der geänderten Maßvorschriften, BauR 1990, S. 166, 177; siehe auch: OVG Mecklenburg-Vorpommern, Urt. v. 18.08.2010 – 3 K 30/04 (juris Rn. 52); OVG Niedersachsen, Urt. v. 08.09.2010 – 1 KN 129/07 (BauR 2011, S. 1131, 1136): „Dieser Absatz ist im Übrigen eingeführt worden, um im Sinne der Bodenschutzklausel des § 1a Abs. 2 Satz 1 BauGB die Bodenversiegelung durch Nebenanlagen zu begrenzen. Das mit dieser Vorschrift verfolgte gesetzgeberische Ziel darf auch bei der Festsetzung der Größe der Grundfläche in absoluten Zahlen nicht unterlaufen werden."; vgl. Bayerischer VGH, Urt. v. 10.08.2006 – 1 N 04.1371, 1 N 05.903, 1 N 05.661 (juris Rn. 36); OVG Saarland, Urt. v. 12.03.2009 – 2 C 312/08 (juris Rn. 33).

Zusätzlich wird angeführt, dass gemäß § 13a I 3 BauGB die versiegelte Fläche entscheidend sei, sofern weder eine zulässige Grundfläche noch eine Größe der Grundfläche festgesetzt wird.[614] Daher sei eine Ungleichbehandlung der Fälle des § 13a I 2 BauGB und § 13a I 3 BauGB nicht schlüssig und nicht vertretbar.[615] Nach dieser Ansicht soll somit keine Differenzierung vorgenommen werden, ob die Fläche für eine „Hauptanlage" oder für eine sonstige bauliche Anlage festgesetzt wird.[616] Entscheidend sei lediglich die Bodenversiegelung, unabhängig von der dafür vorgesehenen Nutzung.

Von der Rechtsprechung wurde diese Auslegungsfrage bezüglich § 13a I 2 BauGB bislang nicht entschieden.[617] In der Literatur besteht lediglich Einigkeit dahingehend, dass die Überschreitungsmöglichkeiten nach § 19 IV 2 BauNVO unberücksichtigt bleiben.[618]

Aus Sicht einer effektiven Begrenzung der Flächeninanspruchnahme von bislang freien Flächen im Außenbereich wäre es sinnvoll, dass möglichst große Flächen nach dem Verfahren des § 13a BauGB bebaut werden können. Dadurch könnte ein größerer Flächenbedarf innerhalb der Siedlungsgrenzen befriedigt und somit mehr Flächen außerhalb der Siedlungsgrenzen geschützt werden. Daher wäre es von Vorteil, dass für das Erreichen der Schwellenwerte lediglich die Hauptanlagen in die Größenberechnung einbezogen werden und die Innenentwicklungsfläche durch die Nebenanlagen zusätzlich ausgedehnt werden könnte.

bb) Größengrenze des § 13a I 2 Nr. 1 BauGB

Nach § 13a I 2 Nr. 1 BauGB soll das beschleunigte Verfahren bei Einhaltung der Größengrenze von weniger als 20.000 m² anwendbar sein. Bei dieser Berechnung sind laut Gesetzeswortlaut die Grundflächen mehrerer Bebauungspläne,

---

614 *Gierke* in: Bank/Korbmacher/Dürr (Hrsg.), BauGB Kommentar, § 13a Rn. 70; *Spannowsky* in: Schlichter/Stich/Driehaus, et al. (Hrsg.), BauGB Kommentar, § 13a Rn. 19.

615 *Gierke* in: Bank/Korbmacher/Dürr (Hrsg.), BauGB Kommentar, § 13a Rn. 70.

616 Siehe dazu (aber ohne Bezug auf § 13a BauGB): Bayerischer VGH, Urt. v. 10.08.2006 – 1 N 04.1371, 1 N 05.903, 1 N 05.661 (juris Rn. 34 ff.); OVG Saarland, Urt. v. 12.03.2009 – 2 C 312/08 (juris Rn. 33); OVG Niedersachsen, Urt. v. 08.09.2010 – 1 KN 129/07 (BauR 2011, S. 1131, 1136 f.).

617 Problem angesprochen, aber offen gelassen: BVerwG, Beschl. v. 21.09.2010 – 4 BN 23/10 (ZfBR 2011, S. 41); OVG Saarland, Urt. v. 05.09.2013 – 2 C 190/12 (BeckRS 2013, 56360); auch offengelassen, aber Tendenz in Richtung der erstgenannten Ansicht: OVG Saarland, Beschl. v. 11.10.2012 – 2 B 272/12 (NJOZ 2013, S. 742 ff.).

618 *Krautzberger* in: Krautzberger (Hrsg.), BauGB Kommentar, § 13a Rn. 41; *Spannowsky* in: Schlichter/Stich/Driehaus, et al. (Hrsg.), BauGB Kommentar, § 13a Rn. 19.

die in einem engen sachlichen,[619] räumlichen[620] und zeitlichen[621] Zusammenhang aufgestellt werden, zusammenzufassen. Durch diese Addition sollen europarechtswidrige Umgehungen der Grundflächenbegrenzung ausgeschlossen[622] und Rechtsmissbrauch dahingehend verhindert werden, dass das Bebauungsplanverfahren in mehrere Verfahren aufgeteilt wird, um jeweils Werte unter 20.000 m^2 zu erreichen.[623] Es ist für jeden konkreten Einzelfall zu entscheiden, ob diese Voraussetzungen vorliegen. Sofern Zweifel bestehen, ist maßgeblich, ob der fragliche Bebauungsplan wegen des zeitlichen, räumlichen und sachlichen Zusammenhangs als einheitliche städtebauliche Maßnahme einzuordnen ist.[624]

---

619 Ein sachlicher Zusammenhang zwischen mehreren Bebauungsplänen ist beispielsweise dann gegeben, wenn eine Planung, die auf die Verwirklichung eines Vorhabens zielt, missbräuchlich in mehrere Teilplanungen aufgeteilt wird (*Gierke* in: Bank/Korbmacher/Dürr (Hrsg.), BauGB Kommentar, § 13a Rn. 79; *Krautzberger* in: Krautzberger (Hrsg.), BauGB Kommentar, § 13a Rn. 44) Bebauungspläne in ihrem Bestand voneinander abhängig sind (*Gierke* in: Bank/Korbmacher/Dürr (Hrsg.), BauGB Kommentar, § 13a Rn. 79) oder den Bebauungsplänen ein einheitliches städtebauliches Konzept zugrunde liegt (*Gierke* in: Bank/Korbmacher/Dürr (Hrsg.), BauGB Kommentar, § 13a Rn. 79; *Mitschang*, Bebauungspläne im beschleunigten Verfahren, ZfBR 2007, S. 433, 437; *Uechtritz*, Die Änderungen des BauGB durch das Gesetz zur Erleichterung von Planungsvorhaben für die Innenentwicklung der Städte – „BauGB 2007", BauR 2007, S. 476, 478).

620 Ein räumlicher Zusammenhang kommt dann in Betracht, wenn die Bebauungspläne unmittelbar aneinandergrenzen, wobei es unerheblich ist, dass z. B. Straßen oder Grünflächen Bebauungspläne voneinander trennen (*Gierke* in: Bank/Korbmacher/Dürr (Hrsg.), BauGB Kommentar, § 13a Rn. 80; *Krautzberger* in: Krautzberger (Hrsg.), BauGB Kommentar, § 13a Rn. 44).

621 Ein zeitlicher Zusammenhang wird dann angenommen, wenn die Verfahren der Bebauungspläne zeitlich entweder parallel laufen (*Gierke* in: Bank/Korbmacher/Dürr (Hrsg.), BauGB Kommentar, § 13a Rn. 81; *Krautzberger* in: Krautzberger (Hrsg.), BauGB Kommentar, § 13a Rn. 44) oder sich im Verfahren überschneiden (*Mitschang*, Bebauungspläne im beschleunigten Verfahren, ZfBR 2007, S. 433, 437).

622 *Battis* in: Battis/Mitschang/Reidt (Hrsg.), BauGB Kommentar, § 13a Rn. 5; *Jaeger* in: Spannowsky/Uechtritz (Hrsg.), BauGB Kommentar, § 13a Rn. 11; *Kirchmeier* in: Ferner/Kröninger/Aschke (Hrsg.), BauGB mit BauNVO Handkommentar, § 13a BauGB Rn. 9; *Robl*, Das beschleunigte Verfahren für Bebauungspläne der Innenentwicklung, S. 227.

623 VGH Baden-Württemberg, Urt. v. 29.10.2013 – 3 S 198/12 (BeckRS 2013, 58379); *Bunzel*, DIFU Bericht BauGB-Novelle 2006, S. 30; *Fachkommission Städtebau der Bauministerkonferenz*, BauGBÄndG 2007 – Mustererlass, S. 6; *Gierke* in: Bank/Korbmacher/Dürr (Hrsg.), BauGB Kommentar, § 13a Rn. 78; *Krautzberger* in: Krautzberger (Hrsg.), BauGB Kommentar, § 13a Rn. 43.

624 *Krautzberger* in: Krautzberger (Hrsg.), BauGB Kommentar, § 13a Rn. 44; *Uechtritz*, Die Änderungen des BauGB durch das Gesetz zur Erleichterung von Planungsvorhaben für die Innenentwicklung der Städte – „BauGB 2007", BauR 2007, S. 476, 479.

cc) Größengrenze des § 13a I 2 Nr. 2 BauGB

Gemäß Nr. 2 ist das beschleunigte Verfahren anwendbar, wenn die zu überplanende Grundfläche von 20.000 m² bis weniger als 70.000 m² beträgt und eine Vorprüfung des Einzelfalls (sog. Screening[625]) zu dem Ergebnis führt, dass der Bebauungsplan voraussichtlich keine erheblichen Umweltauswirkungen haben wird. Somit stellt Nr. 2 nicht lediglich Anforderungen an die Größe der Fläche, sondern nimmt auch die Umweltauswirkungen in den Blick. Die Kumulationsregel der Nr. 1 gilt auch im Rahmen des § 13a I 2 Nr. 2 BauGB.[626]

dd) Berechnung nach § 13a I 3 BauGB

Für den Fall, dass weder eine Grundflächenzahl noch eine Größe der Grundfläche festgesetzt wird, sieht § 13a I 3 BauGB vor, dass auf die bei Durchführung des Bebauungsplans voraussichtlich versiegelte Fläche abzustellen ist. Hierbei ist die insgesamt und nicht nur die neu versiegelte Fläche entscheidend, sodass bereits versiegelte Fläche, die als Bebauungsfläche festgesetzt wurde, mitzurechnen ist.[627]

c) Negative Zulässigkeitsvoraussetzungen gemäß § 13a I 4, 5 BauGB

Gemäß § 13a I 4, 5 BauGB ist das beschleunigte Verfahren ausgeschlossen, wenn der entsprechende Bebauungsplan der Pflicht zur Durchführung einer Umweltverträglichkeitsprüfung[628] nach dem UVPG oder nach Landesrecht unterliegt oder wenn Anhaltspunkte für eine Beeinträchtigung der in § 1 VI Nr. 7b BauGB genannten Schutzgüter[629] besteht. Hierdurch wird gewährleistet, dass besonders

---

625 Siehe dazu ausführlich: *Battis/Ingold*, Screening-Verfahren in der Bauleitplanung, LKV 2007, S. 433, 433 ff.; *Schwarz*, Screening im beschleunigten Verfahren nach § 13a BauGB, LKV 2008, S. 12, 12 ff.; In Anlage 2 zu § 13a I 2 Nr. 2 BauGB wird detailliert festgelegt, welche Kriterien im Rahmen einer Vorprüfung des Einzelfalls anzuwenden sind. Zu der Vorprüfung des Einzelfalls wird in der Gesetzesbegründung (*Deutscher Bundestag*, Drucksache 16/2496, S. 14) ausgeführt: „Die Vorprüfung hat dagegen nicht das Ziel, mit einer in Einzelheiten gehenden Untersuchung das Vorliegen erheblicher Umweltauswirkungen abschließend festzustellen. Auch sind nur solche Umweltauswirkungen zu berücksichtigen, die nach § 2 Abs. 4 Satz 4 im weiteren Aufstellungsverfahren zu berücksichtigen wären."

626 *Battis* in: Battis/Mitschang/Reidt (Hrsg.), BauGB Kommentar, § 13a Rn. 6; *Kirchmeier* in: Ferner/Kröninger/Aschke (Hrsg.), BauGB mit BauNVO Handkommentar, § 13a BauGB Rn. 9; Dies ergibt sich auch aus § 13a I 2 Nr. 2 BauGB i. V. m. Nr. 2.2 der Anlage zum BauGB (*Jaeger* in: Spannowsky/Uechtritz (Hrsg.), BauGB Kommentar, § 13a Rn. 13; *Krautzberger* in: Krautzberger (Hrsg.), BauGB Kommentar, § 13a Rn. 42).

627 *Krautzberger* in: Krautzberger (Hrsg.), BauGB Kommentar, § 13a Rn. 56.

628 Ob für einen Plan eine Umweltprüfungspflicht besteht, ergibt sich vor allem aus § 14b UVPG in Verbindung mit der Anlage 3 des UVPG.

629 Durch die Bezugnahme auf § 1 VI Nr. 7b BauGB wird auf die Erhaltungsziele und den Schutzzweck der Natura 2000-Gebiete im Sinne des BNatSchG verwiesen. Die

schützenswerte Böden bzw. Flächen nicht mithilfe eines Bebauungsplans der Innenentwicklung überplant werden können.

4. *Verfahrenserleichterungen gemäß § 13a II BauGB*

Die Attraktivität der Nutzung vorhandener Flächen innerhalb bestehender Siedlungsbereiche soll durch Verfahrenserleichterungen im Rahmen der Aufstellung des Bebauungsplans gesteigert werden. Die einzelnen Verfahrensvereinfachungen sind in § 13a II BauGB aufgelistet. Gemäß § 13a II Nr. 1 BauGB gelten die Vorschriften des vereinfachten Verfahrens nach § 13 II und III 1 BauGB entsprechend. Die wichtigste Verfahrensvereinfachung ist der Wegfall der Umweltprüfung[630] (§ 2 IV BauGB) gemäß § 13a II Nr. 1 BauGB i. V. m. § 13 III 1 BauGB. Von Bedeutung für die zu untersuchende Thematik ist zudem § 13a II Nr. 4 BauGB. Diese Norm trägt zur Verfahrensvereinfachung bei, indem bei Bebauungsplänen nach § 13a I 2 Nr. 1 BauGB[631] durch eine Fiktion der Voraussetzungen des § 1a III 6 BauGB eine Befreiung von der Ausgleichspflicht gemäß § 1a III BauGB eintritt. Ziel dieser Suspendierung ist die verbesserte Praktikabilität des Bebauungsplans nach § 13a I Nr. 1 BauGB.[632] Gerechtfertigt wird der Verzicht des Ausgleichs damit, dass der Bebauungsplan der Innenentwicklung gerade den Zweck verfolge, eine zusätzliche Flächeninanspruchnahme zu vermeiden, also weitere Eingriffe in Natur und Landschaft zu verhindern.[633] Von der Pflicht zur Abwägung der naturschutzrechtlichen Belange entbindet die Vorschrift allerdings nicht.[634]

Anforderungen der FFH- und der Vogelschutz-Richtlinie wurden durch §§ 31 ff. BNatSchG umgesetzt. Anhaltspunkte für eine Beeinträchtigung der Erhaltungsziele und der Schutzzwecke sind dann gegeben, wenn der Bebauungsplan aus fachlicher Sicht Beeinträchtigungen gemäß § 34 BNatSchG hervorrufen kann (vgl. *Mitschang*, Bebauungspläne im beschleunigten Verfahren, ZfBR 2007, S. 433, 442).

630 Mit dem Verzicht der Umweltprüfung fallen auch die Instrumente, die das Verfahren der Umweltprüfung unterstützen weg, d. h. der Umweltbericht nach § 2a BauGB, die Angabe dazu, welche Arten umweltbezogener Informationen verfügbar sind gemäß § 3 II 2 BauGB, die zusammenfassende Erklärung zum Entwurf des Flächennutzungs- bzw. Bebauungsplans nach § 6 V 3 BauGB sowie die an die Umweltprüfung anknüpfende Überwachung der erheblichen Umweltauswirkungen nach § 4c BauGB.

631 Die Fiktion gilt aufgrund des deutlichen Wortlauts für Bebauungspläne nach § 13a I 2 Nr. 2 BauGB nicht. Bei diesen ist jeweils eine Prüfung vorzunehmen, ob ein Ausgleich gemäß § 1a III 5 BauGB erforderlich ist oder nicht.

632 *Battis* in: Battis/Mitschang/Reidt (Hrsg.), BauGB Kommentar, § 13a Rn. 17; *Jaeger* in: Spannowsky/Uechtritz (Hrsg.), BauGB Kommentar, § 13a Rn. 24; *Schink*, Innenentwicklung und Eingriffsausgleich, BauR 2013, S. 861, 868.

633 *Deutscher Bundestag*, Drucksache 16/2496, S. 15.

634 *Battis* in: Battis/Mitschang/Reidt (Hrsg.), BauGB Kommentar, § 13a Rn. 17; *Kirchmeier* in: Ferner/Kröninger/Aschke (Hrsg.), BauGB mit BauNVO Handkommentar, § 13a BauGB Rn. 12; *Tomerius*, Auswirkungen der Baugesetzbuch-Novelle

Hinsichtlich der beschriebenen Verfahrenserleichterungen ist jedoch zu berücksichtigen, dass mithilfe des § 13a BauGB auch ökologisch wertvolle Flächen überplant werden können. Vor allem auf Flächen, die länger brach lagen, können sich im Laufe der Zeit schützenswerte Tier- und Pflanzenarten angesiedelt haben. Der Wegfall der Umweltprüfung und der Ausgleichspflicht stellen somit zwar erhebliche Verfahrensvereinfachungen dar, die den Aufstellungsprozess maßgeblich beschleunigen können, für den Schutz der Natur und Umwelt ist dieser Wegfall allerdings nicht von Vorteil.[635]

5. Bewertung des § 13a BauGB

Mit dem Bebauungsplan der Innenentwicklung gemäß § 13a BauGB können folglich nur Maßnahmen zur Innenentwicklung vorgenommen werden. Hinsichtlich der konkreten Ausgestaltung verbleibt den Gemeinden ein großer Gestaltungsspielraum, da der Begriff der Innenentwicklung weit gefasst und unbestimmt formuliert ist. Allerdings können nur Flächen, die noch als zur Siedlungsfläche gehörig angesehen werden, mit diesem Verfahren überplant werden. Flächen, die sich eindeutig und ausschließlich dem Außenbereich zuordnen lassen, können nicht mithilfe von § 13a BauGB beplant werden.

Es stellt sich die Frage, ob der mit § 13a BauGB verfolgte Zweck der Ausnutzung der Innenentwicklungspotenziale und daher auch die Verringerung der Inanspruchnahme von bislang freien Flächen tatsächlich erreicht werden kann. Da die Norm erst 2007 in Kraft getreten ist, sind die Erfahrungswerte begrenzt. In der Literatur finden sich hierzu kaum Aussagen. Es wird lediglich vereinzelt geäußert, dass der Gesetzgeber die mit § 13a BauGB verfolgten Steuerungszwecke erreichen kann[636] und dass sich die Regelung bewährt[637] und sogar einen Beitrag zur Begrenzung geleistet habe.[638] Hinsichtlich der Effektivität der Regelung bietet sich vor

---

2007 – Impulse für mehr Innenentwicklung und Flächensparen in den Gemeinden?, ZUR 2008, S. 1, 5 f.

635 *Götze/Müller*, Das Gesetz zur Erleichterung von Planungsvorhaben für die Innenentwicklung der Städte („BauGB 2007“) – Zu „Risiken und Nebenwirkungen“ eines Planungserleichterungsgesetzes, ZUR 2008, S. 8, 13; *Schrödter*, Der Bebauungsplan der Innenentwicklung – Teil 2, ZfBR 2010, S. 422, 428; Hierbei kritisiert *Scheidler*, Das beschleunigte Verfahren für Bebauungspläne der Innenentwicklung, BauR 2007, S. 650, 655, dass durch den Verzicht auf Kompensationsmöglichkeiten kein Beitrag zum Bodenschutz und zur Reduzierung der Flächeninanspruchnahme geleistet wird.

636 *Spannowsky*, Die Einführung eines beschleunigten Verfahrens für Bebauungspläne der Innenentwicklung, NuR 2007, S. 521, 526.

637 *Stüer/Ehebrecht-Stüer*, Reformbedarf im BauGB?, DVBl 2010, S. 1540, 1544.

638 *Stüer*, Städtebaurechtsnovelle 2013 – Gesetz zur Stärkung der Innenentwicklung und zur weiteren Fortentwicklung des Städtebaurechts –, DVBl 2012, S. 1017, 1018.

allem ein Blick auf die Planungspraxis[639] an. Es zeigt sich, dass das beschleunigte Verfahren häufig angewendet wird.[640] Der Großteil der untersuchten Pläne wäre jedoch nach Einschätzung der verantwortlichen Planer auch ohne die Beschleunigungsmöglichkeiten aufgestellt worden.[641] Hinsichtlich des Ziels der Norm wird in der Planungspraxis einerseits festgestellt, dass § 13a BauGB sehr wohl positive Steuerungswirkungen zugunsten einer stärker bestandsorientierten Siedlungsentwicklung entfalten könne.[642] Andererseits wird geäußert, dass das beschleunigte Verfahren nicht als Instrument zur Stärkung der Innenentwicklung und zur Reduktion der Flächeninanspruchnahme gesehen werden könne.[643] Eine abschließende Aussage zur Frage, ob § 13a BauGB die Flächeninanspruchnahme in der Planungspraxis tatsächlich reduzieren kann, lässt sich daher noch nicht treffen. Auch der Gesetzgeber äußert: „Völlig unklar bleibt bisher, ob das neue Instrument tatsächlich

---

639 Es wurden einige Studien zur Anwendung von § 13a BauGB in der Planungspraxis durchgeführt: Vor Einführung der BauGB Novelle 2007 wurde 2006 ein Praxistest zur Gesetzesfolgenabschätzung durchgeführt, Ergebnisse zusammengefasst in *Bunzel*, DIFU Bericht BauGB-Novelle 2006, S. 1 ff.; außerdem: *Weise*, „BauGB Novelle 2007: Neues beschleunigtes Verfahren – Neue Stolpersteine? Handlungsempfehlungen zur Anwendung des § 13a BauGB für Bebauungspläne der Innenentwicklung“, Ergebnisse zusammengefasst in *Weise*, BauGB Novelle 2007: Neues beschleunigtes Verfahren – Neue Stolpersteine?, S. 1 ff.; außerdem *Jachmann*, „Ein Jahr beschleunigtes Verfahren für Bebauungspläne der Innenentwicklung“, Ergebnisse zusammengefasst in *Jachmann/Mitschang*, Bebauungspläne der Innenentwicklung – Studie zur Anwendung von § 13a BauGB in der kommunalen Planungspraxis, BauR 2009, S. 913, 913 ff.; außerdem *Forschungsbericht BW Plus der Universität Stuttgart, Institut für Raumordnung und Entwicklungsplanung*, „Nachhaltige Innenentwicklung durch beschleunigte Planung? Analyse der Anwendung von § 13a BauGB in baden-württembergischen Kommunen“, Ergebnisse zusammengefasst in *Siedentop/Krause-Junk/Junesch, et al.*, Nachhaltige Innenentwicklung durch beschleunigte Planung?, S. 1 ff.

640 *Jachmann/Mitschang*, Bebauungspläne der Innenentwicklung – Studie zur Anwendung von § 13a BauGB in der kommunalen Planungspraxis, BauR 2009, S. 913, 920; *Siedentop/Krause-Junk/Junesch, et al.*, Nachhaltige Innenentwicklung durch beschleunigte Planung?, S. 62; siehe auch: *Schmidt-Eichstaedt/Weyrauch/Zemke*, Städtebaurecht S. 141; *Deutscher Bundestag*, Drucksache 17/10846, S. 5: „Das Verfahren nach § 13a BauGB hat im deutschen Planungsalltag mittlerweile als Standardverfahren den „klassischen“ Bebauungsplan abgelöst.“ Dies hatten *Jachmann/Mitschang*, Bebauungspläne der Innenentwicklung – Studie zur Anwendung von § 13a BauGB in der kommunalen Planungspraxis, BauR 2009, S. 913, 927 und *Weise*, BauGB Novelle 2007: Neues beschleunigtes Verfahren – Neue Stolpersteine?, S. 39 jeweils vorhergesagt.

641 *Siedentop/Krause-Junk/Junesch, et al.*, Nachhaltige Innenentwicklung durch beschleunigte Planung?, S. 62.

642 Ibid., S. 63.

643 *Weise*, BauGB Novelle 2007: Neues beschleunigtes Verfahren – Neue Stolpersteine?, S. 39.

die Innenentwicklung forciert. Signifikante Änderungen im Flächenverbrauch sind nicht ablesbar."[644]

Insgesamt betrachtet, ist die Einführung des Bebauungsplans der Innenentwicklung nach § 13a BauGB dennoch positiv zu bewerten. Vor der Einführung der Norm war die Ausschöpfung von Innenentwicklungspotenzialen zum Teil mit erheblichen Hindernissen verbunden. Die Überplanung dieser Flächen wurde mit der Einführung der Norm erleichtert. Vorteilhaft ist, dass durch jedes Bauvorhaben, welches mithilfe des § 13a BauGB realisiert wird, ein Bedarf an Fläche innerhalb des bestehenden Siedlungsbereichs befriedigt und dadurch der Außenbereich geschont wird.[645] Zudem wirkt es sich positiv aus, dass bei sämtlichen Maßnahmen der Innenentwicklung die vorhandene Infrastruktur lediglich ausgebaut und nur wenig zusätzliche Flächen für deren Ausweitung benötigt werden.

Nichtsdestotrotz darf in diesem Zusammenhang nicht vergessen werden, dass mithilfe des § 13a BauGB Flächen der Bebauung zugeführt werden. Zwar werden durch die Maßnahmen der Innenentwicklung in der Regel Flächen beplant, die bereits genutzt und daher grundsätzlich nicht besonders schützenswert sind. Allerdings können auch Maßnahmen der Innenentwicklung in Einzelfällen ökologische Nachteile mit sich bringen.

Folglich kann durch die Bebauungspläne der Innenentwicklung mittelbar ein Beitrag zur Begrenzung der Flächeninanspruchnahme im Außenbereich geleistet werden.

XI. Innenbereichssatzungen gemäß § 34 IV 1 Nr. 2, Nr. 3 BauGB

Mit Entwicklungs- und Ergänzungssatzungen können Außenbereichsflächen vereinfacht bebaut werden, sodass diese im Konflikt mit einem effektiven quantitativen Bodenschutz stehen. Gemäß § 34 IV 1 Nr. 2 BauGB kann eine Gemeinde durch eine Satzung bebaute Bereiche im Außenbereich als im Zusammenhang bebaute Ortsteile festlegen, wenn die Flächen im Flächennutzungsplan als Baufläche dargestellt sind (sog. Entwicklungssatzung). § 34 IV 1 Nr. 3 BauGB sieht vor, dass durch eine Satzung einzelne Außenbereichsflächen in die im Zusammenhang bebauten Ortsteile einbezogen werden können, wenn die einbezogenen Flächen durch die bauliche Nutzung des angrenzenden Bereichs entsprechend geprägt sind (sog. Ergänzungssatzung). Durch diese Satzungen werden bisherige Außenbereichsflächen nach § 35 BauGB zu einem im Zusammenhang bebauten Ortsteil nach § 34 BauGB.[646] Dies

644 *Deutscher Bundestag*, Drucksache 17/10846, S. 5.

645 Vgl. *Schink*, Nachverdichtung, Baulandmobilisierung und Umweltschutz, UPR 2001, S. 161, 162.

646 *Mitschang/Reidt* in: Battis/Mitschang/Reidt (Hrsg.), BauGB Kommentar, § 34 Rn. 81; Im Unterschied zu diesen ist die Außenbereichssatzung nach § 35 VI BauGB zu sehen, die kein Baurecht schafft, sondern lediglich bewirkt, dass einem Vorhaben einzelne öffentliche Belange nicht entgegengehalten werden können;

bringt eine vereinfachte Bebauung der entsprechenden Flächen mit sich,[647] da im Innenbereich bei Vorliegen der Voraussetzungen, ein Anspruch auf Erteilung der Baugenehmigung besteht.[648] Die Innenbereichssatzungen stehen daher der Reduktion der Flächeninanspruchnahme entgegen,[649] da durch diese Satzungen der Erhalt des Freiraums erheblich eingeschränkt wird.[650]

---

siehe: *Mitschang/Reidt* in: Battis/Mitschang/Reidt (Hrsg.), BauGB Kommentar, § 34 Rn. 79.

647 *Franz*, Freiraumschutz und Innenentwicklung, S. 204; *Köck/Hofmann* in: BMU (Hrsg.), Effektivierung des raumbezogenen Planungsrechts zur Reduzierung der Flächeninanspruchnahme, S. 46; *Mitschang/Reidt* in: Battis/Mitschang/Reidt (Hrsg.), BauGB Kommentar, § 34 Rn. 79; *Peine*, Bodenschutz – Gesetzliches Instrumentarium und gesetzgeberischer Handlungsbedarf, S. 235; *Rieger* in: Schrödter (Hrsg.), BauGB Kommentar, § 34 Rn. 101.

648 *Gänslmayer/Hauth* in: Rixner/Biedermann/Stegner (Hrsg.), Kommentar BauGB/BauNVO, § 34 BauGB Rn. 1; *Schmidt-Eichstaedt/Weyrauch/Zemke*, Städtebaurecht S. 315.

649 *Ahrens-Salzsieder*, Der Freiraumschutz im neuen Baugesetzbuch, UPR 1988, S. 10, 11; *Bizer/Ewrigmann/Bergmann, et al.*, Mögliche Maßnahmen, Instrumente und Wirkungen einer Steuerung der Verkehrs- und Siedlungsflächennutzung, S. 31; *Deichmöller*, Flächenrecycling als Instrument kommunaler Umwelt- und Standortpolitik, S. 114; *Franz*, Freiraumschutz und Innenentwicklung, S. 201, 204; *Kauch*, Bodenschutz – Die Steuerung des Land- und Freiflächenverbrauchs im geltenden Recht, DVBl 1993, S. 1033, 1040; *Kloepfer*, Umweltrecht, S. 771; *Köck/Hofmann* in: BMU (Hrsg.), Effektivierung des raumbezogenen Planungsrechts zur Reduzierung der Flächeninanspruchnahme, S. 46; *Peine*, Bodenschutz – Gesetzliches Instrumentarium und gesetzgeberischer Handlungsbedarf, S. 235; vgl. *Schmalholz*, Steuerung der Flächeninanspruchnahme, S. 124; Ansonsten spielt § 34 BauGB hinsichtlich der Thematik keine besondere Rolle. So auch: *Köck/Hofmann* in: BMU (Hrsg.), Effektivierung des raumbezogenen Planungsrechts zur Reduzierung der Flächeninanspruchnahme, S. 46 und *Franz*, Freiraumschutz und Innenentwicklung, S. 198, der feststellt, dass es sich insgesamt nicht um eine Norm des Freiraumschutzes oder der Innenentwicklung handelt.

650 *Franz*, Freiraumschutz und Innenentwicklung, S. 201; *Mitschang*, Städtebauliche Entwicklung durch Bauleitplanung, S. 274; vgl. *Kauch*, Bodenschutz – Die Steuerung des Land- und Freiflächenverbrauchs im geltenden Recht, DVBl 1993, S. 1033, 1040; siehe dazu ausführlich: *Hofherr*, Planersetzende Satzungen in: Berkemann/Gaentzsch/Halama, et al. (Hrsg.), Planung und Plankontrolle: Festschrift für Otto Schlichter, S. 371 ff.; kritisch zu den Satzungen in Hinblick auf die Konkurrenz zur Bauleitplanung *Franz*, Freiraumschutz und Innenentwicklung, S. 201; *Kauch*, Bodenschutz – Die Steuerung des Land- und Freiflächenverbrauchs im geltenden Recht, DVBl 1993, S. 1033, 1040; siehe auch: *Ahrens-Salzsieder*, Der Freiraumschutz im neuen Baugesetzbuch, UPR 1988, S. 10, 12, der darauf hinweist, dass in der kommunalen Praxis die Tendenz der Nutzung dieser Satzungen zur Umgehung des Bauplanungsverfahrens tatsächlich beobachtet werden kann. So auch: *Kloepfer*, Umweltrecht, S. 771.

XII. Außenbereich gemäß § 35 BauGB

Der weitaus überwiegende Teil der Bundesrepublik Deutschland liegt im planungsrechtlichen Außenbereich nach § 35 BauGB.[651] Dazu gehören alle Bereiche außerhalb der qualifiziert beplanten Gebiete gemäß § 30 I BauGB und der nicht beplanten Innenbereiche gemäß § 34 BauGB. Der Außenbereich soll in erster Linie der Land- und Forstwirtschaft, aber auch der allgemeinen Erholung dienen.[652] Daher besteht im Außenbereich das Gebot der größtmöglichen Schonung.[653] Dieser Bereich soll erhalten bleiben und möglichst nicht für bauliche Nutzungen beansprucht werden.[654] Dies ist die zentrale Aufgabe der Norm[655] und infolgedessen wird § 35 BauGB als „die grundlegende Umwelt- und Naturschutznorm des gesamten Baurechts“[656] bezeichnet. Diese Regelung ist daher für den quantitativen Bodenschutz von besonderem Interesse. Von diesem Grundgedanken werden in § 35 BauGB jedoch zahlreiche Ausnahmen zugelassen, sodass unter bestimmten Voraussetzungen dennoch bauliche Nutzungen vorgenommen werden können. § 35 BauGB vermittelt allerdings keine allgemeine Baulandqualität,[657] hierbei handelt es sich vielmehr um eine gesetzlich geregelte Zulässigkeitsnorm für Vorhaben.[658]

1. Privilegierte Vorhaben gemäß § 35 I BauGB

In § 35 I BauGB sind die privilegierten Vorhaben im Außenbereich aufgelistet. Sofern diese Vorhaben keine öffentliche Belange nach § 35 III BauGB verletzen, sind sie im Außenbereich zuzulassen. Dazu gehören beispielsweise land- oder forstwirtschaftliche Betriebe (Nr. 1) oder Vorhaben, die aufgrund besonderer Anforderungen an die Umgebung nur im Außenbereich ausgeführt werden können (Nr. 2). Innerhalb der letzten zwei Jahrzehnte wurde der Katalog der privilegierten Vorhaben nach § 35 I BauGB ausgeweitet. Vor allem Vorhaben zur Nutzung Erneuerbarer Energien (§ 35 I Nr. 5, Nr. 6, Nr. 8 BauGB) wurden ergänzt. Durch die zahlreichen privilegiert

---

651 *Weyreuther*, Bauen im Außenbereich, S. V.

652 BVerwGE 68, 311, 315 f.; vgl. BVerwGE 77, 300, 301 f.; BVerwGE 79, 318, 323.

653 BVerwGE 41, 138, 141; *Ferner* in: Ferner/Kröninger/Aschke (Hrsg.), BauGB mit BauNVO Handkommentar, § 35 Rn. 1; *Mitschang/Reidt* in: Battis/Mitschang/Reidt (Hrsg.), BauGB Kommentar, § 35 Rn. 1; *Schröter*, Die bauplanungsrechtliche Zulässigkeit von Bauvorhaben im Außenbereich, S. 68; *Stollmann*, Öffentliches Baurecht, S. 234; Dieses Gebot ist auch in § 35 V 1 BauGB gesetzlich verankert, siehe dazu: 2. Kapitel D. XII. 5. a).

654 *Rieger* in: Schrödter (Hrsg.), BauGB Kommentar, § 35 Rn. 3; *Schröter*, Die bauplanungsrechtliche Zulässigkeit von Bauvorhaben im Außenbereich, S. 68.

655 *Söfker* in: Krautzberger (Hrsg.), BauGB Kommentar, § 35 Rn. 13.

656 *Roeser* in: Schlichter/Stich/Driehaus, et al. (Hrsg.), BauGB Kommentar, § 35 Rn. 1.

657 OVG Nordrhein-Westfalen, Urt. v. 04.12.2006 – 7 A 568/06 (BauR 2007, S. 677, 678); *Schröter*, Die bauplanungsrechtliche Zulässigkeit von Bauvorhaben im Außenbereich, S. 147; *Söfker* in: Krautzberger (Hrsg.), BauGB Kommentar, § 35 Rn. 13.

658 *Söfker* in: Krautzberger (Hrsg.), BauGB Kommentar, § 35 Rn. 13.

zulässigen Vorhaben hat die bauliche Entwicklung im Außenbereich ein erhebliches Ausmaß erreicht.[659] Große Flächen wurden versiegelt.[660] Das Bundesverwaltungsgericht äußerte diesbezüglich: „Die privilegierte Zulassung solcher Vorhaben hat sich inzwischen zu einem Massenphänomen entwickelt."[661] Obwohl in den jeweiligen Gesetzesbegründungen zu den Erweiterungen des Privilegierungstatbestands der Außenbereichsschutz weiterhin betont wird,[662] liegt die Vermutung nahe, dass der Gesetzgeber vom Grundgedanken der größtmöglichen Schonung des Außenbereichs abgerückt ist.[663] Die große Zahl von privilegierten Vorhaben und die Ausweitung des Katalogs stehen in einem deutlichen Widerspruch zu einem konsequenten Außenbereichsschutz.

2. *Sonstige Vorhaben gemäß § 35 II BauGB*

Sonstige Vorhaben gemäß § 35 II BauGB können zugelassen werden, wenn ihre Ausführung und Benutzung öffentliche Belange gemäß § 35 III BauGB nicht beeinträchtigen. Nach herrschender Auffassung in der Literatur[664] und ständiger Rechtsprechung[665] besteht bei sonstigen Vorhaben über den Wortlaut hinaus ein Rechtsanspruch auf Zulassung, sofern keine öffentlichen Belange betroffen sind. Auch wenn dies dem Gebot der größtmöglichen Schonung ebenfalls entgegensteht, führt § 35 II BauGB nicht dazu, dass viele Vorhaben nach dieser Norm zugelassen werden, da in der Regel sonstige Vorhaben öffentlichen Belangen widersprechen und daher unzulässig sind.[666]

---

659 *Söfker* in: Krautzberger (Hrsg.), BauGB Kommentar, § 35 Rn. 13.

660 *Roeser* in: Schlichter/Stich/Driehaus, et al. (Hrsg.), BauGB Kommentar, § 35 Rn. 128a.

661 BVerwGE 144, 341, 349.

662 *Deutscher Bundestag*, Drucksache 12/4340, S. 13; *Deutscher Bundestag*, Drucksache 13/4978, S. 7; *Deutscher Bundestag*, Drucksache 15/2250, S. 54; *Deutscher Bundestag*, Drucksache 25/2996, S. 67.

663 Vgl. *Schröter*, Die bauplanungsrechtliche Zulässigkeit von Bauvorhaben im Außenbereich, S. 460.

664 *Ferner* in: Ferner/Kröninger/Aschke (Hrsg.), BauGB mit BauNVO Handkommentar, § 35 Rn. 5; *Mitschang/Reidt* in: Battis/Mitschang/Reidt (Hrsg.), BauGB Kommentar, § 35 Rn. 5; *Rieger* in: Schrödter (Hrsg.), BauGB Kommentar, § 35 Rn. 55; *Stüer*, Handbuch des Bau- und Fachplanungsrechts, S. 1141; *Söfker* in: Krautzberger (Hrsg.), BauGB Kommentar, § 35 Rn. 73.

665 BVerwGE 18, 247, 249 ff.; BGH, Urt. v. 5. 2. 1981 – III ZR 119/79 (NJW 1981, S. 982); BGHZ 94, 77, 85.

666 BVerwGE 25, 161, 162 f.; *Risch*, Neue Instrumente zur Begrenzung des Bodenverbrauches, S. 145.

3. *Öffentliche Belange gemäß § 35 III BauGB*

Weder privilegierte noch sonstige Vorhaben dürfen öffentliche Belange beeinträchtigen, da ansonsten die Bauvorhaben nicht zulässig sind. Die öffentlichen Belange sind nicht abschließend in § 35 III BauGB aufgelistet. Darin sind auch Belange enthalten, die die Begrenzung der Flächeninanspruchnahme begünstigen.

a) Bodenschutz gemäß § 35 III 1 Nr. 5 BauGB

In § 35 III 1 Nr. 5 BauGB ist der Belang des Bodenschutzes genannt. Damit soll die Erhaltung und die Wiederherstellung der in § 2 II BBodSchG genannten Bodenfunktionen[667] gewährleistet und dem Grundsatz des § 1a BauGB entsprochen werden.[668] Dieser Bodenschutzbelang korrespondiert mit den Darstellungsmöglichkeiten im Flächennutzungsplan nach § 5 II Nr. 10 BauGB und den Festsetzungsmöglichkeiten im Bebauungsplan nach § 9 I Nr. 20 BauGB.[669]

b) Splittersiedlung gemäß § 35 III 1 Nr. 7 BauGB

Eine Beeinträchtigung öffentlicher Belange liegt gemäß § 35 III 1 Nr. 7 BauGB[670] auch dann vor, wenn das Vorhaben die Entstehung, Verfestigung oder Erweiterung einer Splittersiedlung befürchten lässt. Ziel dieser Norm ist es, eine unorganische Siedlungsstruktur sowie eine planlose Zersiedlung zu unterbinden.[671] Durch diesen

---

667 *Mitschang/Reidt* in: Battis/Mitschang/Reidt (Hrsg.), BauGB Kommentar, § 35 Rn. 84; *Koppitz*, Bauvorhaben im Außenbereich, S. 92; *Krautzberger*, Bodenschutz und Baurecht auf Zeit im Außenbereich, UPR 2010, S. 81, 83; *Rieger* in: Schrödter (Hrsg.), BauGB Kommentar, § 35 Rn. 94; *Roeser* in: Schlichter/Stich/Driehaus, et al. (Hrsg.), BauGB Kommentar, § 35 Rn. 81; *Söfker* in: Spannowsky/Uechtritz (Hrsg.), BauGB Kommentar, § 35 Rn. 85; *Söfker* in: Krautzberger (Hrsg.), BauGB Kommentar, § 35 Rn. 94.

668 Eine Unterstützung erlangt dieser Belang zusätzlich durch § 35 V 1 BauGB, wonach Vorhaben im Außenbereich in einer flächensparenden, die Bodenversiegelung auf das notwendige Maß begrenzenden und den Außenbereich schonenden Weise auszuführen sind: *Schröter*, Die bauplanungsrechtliche Zulässigkeit von Bauvorhaben im Außenbereich, S. 581; vgl. *Koppitz*, Bauvorhaben im Außenbereich, S. 92; *Krautzberger*, Bodenschutz und Baurecht auf Zeit im Außenbereich, UPR 2010, S. 81, 83; *Söfker* in: Krautzberger (Hrsg.), BauGB Kommentar, § 35 Rn. 94.

669 *Roeser* in: Schlichter/Stich/Driehaus, et al. (Hrsg.), BauGB Kommentar, § 35 Rn. 81.

670 Zu Nr. 7 siehe vertiefend: *Schröter*, Die bauplanungsrechtliche Zulässigkeit von Bauvorhaben im Außenbereich, S. 623 ff.

671 BVerwGE 25, 161, 164; BVerwGE 27, 137, 139; BVerwG, Urt. v. 13.02.1976 – 4 C 72/74 (BauR 1976, S. 188, 189); BVerwG, Urt. v. 09.06.1976 – 4 C 42/74 (BauR 1976, S. 344, 345); BVerwG, Urt. v. 25.01.1985 – 4 C 29/81 (BauR 1985, S. 427, 428); *Jäde* in: Jäde/Dirnberger/Weiß (Hrsg.), BauGB BauNVO Kommentar, § 35 BauGB Rn. 223; *Mitschang/Reidt* in: Battis/Mitschang/Reidt (Hrsg.), BauGB Kommentar, § 35 Rn. 94; *Rieger* in: Schrödter (Hrsg.), BauGB Kommentar, § 35 Rn. 98.

Belang wird die gesetzgeberische Vorgabe, den Außenbereich grundsätzlich von baulichen Nutzungen freizuhalten, besonders deutlich formuliert.[672]

c) *Umwelt- und Naturschutz gemäß § 35 III 1 Nr. 3, 5 BauGB*

In § 35 III 1 Nr. 3 BauGB sind die Belange der Umwelt und in § 35 III 1 Nr. 5 BauGB die des Naturschutzes sowie der Belang der Beeinträchtigung der natürlichen Eigenart der Landschaft genannt.

d) *Planvorbehalt gemäß § 35 III 3 BauGB*

§ 35 III 3 BauGB normiert den sog. Planvorbehalt[673]. Nach diesem stehen öffentliche Belange einem Vorhaben nach § 35 I Nr. 2-6 BauGB in der Regel auch dann entgegen, soweit hierfür durch Darstellungen im Flächennutzungsplan oder als Ziele der Raumordnung eine Ausweisung an anderer Stelle erfolgt ist. Dies bedeutet, dass durch positive Standortzuweisungen privilegierte Vorhaben an einer oder mehreren Stellen im Plangebiet konzentriert werden können.[674] Der übrige Planungsraum wird dann von den privilegierten Anlagen freigehalten.[675] Öffentliche Belange sind folglich nach § 35 III 3 BauGB betroffen, sofern das Vorhaben außerhalb der festgelegten Konzentrationszone für die entsprechende privilegierte Nutzung erfolgen soll. Mithilfe des Planvorbehalts können somit bestimmte Nutzungen an einem Ort konzentriert und dadurch unerwünschter „Wildwuchs" verhindert werden.[676]

Durch die Bündelung von Vorhaben an bestimmten Orten entfaltet der Planvorbehalt positive Wirkung auf den Schutz des Außenbereichs.[677] In der Praxis wird dieses Instrument bislang insbesondere für die Ausweisung von Flächen für

---

672 *Franz*, Freiraumschutz und Innenentwicklung, S. 209.

673 Die durch die BauGB-Novelle 1996 eingefügte Norm geht auf BVerwGE 77, 300, 303 ff. zurück. Es wurde der Gemeinde schon nach der damaligen Rechtslage die Befugnis zuerkannt durch die Darstellungen von Bodenabbaukonzentrationszonen im Flächennutzungsplan die Zulässigkeit von Vorhaben der gleichen Art an anderer Stelle grundsätzlich auszuschließen. Zu § 35 III 3 BauGB siehe ausführlich: *Haselmann*, Zur bauplanungsrechtlichen Ausschlusswirkung der raumordnerischen Gebietsarten, ZfBR 2014, S. 529, 529 ff.; *Hoppe*, Die rechtliche Wirkung von Zielen der Raumordnung und Landesplanung gegenüber Außenbereichsvorhaben (§ 35 Abs. 3 Satz 3 BauGB), DVBl 1993, S. 1109, 1109 ff.; *Redeker*, Flächenkonzentration durch Ziele der Raumordnung in: Erbguth/Oebbecke/Rengeling, et al. (Hrsg.), Planung: Festschrift für Werner Hoppe, S. 329 ff.; *Schröter*, Die bauplanungsrechtliche Zulässigkeit von Bauvorhaben im Außenbereich, S. 844 ff.

674 *Redeker*, Flächenkonzentration durch Ziele der Raumordnung, S. 329, 333.

675 *Deutscher Bundestag*, Drucksache 13/4978, S. 7.

676 *Rieger* in: Schrödter (Hrsg.), BauGB Kommentar, § 35 Rn. 117.

677 *Köck/Hofmann* in: BMU (Hrsg.), Effektivierung des raumbezogenen Planungsrechts zur Reduzierung der Flächeninanspruchnahme, S. 47; *Roeser* in: Schlichter/Stich/Driehaus, et al. (Hrsg.), BauGB Kommentar, § 35 Rn. 93.

Windenergieanlagen genutzt.[678] Für andere Vorhaben wird von dem Planvorbehalt allerdings noch kaum Gebrauch gemacht, auch wenn dadurch der Außenbereich wirksamer geschützt werden könnte.[679] Die Gemeinden könnten durch eine weitergehende Nutzung des Steuerungsinstruments auf die Lage bestimmter Außenbereichsvorhaben einwirken und damit sensiblere Außenbereichsflächen von der Bebauung gänzlich freihalten.

4. Begünstigte Vorhaben gemäß § 35 IV BauGB

§ 35 IV BauGB regelt die begünstigten bzw. teilprivilegierten Vorhaben im Außenbereich. Hierbei handelt es sich um sonstige Vorhaben im Sinne des § 35 II BauGB, denen bestimmte öffentliche Belange des § 35 III BauGB nicht entgegengehalten werden können. Nach der Rechtsprechung des Bundesverwaltungsgerichts bedeutet dies, dass diese Gesichtspunkte unabhängig von ihrem Gewicht schlechthin unbeachtlich sein sollen.[680] Ausgenommene Belange sind: Widerspruch zu den Darstellungen des Flächennutzungsplans oder eines Landschaftsplans, Beeinträchtigung der natürlichen Eigenart der Landschaft, die Befürchtung der Entstehung, Verfestigung oder Erweiterung einer Splittersiedlung; im Übrigen müssen die Vorhaben außenbereichsverträglich im Sinne des § 35 III BauGB sein (§ 35 IV 1 BauGB). Die einzelnen begünstigten Vorhaben und deren Voraussetzungen sind in § 35 IV 1 BauGB aufgelistet. Dazu gehören Nutzungsänderungen, die wegen eines Strukturwandels in der Landwirtschaft notwendig geworden sind (Nr. 1), die Neuerrichtungen von Gebäuden, die verfallen sind, wenn sie über einen längeren Zeitraum vom Bauherrn selbst genutzt wurden (Nr. 2), die Neuerrichtung von Gebäuden, die durch Naturkatastrophen zerstört wurden (Nr. 3), die Änderung oder Nutzungsänderung von baulichen Anlagen, die aus kultureller Sicht besonders schützenswert sind (Nr. 4) sowie in engen Grenzen Erweiterungen bestehender Anlagen (Nr. 5, 6). Die Tatbestände beziehen sich überwiegend auf bestehende Gebäude und tragen somit dem Bestandsschutz Rechnung.[681]

---

678 *Köck/Hofmann* in: BMU (Hrsg.), Effektivierung des raumbezogenen Planungsrechts zur Reduzierung der Flächeninanspruchnahme, S. 47; *Sander* in: Rixner/Biedermann/Stegner (Hrsg.), Kommentar BauGB/BauNVO, § 35 Rn. 109; vgl. *Haselmann*, Zur bauplanungsrechtlichen Ausschlusswirkung der raumordnerischen Gebietsarten, ZfBR 2014, S. 529, 529.

679 *Köck/Hofmann* in: BMU (Hrsg.), Effektivierung des raumbezogenen Planungsrechts zur Reduzierung der Flächeninanspruchnahme, S. 47.

680 BVerwGE 139, 21, 22 ff.

681 *Hoppe/Bönker/Grotefels*, Öffentliches Baurecht, S. 277; *Mitschang/Reidt* in: Battis/Mitschang/Reidt (Hrsg.), BauGB Kommentar, § 35 Rn. 126; *Sander* in: Rixner/Biedermann/Stegner (Hrsg.), Kommentar BauGB/BauNVO, § 35 BauGB Rn. 115; siehe dazu ausführlich: *Roeser* in: Schlichter/Stich/Driehaus, et al. (Hrsg.), BauGB Kommentar, § 35 Rn. 98 ff.

Auch wenn es sich bei § 35 IV BauGB um einen Ausnahmetatbestand handelt, der eng auszulegen und nicht analogiefähig ist,[682] wird hierdurch das Gebot der größtmöglichen Schonung des Außenbereichs gelockert. Insbesondere dadurch, dass die begünstigten Vorhaben solche öffentliche Belange missachten dürfen, die für den Schutz der freien Landschaft besonders wichtig sind, wird der Außenbereichsschutz geschwächt.[683] § 35 IV BauGB erlaubt eine verstärkte bauliche Nutzung des Außenbereichs[684] und steht daher einer konsequenten Begrenzung der Flächeninanspruchnahme im Wege.

5. Vorhabenausführung und Sicherungsmaßnahmen gemäß § 35 V BauGB

In § 35 V BauGB sind jedoch auch ausdrückliche Regelungen zum Außenbereichsschutz enthalten.

a) Bauausführung gemäß § 35 V 1 BauGB

Das vom Bundesverwaltungsgericht[685] formulierte „Gebot der größtmöglichen Schonung des Außenbereichs" ist in § 35 V 1 BauGB gesetzlich verankert. Danach sind die gemäß den Absätzen 1 bis 4 zulässigen Vorhaben in einer flächensparenden, die Bodenversiegelung auf das notwendige Maß begrenzenden und den Außenbereich schonenden Weise auszuführen. Die Norm steht im sachlichen Zusammenhang mit § 1a II BauGB[686] und bezweckt, dass möglichst wenig Fläche überbaut wird.[687] Mit der Begrenzung der Bodenversiegelung auf das notwendige Maß sollen nicht nur die jeweiligen Vorhaben, sondern auch Nebenanlagen, Wege und Plätze so gestaltet werden, dass Bodenversiegelungen möglichst gering bleiben.[688] Dies kann beispielsweise durch die Vorgabe der Verwendung bestimmter oberflächenwasserdurchlässiger

682 BVerwG, Beschl. v. 31.05.1998 – 4 B 88/88 (ZfBR 1988, S. 285); *Sander* in: Rixner/Biedermann/Stegner (Hrsg.), Kommentar BauGB/BauNVO, § 35 BauGB Rn. 115.

683 *Risch*, Neue Instrumente zur Begrenzung des Bodenverbrauches, S. 145 f.; dazu ebenfalls kritisch: *Kloepfer*, Umweltrecht, S. 772; *Peine*, Bodenschutz – Gesetzliches Instrumentarium und gesetzgeberischer Handlungsbedarf, S. 235.

684 *Risch*, Neue Instrumente zur Begrenzung des Bodenverbrauches, S. 145 f.

685 BVerwGE 41, 138, 141.

686 *Ehebrecht-Stüer*, Außenbereichsbebauung, S. 267; *Krautzberger*, Bodenschutz und Baurecht auf Zeit im Außenbereich, UPR 2010, S. 81, 83; *Mitschang/Reidt* in: Battis/Mitschang/Reidt (Hrsg.), BauGB Kommentar, § 35 Rn. 179; *Rieger* in: Schrödter (Hrsg.), BauGB Kommentar, § 35 Rn. 169.

687 *Mitschang/Reidt* in: Battis/Mitschang/Reidt (Hrsg.), BauGB Kommentar, § 35 Rn. 179; *Schröter*, Die bauplanungsrechtliche Zulässigkeit von Bauvorhaben im Außenbereich, S. 1025; *Söfker* in: Krautzberger (Hrsg.), BauGB Kommentar, § 35 Rn. 165.

688 *Schröter*, Die bauplanungsrechtliche Zulässigkeit von Bauvorhaben im Außenbereich, S. 1025; *Söfker* in: Krautzberger (Hrsg.), BauGB Kommentar, § 35 Rn. 165.

Bodenbeläge erfolgen.[689] Durch die den Außenbereich schonende Bauweise soll sichergestellt werden, dass die Außenbereichsbelange nicht in unangemessener Weise berührt werden.[690]

Bei den in § 35 V 1 BauGB genannten Vorgaben handelt es sich nicht um eine zusätzliche Zulassungsvoraussetzung,[691] vielmehr sind dies bauplanungsrechtliche Verpflichtungen zur entsprechenden Bauausführung.[692] Aus dem Wortlaut wird deutlich, dass diese Anforderungen für § 35 I-IV BauGB gelten, sodass auch privilegierte Vorhaben diese Voraussetzungen erfüllen müssen.[693]

b) Rückbauverpflichtung gemäß § 35 V 2 BauGB

§ 35 V 2 BauGB enthält eine Rückbauverpflichtung, die sich positiv auf den Schutz der Außenbereichsflächen auswirkt.

aa) Anforderungen der Rückbauverpflichtung

In § 35 V 2 BauGB, der 2004[694] eingeführt wurde, wird bestimmt: Für Vorhaben nach Absatz 1 Nr. 2 bis 6 ist als weitere Zulässigkeitsvoraussetzung eine Verpflichtungserklärung abzugeben, das Vorhaben nach dauerhafter Aufgabe der zulässigen Nutzung zurückzubauen und Bodenversiegelungen zu beseitigen; bei einer nach

---

689 *Schröter*, Die bauplanungsrechtliche Zulässigkeit von Bauvorhaben im Außenbereich, S. 1025; *Söfker* in: Krautzberger (Hrsg.), BauGB Kommentar, § 35 Rn. 165.

690 *Krautzberger*, Bodenschutz und Baurecht auf Zeit im Außenbereich, UPR 2010, S. 81, 83; *Mitschang/Reidt* in: Battis/Mitschang/Reidt (Hrsg.), BauGB Kommentar, § 35 Rn. 179; *Schröter*, Die bauplanungsrechtliche Zulässigkeit von Bauvorhaben im Außenbereich, S. 1026; *Söfker* in: Krautzberger (Hrsg.), BauGB Kommentar, § 35 Rn. 165.

691 *Dürr* in: Bank/Korbmacher/Dürr (Hrsg.), BauGB Kommentar, § 35 Rn. 171; *Ehebrecht-Stüer*, Außenbereichsbebauung, S. 267; *Rieger* in: Schrödter (Hrsg.), BauGB Kommentar, § 35 Rn. 159; *Roeser* in: Schlichter/Stich/Driehaus, et al. (Hrsg.), BauGB Kommentar, § 35 Rn. 128; *Schröter*, Die bauplanungsrechtliche Zulässigkeit von Bauvorhaben im Außenbereich, S. 1025; *Söfker* in: Krautzberger (Hrsg.), BauGB Kommentar, § 35 Rn. 165; *Söfker* in: Spannowsky/Uechtritz (Hrsg.), BauGB Kommentar, § 35 Rn. 154.

692 *Ehebrecht-Stüer*, Außenbereichsbebauung, S. 267; *Rieger* in: Schrödter (Hrsg.), BauGB Kommentar, § 35 Rn. 159; *Söfker* in: Krautzberger (Hrsg.), BauGB Kommentar, § 35 Rn. 165.

693 OVG Nordrhein-Westfalen, Urt. v. 04.12.2006 – 7 A 568/06 (BauR 2007, S. 677, 679); *Krautzberger*, Bodenschutz und Baurecht auf Zeit im Außenbereich, UPR 2010, S. 81, 83; *Roeser* in: Schlichter/Stich/Driehaus, et al. (Hrsg.), BauGB Kommentar, § 35 Rn. 8; *Schröter*, Die bauplanungsrechtliche Zulässigkeit von Bauvorhaben im Außenbereich, S. 1025; *Söfker* in: Krautzberger (Hrsg.), BauGB Kommentar, § 35 Rn. 165.

694 Durch das Gesetz zur Anpassung des Baugesetzbuchs an EU-Richtlinien (Europarechtsanpassungsgesetz Bau – EAG Bau) vom 25.06.2004 (BGBl. I S. 1359 ff.).

Absatz 1 Nr. 2 bis 6 zulässigen Nutzungsänderung ist die Rückbauverpflichtung zu übernehmen, bei einer nach Absatz 1 Nr. 1 oder Absatz 2 zulässigen Nutzungsänderung entfällt sie.

Die Anlagen der bezeichneten Vorhaben können in der Regel bei Nutzungsaufgabe wegen ihrer baulichen oder technischen Ausführung nicht anderweitig verwendet werden.[695] Die Gesetzesbegründung[696] führt dazu aus: „Die [...] Regelung rechtfertigt sich insgesamt daraus, dass das Gesetz bei der erleichterten Zulässigkeit von Anlagen im Außenbereich an ihren Nutzungszweck anknüpft. Wenn dieser Nutzungszweck dauerhaft entfällt und auch keine andere privilegierte Nutzung für das Vorhaben genehmigt werden kann, entfällt die bodenrechtliche Legitimation für den Fortbestand des Baukörpers im Außenbereich. Das Beseitigungsgebot entspricht dem Anliegen der Bodenschutzklausel und dem Verursacherprinzip." Diese Regelung bezweckt somit den Schutz des Außenbereichs[697] durch Freihaltung der Landschaft vor ungenutzten Anlagen bzw. leerstehenden Gebäuden.[698]

Als Voraussetzung nennt § 35 V 2 BauGB die dauerhafte Aufgabe der Nutzung. Eine solche liegt vor, sobald die Anlage nicht mehr genutzt wird und davon ausgegangen werden kann, dass die Nutzung auch in Zukunft nicht wieder aufgenommen wird.[699] Dazu gehören beispielsweise die Fälle von Betriebsstillegungen, Zerstörung der Anlage, Entprivilegierung, Nichtaufnahme der Nutzung[700] oder abweichende Nutzung gegenüber der erteilten Genehmigung.[701] Vorrübergehende oder kurze Nutzungsunterbrechungen genügen allerdings nicht.[702] Sofern der Bauherr nicht selbst erklärt, dass die Nutzung dauerhaft aufgegeben wird, kann

695 *Söfker* in: Krautzberger (Hrsg.), BauGB Kommentar, § 35 Rn. 165a.

696 *Deutscher Bundestag*, Drucksache 15/2250, S. 56.

697 BVerwGE 144, 341, 348 f.: In diesem Urteil ergänzt das BVerwG zusätzlich, dass der wesentliche Unterschied zu der bauordnungsrechtlichen Beseitigungsanordnung darin liegt, dass § 35 V 2 i. V. m. 3 BauGB nicht auf die baupolizeiliche Gefahrenabwehr zielt, sondern die Rückbaupflicht vielmehr aus städtebaulichen Gründen präventiv gesichert werden soll.

698 *Deutscher Bundestag*, Drucksache 15/2996, S. 67; *Krautzberger*, Bodenschutz und Baurecht auf Zeit im Außenbereich, UPR 2010, S. 81, 84; *Mitschang/Reidt* in: Battis/Mitschang/Reidt (Hrsg.), BauGB Kommentar, § 35 Rn. 180; *Schröter*, Die bauplanungsrechtliche Zulässigkeit von Bauvorhaben im Außenbereich, S. 1026; vgl. *Beckmann*, Der Rückbau von Windenergieanlagen (WEA) – eine rechtliche Herausforderung für die Behörden?, UPR 2013, S. 175, 175.

699 *Krautzberger*, Bodenschutz und Baurecht auf Zeit im Außenbereich, UPR 2010, S. 81, 84; *Schröter*, Die bauplanungsrechtliche Zulässigkeit von Bauvorhaben im Außenbereich, S. 1028; *Söfker* in: Krautzberger (Hrsg.), BauGB Kommentar, § 35 Rn. 165b.

700 *Söfker* in: Krautzberger (Hrsg.), BauGB Kommentar, § 35 Rn. 165b.

701 *Mitschang/Reidt* in: Battis/Mitschang/Reidt (Hrsg.), BauGB Kommentar, § 35 Rn. 181.

702 *Mitschang/Reidt* in: Battis/Mitschang/Reidt (Hrsg.), BauGB Kommentar, § 35 Rn. 181.

die Zeitmodell-Rechtsprechung des Bundesverwaltungsgerichts,[703] die für § 35 I V 1 Nr. 3 BauGB entwickelt wurde, herangezogen werden.[704] Im Allgemeinen richtet sich aber die tatsächliche Aufgabe der Nutzung nach der Art der Nutzung sowie nach den Umständen des Einzelfalls.[705]

Hinsichtlich der Reichweite der Beseitigung spricht die Norm von einem Rückbau und der Beseitigung der Bodenversiegelung. Der Rückbau umfasst den vollständigen Abriss aller baulichen Anlagen, die dem Vorhaben gedient haben.[706] Bezüglich der Beseitigung der Bodenversiegelung darf der Versiegelungseffekt nicht mehr bestehen und das Niederschlagswasser muss wieder versickern können.[707] Die Einhaltung der Rückbauverpflichtung wird durch die in § 35 V 3 BauGB[708] normierten Maßnahmen sichergestellt.

bb) Anwendungsbereich der Rückbauverpflichtung

Das Beseitigungsgebot gilt nicht bei privilegierten Vorhaben nach § 35 I Nr. 1, 7, 8 BauGB sowie nach § 35 II BauGB.[709] Eine Begründung hierfür lässt sich der Gesetzesbegründung nicht entnehmen. Die Literatur begründet dies hinsichtlich Nr. 1 zum Teil damit, dass bei einer Aufgabe der landwirtschaftlichen Nutzung eine Weiternutzung in der Regel möglich sei und § 35 IV 1 Nr. 1 BauGB eingreife, sodass die

---

703 BVerwGE 98, 235, 240: „Im ersten Jahr nach der Zerstörung eines Bauwerks rechnet die Verkehrsauffassung stets mit dem Wiederaufbau. Eine Einzelfallprüfung erübrigt sich. Im zweiten Jahr nach der Zerstörung spricht für die Annahme, daß die Verkehrsauffassung einen Wiederaufbau noch erwartet, eine Regelvermutung, die im Einzelfall jedoch entkräftet werden kann, wenn Anhaltspunkte für das Gegenteil vorhanden sind. Nach Ablauf von zwei Jahren kehrt sich diese Vermutung um. Es ist davon auszugehen, daß die Grundstückssituation nach so langer Zeit für eine Neuerrichtung nicht mehr offen ist. Der Bauherr hat besondere Gründe dafür darzulegen, daß die Zerstörung des Gebäudes noch keinen als endgültig erscheinenden Zustand herbeigeführt hat."; siehe dazu: *Johlen*, Rechtspflicht zur Beseitigung endgültig nicht mehr genutzter, insbesondere nicht mehr nutzbarer baulicher Anlagen, BauR 2010, S. 1680, 1681 f.

704 *Mitschang/Reidt* in: Battis/Mitschang/Reidt (Hrsg.), BauGB Kommentar, § 35 Rn. 181.

705 *Krautzberger*, Bodenschutz und Baurecht auf Zeit im Außenbereich, UPR 2010, S. 81, 84; *Schröter*, Die bauplanungsrechtliche Zulässigkeit von Bauvorhaben im Außenbereich, S. 1029.

706 *Roeser* in: Schlichter/Stich/Driehaus, et al. (Hrsg.), BauGB Kommentar, § 35 Rn. 128c.

707 *Schröter*, Die bauplanungsrechtliche Zulässigkeit von Bauvorhaben im Außenbereich, S. 1030; *Söfker* in: Krautzberger (Hrsg.), BauGB Kommentar, § 35 Rn. 165b.

708 Mit dem Urteil (BVerwGE 144, 341, 347) hat das BVerwG klargestellt, dass § 35 V 2 i. V. m. 3 BauGB keinen verfassungsrechtlichen Bedenken, insbesondere unter kompetenzrechtlichen Aspekten, begegnet.

709 *Deutscher Bundestag*, Drucksache 15/2996, S. 67: Eine Rückbauverpflichtung wird für diese Fälle nicht für erforderlich gehalten.

Gebäude nicht beseitigt werden müssten.[710] Hierbei ist jedoch zu bedenken, dass sich nicht alle landwirtschaftlichen baulichen Anlagen für eine Weiternutzung eignen. Etwa große Siloanlagen, die die Landschaft erheblich beeinträchtigen, können nur äußerst selten anders genutzt werden.[711] Auch Stallgebäude können häufig nicht anderweitig genutzt werden.[712] Mithin ist eine Befreiung von dem Beseitigungsgebot nicht in jedem Fall sinnvoll. Zudem besteht die Möglichkeit, dass landwirtschaftliche Gebäude in Wohnraum umgenutzt werden, sodass diesbezüglich hohe Missbrauchsgefahr besteht.[713] Bezüglich Nr. 7 wird der Verzicht auf das Beseitigungsgebot damit gerechtfertigt, dass diese Anlagen atomrechtlichen Sonderbestimmungen unterliegen.[714] Hinsichtlich der Anlagen für die Nutzung der solaren Strahlungsenergie gemäß Nr. 8 ist zu berücksichtigen, dass nach dem Wortlaut die Privilegierung nur vorliegt, sofern diese an oder auf zulässigerweise genutzten Gebäuden angebracht werden. Daher entfallen neben der privilegierten Zulässigkeit auch die Voraussetzungen für das Anbringen der solaren Strahlungsenergieanlagen, sofern diese Gebäude zurückzubauen sind.[715] Zudem sind die sonstigen Vorhaben nach § 35 II BauGB von den Pflichten des § 35 V 2 BauGB befreit. Dies wird zum Teil damit begründet, dass, sofern ein sonstiges Vorhaben bei Aufgabe der Nutzung als „Ruine" verbleibe, in der Regel öffentliche Belange berührt seien, die der Zulässigkeit des Vorhabens entgegenstehen.[716] Im Einzelfall könne daher bei Vorhaben nach § 35 II BauGB eine analoge Rückbauverpflichtung bestehen.[717] Gegen diese Analogie spricht allerdings der Wortlaut des § 35 V 2 BauGB. Das Bundesverwaltungsgericht[718] äußerte bezüglich des Anwendungsbereichs der Norm: „Dass § 35 Abs. 5 S. 2 i. V. m. S. 3 BauGB nur für Vorhaben nach § 35 Abs. 1 Nr. 2 bis 6 BauGB gilt, begründet [...] keinen Verstoß gegen den Grundsatz der Gleichbehandlung (Art. 3 Abs. 1 GG). Die unterschiedliche Behandlung ist bereits deswegen gerechtfertigt, weil – wie der Gesetzgeber als Anlass für die Regelung festgestellt hat – die Zahl der Vorhaben nach § 35 Abs. 1 Nr. 2 bis 6 BauGB im Außenbereich erheblich zugenommen hat; die privilegierte Zulassung solcher Vorhaben hat sich inzwischen zu einem Massenphänomen entwickelt." Aber gerade vor dem Hintergrund, dass

710 *Dürr* in: Bank/Korbmacher/Dürr (Hrsg.), BauGB Kommentar, § 35 Rn. 172; *Krautzberger*, Bodenschutz und Baurecht auf Zeit im Außenbereich, UPR 2010, S. 81, 84; *Söfker* in: Krautzberger (Hrsg.), BauGB Kommentar, § 35 Rn. 165a.
711 *Schröter*, Die bauplanungsrechtliche Zulässigkeit von Bauvorhaben im Außenbereich, S. 1031.
712 Ibid., S. 1031.
713 Ibid., S. 1031.
714 *Söfker* in: Krautzberger (Hrsg.), BauGB Kommentar, § 35 Rn. 165 a.
715 *Söfker* in: Krautzberger (Hrsg.), BauGB Kommentar, § 35 Rn. 165 a.
716 *Krautzberger*, Bodenschutz und Baurecht auf Zeit im Außenbereich, UPR 2010, S. 81, 84.
717 Ibid., S. 84; *Mitschang/Reidt* in: Battis/Mitschang/Reidt (Hrsg.), BauGB Kommentar, § 35 Rn. 180.
718 BVerwGE 144, 341, 349.

sich die privilegierte Zulassung zu einem Massenphänomen entwickelt hat, ist ein konsequenter Rückbau von baulichen Anlagen notwendig, sobald die ursprünglich genehmigte Nutzung aufgegeben wird und diese nicht sinnvoll und zulässig weitergeführt werden kann.[719] Ansonsten besteht die Gefahr, dass sich die Zahl der Bauruinen im Außenbereich häuft,[720] was mit dem Gebot der größtmöglichen Schonung des Außenbereichs nicht vereinbar ist.

6. *Außenbereichssatzungen gemäß § 35 VI BauGB*

Für bebaute Bereiche im Außenbereich, die nicht überwiegend landwirtschaftlich geprägt sind und in denen eine Wohnbebauung von einigem Gewicht vorhanden ist, kann die Gemeinde gemäß § 35 VI BauGB[721] durch Satzung bestimmen, dass Wohnzwecken dienenden Vorhaben im Sinne des Absatzes 2 nicht entgegengehalten werden kann, dass sie einer Darstellung im Flächennutzungsplan über Flächen für die Landwirtschaft oder Wald widersprechen oder die Entstehung oder Verfestigung einer Splittersiedlung befürchten lassen. Die Satzung kann auch auf Vorhaben erstreckt werden, die kleineren Handwerks- und Gewerbebetrieben dienen.[722] Hierbei muss die gewerbliche Nutzung aber gegenüber der Wohnnutzung eher nachrangig sein.[723] Voraussetzung für eine solche Satzung ist somit, dass ein Gebiet im Außenbereich vorliegt, das aufgrund der weitreichenden Bebauung nicht mehr mit dem ursprünglichen Zweck des § 35 BauGB vereinbar ist.[724] Die vorhandene Bebauung

---

719 So auch: *Schröter*, Die bauplanungsrechtliche Zulässigkeit von Bauvorhaben im Außenbereich, S. 1033.

720 Ibid., S. 1032 f.

721 Zu Außenbereichssatzungen siehe ausführlich: *Degenhart*, Außenbereichssatzungen nach dem Wohnungsbauerleichterungsgesetz, DVBl 1993, S. 177, 177 ff.; *Schröter*, Die bauplanungsrechtliche Zulässigkeit von Bauvorhaben im Außenbereich, S. 1036 ff.

722 Das Aufstellungsverfahren ist dem vereinfachten Verfahren nach § 13 BauGB angenähert, da die Vorschriften über die Öffentlichkeits- und Behördenbeteiligung nach § 13 II 1 Nr. 2, 3 BauGB sowie § 13 II 2 BauGB entsprechend anzuwenden sind. Zudem ist § 10 III BauGB entsprechend anzuwenden. Von der Satzung bleibt die Anwendung des Absatzes 4 unberührt. Außerdem ist Voraussetzung, dass die Satzung mit einer geordneten städtebaulichen Entwicklung vereinbar ist, die Zulässigkeit von Vorhaben, die einer Pflicht zur Durchführung einer Umweltverträglichkeitsprüfung nach Anlage 1 zum UVPG oder nach Landesrecht unterliegen, nicht begründet wird und keine Anhaltspunkte für eine Beeinträchtigung der in § 1 VI Nr. 7b BauGB genannten Schutzgüter gegeben sind.

723 *Degenhart*, Außenbereichssatzungen nach dem Wohnungsbauerleichterungsgesetz, DVBl 1993, S. 177, 178; *Ehebrecht-Stüer*, Außenbereichsbebauung, S. 264.

724 BVerwGE 126, 233, 236; *Degenhart*, Außenbereichssatzungen nach dem Wohnungsbauerleichterungsgesetz, DVBl 1993, S. 177, 177; *Söfker* in: Krautzberger (Hrsg.), BauGB Kommentar, § 35 Rn. 169.

muss bereits ein städtebauliches Gewicht haben[725] und das Gebiet für eine bauliche Verdichtung geeignet sein, d. h. beispielsweise Baulücken aufweisen.[726] Durch eine Außenbereichssatzung kann jedoch nur die vorhandene Bebauung verdichtet werden, eine Vergrößerung des bebauten Gebiets in den Außenbereich ist nicht möglich.[727] Durch die Satzung wird das Gebiet nicht zum Innenbereich, sondern bleibt Außenbereich.[728] Die Außenbereichssatzung begründet deshalb nicht wie die Satzungen nach § 34 IV BauGB ein Baurecht, sie erleichtert vielmehr lediglich die Zulassung bestimmter sonstiger Vorhaben durch eine Modifikation der Zulassungsvoraussetzungen.[729] Diese Möglichkeit ist daher mit den begünstigten Vorhaben gemäß § 35 IV BauGB vergleichbar.[730]

Hinsichtlich der Begrenzung der Flächeninanspruchnahme wird einerseits geäußert, dass die Norm aus Erwägungen des Zersiedelungsschutzes notwendig sei, weil mit diesen Satzungen insbesondere in von Streusiedlungen geprägten Bereichen ein städtebaulich angemessener Ausgleich gefunden werden könne.[731] Dem wird andererseits entgegengehalten, dass dadurch kurzsichtige wirtschafts- und wohnungspolitische Entscheidungen zulasten des Freiraums getroffen werden.[732] Ferner

725 BVerwGE 126, 233, 236; *Degenhart*, Außenbereichsatzungen nach dem Wohnungsbauerleichterungsgesetz, DVBl 1993, S. 177, 177; *Deutscher Bundestag*, Drucksache 11/6636, S. 30.

726 BVerwGE 126, 233, 235.

727 OVG Nordrhein-Westfalen, Urt. v. 08.06.2001 – 7 a D 52/99 NE (NVwZ 2001, S. 1071); OVG Nordrhein-Westfalen, Urt. v. 18.11.2004 – 7 a 4415/03 (NuR 2005, S. 606, 607); *Stüer*, Handbuch des Bau- und Fachplanungsrechts, S. 1188.

728 *Degenhart*, Außenbereichsatzungen nach dem Wohnungsbauerleichterungsgesetz, DVBl 1993, S. 177, 179; *Ehebrecht-Stüer*, Außenbereichsbebauung, S. 265; *Mitschang/Reidt* in: Battis/Mitschang/Reidt (Hrsg.), BauGB Kommentar, § 35 Rn. 172; *Roeser* in: Schlichter/Stich/Driehaus, et al. (Hrsg.), BauGB Kommentar, § 35 Rn. 132.

729 *Degenhart*, Außenbereichsatzungen nach dem Wohnungsbauerleichterungsgesetz, DVBl 1993, S. 177, 177; *Ehebrecht-Stüer*, Außenbereichsbebauung, S. 264 f.; *Mitschang*, Stadterhaltung und Stadtgestaltung in städtebaulichen Planungen – eine instrumentelle Betrachtung –, ZfBR 2000, S. 379, 382; *Mitschang/Reidt* in: Battis/Mitschang/Reidt (Hrsg.), BauGB Kommentar, § 35 Rn. 172; *Roeser* in: Schlichter/Stich/Driehaus, et al. (Hrsg.), BauGB Kommentar, § 35 Rn. 132; *Stüer*, Handbuch des Bau- und Fachplanungsrechts, S. 1189; *Söfker* in: Krautzberger (Hrsg.), BauGB Kommentar, § 35 Rn. 168; *Söfker* in: Spannowsky/Uechtritz (Hrsg.), BauGB Kommentar, § 35 Rn. 159.

730 *Roeser* in: Schlichter/Stich/Driehaus, et al. (Hrsg.), BauGB Kommentar, § 35 Rn. 131; *Söfker* in: Spannowsky/Uechtritz (Hrsg.), BauGB Kommentar, § 35 Rn. 159: Wobei anders als bei § 35 IV BauGB von der Satzung auch die Neuerrichtung von Vorhaben erfasst werden kann.

731 *Gaßner/Würfel*, Die Außenbereichssatzung nach § 4 Abs. 4 BauGB-MaßnahmenG, BayVBl 1996, S. 321, 321.

732 *Deichmöller*, Flächenrecycling als Instrument kommunaler Umwelt- und Standortpolitik, S. 121; *Franz*, Freiraumschutz und Innenentwicklung, S. 215; vgl. *Erbguth*,

werde durch die in § 35 VI BauGB normierte Möglichkeit die grundsätzliche Wertung der größtmöglichen Schonung des Außenbereichs in Frage gestellt, da dadurch die Siedlungstätigkeit im Außenbereich ausgeweitet werde.[733] Der Arbeitskreis für Umweltrecht[734] äußerte diesbezüglich: „[Dies] gefährdet nicht nur den [...] Schutz des Außenbereichs, sondern befreit auch von der Notwendigkeit in der Bauleitplanung umfassend und intensiv dort abzuwägen, wo es um sensible Freiräume geht, deren Erhaltung aus Gründen des Naturschutzes wünschenswert oder geboten ist. Die [...] Regelung setzt nicht irgendeinen, sondern den wichtigsten und bisher auch effektivsten Grundsatz des Außenbereichsschutzes außer Kraft. Wenn die Verfestigung und der Ausbau von Splittersiedlungen nicht mehr grundsätzlich negativ bewertet werden, fällt ein tragender Pfeiler des Außenbereichsschutzes weg." Dieser Kritik ist zuzustimmen. Durch die Außenbereichssatzungen wird der Außenbereich weitergehend bebaut und die unerwünschten Zersiedelungen legalisiert, was mit dem Gebot der größtmöglichen Schonung des Außenbereichs nicht vereinbar ist.

7. Bewertung des § 35 BauGB

Abschließend stellt sich die Frage, ob es sich bei § 35 BauGB um eine Norm handelt, die zur Begrenzung der Flächeninanspruchnahme beiträgt. Ziel war es, eine Regelung zu schaffen, die gewährleistet, dass die bauliche Nutzung im Außenbereich nicht überhand nimmt und dass dieser eine größtmögliche Schonung erfährt.

Die Außenbereichsbebauung hat im Laufe der Jahre immer weiter zugenommen. Dies lässt sich auf mehrere Aspekte zurückführen. Zum einen wurde der Katalog der privilegierten Vorhaben, vor allem für Erneuerbare Energien, kontinuierlich ausgeweitet. Zum anderen sind zahlreiche andere Ausnahmen vom Gebot der größtmöglichen Schonung in § 35 BauGB normiert. Dazu gehören die begünstigten Vorhaben aus Gründen des Bestandschutzes nach § 35 IV BauGB sowie die Außenbereichssatzungen gemäß § 35 VI BauGB. Diese sind vor dem Hintergrund, dass dadurch weitergehende Außenbereichsbebauung und unerwünschte Zersiedelung legalisiert werden, kritisch zu bewerten.

Grundfragen des neugefaßten Städtebaurechts im Verhältnis zum Umweltrecht, VR 1999, S. 119, 126; kritisch gegenüber dem Instrument auch: *Köck/Hofmann* in: BMU (Hrsg.), Effektivierung des raumbezogenen Planungsrechts zur Reduzierung der Flächeninanspruchnahme, S. 46 f.

733 *Bizer/Ewrigmann/Bergmann, et al.*, Mögliche Maßnahmen, Instrumente und Wirkungen einer Steuerung der Verkehrs- und Siedlungsflächennutzung, S. 31; *Degenhart*, Außenbereichssatzungen nach dem Wohnungsbauerleichterungsgesetz, DVBl 1993, S. 177, 177; *Deichmöller*, Flächenrecycling als Instrument kommunaler Umwelt- und Standortpolitik, S. 121; vgl. *Erbguth*, Grundfragen des neugefaßten Städtebaurechts im Verhältnis zum Umweltrecht, VR 1999, S. 119, 126.

734 *Arbeitskreis für Umweltrecht*, Stellungnahme des Arbeitskreises für Umweltrecht zum Wohnungsbau-Erleichterungsgesetz, NVwZ 1990, S. 746, 746.

§ 35 BauGB beinhaltet jedoch auch Regelungen, die sich positiv auf die Reduktion der Flächeninanspruchnahme auswirken. Hierzu zählt insbesondere das Gebot der größtmöglichen Schonung des Außenbereichs nach § 35 V 1 BauGB, welches eine flächensparende Bauweise und eine möglichst geringe Versiegelung vorschreibt. Die Rückbauverpflichtung nach § 35 V 2 BauGB ist ebenfalls positiv zu bewerten, auch wenn nicht ersichtlich ist, warum diese nicht für alle Vorhaben gilt. Vorteilhaft wirkt sich ebenfalls der Planvorbehalt gemäß § 35 III 3 BauGB aus, da die Gemeinden hiermit privilegierte Vorhaben im Außenbereich steuern und den Außenbereichsschutz positiv beeinflussen können.

In der Literatur wird einheitlich die Meinung vertreten, dass durch die Norm das Gebot der größtmöglichen Schonung nicht wirksam umgesetzt werde, da durch die zahlreichen Ausnahmen des Gebots der Außenbereichsschutz mittlerweile in hohem Maße ausgehöhlt sei.[735] Daher sehen viele Stimmen in der Literatur § 35 BauGB als keine geeignete Norm, um die Flächeninanspruchnahme wirksam einzudämmen.[736] Aufgrund der Tatsache, dass § 35 BauGB die ursprüngliche Funktion nicht mehr erfülle, fordert *Söfker* beispielsweise, dass die Gemeinden durch Bebauungspläne für bestimmte Gebiete des Außenbereichs die Bebauung verbieten oder zumindest begrenzen sollten, um für eine nachhaltige und geordnete Entwicklung des Außenbereichs zu sorgen.[737]

Somit zeigt sich, dass, obwohl in § 35 BauGB einige Regelungen enthalten sind, die einen Außenbereichsschutz bezwecken, es sich bei der Norm insgesamt nicht um eine effektive Norm zur Begrenzung der Flächeninanspruchnahme handelt.

---

735 *Deichmöller*, Flächenrecycling als Instrument kommunaler Umwelt- und Standortpolitik, S. 116; *Franz*, Freiraumschutz und Innenentwicklung, S. 207; *Köck/Bovet/Gawron, et al.*, Effektivierung des raumbezogenen Planungsrechts zur Reduzierung der Flächeninanspruchnahme: Zusammenfassung der Ergebnisse und Empfehlungen, S. 5; vgl. *Kauch*, Bodenschutz aus bundesrechtlicher Sicht, S. 208 ff.; *Köck/Hofmann* in: BMU (Hrsg.), Effektivierung des raumbezogenen Planungsrechts zur Reduzierung der Flächeninanspruchnahme, S. 46 f.; *Peine*, Bodenschutz – Gesetzliches Instrumentarium und gesetzgeberischer Handlungsbedarf, S. 236.

736 *Ahrens-Salzsieder*, Der Freiraumschutz im neuen Baugesetzbuch, UPR 1988, S. 10, 12 f.; *Deichmöller*, Flächenrecycling als Instrument kommunaler Umwelt- und Standortpolitik, S. 121; *Franz*, Freiraumschutz und Innenentwicklung, S. 206 f.; *Kauch*, Bodenschutz aus bundesrechtlicher Sicht, S. 208 f.; *Köck/Hofmann* in: BMU (Hrsg.), Effektivierung des raumbezogenen Planungsrechts zur Reduzierung der Flächeninanspruchnahme, S. 46 f.; *Peine*, Bodenschutz – Gesetzliches Instrumentarium und gesetzgeberischer Handlungsbedarf, S. 235 f.; *Risch*, Neue Instrumente zur Begrenzung des Bodenverbrauches, S. 147; *Schmalholz*, Steuerung der Flächeninanspruchnahme, S. 123; *Tomerius*, Flächenrecycling als Instrument nachhaltiger Stadtentwicklung, Strategien und Rechtsfragen in der kommunalen Praxis, NuR 2005, S. 14, 19.

737 *Söfker* in: Krautzberger (Hrsg.), BauGB Kommentar, § 35 Rn. 13.

XIII. Besonderes Städtebaurecht

Wie die vorangegangenen Untersuchungen zeigen, werden mit dem allgemeinen Städtebaurecht die Nutzung von Flächen geregelt und Gebiete geschaffen, die einer Bebauung zugeführt werden können. Mit der Ausweisung von Flächen als Bauland durch Bebauungspläne geht allerdings keine Rechtspflicht der jeweiligen Eigentümer zur Bebauung dieser Flächen einher.[738] Vielmehr können diese aufgrund ihrer Baufreiheit[739] entscheiden, ob und inwieweit sie das betreffende Grundstück bebauen.[740] Dies kann dazu führen, dass zahlreiche baureife Grundstücke unbebaut bleiben und die von der Gemeinde verfolgten städtebaulichen Ziele nicht verwirklicht werden.[741] Um dieser Situation entgegentreten zu können und die städtebauliche Entwicklung voranzutreiben, stehen den Gemeinden die Instrumente des besonderen Städtebaurechts[742] zur Verfügung.[743] Diese können die Begrenzung der Flächeninanspruchnahme ebenfalls beeinflussen.

---

738 BVerwG, Beschl. v. 31.03.1998 – 4 BN 5/98 (NVwZ-RR 1998, S. 543): „Der Bebauungsplan enthält die rechtsverbindliche Festsetzungen für die städtebauliche Ordnung in der Gemeinde (§ 8 Abs. 1 S. 1 BauGB). Als Regelung i. S. des Art. 14 Abs.1 S. 2 GG gestaltet er die Art und Weise der Bodennutzung, löst aber als für den Eigentümer im Plangebiet keine die negative Baufreiheit überwindende Realisierungsverpflichtung aus (vgl. aber die städtebaulichen Gebote in §§ 175 ff. BauGB).“; ebenso: OVG Nordrhein-Westfalen, Urt. v. 18.12.2008 – 10 D 104/06.NE (JurionRS 2008, 32009); VG Gießen, Urt. v. 12.05.2010 – 8 K 4071/08.GI (JurionRS 2010, 17609); vgl. BVerwGE 84, 335, 337; *Papier* in: Herzog/Scholz/Herdegen, et al. (Hrsg.), GG Kommentar, Art. 14 Rn. 58.

739 Siehe dazu: 2. Kapitel A. I.; zur Baufreiheit siehe: *Krebs* in: Schoch (Hrsg.), Besonderes Verwaltungsrecht, S. 447 ff.; *Papier* in: Herzog/Scholz/Herdegen, et al. (Hrsg.), GG Kommentar, Art. 14 Rn. 57 f.

740 Vgl. *Bank* in: Bank/Korbmacher/Dürr (Hrsg.), BauGB Kommentar, Vorbemerkungen §§ 175–179 Rn. 1; *Flug/Thurow*, Vorbereitende Untersuchungen im besonderen Städtebaurecht – Entscheidungskriterien bei städtebaulichen Problemlagen –, UPR 2012, S. 86, 87.

741 Ibid., S. 87; vgl. *Deichmöller*, Flächenrecycling als Instrument kommunaler Umwelt- und Standortpolitik, S. 289.

742 Zum Überblick der einzelnen Instrumente des besonderen Städtebaurecht siehe: *Spannowsky*, Stadt- und Dorferneuerung im Zeichen der Innenentwicklung, ZfBR 2013, S. 752, 752 ff.; zum besonderen Städtebaurecht bezüglich der Brachflächenreaktivierung siehe ausführlich: *Austermann*, Brachflächenreaktivierung, S. 172 ff.; *Deichmöller*, Flächenrecycling als Instrument kommunaler Umwelt- und Standortpolitik, S. 284 ff.

743 *Bank* in: Bank/Korbmacher/Dürr (Hrsg.), BauGB Kommentar, Vorbemerkungen §§ 175–179 Rn. 1.

1. *Baugebot gemäß § 176 II BauGB*

Baugebote[744] können unter anderem im unbeplanten Innenbereich angeordnet werden, um unbebaute oder geringfügig bebaute Grundstücke entsprechend den baurechtlichen Vorschriften zu nutzen oder einer baulichen Nutzung zuzuführen, insbesondere können damit Baulücken geschlossen werden (§ 176 II BauGB).[745] Dadurch können die Innenentwicklung vorangetrieben werden[746] und bislang freie Fläche außerhalb des Siedlungsgebiets verschont bleiben.[747] Da das Baugebot die Bebauung von Grundstücken zwangsweise durchsetzen kann, handelt es sich bei diesem Gebot nicht, wie häufig angenommen[748], um ein „stumpfes Schwert".[749] Allerdings wird diese Norm in der Praxis kaum angewendet,[750] sodass das Baugebot faktisch nur wenig zur Reduktion der Flächeninanspruchnahme beiträgt, obwohl es grundsätzlich die Möglichkeit bietet.

---

744 Siehe dazu ausführlich: *Schlichter*, Überlegungen zum Baugebot – Vergangenes, Gegenwärtiges, Zukünftiges – in: Driehaus/Birk (Hrsg.), Baurecht – Aktuell: Festschrift für Felix Weyreuther, S. 349 ff.

745 Im Geltungsbereich eines Bebauungsplans nach § 176 I BauGB dient das Baugebot nur der Verwirklichung des Bebauungsplans (*Bank* in: Bank/Korbmacher/Dürr (Hrsg.), BauGB Kommentar, § 176, Rn. 1; vgl. BVerwGE 84, 335, 337), sodass dieser Norm keine freiraumschützende Wirkung entnommen werden kann, siehe: *Franz*, Freiraumschutz und Innenentwicklung, S. 224.

746 *Thiel*, Städtebauliche Instrumente zur Reduzierung des Flächenverbrauchs unter besonderer Berücksichtigung der Problematik des Stadtumbaus, UFZ-Bericht 14/2004, S. 1, 166.

747 So auch: *Franz*, Freiraumschutz und Innenentwicklung, S. 224.

748 *Lege*, Stadtumbau und städtebauliche Gebote – Neue Herausforderungen durch Stadterhaltung und Rückbau, NVwZ 2005, S. 880, 885; *Stüer*, Baugebot nach § 176 BauGB – Ein „stumpfes Schwert"? –, DÖV 1988, S. 337, 338; siehe dazu ausführlicher: *Bank* in: Bank/Korbmacher/Dürr (Hrsg.), BauGB Kommentar, § 176 Rn. 13a.

749 *Deichmöller*, Flächenrecycling als Instrument kommunaler Umwelt- und Standortpolitik, S. 286; *Franz*, Freiraumschutz und Innenentwicklung, S. 224; *Lemmel* in: Schlichter/Stich/Driehaus, et al. (Hrsg.), BauGB Kommentar, § 176 Rn. 4; *Schlichter*, Überlegungen zum Baugebot – Vergangenes, Gegenwärtiges, Zukünftiges –, S. 349, 353.

750 *Bank* in: Bank/Korbmacher/Dürr (Hrsg.), BauGB Kommentar, Vorbemerkungen §§ 175–179 Rn. 5; *Klindt*, Baulandkataster und Datenschutz, BauR 2000, S. 15, 17; *Lege*, Stadtumbau und städtebauliche Gebote – Neue Herausforderungen durch Stadterhaltung und Rückbau, NVwZ 2005, S. 880, 881; vgl. *Schlichter*, Überlegungen zum Baugebot – Vergangenes, Gegenwärtiges, Zukünftiges –, S. 349, 353.

2. *Rückbau- und Entsiegelungsgebot gemäß § 179 BauGB*

Das Rückbaugebot nach § 179 I 1 BauGB[751] besagt, dass die Gemeinde Eigentümer zur Duldung verpflichten kann, eine bauliche Anlage ganz oder teilweise zu beseitigen, wenn sie den Festsetzungen eines Bebauungsplans nicht entspricht oder ihnen nicht angepasst werden kann (Nr. 1) bzw. Missstände oder Mängel im Sinne des § 177 II und III 1 BauGB aufweist, die auch durch eine Modernisierung oder Instandsetzung nicht behoben werden können (Nr. 2[752]). Hierbei handelt es sich somit um ein Gebot, mit welchem städtebaulich unerwünschte bauliche Anlagen beseitigt und die kommunale Bauleitplanung durchgesetzt werden können. Durch den Rückbau dieser Anlagen wird Raum für andere Zwecke geschaffen.[753] Die Fläche kann folglich einer sinnvollen Nutzung zugeführt werden und mittelbar einen Beitrag zur Verringerung der Neuinanspruchnahme leisten. Die Gemeinde kann zudem gemäß § 179 I 2 BauGB ein Entsiegelungsgebot zur sonstigen Wiedernutzbarmachung dauerhaft nicht mehr genutzter Flächen in entsprechender Anwendung des § 179 I 1 Nr. 1 BauGB erlassen. Damit soll der durch Bebauung oder Versiegelung beeinträchtigte Boden in seiner Leistungsfähigkeit erhalten oder wiederhergestellt werden.[754] Das Entsiegelungsgebot steht außerdem im sachlichen Zusammenhang mit der Bodenschutzklausel nach § 1a II 1 BauGB,[755] sodass dieses ausdrücklich dem quantitativen Bodenschutz dient. Problematisch ist hierbei, wie beim Baugebot auch, dass sowohl das Rückbau- als auch das Entsiegelungsgebot in der Praxis nicht häufig angewendet werden.[756]

---

751 Zum Rückbau- und Entsiegelungsgebot siehe ausführlich: *Goldschmidt*, Das Rückbau- und Entsiegelungsgebot nach § 179 BauGB, UPR 2012, S. 50, 50 ff.

752 Durch die Innenentwicklungsnovelle 2013 wurde der Anwendungsbereich der Nr. 2 auf den unbeplanten Innenbereich und den Außenbereich erweitert, sodass die bauliche Anlage nicht mehr im Geltungsbereich eines Bebauungsplans liegen muss. Dies ist darauf zurückzuführen, dass der Gesetzgeber auf die vermehrt im Innenbereich auftretenden „Schrottimmobilien“ reagieren wollte: *Deutscher Bundestag*, Drucksache 17/11468, S. 24; siehe dazu ausführlich: *Battis/Mitschang/Reidt*, Stärkung der Innenentwicklung in den Städten und Gemeinden, NVwZ 2013, S. 961, 966 f.; *Krautzberger/Stüer*, Schrottimmobilien: § 179 BauGB 2013, ZfBR 2013, S. 529, 529 ff; *Stüer*, Städtebaurechtsnovelle 2013 – Gesetz zur Stärkung der Innenentwicklung und zur weiteren Fortentwicklung des Städtebaurechts –, DVBl 2012, S. 1017, 1024.

753 So auch: *Franz*, Freiraumschutz und Innenentwicklung, S. 226.

754 Ibid., S. 226; *Goldschmidt*, Das Rückbau- und Entsiegelungsgebot nach § 179 BauGB, UPR 2012, S. 50, 53; vgl. *Schink*, Der Bodenschutz und seine Bedeutung für die nachhaltige städtebauliche Entwicklung, DVBl 2000, S. 221, 231.

755 *Goldschmidt*, Das Rückbau- und Entsiegelungsgebot nach § 179 BauGB, UPR 2012, S. 50, 53; *Lemmel* in: Schlichter/Stich/Driehaus, et al. (Hrsg.), BauGB Kommentar, § 179 Rn. 10; *Stock* in: Krautzberger (Hrsg.), BauGB Kommentar, § 179 Rn. 35.

756 *Goldschmidt*, Das Rückbau- und Entsiegelungsgebot nach § 179 BauGB, UPR 2012, S. 50, 50; vgl. *Schröer*, Warum städtebauliche Gebote in der Praxis nichts bewirken,

3. *Sonstige Instrumente des besonderen Städtebaurechts*

Auch andere Instrumente des besonderen Städtebaurechts wirken sich positiv auf die Begrenzung der Flächeninanspruchnahme aus.

Mit städtebaulichen Sanierungsmaßnahmen[757] gemäß §§ 136 ff. BauGB können städtebauliche Missstände (§ 136 I i. V. m. II BauGB) in Form von Brachflächen (Industrie-, Gewerbe-, Post- oder Bahnbrachen sowie militärische Konversionsflächen)[758] behoben werden, indem sie einer neuen Bebauung zugeführt werden. Mit den Sanierungsmaßnahmen soll zusätzlich auf die Folgen der Bevölkerungsentwicklung (§ 136 IV 1 Nr. 3 BauGB) reagiert werden.[759] Sofern sich aufgrund rückläufiger Einwohnerzahlen der Flächenbedarf reduziert, sollen die nicht mehr benötigten Flächen zurückgebaut oder umgewidmet werden.[760] In Gebieten mit zusätzlichem Flächenbedarf sollen Verdichtungsmaßnahmen vorgenommen werden.[761] Die städtebaulichen Sanierungsmaßnahmen tragen daher zur Innenentwicklung bei und leisten indirekt einen Beitrag zur Reduktion der Flächeninanspruchnahme.[762]

Auch städtebauliche Entwicklungsmaßnahmen[763] nach §§ 165 ff. BauGB spielen hinsichtlich der Inanspruchnahme von Flächen eine Rolle. Mit diesen kann ein

---

NZBau 2007, S. 234, 236; *Thiel*, Städtebauliche Instrumente zur Reduzierung des Flächenverbrauchs unter besonderer Berücksichtigung der Problematik des Stadtumbaus, UFZ-Bericht 14/ 2004, S. 1, 173, 175; siehe auch: *Schrader*, Neue Instrumente des Bodenschutzes – von Altlasten zum Klimaschutz –, UPR 2008, S. 415, 416, der darauf hinweist, dass eine Entsiegelung faktisch nicht stattfindet.

757 Zu Städtebauliche Sanierungsmaßnahmen siehe ausführlich: *Fieseler*, Städtebauliche Sanierungsmaßnahmen, S. 1 ff.; *Friesecke*, Sanierungsmaßnahme – Eine planerische Antwort auf städtebauliche Missstände in: Spannowsky/Hofmeister (Hrsg.), Die Bewältigung städtebaulicher Missstände als Themengegenstand der Innenentwicklung, S. 29 ff.; *Waechter*, Städtebauliche Sanierung (§§ 136 ff. BauGB), DVBl 2013, S. 613, 613 ff.

758 *Krautzberger* in: Krautzberger (Hrsg.), BauGB Kommentar, § 136 Rn. 92; zu Brachflächen als städtebauliche Missstände siehe ausführlich: *Deichmöller*, Flächenrecycling als Instrument kommunaler Umwelt- und Standortpolitik, S. 291 ff.

759 *Krautzberger* in: Krautzberger (Hrsg.), BauGB Kommentar, § 136 Rn. 134; *Mitschang* in: Battis/Mitschang/Reidt (Hrsg.), BauGB Kommentar, § 136 Rn. 32.

760 *Krautzberger* in: Krautzberger (Hrsg.), BauGB Kommentar, § 136 Rn. 134; *Schmitz* in: Spannowsky/Uechtritz (Hrsg.), BauGB Kommentar, § 136 Rn. 60; vgl. *Mitschang* in: Battis/Mitschang/Reidt (Hrsg.), BauGB Kommentar, § 136 Rn. 12, 32.

761 *Krautzberger* in: Krautzberger (Hrsg.), BauGB Kommentar, § 136 Rn. 134; *Schmitz* in: Spannowsky/Uechtritz (Hrsg.), BauGB Kommentar, § 136 Rn. 60; vgl. *Mitschang* in: Battis/Mitschang/Reidt (Hrsg.), BauGB Kommentar, § 136 Rn. 12, 32.

762 *Deichmöller*, Flächenrecycling als Instrument kommunaler Umwelt- und Standortpolitik, S. 296; *Franz*, Freiraumschutz und Innenentwicklung, S. 219 f.

763 Zu städtebaulichen Entwicklungsmaßnahmen siehe ausführlich: *Ax*, Die städtebauliche Entwicklungsmaßnahme im Überblick, BauR 1996, S. 803, 803 ff.; *Busch*, Probleme der städtebaulichen Entwicklungsmaßnahme in: Erbguth/Oebbecke/Rengeling, et al. (Hrsg.), Planung: Festschrift für Werner Hoppe, S. 405 ff.;

Gebiet erstmalig entwickelt oder im Rahmen einer städtebaulichen Neuordnung einer neuen Entwicklung zugeführt werden (§ 165 II i. V. m. I BauGB).[764] Hierdurch werden land- oder forstwirtschaftliche Flächen, aber auch militärische Übungsplätze zu Siedlungsflächen entwickelt und der Bebauung zugeführt.[765] In § 165 III BauGB sind die Anforderungen an den städtebaulichen Entwicklungsbereich normiert. Die Wiedernutzung brachliegender Flächen kann durch eine städtebauliche Entwicklungsmaßnahme durchgeführt werden (§ 165 III 1 Nr. 2 BauGB), sodass eine solche Neuentwicklung als Innenentwicklungsmaßnahme kategorisiert wird.[766] Durch die Wiedernutzbarmachung werden die Flächen einer neuen Nutzung zugeführt und dadurch wird mittelbar die Flächeninanspruchnahme reduziert.[767] Mit der Entwicklungsmaßnahme kann den Eigentümern gesetzlich die Pflicht auferlegt werden, ihre Grundstücke entsprechend der Ziele und Zwecke der städtebaulichen Entwicklungsmaßnahme zu bebauen (vgl. § 166 III 2 Nr. 2 BauGB). Dadurch können Hortungen von Bauland und Baulücken verhindert werden.[768] Da hiermit Eingriffe in das Eigentum einhergehen, wird diese Maßnahme als „bodenrechtlich schärfstes

---

Degenhart, Möglichkeiten und Grenzen der städtebaulichen Entwicklungsmaßnahme neuen Rechts, DVBl 1994, S. 1041, 1041 ff.; *Flug/Thurow*, Vorbereitende Untersuchungen im besonderen Städtebaurecht – Entscheidungskriterien bei städtebaulichen Problemlagen –, UPR 2012, S. 86, 86 ff.; *Krautzberger*, Ziele und Voraussetzungen städtebaulicher Entwicklungsmaßnahmen, WiVerw 1993, S. 85, 85 ff.; *Stich*, Die Aufgaben der Gemeinden zur Durchführung förmlicher städtebaulicher Entwicklungsmaßnhamen, WiVerw 1993, S. 104, 104 ff.; *Thurow/Hochstadt/Terfehr et al.* in: Thurow/Hochstadt/Terfehr (Hrsg.), Städtebauliche Entwicklungsmaßnahmen, S. 1 ff.

764 Siehe auch: BVerwG, Beschl. v. 08.07.1998 – 4 BN 22/98 (NVwZ 1998, S. 1298, 1299).

765 *Runkel* in: Krautzberger (Hrsg.), BauGB Kommentar, § 165 Rn. 30; *Schmitz* in: Spannowsky/Uechtritz (Hrsg.), BauGB Kommentar, § 165 Rn. 10; vgl. *Mitschang* in: Battis/Mitschang/Reidt (Hrsg.), BauGB Kommentar, § 165 Rn. 10.

766 *Daldrup* in: Thurow/Hochstadt/Terfehr (Hrsg.), Städtebauliche Entwicklungsmaßnahmen, S. 3 f.; *Deichmöller*, Flächenrecycling als Instrument kommunaler Umwelt- und Standortpolitik, S. 300; *Flug/Thurow*, Vorbereitende Untersuchungen im besonderen Städtebaurecht – Entscheidungskriterien bei städtebaulichen Problemlagen –, UPR 2012, S. 86, 87; *Krautzberger*, Ziele und Voraussetzungen städtebaulicher Entwicklungsmaßnahmen, WiVerw 1993, S. 85, 96; *Runkel*, Städtebauliche Entwicklungsmaßnahmen nach dem Maßnahmegesetz zum Baugesetzbuch, ZfBR 1991, S. 91, 93.

767 *Daldrup* in: Thurow/Hochstadt/Terfehr (Hrsg.), Städtebauliche Entwicklungsmaßnahmen, S. 4 f.; *Deichmöller*, Flächenrecycling als Instrument kommunaler Umwelt- und Standortpolitik, S. 308; vgl. *Bunzel/Lunebach*, Die neue städtebauliche Entwicklungsmaßnahme – erste Erfahrungen aus der kommunalen Praxis, DÖV 1993, S. 649, 658; *Flug/Thurow*, Vorbereitende Untersuchungen im besonderen Städtebaurecht – Entscheidungskriterien bei städtebaulichen Problemlagen –, UPR 2012, S. 86, 90.

768 *Bunzel/Lunebach*, Die neue städtebauliche Entwicklungsmaßnahme – erste Erfahrungen aus der kommunalen Praxis, DÖV 1993, S. 649, 658; *Flug/Thurow*,

Schwert“[769] bezeichnet und ist ultima ratio für die Schaffung von Bauland.[770] Sofern mit der städtebaulichen Entwicklungsmaßnahme Flächen wiedernutzbar gemacht und nicht bislang land- oder forstwirtschaftliche Flächen der Bebauung zugeführt werden, handelt es sich daher um Maßnahmen, die zur Innenentwicklung und damit zur Reduktion der Flächeninanspruchnahme beitragen.

Auch der Stadtumbau ist von Bedeutung. Ziele und Aufgaben des Stadtumbaus[771] gemäß §§ 171a-d BauGB werden in § 171a III 2 BauGB beispielhaft aufgezählt. Dabei wird unter anderem normiert, dass durch die Stadtumbaumaßnahmen die Siedlungsstruktur der aktuellen Bevölkerungsentwicklung angepasst (Nr. 1), die Umwelt verbessert (Nr. 2), die innerstädtischen Bereiche gestärkt (Nr. 3), die nicht mehr bedarfsgerechten baulichen Anlagen einer neuen Nutzung zugeführt (Nr. 4), die einer anderen Nutzung nicht zuführbare bauliche Anlage zurückgebaut (Nr. 5)[772] sowie brachliegende oder freigelegte Flächen einer nachhaltigen Entwicklung oder einer mit dieser verträglichen Zwischennutzung zugeführt (Nr. 6) werden sollen. Der Stadtumbau bietet somit nicht nur die Möglichkeit klimatisch oder ökologisch wertvolle Flächen zu renaturieren und dadurch zusätzliche Freiflächen zu schaffen.[773] Vielmehr können auch Brachflächen revitalisiert[774] und Industrie- oder

---

Vorbereitende Untersuchungen im besonderen Städtebaurecht – Entscheidungskriterien bei städtebaulichen Problemlagen –, UPR 2012, S. 86, 89.

769 OVG Berlin-Brandenburg, Urt. v. 28.11.1997 – 2 A 7.94 (BeckRS 1998, 21079); *Deichmöller*, Flächenrecycling als Instrument kommunaler Umwelt- und Standortpolitik, S. 301; *Flug/Thurow*, Vorbereitende Untersuchungen im besonderen Städtebaurecht – Entscheidungskriterien bei städtebaulichen Problemlagen –, UPR 2012, S. 86, 87; *Runkel*, Städtebauliche Entwicklungsmaßnahmen nach dem Maßnahmegesetz zum Baugesetzbuch, ZfBR 1991, S. 91, 93.

770 Bayerischer VGH, Urt. v. 23.10.1995 – 15 N 94.1693 (BayVBl 1996, S. 271, 277); vgl. VGH Baden-Württemberg, Urt. v. 12.09.1994 – 8 S 3002/93 (VBlBW 1995, S. 397); *Ax*, Die städtebauliche Entwicklungsmaßnahme im Überblick, BauR 1996, S. 803, 805; *Degenhart*, Möglichkeiten und Grenzen der städtebaulichen Entwicklungsmaßnahme neuen Rechts, DVBl 1994, S. 1041, 1043; *Schlichter/Roeser* in: Schlichter/Stich/Driehaus, et al. (Hrsg.), BauGB Kommentar, § 165 Rn. 18; *Schmitz* in: Spannowsky/Uechtritz (Hrsg.), BauGB Kommentar, § 165 Rn. 13.

771 Zum Stadtausbau siehe ausführlich: *Goldschmidt/Taubenek*, Stadtumbau, S. 1 ff.

772 Der Abriss vorhandener Bausubstanz soll aus städtebaulicher Sicht ultima ratio sein: *Mitschang* in: Spannowsky/Uechtritz (Hrsg.), BauGB Kommentar, § 171a Rn. 20; *Roeser* in: Schlichter/Stich/Driehaus, et al. (Hrsg.), BauGB Kommentar, § 171a Rn. 19; so auch: *Schmidt-Eichstaedt* in: Bank/Korbmacher/Dürr (Hrsg.), BauGB Kommentar, § 171a Rn. 18, der darauf hinweist, dass der Rückbau in der Praxis allerdings an erster Stelle steht.

773 *Mitschang/Roeper*, Stadtumbau auf Gewerbe- und Industriearealen – Gibt es Typologien?, ZfBR 2011, S. 10, 15, 24.

774 Zusätzlicher Vorteil: *Deutscher Bundestag*, Drucksache 17/6076, S. 11: „Die Entwicklung brachliegender und freigelegter Flächen bietet ein großes Potenzial für eine klimagerechte Stadtentwicklung, da mit ihr ohne zusätzliche

Gewerbegebiete wiedernutzbar gemacht werden,[775] was sich ebenfalls mittelbar positiv auf den Freiraumschutz auswirkt.[776]

Durch das Pflanzgebot gemäß § 178 BauGB kann die Gemeinde den Eigentümer verpflichten, sein Grundstück entsprechend der nach § 9 I Nr. 25 BauGB getroffenen Festsetzungen des Bebauungsplans zu bepflanzen. Da die bepflanzten Flächen keiner Bebauung zugeführt werden können, ist diese Norm ebenfalls mittelbar quantitativ bodenschützend.

4. *Bewertung des besonderen Städtebaurechts*

Die Untersuchung des besonderen Städtebaurechts zeigt, dass dieses positiven Einfluss auf die Begrenzung der Flächeninanspruchnahme nehmen kann. Die einzelnen, von der Gemeinde durchzusetzenden, Maßnahmen beinhalten zwar keine ausdrücklichen Vorgaben hinsichtlich des quantitativen Bodenschutzes, ermöglichen aber mittelbar einen Beitrag zum Freiraumschutz. Durch den Einsatz dieser Instrumente können vor allem brachliegende, nicht oder minder genutzte Flächen einer neuen Nutzung zugeführt werden. Dies treibt die Innenentwicklung voran und stillt einen Teil des Flächenbedarfs innerhalb des bereits bestehenden Siedlungsgebiets. Daraus resultiert, dass weniger bislang freie naturnahe Flächen für Siedlungs- und Verkehrszwecke in Anspruch genommen werden müssen. Problematisch ist allerdings, dass die Maßnahmen zum Teil gravierende Einschnitte in das Eigentum mit sich bringen. Dies ist wohl auch der Grund dafür, dass die Instrumente bislang in der Praxis kaum angewandt werden. Daher können diese Maßnahmen zwar in der Theorie, aber kaum in der Praxis, einen Beitrag zum quantitativen Bodenschutz leisten.

Flächeninanspruchnahme z. B. klimatisch sinnvolle bauliche Nutzungen (einschließlich Anlagen zur Erzeugung erneuerbarer Energien) oder auch ökologisch und für das Stadtklima wertvolle Grünflächen (z. B. als Frischluftschneisen) geschaffen werden können."

775 *Baumgart*, Stadtumbau – Eine Alternative zur städtebaulichen Sanierung? in: Spannowsky/Hofmeister (Hrsg.), Die Bewältigung städtebaulicher Missstände als Themengegenstand der Innenentwicklung, S. 55, 59; *Mitschang/Roeper*, Stadtumbau auf Gewerbe- und Industriearealen – Gibt es Typologien?, ZfBR 2011, S. 10, 24.

776 *Baumgart*, Stadtumbau – Eine Alternative zur städtebaulichen Sanierung? , S. 55, 59; *Mitschang/Roeper*, Stadtumbau auf Gewerbe- und Industriearealen – Gibt es Typologien?, ZfBR 2011, S. 10, 24; *Thiel*, Städtebauliche Instrumente zur Reduzierung des Flächenverbrauchs unter besonderer Berücksichtigung der Problematik des Stadtumbaus, UFZ-Bericht 14/ 2004, S. 1, 143; vgl. *Krautzberger* in: Krautzberger (Hrsg.), BauGB Kommentar, § 171a Rn. 35.

XIV. Baulandkataster gemäß § 200 III BauGB

§ 200 III BauGB ermöglicht die Errichtung eines Baulandkatasters.[777] Danach kann die Gemeinde sofort oder in absehbarer Zeit bebaubare Flächen in einem Baulandkataster erfassen. Ob die Gemeinden ein solches Kataster erstellen möchte, steht in ihrem Ermessen.[778] Weder aus dieser Norm noch aus § 1 V 3 BauGB und § 1a II BauGB ergibt sich eine solche Verpflichtung.[779] Zur Erfüllung der Anforderung an die Bebaubarkeit in absehbarer Zeit ist ein entsprechendes Bebauungsplanverfahren notwendig; die Darstellung als Baufläche im Flächennutzungsplan ist nicht ausreichend.[780] Außenbereichsflächen können nicht in einem Baulandkataster aufgenommen werden, selbst dann nicht, wenn privilegierte Vorhaben darauf zugelassen wurden.[781] Die Aufnahme eines Grundstücks in den Baulandkataster hat keine rechtliche Bedeutung, insbesondere wird dadurch keine Baulandeigenschaft vermittelt.[782] Die Regelung verfolgt lediglich den Zweck, den Baulandmarkt transparent zu machen,[783] indem Baulücken sowie nicht bzw. minder genutzte Flächen öffentlich kenntlich gemacht werden, die anschließend bei einer Entscheidung hinsichtlich der Nutzung als Bauland als Alternative zur Neuinanspruchnahme von Flächen in

---

777 Zu der datenschutzrechtlichen Lage siehe: *Klindt*, Baulandkataster und Datenschutz, BauR 2000, S. 15, 19 ff.

778 *Battis* in: Battis/Mitschang/Reidt (Hrsg.), BauGB Kommentar, § 200 Rn. 8; *Hofherr* in: Schlichter/Stich/Driehaus, et al. (Hrsg.), BauGB Kommentar, § 200 Rn. 22; *Vogel* in: Bank/Korbmacher/Dürr (Hrsg.), BauGB Kommentar, § 200 Rn. 17.

779 *Battis* in: Battis/Mitschang/Reidt (Hrsg.), BauGB Kommentar, § 200 Rn. 8; andere Ansicht: *Köck*, welcher der Ansicht ist, dass § 200 III BauGB gerade nicht ein bloßes Angebot beinhalte, sondern eine Pflicht aus *§ 1*a II BauGB darstelle, zitiert nach *Szczekalla*, Reduzierung der Flächeninanspruchnahme durch lokale und regionale Flächenressourcenbewirtschaftung. Rechtliche und institutionelle Rahmenbedingungen, DVBl 2005, S. 354, 356.

780 *Dirnberger* in: Jäde/Dirnberger/Weiß (Hrsg.), BauGB BauNVO Kommentar, § 200 BauGB Rn. 11; *Grziwotz* in: Spannowsky/Uechtritz (Hrsg.), BauGB Kommentar, § 200 Rn. 9; *Kalb/Külpmann* in: Krautzberger (Hrsg.), BauGB Kommentar, § 200 Rn. 33.

781 *Battis* in: Battis/Mitschang/Reidt (Hrsg.), BauGB Kommentar, § 200 Rn. 8; *Grziwotz* in: Spannowsky/Uechtritz (Hrsg.), BauGB Kommentar, § 200 Rn. 9; *Kalb/Külpmann* in: Krautzberger (Hrsg.), BauGB Kommentar, § 200 Rn. 33.

782 *Battis* in: Battis/Mitschang/Reidt (Hrsg.), BauGB Kommentar, § 200 Rn. 8; *Grziwotz* in: Spannowsky/Uechtritz (Hrsg.), BauGB Kommentar, § 200 Rn. 8; *Hofherr* in: Schlichter/Stich/Driehaus, et al. (Hrsg.), BauGB Kommentar, § 200 Rn. 23; *Kalb/Külpmann* in: Krautzberger (Hrsg.), BauGB Kommentar, § 200 Rn. 38; *Klindt*, Baulandkataster und Datenschutz, BauR 2000, S. 15, 18.

783 *Battis* in: Battis/Mitschang/Reidt (Hrsg.), BauGB Kommentar, § 200 Rn. 8; *Deichmöller*, Flächenrecycling als Instrument kommunaler Umwelt- und Standortpolitik, S. 309, *Deutscher Bundestag*, Drucksache 13/7589, S. 30; vgl. *Schwarz*, Der Beitrag informeller Konzepte zum Bodenschutz in der Bauleitplanung, UPR 2013, S. 408, 412.

Betracht gezogen werden können.[784] Das Baulandkataster kann daher einen Beitrag dazu leisten, dass nicht genutzte Flächen einer Nutzung zugeführt werden.[785] Doch ist hierbei problematisch, dass das Angebot der Baulandkataster in der Praxis noch nicht ausreichend genutzt wird.[786]

XV. Zusammenfassung und Bewertung des Bauplanungsrechts

Die Untersuchung des Bauplanungsrechts zeigt, dass der Schutz des Bodens und die Begrenzung der Flächeninanspruchnahme an vielen Stellen Beachtung finden.

Die Auswirkungen auf den Boden werden in der Umweltprüfung nach § 2 IV BauGB untersucht. In Flächennutzungs- und Bebauungsplänen können direkt oder indirekt bodenschützende Darstellungs- und Festsetzungsmöglichkeiten gemäß §§ 5, 9 BauGB festgelegt werden und der Bodenschutz sowie die vorrangige Ausnutzung der Innenentwicklungspotenziale sind in der bauleitplanerischen Abwägung (§ 1 V-VII BauGB) zu berücksichtigen. Zudem beinhaltet das BauGB Rückbau- und Entsiegelungspflichten (§ 35 V 2 BauGB, § 179 BauGB), die einer unnötigen Flächeninanspruchnahme entgegenwirken und neue Freiflächen schaffen. Auch wenn die Eingriffsregelung nach § 1a III BauGB die Inanspruchnahme von Flächen nicht verhindern kann, so wirkt sie sich mittelbar positiv aus, da dadurch Eingriffe in die Natur und Landschaft ausgeglichen werden müssen. Ausgleichsflächen sind zudem von der baulichen Nutzung freizuhalten. Außerdem stellt der Bebauungsplan der Innenentwicklung ein Verfahren dar, welches hinsichtlich der Begrenzung der Flächeninanspruchnahme im Außenbereich von Vorteil ist. Durch § 13a BauGB können Innenentwicklungspotenziale vereinfacht ausgeschöpft werden. Dadurch kann Flächenbedarf innerhalb des bestehenden Siedlungsbereichs befriedigt werden und es wird weniger Fläche im Außenbereich benötigt. Eine ähnliche Wirkung haben auch einige Instrumente des besonderen Städtebaurechts, da durch diese etwa Nachverdichtungen vorgenommen, aber auch Brachflächen einer Nutzung

784 *Deutscher Bundestag*, Drucksache 17/6502, S. 4; *Deutscher Bundestag*, Drucksache 17/10846, S. 4.

785 *Deichmöller*, Flächenrecycling als Instrument kommunaler Umwelt- und Standortpolitik, S. 309; *Franz*, Freiraumschutz und Innenentwicklung, S. 228; *Kalb/Külpmann* in: Krautzberger (Hrsg.), BauGB Kommentar, § 200 Rn. 38; *Schwarz*, Der Beitrag informeller Konzepte zum Bodenschutz in der Bauleitplanung, UPR 2013, S. 408, 414; *Thiel*, Städtebauliche Instrumente zur Reduzierung des Flächenverbrauchs unter besonderer Berücksichtigung der Problematik des Stadtumbaus, UFZ-Bericht 14/ 2004, S. 1, 210; vgl. *Vogel* in: Bank/Korbmacher/Dürr (Hrsg.), BauGB Kommentar, § 200 Rn. 17.

786 Vgl. *Schmidt-Eichstaedt:* Das „Angebot" des Baulandkatasters nach *§ 200 III* BauGB werde derzeit allerdings noch zu wenig angenommen zitiert nach *Szczekalla*, Reduzierung der Flächeninanspruchnahme durch lokale und regionale Flächenressourcenbewirtschaftung. Rechtliche und institutionelle Rahmenbedingungen, DVBl 2005, S. 354, 356; vgl. aber *Austermann*, Brachflächenreaktivierung, S. 219, der darauf hinweist, dass immer mehr Gemeinden einen solchen führen.

zugeführt werden. Durch Baulandkataster nach § 200 III BauGB können die vorhandenen Innenentwicklungspotenziale kenntlich gemacht werden.

Allerdings haben die Normen des BauGB, die sich ausdrücklich der Begrenzung der Flächeninanspruchnahme widmen, nur wenig Erfolg. Hierzu zählt insbesondere § 1a II BauGB. Weder die Bodenschutz- noch die Umwidmungssperrklausel zwingen die Gemeinden dazu, weniger Flächen in Anspruch zu nehmen. Dadurch, dass es sich bei diesen lediglich um „normale" Abwägungsbelange handelt, müssen sich die Gemeinden nur mit der Thematik auseinandersetzen und ihre Entscheidung begründen. Der eigentliche Zweck dieser Norm kann nicht erreicht werden. Auch § 35 BauGB, welcher die größtmögliche Schonung des Außenbereichs anstrebt, kann die Inanspruchnahme von Flächen außerhalb des Siedlungsbereichs nicht wirksam verhindern. Aufgrund der großen Anzahl an privilegierten und begünstigten Vorhaben und den Außenbereichssatzungen wird der Außenbereich vermehrt für bauliche Nutzungen beansprucht und Zersiedelungen werden legalisiert. Kritisch zu bewerten ist zudem, dass mit Entwicklungs- und Ergänzungssatzungen nach § 34 IV 1 Nr. 2 und 3 BauGB Außenbereichsflächen in den Innenbereich einbezogen werden und diese Flächen dadurch vereinfacht bebaut werden können.

Somit weist das Bauplanungsrecht Schwächen für einen konsequenten Schutz der bislang freien Flächen auf. Zwar sind im BauGB zahlreiche Normen enthalten, die die Gemeinden nutzen können, um den Boden vor einer Inanspruchnahme zu schützen. Die Ausschöpfung dieser Möglichkeiten steht jedoch im Ermessen der jeweiligen Gemeinde. Sie sind nicht verpflichtet davon Gebrauch zu machen.

Problematisch ist zusätzlich, dass im BauGB Regelungen fehlen, die bislang unbebaute Flächen effektiv vor Bebauung schützen und dass darin gleichzeitig zu viele Vorschriften enthalten sind, die einem konsequenten Außenbereichsschutz entgegenstehen. Dies setzt falsche Zeichen und stellt hinsichtlich der Begrenzung der Flächeninanspruchnahme ein deutliches Hindernis dar.

Insgesamt betrachtet fehlt es somit an bauleitplanerischen Normen, die Gemeinden dazu zwingen, die Flächeninanspruchnahme in ihrem Gemeindegebiet zu reduzieren. Die kommunale Planungshoheit wird durch das Planungsrecht nicht zugunsten des quantitativen Bodenschutzes eingeschränkt. Das Bauplanungsrecht kann die Flächeninanspruchnahme daher mangels verbindlicher Regelungen nicht effektiv begrenzen.

E. Baunutzungsverordnung

Die Baunutzungsverordnung (BauNVO) regelt unter anderem das Maß der baulichen Nutzung (§§ 16 ff. BauNVO), welches für die Inanspruchnahme von Flächen von großer Bedeutung ist. Dadurch werden die Größe von Bauvorhaben und vor allem die Bebauungsdichte innerhalb der Baugebiete reguliert. Das Maß der baulichen Nutzung wird durch sog. Maßbestimmungsfaktoren festgelegt. Hierbei wird zwischen absoluten Maßzahlen (Grundfläche, Geschossfläche, Baumasse, Zahl der Vollgeschosse, Höhe der baulichen Anlage) und Verhältniszahlen, die sich auf die

Größe der Grundstücksfläche beziehen (Grundflächenzahl, Geschossflächenzahl, Baumassenzahl) unterschieden.

I. Bestimmung des Maßes der baulichen Nutzung gemäß § 16 BauNVO

§ 16 BauNVO ist die „Ausgangsnorm" für das Maß der baulichen Nutzung. Das allgemeine Maß der baulichen Nutzung kann im Flächennutzungsplan für Bauflächen und Baugebiete gemäß § 5 II Nr. 1 BauGB dargestellt und im Bebauungsplan gemäß § 9 I Nr. 1 BauGB festgesetzt werden. § 16 I und II BauNVO ergänzen diese Regelungen dahingehend, dass sie die jeweiligen Maßbestimmungsfaktoren für den Flächennutzungsplan und für den Bebauungsplan normieren. Für den quantitativen Bodenschutz sind insbesondere § 16 III und IV BauGB von Bedeutung.

1. Mindestfestsetzungen gemäß § 16 III BauNVO

Die Gemeinde kann grundsätzlich frei wählen, welche der in § 16 I und II BauNVO aufgelisteten Maßbestimmungsfaktoren sie nutzt.[787] Abweichend von dieser Entscheidungsmöglichkeit enthält § 16 III BauNVO Mindestfestsetzungen für Bebauungspläne. Nach § 16 III Nr. 1 BauNVO sind die Grundflächenzahl oder die Größe der Grundflächen der baulichen Anlage festzusetzen. Durch diese Verpflichtung soll einer geordneten städtebaulichen Entwicklung im Allgemeinen Rechnung getragen werden und vor allem der Boden vor übermäßiger Versiegelung geschützt werden.[788]

2. Festsetzungen von Höchst- und Mindestmaßen gemäß § 16 IV BauNVO

Bei den Festsetzungen des Maßes der baulichen Nutzung, die in § 17 BauNVO normiert sind, handelt es sich grundsätzlich um Höchstmaße, d. h. diese dürfen auch unterschritten werden.[789] § 16 IV 1 BauNVO sieht allerdings auch die Möglichkeit vor, Mindestmaße festzulegen. Danach kann bei Festsetzungen des Höchstmaßes für die Geschossflächenzahl oder die Größe der Geschossfläche, für die Zahl der Vollgeschosse und die Höhe baulicher Anlagen im Bebauungsplan zugleich ein Mindestmaß festgesetzt werden. Die Mindestmaße können nicht isoliert, sondern

---

787 *Hartmann* in: Bönker/Bischopink (Hrsg.), BauNVO Kommentar, § 16 Rn. 20.

788 *Aschke* in: Ferner/Kröninger/Aschke (Hrsg.), BauGB mit BauNVO Handkommentar, § 16 BauNVO Rn. 11; *Deutscher Bundesrat*, Drucksache 354/89, S. 62; *Hartmann* in: Bönker/Bischopink (Hrsg.), BauNVO Kommentar, § 16 Rn. 21; *König* in: König/Roeser/Stock (Hrsg.), BauNVO Kommentar, § 16 Rn. 26; *Weiß* in: Jäde/Dirnberger/Weiß (Hrsg.), BauGB BauNVO Kommentar, § 16 BauNVO Rn. 9.

789 VG Koblenz, Urt. v. 24.05.2007 – K 1002/06.KO (juris Rn. 22); *Hartmann* in: Bönker/Bischopink (Hrsg.), BauNVO Kommentar, § 16 Rn. 37; *Thoma/Gerlach* in: Rixner/Biedermann/Stegner (Hrsg.), Kommentar BauGB/BauNVO, § 16 BauNVO Rn. 17.

nur in Kombination mit den jeweiligen Höchstmaßen festgesetzt werden.[790] Durch die Festlegung einer Mindestgeschossfläche oder Mindestgeschossflächenzahl soll eine flächensparende Bauweise gewährleistet werden[791] und zur Vermeidung von Neuausweisungen von Bauland beitragen.[792] Die Möglichkeit Mindestmaße festzulegen, wird allerdings nicht häufig genutzt.[793]

3. Bewertung des § 16 BauNVO

Sowohl § 16 III BauNVO als auch § 16 IV BauNVO verfolgen Ziele des quantitativen Bodenschutzes. Mit § 16 III BauNVO wird bezweckt, dass möglichst wenig Boden versiegelt wird. § 16 IV BauNVO möchte hingegen erreichen, dass ein Grundstück weitgehend genutzt und dadurch die Flächeninanspruchnahme außerhalb des bestehenden Siedlungsgebiets verhindert wird.

II. Obergrenzen des Maßes der baulichen Nutzung gemäß § 17 BauNVO

§ 17 BauNVO regelt die Obergrenzen für das Maß der baulichen Nutzung in den einzelnen Baugebieten. Dadurch wird die Bebauungsdichte festgelegt, die für die Flächeninanspruchnahme von Bedeutung ist.

---

790 *Aschke* in: Ferner/Kröninger/Aschke (Hrsg.), BauGB mit BauNVO Handkommentar, § 16 BauNVO Rn. 13; *Hartmann* in: Bönker/Bischopink (Hrsg.), BauNVO Kommentar, § 16 Rn. 37.

791 *Aschke* in: Ferner/Kröninger/Aschke (Hrsg.), BauGB mit BauNVO Handkommentar, § 16 BauNVO Rn. 13; *Deutscher Bundesrat*, Drucksache 354/89, S. 62; *Thoma/Gerlach* in: Rixner/Biedermann/Stegner (Hrsg.), Kommentar BauGB/BauNVO, § 16 BauNVO Rn. 17; *Weiß* in: Jäde/Dirnberger/Weiß (Hrsg.), BauGB BauNVO Kommentar, § 16 BauNVO Rn. 10.

792 Determann/Stühler (Hrsg.), Fickert/Fieseler (Begr.), Baunutzungsverordnung Kommentar unter besonderer Berücksichtigung des deutschen und gemeinschaftlichen Umweltschutzes, § 16 Rn. 50; *Deutscher Bundesrat*, Drucksache 354/89, S. 62 f.; *Hutter/Westphal/Siedentop, et al.*, Handlungsansätze zur Berücksichtigung der Umwelt-, Aufenthalts- und Lebensqualität im Rahmen der Innenentwicklung von Städten und Gemeinden – Fallstudien, UBA-Forschungsbericht 000618/ 2004, S. 1, 28.

793 *Thiel*, Städtebauliche Instrumente zur Reduzierung des Flächenverbrauchs unter besonderer Berücksichtigung der Problematik des Stadtumbaus, UFZ-Bericht 14/ 2004, S. 1, 56; Auch im Allgemeinen wird das festgesetzte Maß der baulichen Nutzung wird in der Praxis häufig nicht ausgenutzt. Siehe dazu: Determann/Stühler (Hrsg.), BauNVO Kommentar, § 16 Rn. 50; Geplante Dichte bei Wohnungsneubauten waren nach einer Umfrage bei durchschnittlich 27, in kleinen Gemeinden sogar bei 20 Wohneinheiten je Hektar Bruttowohnbauland (*BBR*, Bauland- und Immobilienmärkte Ausgabe 2004, S. 47), was einer gering verdichteten Ein- und Zweifamilienhausbauweise mit einer Geschossflächenzahl von maximal 0,4 entspricht (*Siedentop/Kausch/Guth, et al.*, Mobilität im suburbanen Raum, S. 29).

1. *Obergrenzen des § 17 BauNVO*

Die in § 17 I BauNVO geregelten Obergrenzen gelten ausschließlich für die planende Gemeinde, der Bauherr ist lediglich an die Vorgaben des Bebauungsplans und nicht an die des § 17 BauNVO gebunden.[794] Die Obergrenzen des § 17 BauNVO wurden im Laufe der Jahre schrittweise erhöht.[795] Dadurch sollte die Verdichtung erhöht werden, um unter anderem auch die Flächeninanspruchnahme zu reduzieren.[796] Bei den festgelegten Werten handelt es sich um Grenzwerte, d. h. die planende Gemeinde ist nicht verpflichtet diese Obergrenzen ausnutzen.[797] Als Maßbestimmungsfaktoren für die Obergrenzen werden in § 17 BauNVO die Grundflächenzahl, die Geschossflächenzahl und die Baumassenzahl festgelegt.

a) Grundflächenzahl gemäß § 19 BauNVO

Gemäß § 19 I BauNVO gibt die Grundflächenzahl an, wie viel Quadratmeter Grundfläche je Quadratmeter Grundstücksfläche (siehe dazu § 19 III BauNVO) zulässig sind. Zulässige Grundfläche ist dabei der Anteil des Baugrundstücks, der von baulichen Anlagen überdeckt werden darf (§ 19 II BauNVO). Gemäß § 19 IV 1 BauNVO sind bei der Ermittlung der Grundfläche die Grundflächen von Garagen und Stellplätzen mit Zufahrten, Nebenanlagen nach § 14 BauNVO sowie bauliche Anlagen unterhalb der Geländeoberfläche, durch die das Baugrundstück lediglich unterbaut wird, mitzurechnen.[798] Unter bestimmten Voraussetzungen darf die zulässige

---

794 OVG Saarland, Urt. v. 12.03.2009 – 2 C 312/08 (BeckRS 2009, 32547); *Aschke* in: Ferner/Kröninger/Aschke (Hrsg.), BauGB mit BauNVO Handkommentar, § 17 BauNVO Rn. 1; *König* in: König/Roeser/Stock (Hrsg.), BauNVO Kommentar, § 17 Rn. 2; vgl. *Schilder* in: Bönker/Bischopink (Hrsg.), BauNVO Kommentar, § 17 Rn. 1.

795 Siehe dazu ausführlich: *Gassner/Groth*, Wohnen in großen Städten – Konfliktbewältigung im Planungs- und Immissionsschutzrecht in: Kirchhof/Peatow/Uechtritz (Hrsg.), Umwelt und Planung – Anwalt im Dienst von Rechtsstaat und Demokratie: Festschrift für Klaus-Peter Dolde, S. 433, 448 f.

796 *Mitschang*, Die Bedeutung der Baunutzungsverordnung für die Innenentwicklung der Städte und Gemeinden, ZfBR 2009, S. 10, 15; Determann/Stühler (Hrsg.), BauNVO Kommentar, § 17 Rn. 10; vgl. Boeddinghaus/Grigoleit (Hrsg.), BauNVO – Baunutzungsverordnung Kommentar, § 17 Rn. 2, 5; *Weiß* in: Jäde/Dirnberger/Weiß (Hrsg.), BauGB BauNVO Kommentar, § 17 BauNVO Rn. 2.

797 *Mitschang*, § 17 BauNVO – Städtebauliche Dichte und Innenentwicklung, UPR 2014, S. 248, 249; *Schilder* in: Bönker/Bischopink (Hrsg.), BauNVO Kommentar, § 17 Rn. 6; *Thoma/Spilsbury* in: Rixner/Biedermann/Stegner (Hrsg.), Kommentar BauGB/BauNVO, § 17 BauNVO Rn. 4.

798 Um einen möglichst weitreichenden Bodenschutz zu erreichen (*Deutscher Bundesrat*, Drucksache 354/89, S. 35 f.) kam es durch die BauNVO Novelle 1990 zu einer Umkehr der früheren Fassungen der Norm. Nach den vorherigen Fassungen des § 19 IV BauNVO (1962/1968/1977) mussten diese Flächen gerade nicht angerechnet werden. Erst seit dieser Änderung besteht die Anrechnungspflicht gemäß § 19 IV 1 BauNVO. Folglich sind sämtliche bauliche Anlagen, die durch Versiegelungen

Grundfläche durch die in § 19 IV 1 BauNVO genannten Anlagen überschritten werden (siehe dazu § 19 IV 2, 3 BauNVO).

b) Geschossflächenzahl gemäß § 20 BauNVO

Die Geschossflächenzahl gibt an, wie viel Quadratmeter Geschossfläche je Quadratmeter Grundstücksfläche im Sinne des § 19 III BauNVO zulässig sind (§ 20 II BauNVO). Die Geschossfläche wird nach den Außenmaßen der Gebäude in allen Vollgeschossen ermittelt (§ 20 III 1 BauNVO). Nebenanlagen nach § 14 BauNVO, Loggien, Terrassen und sonstige bauliche Anlagen, die nach Landesrecht in den Abstandsflächen zulässig sind oder zugelassen werden können, bleiben gemäß § 20 IV BauNVO unberücksichtigt.

c) Baumassenzahl gemäß § 21 BauNVO

Die Baumassenzahl gibt an, wie viel Kubikmeter Baumasse je Quadratmeter Grundstücksfläche im Sinne des § 19 III zulässig sind (§ 21 I BauNVO).

2. Überschreitung der Obergrenzen gemäß § 17 II BauNVO

Gemäß § 17 II 1 BauNVO können die Obergrenzen aus städtebaulichen Gründen überschritten werden. Ob und in welchem Umfang die Gemeinde die Überschreitung nach § 17 II 1 BauNVO nutzen möchte, steht in ihrem Ermessen.[799] Die Voraussetzungen wurden in den 1990er-Jahren dahingehend erhöht, dass besondere Gründe für die Überschreitung erforderlich sein mussten.[800] Durch die Innenentwicklungsnovelle 2013 wurden die Voraussetzungen jedoch wieder erheblich erleichtert, um den Gemeinden mehr Spielraum für die Innenentwicklung zu gewährleisten.[801] Nach der alten Regelung waren städtebauliche Standardsituationen als Überschreitungsgrund ausgeschlossen.[802] Nach der jetzigen Fassung sind städtebauliche Gründe ausreichend, sodass das Bestreben der Nachverdichtung oder der Vorrang der Innen- vor Außenentwicklung zu einer Überschreitung der

---

zu Beeinträchtigungen der Bodenfunktionen in die Berechnung einzubeziehen, unabhängig davon, ob sie Haupt- oder Nebenanlage sind.

799 *Schilder* in: Bönker/Bischopink (Hrsg.), BauNVO Kommentar, § 17 Rn. 12.

800 § 17 II Nr. 1 BauNVO in der Fassung von 1990: „Die Obergrenzen des Absatzes 1 können überschritten werden, wenn 1. besondere städtebauliche Gründe dies erfordern, [...]".

801 *Deutscher Bundestag*, Drucksache 17/11468, S. 19.

802 BVerwGE 112, 41, 47; VGH Baden-Württemberg, Beschl. v. 10.12.1997 – 3 S 2023/97 (BauR 1998, S. 977); OVG Nordrhein-Westfalen, Urt. v. 05.10.2000 – 7a D 47/99.NE (BauR 2001, S. 902, 903); *König* in: König/Roeser/Stock (Hrsg.), BauNVO Kommentar, § 17 Rn. 24; *Thoma/Spilsbury* in: Rixner/Biedermann/Stegner (Hrsg.), Kommentar BauGB/BauNVO, § 17 BauNVO Rn. 9.

Obergrenzen berechtigen.[803] § 17 II 1 BauNVO[804] sieht vor, dass die Überschreitung durch Umstände ausgeglichen sein oder durch Maßnahmen ausgeglichen werden muss, die sicherstellen, dass die allgemeinen Anforderungen an gesunde Wohn- und Arbeitsverhältnisse nicht beeinträchtigt und nachteilige Auswirkungen auf die Umwelt vermieden werden. Eine Überschreitung der Obergrenzen führt jedoch nicht automatisch zu ungesunden Wohn- und Arbeitsverhältnissen.[805] Vielmehr muss im Einzelfall entschieden werden, welche Überschreitung in der konkreten Situation tragbar ist.[806] Eine Ausgleichsmöglichkeit ist beispielsweise die Freihaltung einer Grünfläche in der Nachbarschaft.[807] Dadurch werden einerseits den Anforderungen an gesunde Wohn- und Arbeitsverhältnisse Rechnung getragen[808] und andererseits die durch die Überschreitung zusätzliche Bodenversiegelungen ausgeglichen.[809]

3. *Bewertung des § 17 BauNVO*

§ 17 I BauNVO setzt somit Obergrenzen für das Maß der baulichen Nutzung in den jeweiligen Baugebieten fest. Von diesen kann gemäß § 17 II 1 BauNVO abgewichen werden, wenn die Gemeinde beispielsweise die Innenentwicklung durch Nachverdichtung vorantreiben möchte. Durch die Festlegung der Obergrenzen wird einerseits der Zweck verfolgt, die Bebauungsdichte zur Gewährleistung von

---

803 *Reidt* in: Bracher/Reidt/Schiller (Hrsg.), Bauplanungsrecht, S. 280; *Schilder* in: Bönker/Bischopink (Hrsg.), BauNVO Kommentar, § 17 Rn. 13; Söfker in: Krautzberger (Hrsg.), BauGB Kommentar, § 17 BauNVO Rn. 22a; *Thoma/Spilsbury* in: Rixner/Biedermann/Stegner (Hrsg.), Kommentar BauGB/BauNVO, § 17 BauNVO Rn. 10; vgl. *Weiß* in: Jäde/Dirnberger/Weiß (Hrsg.), BauGB BauNVO Kommentar, § 17 BauNVO Rn. 10 weist darauf hin, dass „in den in Betracht kommenden Fällen den Erfordernissen der Innenentwicklung und den unterschiedlichen städtebaulichen Situationen besser Rechnung getragen werden kann"; andere Ansicht: *Aschke* in: Ferner/Kröninger/Aschke (Hrsg.), BauGB mit BauNVO Handkommentar, § 17 BauNVO Rn. 11; *Mitschang*, § 17 BauNVO – Städtebauliche Dichte und Innenentwicklung, UPR 2014, S. 248, 251.

804 Auch dies stellt eine Erleichterung im Vergleich zu § 17 II BauNVO 1990 dar, da die alte Fassung zusätzlich vorsah, dass die Bedürfnisse des Verkehrs befriedigt werden müssen und sonstige öffentliche Belange nicht entgegenstehen dürfen.

805 BVerwGE 116, 296, 305; *Deutscher Bundestag*, Drucksache 17/11468, S. 19; *König* in: König/Roeser/Stock (Hrsg.), BauNVO Kommentar, § 17 Rn. 26; *Mitschang*, § 17 BauNVO – Städtebauliche Dichte und Innenentwicklung, UPR 2014, S. 248, 253.

806 *Schilder* in: Bönker/Bischopink (Hrsg.), BauNVO Kommentar, § 17 Rn. 12.

807 VGH Baden-Württemberg, Beschl. v. 19.10.1989 – 8 S 2785/88 (juris Leitsatz Nr. 5); *König* in: König/Roeser/Stock (Hrsg.), BauNVO Kommentar, § 17 Rn. 27; *Schilder* in: Bönker/Bischopink (Hrsg.), BauNVO Kommentar, § 17 Rn. 21.

808 OVG Nordrhein-Westfalen, Urt. v. 05.10.2000 – 7a D 47/99.NE (BauR 2001, S. 902, 903); *Schilder* in: Bönker/Bischopink (Hrsg.), BauNVO Kommentar, § 17 Rn. 26.

809 *Schilder* in: Bönker/Bischopink (Hrsg.), BauNVO Kommentar, § 17 Rn. 21, 29.

gesunden Wohn- und Arbeitsverhältnissen zu begrenzen.[810] Andererseits sollen dadurch eine nachhaltige städtebauliche Entwicklung gewährleistet[811] und ökologische Nachteile wie etwa eine hohe Bodenversiegelung verhindert werden.[812] Obwohl mit den Obergrenzen auch das Ziel der Begrenzung der Bodenversiegelung verfolgt wird, handelt es sich hierbei um keine effektive Regelung zur Verringerung der Flächeninanspruchnahme.[813] Um Flächen insgesamt, vor allem auch außerhalb bestehender Siedlungsgebiete, vor Inanspruchnahme zu schützen, bedarf es einer hohen baulichen Dichte innerhalb der Siedlungsgebiete.[814] Das Bestreben einer hohen Verdichtung wird jedoch durch die Norm nicht wirksam vorangetrieben.[815] Hauptursache hierfür ist, dass die Regelung lediglich Obergrenzen beinhaltet, die jedoch nicht ausgeschöpft werden müssen. Durch die Innenentwicklungsnovelle 2013 wurden allerdings die Überschreitungsmöglichkeiten der Obergrenzen vereinfacht, sodass die Gemeinden nun leichter ihr Gemeindegebiet nachverdichten können. Diese Möglichkeit nach § 17 II BauNVO wirkt sich für die Begrenzung der Flächeninanspruchnahme positiv aus.

III. Bauweise gemäß § 22 BauNVO

§ 22 BauNVO enthält Vorgaben zur Bauweise, die ebenfalls Auswirkungen auf die Flächeninanspruchnahme hat. Hierbei wird zwischen der offenen und der geschlossenen Bauweise differenziert. Während in der offenen Bauweise Gebäude mit seitlichem Grenzabstand als Einzelhäuser, Doppelhäuser oder als Hausgruppen errichtet werden (§ 22 II BauNVO), werden in der geschlossenen Bauweise die Gebäude ohne seitlichen Grenzabstand erreichtet, es sei denn, dass die vorhandene Bebauung eine Abweichung erfordert (§ 22 III BauNVO). Bei der geschlossenen Bauweise ist die

810 Boeddinghaus/Grigoleit (Hrsg.), BauNVO Kommentar, § 17 Rn. 2; *Schilder* in: Bönker/Bischopink (Hrsg.), BauNVO Kommentar, § 17 Rn. 1.

811 Determann/Stühler (Hrsg.), BauNVO Kommentar, § 17 Rn. 1; *Mitschang*, § 17 BauNVO – Städtebauliche Dichte und Innenentwicklung, UPR 2014, S. 248, 249.

812 *Schilder* in: Bönker/Bischopink (Hrsg.), BauNVO Kommentar, § 17 Rn. 1; Insbesondere durch eine möglichst geringe Grundfläche wird der hohen Bodenversiegelung entgegengewirkt: *Hartmann/Schilder* in: Bönker/Bischopink (Hrsg.), BauNVO Kommentar, § 19 Rn. 3; vgl. BVerwGE 122, 117, 124; Boeddinghaus/Grigoleit (Hrsg.), BauNVO Kommentar, § 16 Rn. 24; *Schink*, Nachverdichtung, Baulandmobilisierung und Umweltschutz, UPR 2001, S. 161, 167.

813 So ebenfalls: *Hutter/Westphal/Siedentop, et al.*, Handlungsansätze zur Berücksichtigung der Umwelt-, Aufenthalts- und Lebensqualität im Rahmen der Innenentwicklung von Städten und Gemeinden – Fallstudien, UBA-Forschungsbericht 000618/ 2004, S. 1, 28; vgl. *Thiel*, Städtebauliche Instrumente zur Reduzierung des Flächenverbrauchs unter besonderer Berücksichtigung der Problematik des Stadtumbaus, UFZ-Bericht 14/ 2004, S. 1, 58.

814 *Gassner/Groth*, Wohnen in großen Städten – Konfliktbewältigung im Planungs- und Immissionsschutzrecht, S. 433, 448.

815 Vgl. Boeddinghaus/Grigoleit (Hrsg.), BauNVO Kommentar, § 16 Rn. 24.

bauliche Dichte deutlich höher als bei der offenen,[816] was dazu führt, dass hierbei weniger Flächen in Anspruch genommen werden. Durch die geschlossene Bauweise kann die Flächeninanspruchnahme dementsprechend begrenzt werden.

IV. Zusammenfassung und Bewertung der Baunutzungsverordnung

Durch die Vorgaben zum Maß der baulichen Nutzung und der Bauweise wird die Flächeninanspruchnahme beeinflusst. Hinsichtlich des quantitativen Bodenschutzes zeigt sich, dass die BauNVO zwei Ziele verfolgt: Einerseits soll möglichst wenig Boden versiegelt werden und andererseits eine flächensparende Bauweise gewährleistet werden, damit wenig freie Flächen außerhalb des bestehenden Siedlungsgebiets für bauliche Zwecke in Anspruch genommen werden müssen.[817] Diese beiden Bestrebungen stehen allerdings im Konflikt.[818] Sobald eine hohe Bebauungsdichte innerhalb bestehender Siedlungsgebiete erreicht wird, wird zwangsläufig Boden versiegelt. Die geschlossene Bauweise nach § 22 III BauNVO erhöht die Bebauungsdichte und wirkt sich daher für die Begrenzung der Flächeninanspruchnahme positiv aus.

F. Bauordnungsrecht

Das Bauordnungsrecht der Bundesländer spielt bei der Inanspruchnahme von Flächen eine untergeordnete Rolle. Dennoch sind darin vereinzelt Regelungen enthalten, die sich auf die Flächeninanspruchnahme auswirken.

I. Gestaltung der nichtüberbauten Flächen

Die jeweiligen Bauordnungen der Bundesländer beinhalten Vorgaben zur Gestaltung der nichtüberbauten Flächen eines bebauten Grundstücks.[819] Darin wird festgelegt, dass die nichtüberbauten Flächen Grünflächen sein müssen[820] oder dass sie wasserdurchlässig zu belassen oder herzustellen und zu begrünen oder zu bepflanzen

---

816 *Hutter/Westphal/Siedentop, et al.*, Handlungsansätze zur Berücksichtigung der Umwelt-, Aufenthalts- und Lebensqualität im Rahmen der Innenentwicklung von Städten und Gemeinden – Fallstudien, UBA-Forschungsbericht 000618/ 2004, S. 1, 29; *Schilder* in: Bönker/Bischopink (Hrsg.), BauNVO Kommentar, § 22 Rn. 28.

817 *Mitschang*, Die Bedeutung der Baunutzungsverordnung für die Innenentwicklung der Städte und Gemeinden, ZfBR 2009, S. 10, 17.

818 Vgl. Boeddinghaus/Grigoleit (Hrsg.), BauNVO Kommentar, § 16 Rn. 24.

819 Nur in der Bauordnung Sachsen-Anhalt ist keine solche Regelung enthalten.

820 Siehe: § 9 I Landesbauordnung Baden-Württemberg; § 9 II Niedersächsische Bauordnung; § 10 IV 1 (dort als Soll-Vorschrift); siehe ebenfalls: § 10 IV 2 Landesbauordnung Rheinland-Pfalz; vgl. § 11 I 1 Landesbauordnung Saarland.

sind,[821] soweit diese nicht für eine andere zulässige Verwendung benötigt werden. Durch solche Regelungen wird die Bodenversiegelung verhindert und dafür gesorgt, dass das Oberflächenwasser abfließen kann.[822] Diese Normen tragen somit nicht direkt zu einer Begrenzung der Flächeninanspruchnahme bei, verhindern aber eine Bodenversiegelung.

II. Errichtung von Stellplätzen

Häufig ist in den Bauordnungen der Bundesländer eine Pflicht zur Errichtung von Stellplätzen für Kraftfahrzeuge und Fahrräder auf dem Baugrundstück oder in zumutbarer Entfernung enthalten.[823] Da die Nutzung der baulichen Anlagen typischerweise An- und Abfahrtsverkehr verursachen,[824] zielen diese Regelungen darauf ab, dass die jeweiligen Baugrundstücke Parkplätze zur Verfügung stellen müssen, bei denen der Verkehr tatsächlich anfällt.[825] Dies entspricht dem Verursacherprinzip[826] und entlastet die öffentlichen Verkehrsflächen.[827] Neben einer

---

821 Siehe: Art. 7 I 1 Bayerische Bauordnung; § 7 I 1 Brandenburgische Bauordnung; § 8 I 1 Bauordnung Berlin; § 9 I 1 Hamburgische Bauordnung; § 8 I Bauordnung Hessen; § 8 I 1 Landesbauordnung Mecklenburg-Vorpommern; § 9 I 1; siehe ebenfalls: § 9 I 2 Bauordnung Nordrhein-Westfalen; § 8 I 1 Landesbauordnung Schleswig-Holstein; § 8 I 1 Sächsische Bauordnung; § 8 I 1 Thüringer Bauordnung; vgl. § 8 I 1 Bremische Landesbauordnung: Freiflächen dürfen nicht in einer die Wasserdurchlässigkeit wesentlich mindernden Weise befestigt werden (ohne Pflicht zur Bepflanzung).

822 Siehe beispielsweise: *König* in: König (Hrsg.), Schwarz (Begr.), Bayerische Bauordnung Kommentar, Art. 7 Rn. 2; *Schmickler* in: Schönenbroicher/Kamp (Hrsg.), Bauordnung Nordrhein-Westfalen Kommentar, § 9 Rn. 2.

823 Sog. notwendige Stellplätze siehe: § 37 I-V Landesbauordnung Baden-Württemberg; Art. 47 I-III Bayerische Bauordnung; § 43 I-II, VII Brandenburgische Bauordnung; § 49 I Bremische Landesbauordnung; § 48 I Hamburgische Bauordnung; § 44 I Bauordnung Hessen; § 49 I, III Landesbauordnung Mecklenburg-Vorpommern; § 47 I, IV, § 48 I Niedersächsische Bauordnung; § 51 I-IV Bauordnung Nordrhein-Westfalen; § 47 I-III Landesbauordnung Rheinland-Pfalz; § 47 I-II, IV Landesbauordnung Saarland, § 48 I Bauordnung Sachsen-Anhalt; § 50 I 1–3 Landesbauordnung Schleswig-Holstein; § 49 I Sächsische Bauordnung; § 49 I-II, V Thüringer Bauordnung.

824 *Erbguth/Schubert*, Öffentliches Baurecht, S. 388; *Lang* in: Jeromin (Hrsg.), LBauO Rh-Pf, § 47 Rn. 1.

825 BVerwG, Urt. v. 30.08.1985 – 4 C 10/81 (NJW 1986, S. 600); *König* in: König (Hrsg.), Bayerische Bauordnung Kommentar, Art. 47 Rn. 1; *Lang* in: Jeromin (Hrsg.), LBauO Rh-Pf, § 47 Rn. 1.

826 *Garrelmann* in: Schönenbroicher/Kamp (Hrsg.), Bauordnung Nordrhein-Westfalen Kommentar, § 51 Rn. 1; vgl. BVerwG, Urt. v. 30.08.1985 – 4 C 10/81 (NJW 1986, S. 600).

827 *Garrelmann* in: Schönenbroicher/Kamp (Hrsg.), Bauordnung Nordrhein-Westfalen Kommentar, § 51 Rn. 1; *Gloria*, Die Stellplatzpflicht nach den Landesbauordnungen

Flächeninanspruchnahme für bauliche Anlagen führt diese Pflicht zusätzlich zu einer Flächeninanspruchnahme für Stellplätze.

Allerdings sind in den einzelnen Bauordnungen auch Ausnahmen von der Stellplatzpflicht vorgesehen. Unter bestimmten Voraussetzungen, etwa wenn eine gute Anbindung an den öffentlichen Nahverkehr oder ausreichend Fahrradwege bestehen oder die Herstellung der Stellplätze nicht möglich ist, kann von der Errichtung von Stellplätzen abgesehen werden.[828] In einigen Bundesländern ist es insbesondere möglich, durch Satzungen die Zahl der Stellplätze zu begrenzen.[829] Außerdem besteht beispielsweise in Berlin die Pflicht zur Errichtung von Stellplätzen nur für Fahrräder sowie für Behinderte bei öffentlich zugänglichen Gebäuden (§ 50 Bauordnung Berlin). Folglich zeigt sich vor allem in größeren Städten, dass zahlreiche Abweichungsmöglichkeiten gegeben sind. Mit der Lockerung der Stellplatzpflicht soll bewirkt werden, dass innerhalb der Städte insgesamt die Parkplätze verknappt werden, dadurch der Individualstraßenverkehr sinkt und vermehrt öffentlicher Nahverkehr genutzt wird.[830] Dies führt dazu, dass weniger Flächen für Parkplätze in Anspruch genommen werden und sich die mögliche Reduktion des Individualverkehrs ebenfalls positiv auf die Flächeninanspruchnahme auswirkt.

---

und ihre Erfüllung insbesondere durch Ablösung, NVwZ 1990, S. 305, 306; *Schlotterbeck* in: Schlotterbeck/Hager/Busch, et al. (Hrsg.), Kommentar LBO Baden-Württemberg, § 37 Rn. 3.

828 Zu den Ausnahmen siehe: § 37 VI-VII Landesbauordnung Baden-Württemberg; Art. 47 IV Bayerische Bauordnung; § 43 III-IV Brandenburgische Bauordnung; § 49 II Bremische Landesbauordnung; § 48 Ia, IV Hamburgische Bauordnung; § 44 II Bauordnung Hessen; § 49 II Landesbauordnung Mecklenburg-Vorpommern; § 47 II-III, V-VII Niedersächsische Bauordnung; § 51 V-VI Bauordnung Nordrhein-Westfalen; § 47 IV-V Landesbauordnung Rheinland-Pfalz; § 47 III Landesbauordnung Saarland; § 48 II-III Bauordnung Sachsen-Anhalt; § 50 I 4 Landesbauordnung Schleswig-Holstein; § 49 II Sächsische Bauordnung; § 49 III-IV Thüringer Bauordnung.

829 Siehe: § 74 II Landesbauordnung Baden-Württemberg: durch Satzung kann die Stellplatzverpflichtung eingeschränkt oder untersagt werden; Art. 47 II 2 Bayerische Bauordnung: Zahl der notwendigen Stellplätze kann durch örtliche Bauvorschrift oder städtebauliche Satzung festgelegt werden; § 84 I Nr. 3 Berliner Bauordnung: Anforderungen an Garagen und Stellplätze kann durch Rechtsverordnung geregelt werden; § 48 IV Hamburgische Bauordnung: je nach Einzelfall kann die Herstellung ganz oder teilweise untersagt werden; § 44 I 2 Nr. 3–5 Hessische Bauordnung: durch Satzung kann die Herstellung von notwendigen oder auch nicht notwendigen Stellplätzen eingeschränkt werden; § 51 IV Nr. 2 Bauordnung Nordrhein-Westfalen: durch Satzung kann die Herstellung von Stellplätzen untersagt oder eingeschränkt werden.

830 *Garrelmann* in: Schönenbroicher/Kamp (Hrsg.), Bauordnung Nordrhein-Westfalen Kommentar, § 51 Rn. 34; *Schlotterbeck* in: Schlotterbeck/Hager/Busch, et al. (Hrsg.), Kommentar LBO Baden-Württemberg, § 37 Rn. 3; *Schröer/Kullick*, Berliner Vorstoß – Regelungsmodelle zur Stellplatzbeschränkung, NZBau 2011, S. 279, 280.

Die grundsätzliche Pflicht zur Errichtung von Stellplätzen ist für den quantitativen Bodenschutz jedoch hinderlich.

III. Zusammenfassung und Bewertung des Bauordnungsrechts

Das Bauordnungsrecht spielt für die Inanspruchnahme von Flächen keine besondere Rolle. Durch die Begrünungspflicht der nichtüberbauten Flächen von bebauten Grundstücken kann jedoch die Bodenversiegelung begrenzt werden. Durch die Pflicht zur Errichtung von Stellplätzen kommt es zu einer zusätzlichen Flächeninanspruchnahme. Allerdings wird diese Pflicht durch zahlreiche Ausnahmen gelockert.

G. Zusammenfassung und Bewertung des deutschen Rechts

Im deutschen Recht weisen zahlreiche Normen einen Bezug zur Flächeninanspruchnahme und deren Begrenzung auf. Betrachtet man die historische Entwicklung des Planungsrechts, so zeigt sich, dass das Problem der zunehmenden Flächeninanspruchnahme bereits früh erkannt wurde. Im Laufe der Zeit wurden jedoch lediglich vereinzelt Normen zum quantitativen Bodenschutz eingeführt. Zwar wurden politische Absichtserklärungen hinsichtlich eines Reduktionsziels abgegeben, allerdings gewann das Thema keine derart politische oder gesellschaftliche Bedeutung, dass rechtlich verbindliche Ziele im Planungsrecht festgelegt wurden.

Im Verfassungsrecht ist Art. 14 GG, der die Baufreiheit als essentieller Bestandteil der Eigentumsfreiheit schützt, von besonderer Bedeutung. Die Baufreiheit gewährleistet, dass der jeweilige Eigentümer einen Rechtsanspruch auf Bebauung seines Grundstücks hat, sofern keine öffentlich-rechtlichen Vorschriften der Bebauung entgegenstehen. Die Betrachtung des Bauplanungs- und Bauordnungsrechts zeigt allerdings, dass es zahlreiche Regelungen gibt, die die Bebauung von Grundstücken zwar einerseits ermöglichen, andererseits aber auch erheblich einschränken. Somit erlaubt Art. 14 GG gerade keine planlose und unbegrenzte Flächeninanspruchnahme.

Art. 28 II GG spielt für die Flächeninanspruchnahme eine besonders wichtige Rolle, da er die gemeindliche Planungshoheit gewährleistet. Danach dürfen die Gemeinden die bauliche Gestaltung ihres Gemeindegebiets selbst bestimmen. Der Planungshoheit werden keine strengen Grenzen gesetzt, sodass die Gemeinden weitgehend uneingeschränkt, große Flächen für bauliche Nutzungen ausweisen können. Dies steht jedoch in Konflikt mit einer konsequenten Begrenzung der Flächeninanspruchnahme.

Auch die Staatszielbestimmung des Art. 20a GG ist in diesem Zusammenhang bedeutsam. Diese beinhaltet die Pflicht, dass mit erschöpfbaren Umweltgütern und somit auch dem Boden sparsam umgegangen werden muss. Der Schutz des Bodens vor Inanspruchnahme ist eine Bestrebung dieser Norm und muss bei jedem Akt staatlichen Handelns berücksichtigt werden.

Untersucht man die für die Flächeninanspruchnahme wesentlichen Gesetze, so wird deutlich, dass sich in allen Regelungen zum quantitativen Bodenschutz finden. Für die Begrenzung der Flächeninanspruchnahme spielt insbesondere das Raumordnungsrecht eine wichtige Rolle. Bei Zielen der Raumordnung und Vorranggebieten handelt es sich um Instrumente, die den Boden effektiv vor Bebauung schützen können, sofern in den einzelnen Landesraumordnungsplänen entsprechende Vorgaben enthalten sind. Alle Bundesländer haben Regelungen zur Begrenzung der Flächeninanspruchnahme in ihren Landesraumordnungsplänen getroffen. Zum Teil wurden nicht nur für den quantitativen Bodenschutz vorteilhafte Grundsätze, sondern auch verbindliche Ziele der Raumordnung und Vorranggebiete mit freiraumschützender Wirkung festgelegt.

Das Bauplanungsrecht bietet den Gemeinden zahlreiche Möglichkeiten, mit denen sie die Flächeninanspruchnahme in ihrem Gemeindegebiet begrenzen können. Beispielsweise können sie im Flächennutzungs- und im Bebauungsplan Flächen darstellen bzw. festsetzen, die von einer Bebauung freizuhalten sind. Auch stehen den Gemeinden viele Regelungen zur Verfügung, mit denen die vorhandenen Innenentwicklungspotenziale in ihrem Gemeindegebiet ausgeschöpft werden können (z. B. § 13a BauGB oder Instrumente des besonderen Städtebaurechts). Problematisch ist hierbei allerdings, dass sie nicht verpflichtet sind, von diesen Möglichkeiten Gebrauch zu machen. Es handelt sich hierbei vielmehr um Angebote an die Gemeinden. Da, wie im ersten Kapitel erläutert, die Gemeinden allerdings häufig kein Interesse an einem sparsamen Umgang mit bislang freien Flächen haben, wird von diesen bodenschützenden Möglichkeiten oft kein Gebrauch gemacht. Problematisch ist außerdem, dass im Bauplanungsrecht viele Normen enthalten sind, die einem konsequenten Schutz bislang freier Flächen entgegenstehen. Beispielsweise wird durch § 35 BauGB der Außenbereich nicht effektiv vor Bebauung geschützt, da zahlreiche Ausnahmen vom Gebot der größtmöglichen Schonung des Außenbereichs normiert sind. Auch Innenbereichssatzungen wirken sich negativ aus, da dadurch vereinfacht Bauland geschaffen wird. Für den Schutz bislang unbebauter Flächen ist außerdem hinderlich, dass das Bauplanungsrecht eine Angebotsplanung erlaubt. Somit ist die Ausweisung von Neubaugebieten möglich, auch wenn nicht absehbar ist, dass konkreter Bedarf für die Planung besteht. Insgesamt betrachtet, kann das Bauplanungsrecht daher die freien Flächen nicht wirksam vor Bebauung schützen.

Die BauNVO hat Auswirkungen auf die Bauweise und kann daher den Flächenbedarf für die Bauvorhaben bestimmen. Daher sind in der BauNVO einige Regelungen enthalten, die sich für die Begrenzung der Flächeninanspruchnahme positiv auswirken. Das Bauordnungsrecht spielt in diesem Zusammenhang eine untergeordnete Rolle.

Die Gemeinden haben einen weiten Gestaltungsspielraum bei der Gestaltung ihres Gemeindegebiets und können daher fast unbegrenzt Baugebiete ausweisen. Dies wird verfassungsrechtlich durch die gemeindliche Planungshoheit gemäß Art. 28 II GG gewährleistet und durch das Planungsrecht – außer nach § 1 IV BauGB durch die Ziele der Raumordnung und die Vorranggebiete – nicht erheblich erschwert.

3. Kapitel: Planungsrechtliche Regelungen zur Begrenzung der Flächeninanspruchnahme in England

Vergleicht man die Flächeninanspruchnahme von England mit der von Deutschland, so wird deutlich, dass dort signifikant weniger Fläche in Anspruch genommen wird. Daher wird im Folgenden untersucht, wie das englische Planungsrecht ausgestaltet ist, dass deutlich geringere Flächenwerte als in Deutschland erreicht werden können. Dazu werden alle Faktoren, die zu einer günstigeren Situation in England führen, herausgearbeitet und auf die Unterschiede zum deutschen Recht eingegangen. Im Rahmen des Rechtsvergleichs wird nur das englische Recht, nicht das Recht ganz Großbritanniens untersucht.

A. Rechtliche Rahmenbedingungen in England

I. Entwicklung des Planungsrechts

In England[831] wurden bereits vor dem Zweiten Weltkrieg wichtige Schritte zum Schutz der bislang freien Flächen vorgenommen und dort kam es, anders als in Deutschland, nicht zu einer grundlegenden Neugestaltung infolge des Zweiten Weltkrieges.

1. 19. Jahrhundert

Das 19. Jahrhundert wurde in England entscheidend durch die Industrialisierung sowie die starke Bevölkerungszunahme geprägt. Die Bevölkerung stieg von ungefähr 10,5 Millionen im Jahr 1800 auf 37 Millionen im Jahr 1900 an.[832] Durch die industrielle Revolution[833] wurde aus dem bislang landwirtschaftlich geprägten

---

831 Zur Geschichte siehe ausführlich: *Adenauer*, Raumplanung und Enteignung in England, S. 21 ff.; *Baker*, Housing and planning regulation – England and Ireland, IJLBE 2013, S. 118, 119 ff.; *Blackhall*, Planning Law and Practice, S. 1 ff.; *Hall/Tewdwr-Jones*, Urban and Regional Planning, S. 11 ff.; *Pendlebury* in: Cullingworth/Nadin/Hart, et al. (Hrsg.), Town and Country Planning in the UK, S. 17 ff.; *Smith Morris*, British town planning and urban design, S. 3 ff.; *The Government Office for Science*, Land Use Futures, S. 61 ff.

832 *Blackhall*, Planning Law and Practice, S. 1; *Duxbury*, Telling & Duxbury's Planning Law and Procedure, S. 1.

833 Zu den Veränderungen durch die industrielle Revolution siehe ausführlich: *Hall/Tewdwr-Jones*, Urban and Regional Planning, S. 12 ff.; *Smith Morris*, British town planning and urban design, S. 26 ff.

England ein Industriestaat.[834] Es entstanden neue Städte[835] und die bestehenden Städte vergrößerten sich enorm.[836] Am Rande der Städte wurden innerhalb kurzer Zeit große Arbeitersiedlungen gebaut, damit die Arbeiter möglichst in der Nähe der Arbeitsstelle wohnen konnten.[837] Die Lebensbedingungen in den Städten waren zum Teil sehr schlecht.[838] Als Reaktion auf die für die Gesundheit gefährlichen Umstände wurden im Laufe des 19. Jahrhunderts erste Gesetze zur Verbesserung des Gesundheitswesens verabschiedet.[839] Hinsichtlich der zunehmenden Vergrößerung der Städte in die freie Landschaft und der Zersiedelung gab es jedoch keine rechtlichen Einschränkungen.[840] Die Grundstückseigentümer konnten ihr Land nach freiem Belieben nutzen.[841] Es gab lediglich einige Vorgaben durch das *common law* wie beispielsweise das Verbot der Beeinträchtigung (*nuisance*) oder Regelungen über das widerrechtliche Betreten des Nachbargrundstücks (*trespass*).[842]

Erste Schritte zu einer gezielten Stadtplanung gab es durch die Gartenstadtbewegung (*garden city movement*) zu Beginn des 20. Jahrhunderts.[843] *Howard* entwickelte dabei die Idee, dass neue Städte errichtet werden sollten, in denen durch gezielte Planung die Missstände der bestehenden Städte verhindert und die Vorteile von Stadt- und Landleben kombiniert werden könnten.[844] Vereinzelt wurden solche *garden cities* dem Modell entsprechend gebaut (beispielsweise in Letchworth und Welwyn).[845]

---

834 *Adenauer*, Raumplanung und Enteignung in England, S. 23; *Duxbury*, Telling & Duxbury's Planning Law and Procedure, S. 1.

835 *Hall/Tewdwr-Jones*, Urban and Regional Planning, S. 13.

836 *Duxbury*, Telling & Duxbury's Planning Law and Procedure, S. 1; *Tewdwr-Jones*, Spatial Planning and Governance, S. 7.

837 *Adenauer*, Raumplanung und Enteignung in England, S. 23.

838 Ibid., S. 23; *Duxbury*, Telling & Duxbury's Planning Law and Procedure, S. 1; *Tewdwr-Jones*, Spatial Planning and Governance, S. 7.

839 Public Health Act 1848; Nuisance Removal and Disease Prevention Acts 1848, 1849 und Public Health Act 1875; siehe dazu: *Booth*, Planning by Consent, S. 59 ff.

840 *Adenauer*, Raumplanung und Enteignung in England, S. 25; *Blackhall*, Planning Law and Practice, S. 2; *Tewdwr-Jones*, Spatial Planning and Governance, S. 8; vgl. *Moore/Purdue*, A practical approach to Planning Law, S. 1.

841 *Moore/Purdue*, A practical approach to Planning Law, S. 1.

842 Ibid., S. 1; zur Rechtslage vor dem Bestehen eines Planungsrechts siehe ausführlich: *Booth*, Planning by Consent, S. 26 ff.

843 *Meacham*, Regaining Paradise: Englishness and the Early Garden City Movement, S. 44 ff.; *Smith Morris*, British town planning and urban design, S. 48 ff.; *Tewdwr-Jones*, Spatial Planning and Governance, S. 9 f.

844 *Howard*, Garden cities of to-morrow, S. 50 ff.; *Howard*, To-morrow: A peaceful path to real reform, S. 12 ff.; *Tewdwr-Jones*, Spatial Planning and Governance, S. 10, 16.

845 *Tewdwr-Jones*, Spatial Planning and Governance, S. 10.

2. *1900er-bis 1930er-Jahre*

Das erste Planungsgesetz (Housing, Town Planning, etc. Act 1909) wurde 1909 verabschiedet. Damit sollten die entstandenen Probleme wie schlechte Wohnverhältnisse, Vermischung von unvereinbaren Nutzungen sowie Mangel an Freizeitflächen minimiert werden.[846] Die lokalen Planungsbehörden wurden zur Errichtung von neuen Wohnhäusern sowie zur Beseitigung baufälliger Häuser mit weitreichenden Befugnissen ausgestattet.[847] Sie wurden vor allem ermächtigt, Pläne zu verfassen, um die städtebauliche Entwicklung zu regeln (s. 54 Housing, Town Planning, etc. Act 1909[848]).[849]

In den 1920er- und 1930er-Jahren sanken die Preise für Bauland, die Löhne und Ansprüche an die Wohnverhältnisse stiegen und die Infrastruktur, insbesondere die Verkehrsanbindung, verbesserte sich.[850] In der Zwischenkriegszeit wurden daher über vier Millionen neue Wohnhäuser, meist in die freie Landschaft,[851] gebaut.[852] Viele Arbeiterfamilien hatten nun die Möglichkeit, aus den überfüllten Arbeiterwohnungen in der Stadt in Häuser in vorstädtischen Gebieten zu ziehen.[853] Aufgrund der starken Zunahme der Bebauung wurden in dieser Zeit erstmals die zunehmende Zersiedelung und der Verlust der freien Landschaft beklagt.[854] Als erste Maßnahme

---

846 Siehe dazu: *Booth*, Planning by Consent, S. 62 ff.; *Duxbury*, Telling & Duxbury's Planning Law and Procedure, S. 1; *Moore/Purdue*, A practical approach to Planning Law, S. 1.

847 Siehe dazu ausführlicher: *Adenauer*, Raumplanung und Enteignung in England, S. 26 f.; *Duxbury*, Telling & Duxbury's Planning Law and Procedure, S. 1; *Moore/Purdue*, A practical approach to Planning Law, S. 1.

848 Im Folgenden wird bei Gesetzesangaben die englische Zitierweise verwendet: s. steht für *section*; ss. für *sections*; para. für *paragraph*; sch. steht für *schedule* (Anhang); reg. steht für *regulation*. In Klammer sind die jeweiligen Absätze genannt.

849 Durch den Housing, Town Planning etc. Act 1919, den Town and Country Planning Act 1932 sowie Town and Country Planning Act 1937 gab es kleinere Änderungen. Siehe dazu: *Blackhall*, Planning Law and Practice, S. 3 f.; *Duxbury*, Telling & Duxbury's Planning Law and Procedure, S. 2 f.; *Moore/Purdue*, A practical approach to Planning Law, S. 1 f.

850 *Rowley*, The English Landscape in the Twentieth Century, S. 195; *The Government Office for Science*, Land Use Futures, S. 62.

851 *Rowley*, The English Landscape in the Twentieth Century, S. 195; *The Government Office for Science*, Land Use Futures, S. 62.

852 *The Government Office for Science*, Land Use Futures, S. 62.

853 *Rowley*, The English Landscape in the Twentieth Century, S. 195; *Sheail*, The Restriction of Ribbon Development Act: The Character and Perception of Land-use Control in Inter-war Britain, RS 1979, S. 501, 502; *The Government Office for Science*, Land Use Futures, S. 62.

854 *Sheail*, The Restriction of Ribbon Development Act: The Character and Perception of Land-use Control in Inter-war Britain, RS 1979, S. 501, 502; *Tewdwr-Jones*, Spatial Planning and Governance, S. 10; *The Government Office for Science*, Land Use Futures, S. 62.

dagegen wurde der Restriction of Ribbon Development Act 1935 verabschiedet.[855] Dieser sollte die Ausbreitung der baulichen Entwicklung entlang der Hauptverkehrsadern eindämmen und dadurch die Zersiedelung der Landschaft verhindern (Introduction Restriction of Ribbon Development Act 1935). 1938 wurde ein *green belt* für das Gebiet um London[856] durch den Green Belt (London and Home Counties) Act 1938 festgelegt. Ziel dieses *green belt* war es, der Bevölkerung eine öffentliche Freifläche zur Freizeitnutzung zu bieten sowie Flächen für die Landwirtschaft freizuhalten (s. 27 Green Belt (London and Home Counties) Act 1938).

3. 1940er- bis 1980er-Jahre

Um das englische Planungsrecht zu modernisieren, wurden in den 1940er-Jahren verschiedene Kommissionen[857] gebildet, die anschließend ihre Ergebnisse in Berichten veröffentlichten. In dem *Barlow Report* wurde unter anderem der zunehmende Verlust von landwirtschaftlichen Flächen bemängelt.[858] Sowohl der *Barlow Report* als auch der *Scott Report* drängten darauf, dass ein effektiveres System geschaffen werden müsse, um die Standortwahl der baulichen Entwicklung (*development*) besser zu kontrollieren.[859] Dazu empfahlen sie die Bildung einer zentralen Planungsbehörde, die Ausweitung der Planungskontrolle sowie die Ausarbeitung eines nationalen Plans für Standorte für Industrie und Bevölkerung.[860] Zwar wurde im Anschluss keine zentrale Planungsbehörde eingeführt, aber der Minister of Town and Country Planning Act 1943 erlassen. Darin wurde ein *Secretary of State*[861] verpflichtet, für

---

855 Siehe dazu ausführlich: *Sheail*, The Restriction of Ribbon Development Act: The Character and Perception of Land-use Control in Inter-war Britain, RS 1979, S. 501, 501 ff.

856 Siehe dazu: *Amati/Yokohari*, The Establishment of the London Greenbelt: Reaching Consensus over Purchasing Land, JPH 2007, S. 311, 311 ff.

857 *Royal Commission on the Distribution of the Industrial Population*, Report 1940, S. 1 ff. Vorsitzender der Kommission war *Barlow*, weshalb der Bericht als *Barlow Report* bezeichnet wird; *Ministry of Works and Planning*, Report of the Committee on Land Utilisation in Rural Areas, S. 1 ff. Vorsitzender des Komitees war *Scott*, weshalb der Bericht als *Scott Report* bezeichnet wird; siehe auch: *Ministry of Works and Planning*, Expert Committee on Compensation and Betterment, Final Report, S. 1 ff. unter Vorsitz von *Uthwatt*; siehe dazu: *Adenauer*, Raumplanung und Enteignung in England, S. 31 ff.

858 *Royal Commission on the Distribution of the Industrial Population*, Report 1940, S. 14 f.

859 *Ministry of Works and Planning*, Report of the Committee on Land Utilisation in Rural Areas, S. 45 ff.; *Royal Commission on the Distribution of the Industrial Population*, Report 1940, S. 201 ff.

860 *Ministry of Works and Planning*, Report of the Committee on Land Utilisation in Rural Areas, S. 45 ff.; *Royal Commission on the Distribution of the Industrial Population*, Report 1940, S. 201 ff.

861 Siehe dazu ausführlich: 3. Kapitel A. III 1.

die Folgerichtigkeit und die Kontinuität der nationalen *planning policy* zu sorgen (s. 1 Minster of Town and Country Planning Act 1943). Die *planning policy* beinhaltet Vorgaben der Politik hinsichtlich der Nutzung und baulichen Entwicklung des gesamten Landesgebiets. Durch diese wirkt die Zentralregierung seitdem maßgeblich auf das Planungsrecht ein. Die Kontrolle bezüglich der baulichen Entwicklung wurde durch den Town and Country Planning (Interim Development) Act 1943 ausgeweitet.[862]

1947 führten die Forderungen der oben genannten Berichte zu weitreichenden Veränderungen des Planungsrechts.[863] Durch den Town and Country Planning Act 1947 (TCPA 1947) wurde das moderne englische Planungsrecht geschaffen. Dadurch sollten unkontrollierte Zersiedelung der freien Landschaft verhindert und ländliche Gebiete außerhalb der Städte geschützt werden.[864] Es wurden lokale Planungsbehörden (*local planning authorities*) eingerichtet und diese verpflichtet, *development plans*[865] für ihre Gebiete zu verfassen (ss. 5–11 TCPA 1947). In diesen sollte angegeben werden, wie das Land zu nutzen ist und ob bzw. wie eine bauliche Entwicklung (*development*) erfolgen soll (s. 5 (1) TCPA 1947). Zudem wurde die gesamte Fläche Englands der Planungskontrolle unterworfen, sodass ab diesem Zeitpunkt für jede bauliche Entwicklung eine Baugenehmigung durch die lokale Planungsbehörde erteilt werden musste (s. 12 TCPA 1947). Bei der Entscheidung über die Genehmigung des Vorhabens war die Behörde an die Vorgaben des *development plan* gebunden (ss. 5 (3), 14 TCPA 1947).

Auch der TCPA 1947 erschuf keine zentrale Planungsbehörde, wie in den Berichten empfohlen. Jedoch wurden dem *Secretary of State* wiederum weitreichende Ermächtigungen erteilt, welche zusammen mit den allgemeinen Befugnissen aus dem Minister of Town and Country Planning Act 1943 dazu führten, dass dieser wie eine zentrale Planungsbehörde handelte.[866] Die Verpflichtung, Pläne aufzustellen, und das Genehmigungserfordernis für sämtliche Bauvorhaben waren die wesentlichen Änderungen der Reform 1947. Diese Grundideen sind heute noch aktuell.[867]

1955 wurden Regelungen zur Einrichtung von *green belts* im gesamten Landesgebiet eingeführt (Circular 42/55 des *Ministry of Housing and Local Government*). Die lokalen Planungsbehörden sollten *green belts* festlegen, um die Vergrößerung

---

862 Siehe dazu: *Duxbury*, Telling & Duxbury's Planning Law and Procedure, S. 3.

863 Ibid., S. 3; *Moore/Purdue*, A practical approach to Planning Law, S. 4; zur geschichtlichen Entwicklung ab 1947 siehe: *Booth*, Planning by Consent, S. 107 ff.; *Ziamos*, Städtebaurecht im Rechtsvergleich, S. 39 ff.

864 *Pendlebury* in: Cullingworth/Nadin/Hart, et al. (Hrsg.), Town and Country Planning in the UK, S. 25; *Tewdwr-Jones*, Spatial Planning and Governance, S. 14; zur Rechtslage ab 1947 siehe ausführlich: *Adenauer*, Raumplanung und Enteignung in England, S. 37 ff.

865 Siehe dazu: *Moore/Purdue*, A practical approach to Planning Law, S. 42 f.

866 *Duxbury*, Telling & Duxbury's Planning Law and Procedure, S. 4.

867 *Blackhall*, Planning Law and Practice, S. 7; *Moore/Purdue*, A practical approach to Planning Law, S. 5; *Tewdwr-Jones*, Spatial Planning and Governance, S. 12.

der bebauten Flächen zu hemmen, das Ineinanderwachsen von Nachbarstädten zu verhindern und den besonderen Charakter der Städte zu erhalten (para. 3 Circular 42/55). Die Errichtung von baulichen Anlagen innerhalb der *green belts* war verboten, Ausnahmen sollten nur in ganz besonderen Umständen (*very special circumstances*) erteilt werden (para. 5 Circular 42/55). Wann solche Ausnahmesituationen gegeben sind, wurde damals nicht näher kategorisiert.[868]

Nach dem TCPA 1947 wurde das Planungsrecht in weiteren Gesetzen 1968[869] und 1971[870] konsolidiert. Größere Änderungen wurden erst wieder zu Beginn der 1990er-Jahre vorgenommen.

4. 1990er-Jahre bis Heute

1990 wurden vier neue Planungsgesetze[871] eingeführt und die davor bestehenden abgeschafft. Das wichtigste dieser Gesetze ist der Town and Country Planning Act 1990 (TCPA 1990). Trotz zahlreicher Änderungen ist dieses noch heute das zentrale Planungsgesetz[872] und daher entscheidende Rechtsquelle des aktuellen Planungsrechts.

Ab 2001 wurden weitreichende Reformen des Planungsrechts gefordert[873] und durch den Planning and Compulsory Purchase Act 2004 (PCPA 2004) umgesetzt. *Regional spatial strategies* wurden für Regionen (s. 1 PCPA 2004)[874] und verschiedene Planungsdokumente, die als *local development framework* zusammengefasst werden (s. 13 ff. PCPA 2004), für die lokale Planungsebene eingeführt.[875] Weitere Änderungen des Planungsrechts erfolgten durch den Planning Act 2008, der ein

868 Auch heute noch sind diese *very special circumstances* notwendig. Inzwischen gibt es hierzu Rechtsprechung. Siehe dazu: 3. Kapitel B. I. 1. b).

869 Town and Country Planning Act 1968; siehe dazu: *Adenauer*, Raumplanung und Enteignung in England, S. 41 f.; *Moore/Purdue*, A practical approach to Planning Law, S. 43 ff.

870 Town and Country Planning Act 1971; siehe dazu ausführlich: *Adenauer*, Raumplanung und Enteignung in England, S. 48 ff.; *Jannasch*, Regionalplanung und Bauleitplanung in England: Das Aufstellungsverfahren für structure plans und local plans, S. 13 ff.

871 Town and Country Planning Act 1990; Planning (Listed Buildings and Conservation Areas) Act 1990; Planning (Hazardous Substances) Act 1990; Planning (Consequential Provisions) Act 1990. Bereits im Jahr 1991 wurde das Planungsrecht durch den Planning and Compensation Act 1991 wieder geändert.

872 *Duxbury*, Telling & Duxbury's Planning Law and Procedure, S. 6.

873 *DTLR*, Planning Green Paper, Planning: Delivering a Fundamental Change, S. 5 ff.

874 Die *regional spatial strategies* wurden 2010 wieder abgeschafft (s. 79 (6) Local Democracy Economic Development and Construction Act 2009).

875 Zu den Regelungen des PCPA 2004 siehe ausführlich: *Blackhall*, Planning Law and Practice, S. 23 ff.; *Denyer-Green/Ubhi*, Development and Planning Law, S. 60 ff.; zur Rechtslage vor dem PCPA 2004 siehe: Ibid., S. 57 ff.; *Duxbury*, Telling & Duxbury's Planning Law and Procedure, S. 54 ff.

neues System für national bedeutende Infrastrukturprojekte schuf, sowie durch den Localism Act 2011 (LA 2011). Ziel des LA 2011[876] war, der starken Zentralisierung in England entgegenzutreten, die Befugnisse der Gemeinden und deren Behörden zu erweitern[877] und das Planungsrecht verständlicher, demokratischer und effektiver zu machen.[878]

Somit zeigt sich, dass in England der quantitative Bodenschutz schon deutlich früher Eingang in die Gesetzgebung gefunden hat als in Deutschland. Der Schutz der freien Flächen wurde im Laufe der Zeit konsequent weiterverfolgt.

II. Rechtsquellen des englischen Planungsrechts

Bezüglich der Rechtsquellen ist von Bedeutung, dass es in England im Gegensatz zu Deutschland keine geschriebene Verfassung gibt.[879] Es existiert keine mit der gemeindlichen Planungshoheit gemäß Art. 28 II GG vergleichbare Regelung. Das Eigentumsrecht (*law of property*) besteht jedoch auch in England.[880] Die Eigentumsfreiheit, welche auch das Recht zur Bebauung eines Grundstücks umfasst,[881] ist auch durch Art. 1 ZP 1 der EMRK[882] geschützt, welches in Großbritannien 1954 in Kraft trat.[883]

1. *Parlamentsgesetze*

Parlamentsgesetze[884] spielen im englischen Planungsrecht eine wichtige Rolle. Die Besonderheit liegt dabei darin, dass es nicht nur ein einziges aktuelles Planungsgesetz

---

876 Siehe dazu ausführlich: *Bullock*, Legislative Comment: Localism and growth, JPEL 2011, S. OP9, OP9 ff.; *Stookes/Thomas*, Planning and the Localism Act 2011, S. 3 ff.

877 *The Communities and Local Government Committee*, Third Report: Localism, S. 7 ff.

878 *DCLG*, A plain English guide to the Localism Act, S. 11.

879 Siehe dazu ausführlich: *Gillespie*, The English Legal System, S. 21 ff.; *Graf von Bernstorff*, Einführung in das englische Recht, S. 32 ff.

880 *Graf von Bernstorff*, Einführung in das englische Recht, S. 103 ff.; zu den Eigentumsverhältnissen in Großbritannien siehe ausführlich: *Dixon*, Urban land and property ownership patterns in the UK: trends and forces for change, LUP 2009, S. 43, 43 ff.; *Munton*, Rural land ownership in the United Kingdom: Changing patterns and future possibilities for land use, LUP 2009, S. 54, 54 ff.

881 EGMR, Urt. v. 23.09.1982 (NJW 1984, S. 2747, 2747 f.); *Kaiser* in: Karpenstein/Mayer (Hrsg.), EMRK Kommentar, Art. 1 ZP 1 Rn. 13; *Meyer-Ladewig* in: Meyer-Ladewig (Hrsg.), EMRK Kommentar, Art. 1 ZP 1 Rn. 13.

882 Art. 1 I ZP 1 EMRK normiert: „Jede natürliche oder juristische Person hat das Recht auf Achtung ihres Eigentums. Niemanden darf sein Eigentum entzogen werden, es sei denn, dass das öffentliche Interesse es verlangt, und nur unter den durch Gesetz und die allgemeinen Grundsätze des Völkerrechts vorgesehen Bedingungen."

883 *Europarat*, http://www.coe.int/de/web/conventions/full-list/-/conventions/treaty/009/signatures?p_auth=AYprWynb, abgerufen am: 24.07.2016, Großbritannien hat das ZP am 20.03.1952 unterzeichnet, am 03.11.1952 ratifiziert und am 18.05.1954 trat es in Kraft.

884 Siehe dazu im Allgemeinen: *Gillespie*, The English Legal System, S. 25 ff.

gibt. Vielmehr gelten mehrere Planungsgesetze parallel. Hierbei gehen die neueren Gesetze den älteren nicht automatisch vor, sondern diese setzen einzelne *sections* der älteren Gesetze außer Kraft, ergänzen diese oder fügen neue *sections* ein. Daher müssen alle die Regelungsmaterie betreffende Gesetze nebeneinander betrachtet werden. Dieses System ist im Vergleich zum deutschen Recht unübersichtlich und erschwert das Verständnis des englischen Planungsrechts.

2. *Sekundärrechtsakte*

Von Bedeutung sind zudem Sekundärrechtsakte wie *order*, *directions* oder *regulations*,[885] die der Präzisierung der Planungsgesetze dienen.[886] Die Befugnis zum Erlass dieser Sekundärrechtsakte wird durch Parlamentsgesetz erteilt.[887] Für das Planungsrecht wird diese Aufgabe gemäß s. 333 TCPA 1990[888] dem *Secretary of State*[889] auferlegt. Der Erlass der Sekundärrechtsakte unterliegt der Überwachung und Kontrolle des Parlaments.[890]

3. *Case Law*

Für das Planungsrecht ist der *Planning Court*, der Teil des *Administrative Court* ist, zuständig.[891] Das *case law* spielt im Planungsrecht eine eher ungeordnete Rolle. Wichtig ist dieses insbesondere für die Auslegung unbestimmter Rechtsbegriffe, wie z. B. *material change of use*[892] oder *material considerations*[893]. Wenn planungsrechtliche Fälle durch das Gericht[894] entschieden werden, werden die Gesetze[895]

---

885 *Stookes/Thomas*, Planning and the Localism Act 2011, S. 101.

886 *Baldwin* in: Cane/Conaghan (Hrsg.), The new Oxford Companion to Law, S. 721; *Card/Murdoch/Murdoch*, Real Estate Management Law, S. 677.

887 *Baldwin* in: Cane/Conaghan (Hrsg.), The new Oxford Companion to Law, S. 721.

888 Die wichtigsten sind: The Town and Country Planning (Use Classes) Order 1987; The Town and Country Planning (General Permitted Development) Order 1995 geändert durch Town and Country Planning (General Permitted Development) (Amendment) Order 2008 und Town and Country Planning (General Permitted Development) (Amendment) Order 2013 und Town and Country Planning (Development Management Procedure) Order 2010.

889 Siehe dazu: 3. Kapitel A. III. 1.

890 *Moore/Purdue*, A practical approach to Planning Law, S. 12.

891 Siehe dazu: Civil Procedure Rule 54.21–54.24; Practice Direction 54 E – Planning Court Claims.

892 Siehe dazu: *Card/Murdoch/Murdoch*, Real Estate Management Law, S. 694; zu *material change of use* siehe ausführlicher: 3. Kapitel A. IV. 3. a).

893 Siehe dazu: *Card/Murdoch/Murdoch*, Real Estate Management Law, S. 703 f.; zu *material consideration* siehe ausführlicher: 3. Kapitel A. IV. 1.

894 Zum Rechtsschutz in Planungsrecht siehe: *CPRE*, Plan B: How to challenge bad developments, S. 2 ff.

895 *McEldowney/McEldowney*, Environmental Law, S. 204.

unmittelbar, die *planning policy* mittelbar als Beurteilungs- bzw. Kontrollmaßstab angewendet.[896]

4. Planning Policy

Neben den Gesetzen ist bei englischen Planungsentscheidungen die *planning policy* von herausragender Bedeutung. Bei *policy* handelt es sich nicht um Recht[897] und daher auch nicht um eine Rechtsquelle im eigentlichen Sinne. *Policy* beinhaltet vielmehr Vorgaben der Politik, vor allem der Zentralregierung, hinsichtlich bestimmter Themen.[898] Bereits seit den 1940er-Jahren werden die Planentscheidungen durch die *planning policy* beeinflusst.[899] Durch diese kann die Regierung die Planung erheblich steuern und kontrollieren.[900] Die *planning policy* wird durch den *Secretary of State for Communities and Local Government*[901] für die Zentralregierung formuliert.

Die aktuell geltende *planning policy* für das gesamte Landesgebiet, d. h. eine Gesamtstrategie für die Planung, ist im National Planning Policy Framework (NPPF)[902] aus dem Jahr 2012 verankert. Dieses Dokument ersetzt die vorher bestehenden Planning Policy Statements (PPS) (davor Planning Policy Guidance (PPG)).[903] Beim NPPF handelt es sich um eine Zusammenstellung von Vorschriften und einen allgemeinen Leitfaden für die Praxis.[904] Darin werden 12 Hauptziele der Planung (*core planning principles*) (para. 17 NPPF) formuliert. Der NPPF beinhaltet jedoch keine Vorgaben hinsichtlich des konkreten Orts und der Umsetzung der baulichen Entwicklung. Diese Entscheidungen bleiben den lokalen Planungsbehörden überlassen.

---

896 Siehe dazu zwar: Civil Procedure Rules (CPR) 54.21 (2) (a) (viii), aber für das hier untersuchte Planaufstellungs- und Baugenehmigungsverfahren gilt Folgendes: Bei der gerichtlichen Überprüfung von Plänen wird gemäß s. 113 (3) PCPA 2004 lediglich untersucht, ob bei der Planaufstellung die Anforderungen der Planungsgesetze eingehalten wurden. Bei der Überprüfung von Baugenehmigungen ist insbesondere das Planungsgesetz Maßstab, allerdings kann auch mittelbar die *planning policy* als Kontrollmaßstab angewandt werden (siehe s. 288 (1) TCPA 1990); zum Rechtsschutz siehe ausführlich: *CPRE*, Plan B: How to challenge bad developments, S. 1 ff.; vgl. auch *McEldowney/ McEldowney*, Environmental Law, S. 204.

897 *Fisher/Lange/Scotford*, Environmental Law, S. 439; zur Unterscheidung von *policies*, *principles* und *rights* (nach *Dworkin*) siehe: *McLeod*, Legal Theory, S. 122 ff.

898 *Fisher/Lange/Scotford*, Environmental Law, S. 439.

899 *Booth*, Managing land-use change, LUP 2009, S. 154, 155.

900 *McEldowney/McEldowney*, Environmental Law, S. 204.

901 Siehe dazu: 3. Kapitel A. III. 1.

902 Eine Auflistung der außer Kraft gesetzten Dokumente findet sich im Annex 3 des NPPF.

903 Siehe dazu auch: *Bird*, The NPPF in practice: panacea, pariah or placebo?, JPEL 2013, S. 82, 82 ff.

904 *Fisher/Lange/Scotford*, Environmental Law, S. 807.

Der NPPF ist nicht rechtsverbindlich[905] und dennoch für die Planung von herausragender Bedeutung. Dies ist darauf zurückzuführen, dass das englische Planungsrecht so ausgestaltet ist, dass nicht nur rechtliche Vorgaben, sondern vor allem auch die *planning policy* von den jeweiligen Planungsträgern beachtet werden muss. Die Vorgaben des NPPF sind bei der Vorbereitung von Plänen sowie als *other material consideration*[906] bei Planungsentscheidungen von der lokalen Planungsbehörde, vor allem auch bei der Erteilung von Baugenehmigungen, zu berücksichtigen (para. 2, 13, 196 NPPF). Dementsprechend enthält die *planning policy* Verpflichtungen, die umgesetzt werden müssen[907] ohne jedoch rechtsverbindlich zu sein.[908] Faktisch sind die lokalen Planungsbehörden somit an die Vorgaben gebunden. Sofern diese entscheiden, dass sie die *planning policy* nicht befolgen, müssen sie dies ausführlich und überzeugend begründen.[909]

III. Für die Planung relevante Institutionen

Das englische Planungssystem ist durch einen hierarchischen Aufbau gekennzeichnet. Auf der obersten Ebene stehen das Parlament und der *Secretary of State for Communities and Local Government.* Auf lokaler Ebene sind die lokalen Planungsbehörden, die sich in *country planning authority* und *district planning authority* aufteilen oder eine *unitary planning authority*, verantwortlich.

1. Secretary of State for Communities and Local Government

Ein *Secretary of State* ist gewähltes Mitglied des Parlaments und wird vom *Prime Minister* zur Leitung eines bestimmten Ministeriums ausgewählt.[910] Für das Planungsrecht ist der *Secretary of State for Communities and Local Government* des *Department for Communities and Local Govenment*[911] zuständig. Er ist im

---

905 Ibid., S. 795.

906 Das gilt für jede *planning policy.* Berücksichtigung innerhalb von Planungsentscheidungen findet diese immer, sofern im Gesetz die Vorgabe enthalten ist, dass *other material considerations* beachtet werden müssen. Siehe dazu: *Bell/McGillivray*, Environmental Law, S. 374; *Booth*, Managing land-use change, LUP 2009, S. 154, 156; *Card/Murdoch/Murdoch*, Real Estate Management Law, S. 703; *Fisher/Lange/Scotford*, Environmental Law, S. 452.

907 *Fisher/Lange/Scotford*, Environmental Law, S. 440.

908 Ibid., S. 795.

909 Siehe dazu: EC Grandsden and Co Ltd and Falkbridge Ltd v Secretary of State and another v. 16.07.1985 (JPL 1986, S. 519 ff.).

910 *Blackhall*, Planning Law and Practice, S. 15.

911 Auflistung der einzelnen Aufgaben des *Secretary of State for Communities and Local Government*: *Government UK*, https://www.gov.uk/government/organisations/department-for-communities-and-local-government/about, abgerufen am: 24.07.2016; siehe dazu auch: *Hart* in: Cullingworth/Nadin/Hart, et al. (Hrsg.), Town and Country Planning in the UK, S. 45; Zudem ist der *Secretary of State for*

Planungsprozess von herausragender Bedeutung, da er legislative, administrative sowie quasi-judikative Befugnisse hat.[912] Bei der Aufgabenumsetzung wird der *Secretary of State* durch das *Planning Inspectorate*[913] unterstützt.

Die legislativen Befugnisse bestehen darin, dass der *Secretary of State* Sekundärrechtsakte (z. B. *regulations* und *order*) erlassen kann (s. 333 TCPA 1990). Diese Ermächtigung unterliegt der Überwachung und Kontrolle des Parlaments.[914] Die Befugnis *order* zu erteilen umfasst auch, durch sog. *development order*[915] Baugenehmigungen für bestimmte Vorhaben innerhalb von festgelegten Gebieten zu erteilen (s. 59 TCPA 1990).[916]

Vor allem im administrativen Bereich kommen dem *Secretary of State* weitreichende Befugnisse zu. Dazu gehört beispielsweise die Überprüfung der Bebauungspläne[917] (inklusive einer Abänderungsbefugnis) sowie die Möglichkeit, in den Entscheidungsprozess über Baugenehmigungen einzugreifen.[918] Zudem formuliert der *Secretary of State* die *planning policy*[919] für ganz England. Er ist gemäß s. 1 Minster of Town and Country Planning Act 1943 verpflichtet, für deren Folgerichtigkeit und Kontinuität zu sorgen.

Der *Secretary of State* nimmt zwar keine Aufgaben der Judikative wahr, er hat allerdings in bestimmten Situationen die Befugnis, Entscheidungen zu treffen, bevor es zu einem Prozess kommt.[920] Beispielsweise kann sich der Antragsteller einer Baugenehmigung an ihn wenden, wenn ihm die Baugenehmigung verweigert

---

Environment, Food and Rural Affairs des *Department for Environment, Food and Rural Affairs (DEFRA)* von Bedeutung, der beispielsweise für Umweltschutz sowie für eine nachhaltige Entwicklung verantwortlich ist. Auflistung der einzelnen Aufgaben des *Secretary of State for Environment, Food and Rural Affairs*: *Government UK*, https://www.gov.uk/government/organisations/department-for-environment-food-rural-affairs/about, abgerufen am: 24.07.2016; Sofern im Folgenden von dem *Secretary of State* gesprochen wird, ist der *Secretary of State for Communities and Local Government* damit gemeint.

912 Zu den Befugnissen siehe auch: *Blackhall*, Planning Law and Practice, S. 15 ff.; *Denyer-Green/Ubhi*, Development and Planning Law, S. 51 f.; *Moore/Purdue*, A practical approach to Planning Law, S. 9 ff.

913 Siehe dazu: 3. Kapitel A. III. 2.

914 *Moore/Purdue*, A practical approach to Planning Law, S. 12.

915 Siehe dazu: 3. Kapitel A. IV. 3. b) aa).

916 Hierbei handelt es sich um eine administrative Entscheidung in legislativer Form. Siehe: Essex County Council v Ministry of Housing and Local Government Chancery Division v. 26.07.1967 (P&CR 1967, S. 531 ff.); *Moore/Purdue*, A practical approach to Planning Law, S. 12.

917 Siehe dazu: 3. Kapitel A. IV. 1. c).

918 Siehe dazu: 3. Kapitel A. IV. 2. c).

919 Die neuste *planning policy*, der NPPF, wurde vom *Department for Communities and Local Government* 2012 veröffentlicht.

920 *Moore/Purdue*, A practical approach to Planning Law, S. 26; siehe dazu: 3. Kapitel IV. 3. d).

oder mit Bedingungen versehen wurde, mit denen er nicht einverstanden ist.[921] Bei dem *Secretary of State* kann auch Beschwerde (*appeal*) über bauaufsichtsrechtliche Maßnahmen eingelegt werden.[922] Die Entscheidungen des *Secretary of State* sind für die lokalen Planungsbehörden verbindlich, eine gerichtliche Überprüfung ist aber noch möglich.[923] Dieser Ablauf ist mit dem Widerspruchsverfahren im deutschen Recht vergleichbar.

Die Befugnisse des *Secretary of State* sind folglich äußerst weitreichend. Er kann einerseits durch die *planning policy* die Richtung des Planungsrechts vorgeben und andererseits das Handeln der Gemeinden in Schranken weisen. Letztendlich hat der *Secretary of State* bei Planungsentscheidungen das letzte Wort.[924]

2. Planning Inspectorate

Bei dem *Planning Inspectorate* handelt es sich um das Exekutivorgan des *Department for Communities and Local Government.* Die aufgelisteten Aufgaben des *Secretary of State* werden durch die einzelnen *Planning Inspectors* des *Planning Inspectorate* ausgeführt.[925] Ein *Planning Inspector* überprüft beispielsweise die *development plan documents*[926] und unterstützt den *Secretary of State* bei von ihm eingezogenen Baugenehmigungen.[927] Zudem entscheidet das *Planning Inspectorate* in der Regel über Beschwerden bezüglich verweigerter Baugenehmigungen und bauaufsichtsrechtlicher Maßnahmen.[928]

3. Lokale Planungsbehörden

Neben dem *Secretary of State* haben die lokalen Planungsbehörden die zentralen Planungsbefugnisse inne. Diese treffen beispielsweise Entscheidungen über Baugenehmigungen[929] und verfassen Planungsdokumente[930] sowie *local development order.*[931]

In England besteht grundsätzlich ein zweistufiger Planungsbehördenaufbau (*two-tier local authorities*) (s. 1 (1) Local Government Act 1972), bei dem die Aufgaben

---

921 Siehe dazu: 3. Kapitel A. IV. 3. d).

922 Siehe dazu: 3. Kapitel A. IV. 3. d).

923 Siehe dazu: 3. Kapitel A. IV. 3. d).

924 *Moore/Purdue*, A practical approach to Planning Law, S. 11.

925 Auflistung der einzelnen Aufgaben des *Planning Inspectorates*: *Government UK*, https://www.gov.uk/government/organisations/planning-inspectorate/about, abgerufen am: 24.07.2016; siehe auch: *Hart* in: Cullingworth/Nadin/Hart, et al. (Hrsg.), Town and Country Planning in the UK, S. 51.

926 Siehe dazu: *Ratcliffe/Stubbs/Keeping*, Urban Planning and Real Estate Development, S. 52; siehe dazu: 3. Kapitel A. IV. 1 a).

927 Siehe dazu: 3. Kapitel A. IV. 3. c).

928 Siehe dazu: 3. Kapitel A. IV. 3. c).

929 Siehe dazu: 3. Kapitel A. IV. 3.

930 Siehe dazu: 3. Kapitel A. IV. 1.

931 Siehe dazu: 3. Kapitel A. IV. 3. b) aa).

zwischen den Behörden aufgeteilt werden (s. 1 (3), sch. 1 TCPA 1990). Das *county council* ist die *county planning authority* innerhalb des *county* (obere Stufe) und das *district council* ist die *district planning authority* innerhalb des *district* (untere Stufe) (s. 1 (1) TCPA 1990). Die meisten Aufgaben sind den *district planning authorities* zugewiesen, außer es sind *county matter* betroffen, welche in para. 1 sch. 1 TCPA 1990 aufgelistet sind.[932] Zudem wurde durch den Local Government Act 1992 eine Einheitsbehörde (*unitary authority*) eingeführt.[933] Auf unterster Verwaltungsebene gibt es zusätzlich *parish councils*, denen vor allem im Rahmen des *neighbourhood planning* Aufgaben zukommen.[934]

Innerhalb der lokalen Planungsbehörden gibt es verschiedene Personen und Institutionen, die für die anfallenden Planungsaufgaben zuständig sind. Das *council* besteht aus gewählten Mitgliedern (*councillors*), die die Entscheidungen in diesem Gremium treffen.[935] Unterstützt wird das *council* durch qualifizierte Fachkräfte, die nicht gewählt werden (*officiers of the council*) (s. 101 (1), 112 Local Government Act 1972). Diese kümmern sich um die alltäglich anfallenden Aufgaben.[936] Sie entscheiden beispielsweise über Baugenehmigungen und verfassen *development plans*, sobald eine Gesamtstrategie von dem *council* festgelegt wurde.[937] Weiterhin kann bei Bedarf ein *planning committee* eingerichtet werden, welches aus Mitgliedern des *councils* besteht (s. 101 (1), 102 Local Government Act 1972). Darin werden allgemeine Planungsentscheidungen getroffen.[938] Durch die Kombination von politischen Entscheidungsträgern und Fachkräften auf lokaler Ebene wird versucht Planungsentscheidungen zu treffen, bei denen die jeweiligen Interessen angemessen berücksichtigt werden.[939] Dennoch ist festzuhalten, dass die Einwirkungsmöglichkeiten der Gemeinden auf die Planung in ihrem Gemeindegebiet im Vergleich zu Deutschland äußerst gering sind, da in England die Zentralregierung durch die weitreichenden Befugnisse des *Secretary of State* maßgeblich in den Planungsprozess eingreift.

---

932 Zur Aufgabenverteilung siehe auch: *Card/Murdoch/Murdoch*, Real Estate Management Law, S. 680 f.; *Moore/Purdue*, A practical approach to Planning Law, S. 30 f.

933 Siehe dazu: *Moore/Purdue*, A practical approach to Planning Law, S. 26; vgl. *Card/Murdoch/Murdoch*, Real Estate Management Law, S. 681.

934 Siehe dazu: 3. Kapitel A. IV. 1. b).

935 *Card/Murdoch/Murdoch*, Real Estate Management Law, S. 682; *Hart* in: Cullingworth/Nadin/Hart, et al. (Hrsg.), Town and Country Planning in the UK, S. 69; *Ratcliffe/Stubbs/Keeping*, Urban Planning and Real Estate Development, S. 26.

936 *Card/Murdoch/Murdoch*, Real Estate Management Law, S. 682 f.; *Hart* in: Cullingworth/Nadin/Hart, et al. (Hrsg.), Town and Country Planning in the UK, S. 69.

937 *Card/Murdoch/Murdoch*, Real Estate Management Law, S. 683; *Hart* in: Cullingworth/Nadin/Hart, et al. (Hrsg.), Town and Country Planning in the UK, S. 69.

938 *Card/Murdoch/Murdoch*, Real Estate Management Law, S. 682; *Ratcliffe/Stubbs/Keeping*, Urban Planning and Real Estate Development, S. 29 f.

939 *Hart* in: Cullingworth/Nadin/Hart, et al. (Hrsg.), Town and Country Planning in the UK, S. 69.

IV. System des englischen Planungsrechts

Die Entscheidung über die bauliche Nutzung von freien Flächen bzw. über deren Freihaltung wird in England im Rahmen des Planaufstellungsverfahrens, aber auch im Baugenehmigungsverfahren getroffen. Um die Besonderheiten im englischen Planungsrecht bezüglich der Flächeninanspruchnahme und deren Begrenzung zu verstehen, müssen die wesentlichen Prinzipien des englischen Planungsrechts[940] genauer analysiert werden.

Im Allgemeinen lassen sich in England Flächen in drei verschiedene Kategorien einordnen: Städte und Gemeinden, *green belts* sowie bislang unbebaute Gebiete. *Green belts* sind Flächen für Naherholung, Land- oder Forstwirtschaft, die ringförmig um einige Städte herumführen. Innerhalb dieser *green belts* und den bislang unbebauten Gebieten ist eine bauliche Entwicklung grundsätzlich ausgeschlossen (para. 74, 87, 89 NPPF). Daraus folgt, dass in der Regel nur innerhalb der bestehenden Gemeinde- bzw. Stadtgebiete gebaut werden darf.

1. Planaufstellungsverfahren

Im englischen Planungsrecht wird die bauliche Entwicklung für die einzelnen Gebiete durch einen *development plan*[941] festgelegt. Jede Entscheidung über die bauliche Entwicklung muss im Einklang mit dem *development plan* getroffen werden, außer *material considerations* geben etwas anderes vor (s. 38 (6) PCPA 2004).

Material considerations umfassen zahlreiche diverse Belange[942] (ähnlich wie bei den Abwägungsbelangen im deutschen Recht), die das Planungsrecht einschränken können. Es gibt keine Vorgabe, welche Aspekte *material considerations* sind, sodass den Entscheidungsträgern erhebliches Ermessen zukommt.[943] Vor allem die *policy* der Zentralregierung,[944] aber auch Erwägungen des Umweltschutzes sind *material*

940 Auf die Darstellung des englischen Rechtssystems wird verzichtet. Siehe dazu ausführlich: *Gillespie*, The English Legal System, S. 1 ff.; *Graf von Bernstorff*, Einführung in das englische Recht, S. 1 ff.; *Slapper/Kelly*, The English Legal System 2014–2015, S. 1 ff.

941 Zur geschichtlichen Entwicklung der *development plans* siehe ausführlich: *Moore/Purdue*, A practical approach to Planning Law, S. 41 ff.

942 Siehe dazu ausführlich: *Blackhall*, Planning Law and Practice, S. 154 ff.; *Card/Murdoch/Murdoch*, Real Estate Management Law, S. 703 f.; *Ratcliffe/Stubbs/Keeping*, Urban Planning and Real Estate Development, S. 53 ff.

943 *Wright*, Has sustainable development been integrated into environmental legislation? An assessment of the resilience approach, ELM 2014, S. 10, 16.

944 *Bell/McGillivray*, Environmental Law, S. 374; *Card/Murdoch/Murdoch*, Real Estate Management Law, S. 703.

considerations.[945] Laut Rechtsprechung[946] können sämtliche *considerations*, die einen Bezug zur Nutzung des Bodens oder zur baulichen Entwicklung (*development*) aufweisen, *material considerations* sein.

Der *development plan*, der für die Entscheidung, ob eine bauliche Nutzung erfolgen darf maßgeblich ist, besteht aus den *development plan documents* und dem *neighbourhood development plan* (s. 38 (3) PCPA 2004).

a) Development Plan Documents

Die *development plan documents* beinhalten die *planning policy* der jeweiligen lokalen Planungsbehörde. Neben diesen Dokumenten gibt es jedoch zusätzlich noch zahlreiche andere Anforderungen, die im Rahmen der Planaufstellung erfüllt werden müssen. Da die *development plan documents* in die sonstigen Planaufstellungsanforderungen integriert sind, können diese im Folgenden nicht isoliert betrachtet werden. Die verschiedenen Verfahrensanforderungen des Planaufstellungsverfahrens werden in einem Portfolio von Planungsdokumenten, dem sog. *local development framework*, zusammengefasst.[947] Dieser beinhaltet im Einzelnen: die *local development documents*,[948] ein *local development scheme*, ein *statement of community involvement* sowie einen *monitoring report*.[949]

---

945 *Fisher/Lange/Scotford*, Environmental Law, S. 822; *McEldowney/McEldowney*, Environmental Law, S. 208; siehe dazu auch: para. 8 PPS 23 (Planning and Pollution Control), der jedoch nicht mehr in Kraft ist: „Any consideration of the quality of land, air or water and potential impacts arising from development, possibly leading to an impact on health, is capable of being a material planning consideration, in so far as it arises or may arise from any land use."

946 Siehe beispielsweise: Stringer v Minister of Housing and Local Government and Another v. 03.07.1970 (P&CR 1971, S. 255 ff.); Westminster City Council Appellants v Great Portland Estates Plc Respondents v. 31.10.1984 (WLR 1984, S. 1035 ff.); Regina v Westminster City Council, Ex parte Monahan and Another v. 19.10.1988 (WLR 1989, S. 408 ff.).

947 *Card/Murdoch/Murdoch*, Real Estate Management Law, S. 685; *Duxbury*, Telling & Duxbury's Planning Law and Procedure, S. 65; siehe auch: para. 1.4. PPS 12 (creating strong safe and prosperous communities through Local Spatial Planning) (jedoch nicht mehr in Kraft); Der Begriff *local development framework* ist zwar in keinem Gesetz enthalten, wird aber einheitlich so genannt. Siehe: *Card/Murdoch/Murdoch*, Real Estate Management Law, S. 685; *Duxbury*, Telling & Duxbury's Planning Law and Procedure, S. 65; *Moore/Purdue*, A practical approach to Planning Law, S. 54.

948 *Card/Murdoch/Murdoch*, Real Estate Management Law, S. 685; *Duxbury*, Telling & Duxbury's Planning Law and Procedure, S. 65; *Moore/Purdue*, A practical approach to Planning Law, S. 55; siehe auch: para. 1.4. PPS 12 (creating strong safe and prosperous communities through Local Spatial Planning) (jedoch nicht mehr in Kraft).

949 *Duxbury*, Telling & Duxbury's Planning Law and Procedure, S. 65.

aa) Local Development Documents

Nicht nur auf nationaler, sondern auch auf lokaler Ebene wird eine *planning policy* bezüglich der baulichen Entwicklung und Nutzung des Gemeindegebiets festgelegt. Diese wird von der lokalen Planungsbehörde formuliert und ist in den *local development documents*[950] enthalten (s. 17 (3) PCPA 2004). Hierbei müssen die nationale *policy*, vor allem der NPPF, andere Vorgaben des *Secretary of State* (s. 19 (2) (a) PCPA 2004) sowie Vorgaben zur nachhaltigen Entwicklung (s. 39 (1) (b), (2) PCPA 2004) Berücksichtigung finden. Bei der Erarbeitung der *local development documents* müssen zudem die Anforderungen des *statement of community involvement*[951], d. h. die Beteiligung der Bürger an verschiedenen Planungsschritten (s. 18 (2) PCPA 2004), eingehalten werden (s. 19 (3) PCPA 2004).

Für die Wirksamkeit der *local development documents* ist eine Annahme durch Beschluss der lokalen Planungsbehörde erforderlich und sofern der *Secretary of State* der Ansicht ist, dass Planungsdokumente ungenügend (*unsatisfactory*) sind (s. 21 PCPA 2004) oder dass das Verfahren von der lokalen Planungsbehörde nicht korrekt durchgeführt wurde (s. 27 PCPA 2004), ist sogar die Zustimmung des *Secretary of State* notwendig (s. 17 (8) PCPA 2004).

Es gibt zwei unterschiedliche Arten von *local development documents*: die *development plan documents* und die *supplementary planning documents*.[952] Während die *development plan documents*[953] gesetzlich vorgeschrieben sind (siehe s. 19 PCPA 2004) und zwingend Bestandteil des *development plans* sind, ist dies bei den *supplementary planning documents*[954] nicht der Fall.

---

950 In reg. 5 Town and Country Planning (Local Planning) (England) Regulations 2012 ist näher definiert, unter welchem Umständen ein *local development document* gegeben ist.

951 Siehe dazu: 3. Kapitel A. IV. 1. a) cc).

952 *Card/Murdoch/Murdoch*, Real Estate Management Law, S. 685; *Duxbury*, Telling & Duxbury's Planning Law and Procedure, S. 76; *Moore/Purdue*, A practical approach to Planning Law, S. 56.

953 Die *development plan documents* müssen im Einklang mit dem *local development scheme* verfasst werden (s. 19 (1) PCPA 2004). Die lokalen Planungsbehörden müssen zudem eine Bewertung der Nachhaltigkeit (*appraisal of the sustainability*) der einzelnen Vorhaben in den *development plan documents* durchführen (s. 19 (5) PCPA 2004). Die genauen Voraussetzungen für und Anforderungen an die *development plan documents* sind in der Town and Country Planning (Local Planning) (England) Regulations 2012 enthalten.; siehe etwa: reg. 6, 8, 10 (Darin wird der Begriff *local plan* für die *development plan documents* verwendet.).

954 Die *supplementary planning documents* liefern detailliertere Informationen und ergänzen die *policy* in den *development plan documents*: *Card/Murdoch/Murdoch*, Real Estate Management Law, S. 686; *Duxbury*, Telling & Duxbury's Planning Law and Procedure, S. 76; *Moore/Purdue*, A practical approach to Planning Law, S. 56. In reg. 8, 10, 11–16 der Town and Country Planning (Local Planning) (England) Regulations 2012 sind die Anforderungen an die *supplementary planning documents* geregelt.

bb) Local Development Scheme

Gemäß s. 15 (1) PCPA 2004 müssen die lokalen Planungsbehörden ein *local development scheme* verfassen und verwalten. Dabei handelt es sich um eine öffentliche Erklärung der lokalen Planungsbehörde über den Ablauf der Erstellung der *local development documents.*[955] Darin werden die Details und der Zeitplan für die Erstellung aller *development plan documents* angegeben (s. 15 (2) PCPA 2004). Dadurch wird die Bevölkerung unterrichtet, was die lokale Planungsbehörde beabsichtigt und zu welchem Zeitpunkt die Beteiligung im Planungsprozess vorgesehen ist.[956] Um den Planungsprozess zu effektivieren und der Zentralisierung entgegenzuwirken,[957] müssen die lokalen Planungsbehörden seit 2011 das *local development scheme* nicht mehr dem *Secretary of State* vorlegen (s. 111 (2) LA 2011). Dieser ist aber weiterhin befugt Änderungen anzuordnen, wenn es um die Gewährleistung geht, dass das gesamte Gemeindegebiet durch die *development plan documents* effektiv abgedeckt wird (s. 15 (4) PCPA 2004, s. 111 (3) LA 2011).

cc) Statement of Community Involvement

Die lokalen Planungsbehörden sind außerdem verpflichtet ein *statement of community involvement*[958] zu verfassen (s. 18 (1) PCPA 2004). Hierbei handelt es sich um einen Bericht, in dem die Behörde darlegt wie sie die Bürger, die durch die bauliche Entwicklung betroffen sind, an verschiedenen Planungsschritten beteiligen wird (s. 18 (2) PCPA 2004).[959]

dd) Monitoring Report

Gemäß s. 35 (2) PCPA 2004 muss jede lokale Planungsbehörde einen Bericht (*monitoring report*) über die Umsetzung des *local development scheme* verfassen.[960] Darin muss auch erläutert werden, wie die *policy*, die in den *local development documents*

---

955 *Denyer-Green/Ubhi*, Development and Planning Law, S. 61; *Duxbury*, Telling & Duxbury's Planning Law and Procedure, S. 67; *Moore/Purdue*, A practical approach to Planning Law, S. 54.

956 *Card/Murdoch/Murdoch*, Real Estate Management Law, S. 685; *Moore/Purdue*, A practical approach to Planning Law, S. 54.

957 Vgl. *DCLG*, A plain English guide to the Localism Act, S. 11; *The Communities and Local Government Committee*, Third Report: Localism, S. 7 ff.

958 Bei der Erstellung der *local development documents* müssen die lokalen Planungsbehörden die Vorgaben des *statement of community involvement* einhalten (s. 19 (3) PCPA 2004).

959 Siehe dazu auch: *Duxbury*, Telling & Duxbury's Planning Law and Procedure, S. 69.

960 Siehe Details dazu: reg. 34 Town and Country Planning (Local Planning) (England) Regulations 2012.

enthalten ist, umgesetzt wurde.[961] Der *monitoring report* muss veröffentlicht werden (s. 35 (4) PCPA 2004).

b) Neighbourhood Development Plans

Zum *development plan* gehören neben den *development plan documents* die *neighbourhood development plans* (s. 38 (3) PCPA 2004). *Neighbourhood development plans* betreffen nur einen Teil des Gemeindegebiets, die sog. *neighbourhood areas*[962]. Diese Pläne wurden durch den LA 2011 eingeführt und sollen zusammen mit den ebenfalls neu geschaffenen *neighbourhood development order* und *community right to built order*[963] dazu führen, dass den Gemeinden mehr Mitspracherechte bei der Gestaltung ihres Gemeindegebiets zukommen.[964]

Der *neighbourhood development plan* legt die *policy* bezüglich der baulichen Entwicklung und der Bodennutzung in dem gesamten oder einem Teil einer bestimmten *neighbourhood area* dar (s. 38 A (2) PCPA 2004). Er muss im Einklang mit lokaler und nationaler *planning policy* sein und darf nicht gegen europäisches Recht verstoßen.[965] Jede autorisierte Körperschaft, d. h. *parish council* oder *neighbourhood forum*[966] (s. 61 G (2) TCPA 1990), ist ermächtigt, ein Verfahren zur Erstellung eines *neighbourhood development plans* bei der lokalen Planungsbehörde einzuleiten (s. 38 A (1) PCPA 2004). Sobald ein solches eröffnet wurde, muss ein Referendum in dem entsprechenden Gebiet abgehalten werden.[967] Wenn die Hälfte der Stimmberechtigten des Referendums für die Erstellung eines *neighbourhood development plan* gestimmt haben, ist die lokale Planungsbehörde verpflichtet einen solchen zu erstellen (s. 38 A (4) (a) PCPA 2004). Die *neighbourhood development plans* müssen anschließend einer unabhängigen Überprüfung[968] durch einen bestimmten Prüfer[969] unterzogen werden (s. 38 A (3) PCPA 2004 i. V. m. para. 7 (2) sch. 4 B TCPA 1990).

---

961 Siehe Details dazu: reg. 34 Town and Country Planning (Local Planning) (England) Regulations 2012.

962 *Neighbourhood area* wird in s. 61 G (1) TCPA 1990 definiert.

963 Siehe dazu: sch. 4 C TCPA 1990; siehe dazu ausführlich: *Stookes/Thomas*, Planning and the Localism Act 2011, S. 68 ff.

964 *DCLG*, A plain English guide to the Localism Act, S. 12.

965 *Stookes/Thomas*, Planning and the Localism Act 2011, S. 58, 60.

966 Siehe dazu: s. 61 F (5) TCPA 1990; zu *neighbourhood forums* siehe auch: *Denyer-Green/Ubhi*, Development and Planning Law, S. 64 f.

967 Die Voraussetzungen des Referendums sind in para. 14–16 sch. 4 B TCPA 1990 normiert, die aufgrund von s. 38 A (3) PCPA 2004 auch für *neighbourhood development plans* anwendbar sind.

968 Die Voraussetzungen der unabhängigen Überprüfung sind in para. 7–13 sch. 4 B TCPA 1990 normiert, die aufgrund von s. 38 A (3) PCPA 2004 auch für *neighbourhood development plans* anwendbar sind.

969 Die lokale Planungsbehörde kann den Prüfer auswählen, die autorisierte Körperschaft muss der Auswahl zustimmen (s. 38 A (3) PCPA 2004 i. V. m. para. 7 (4) sch. 4 B TCPA 1990). Sofern keine Einigung stattfindet, beauftragt der *Secretary of*

c) Befugnisse des Secretary of State

Die Zentralregierung hat durch den *Secretary of State* im Rahmen des Planaufstellungsprozesses großen Einfluss. Gemäß s. 20 (1) PCPA 2004 muss die lokale Planungsbehörde die *development plan documents* dem *Secretary of State* zu einer unabhängigen Untersuchung vorlegen. Diese Überprüfung[970] wird durch den *Planning Inspector*[971] durchgeführt (s. 20 (4) PCPA 2004). Hierbei wird untersucht, ob die *development plan documents* die gesetzlichen Voraussetzungen einhalten, ob diese stichhaltig bzw. fehlerfrei (*sound*)[972] sind und ob sie den Anforderungen an die nachhaltige Entwicklung (s. 33 A PCPA 2004) entsprechen (s. 20 (5) PCPA 2004). Nach der Überprüfung muss eine Empfehlung ausgesprochen werden, ob die *development plan documents* verabschiedet werden sollten (s. 20 (7), (7A) PCPA 2004). Wegen des Ziels, den lokalen Planungsbehörden mehr Mitspracherechte im Planungsprozess einzuräumen,[973] sind die lokalen Planungsbehörden seit dem LA 2011 allerdings nicht mehr an diese Empfehlung gebunden (s. 112 LA 2011; s. 23 PCPA 2004).

Trotz dieser Lockerung hat der *Secretary of State* heute noch immer äußerst weitreichende Kompetenzen. Er hat die Befugnis *development plan documents* zu verfassen bzw. zu korrigieren, sofern er der Meinung ist, dass das Verfahren von der lokalen Planungsbehörde nicht korrekt durchgeführt wurde (s. 27 PCPA 2004). Er kann sich außerdem jederzeit vor der Verabschiedung der *development plan documents* durch die lokale Planungsbehörde, diese zur Genehmigung vorlegen lassen (sog. *call-in power*) (s. 21 (4) PCPA 2004). Die lokalen Planungsbehörden sind dann von der Entscheidung des *Secretary of State* abhängig (s. 21 (5) (a) PCPA 2004) und die *development plan documents* entfalten keine Wirkung bis der *Secretary of State* diese genehmigt hat (s. 21 (5) (d) PCPA 2004).

Auch hinsichtlich der *local development documents* hat der *Secretary of State* Überwachungsbefugnisse. Ihm wird gemäß s. 21 PCPA 2004 die Ermächtigung verliehen, bei der Verfassung der *local development documents* zu intervenieren. Sofern er Dokumente als ungenügend (*unsatisfactory*) ansieht, kann er jederzeit, bevor diese verabschiedet werden, die lokale Planungsbehörde anweisen, Änderungen

---

State einen Prüfer (s. 38 A (3) PCPA 2004 i. V. m. para. 7 (5) sch. 4 B TCPA 1990). Die Anforderungen an den Prüfer sind in para. 7 (6) sch. 4 B TCPA 1990 geregelt. Voraussetzung ist danach, dass die Person unabhängig ist, d. h. kein eigenes Interesse an dem in Rede stehenden Gebiet sowie entsprechende Qualifikationen und Erfahrungen hat.

970 Das Verfahren der Überprüfung wird in reg. 24, 25 Town and Country Planning (Local Planning) (England) Regulations 2012 geregelt.

971 Siehe auch: *Moore/Purdue*, A practical approach to Planning Law, S. 59; vgl. *Stookes/Thomas*, Planning and the Localism Act 2011, S. 50.

972 Im Act findet sich keine Definition des Wortes *sound*. In para. 182 NPPF wird es definiert als „positively prepared, justified, effective and consistent with national policy".

973 Vgl. *DCLG*, A plain English guide to the Localism Act, S. 11; *The Communities and Local Government Committee*, Third Report: Localism, S. 7 ff.

vorzunehmen (s. 21 (1) PCPA 2004). Die lokalen Planungsbehörden müssen diesen Anweisungen Folge leisten und dürfen die Dokumente nicht verabschieden, bevor der *Secretary of State* die Einhaltung der Vorgaben bestätigt hat (s. 21 (2) PCPA 2004).

d) Rechtsschutz

Der Rechtsschutz gegen Pläne und Dokumente ist in s. 113 PCPA 2004 geregelt. Danach kann sich jede durch *development plan documents* oder einen *local development plan* (s. 113 (1) (c) (d) PCPA 2004) beeinträchtigte Person an ein Gericht wenden, um zu überprüfen, ob das Dokument bzw. der Plan innerhalb der entsprechenden Befugnisse (siehe dazu s. 113 (9) PCPA 2004) erlassen wurde und bzw. oder ob die Verfahrensanforderungen (siehe dazu s. 113 (10) PCPA 2004) eingehalten wurden (s. 113 (3) PCPA 2004). Das Gericht überprüft somit das Dokument bzw. den Plan nicht vollumfänglich, sondern nur hinsichtlich dieser Aspekte (s. 113 (2) PCPA 2004). Sofern das Gericht der Ansicht des Klägers folgt (s. 113 (6) PCPA 2004), kann dieses das in Rede stehende Dokument bzw. den Plan entweder verwerfen (s. 113 (7) (a) PCPA 2004) oder an die Institution verweisen, die zur Verfassung, Veröffentlichung, Verabschiedung oder Genehmigung zuständig war (s. 113 (7) (b) PCPA 2004).

2. Nachhaltige Entwicklung und Umweltprüfung

Die nachhaltige Entwicklung (*sustainable development*) (die auch die Begrenzung der Ressourceninanspruchnahme sowie die der Flächeninanspruchnahme[974] bezweckt) und die Umweltprüfung sind, wie im deutschen Planungsrecht, so auch im englischen verankert. Hierbei gibt es keine gesetzliche Definition[975] der nachhaltigen Entwicklung[976]. Der NPPF verweist vielmehr auf die Definition der Kommission der

---

974 Vgl. *Samuels*, Sustainable development: what is it?, JPEL 2013, S. 1374, 1375.

975 Zum Begriff siehe: *Fairlie*, Sustainable and low impact developments in the countryside, JPEL 1996, S. 903, 904 f.; *Jenkins*, Placing sustainable development at the heart of government in the UK: the role of law in the evolution of sustainable development as the central organising principle of government, LS 2002, S. 578, 579 ff.; *Winter*, Planning and sustainability: an examination of the role of the planning system as an instrument for the delivery of sustainable development, JPEL 1994, S. 883, 883 f.; *Wright*, Has sustainable development been integrated into environmental legislation? An assessment of the resilience approach, ELM 2014, S. 10, 10 f.

976 Zur nachhaltigen Entwicklung in Großbritannien siehe ausführlich: *Davoudi* in: Cullingworth/Nadin/Hart, et al. (Hrsg.), Town and Country Planning in the UK, S. 258 ff.; *Owens/Cowell*, Land and Limits, S. 12 ff.; *Ross*, Sustainable Development Law in the UK – From rhetoric to reality?, S. 22 ff.; *Silberstein/Maser*, Land-Use Planning for Sustainable Development, S. 1 ff.; Im Jahr 2005 hat die Regierung eine Strategie zur nachhaltigen Entwicklung veröffentlicht siehe: *UK Government*, The UK Government Sustainable Development Strategy, S. 3 ff.; zur Geschichte der nachhaltigen Entwicklung in Großbritannien siehe: *Jenkins*, Placing sustainable

Vereinten Nationen für Umwelt und Entwicklung (Brundlandt-Kommission), die nachhaltige Entwicklung bestimmt als: „meeting the needs of the present without compromising the ability of future generations to meet their own needs" (vor para. 6 NPPF). Sowohl in den Planungsgesetzen als auch in der *planning policy* findet die nachhaltige Entwicklung Berücksichtigung.

a) Gesetzliche Vorgaben

Gemäß s. 39 (2) PCPA 2004 muss jede Person oder Körperschaft, die bei der Erstellung eines *local development documents* beteiligt ist, ihre jeweilige Aufgabe so ausführen, dass sie zur Verwirklichung der nachhaltigen Entwicklung beiträgt. Mit dem LA 2011 wurde zudem eine Kooperationspflicht hinsichtlich der nachhaltigen Entwicklung normiert (s. 33 A PCPA 2004). Diese Kooperationspflicht betrifft die einzelnen Behörden[977] und besagt, dass diese die Effektivität der nachhaltigen Entwicklung maximieren müssen. Dies gilt für zahlreiche Maßnahmen inklusive der Erstellung der *development plan documents* sowie anderer *local development documents* (s. 33 A (2), (3) PCPA 2004). Ferner müssen gemäß s. 19 (5) PCPA 2004 die lokalen Planungsbehörden für die Vorschläge der *development plan documents* eine Bewertung der Nachhaltigkeit vornehmen. Hierzu gehört auch die Durchführung der strategischen Umweltprüfung (*strategic environmental assessment*), deren Anforderungen in der Environmental Assessment of Plans and Programmes Regulation 2004 geregelt sind. Die vorhabenbezogene Umweltprüfung (*environmental impact assessment*)[978] ist im englischen Planungsrecht in s. 71 A TCPA 1990 i. V. m. Town and Country Planning (Environmental Impact Assessment) Regulations 2011 geregelt.

b) Vorgaben der Planning Policy

Auch die *planning policy* im NPPF beinhaltet zahlreiche Regelungen zur nachhaltigen Entwicklung.[979] In para. 6 NPPF wird bestimmt, dass das Planungssystem zur

---

development at the heart of government in the UK: the role of law in the evolution of sustainable development as the central organising principle of government, LS 2002, S. 578, 581 ff.; *Wright*, Has sustainable development been integrated into environmental legislation? An assessment of the resilience approach, ELM 2014, S. 10, 12 ff.

977 Aufgelistet in s. 33 A (1) PCPA 2004.

978 Siehe zur Umweltverträglichkeitsprüfung in England ausführlich: *Holder*, Environmental Assessment – The Regulation of Decision Making, S. 1 ff.; *Fisher/Lange/Scotford*, Environmental Law, S. 845 ff.; *McEldowney/McEldowney*, Environmental Law, S. 208 ff.

979 Zur nachhaltigen Entwicklung im NPPF siehe auch: *The Communities and Local Government Committee*, Eighth Report: The National Planning Policy Framework, S. 22 ff.; *Tromans*, Planning and environmental law – uneasy bedfellows?, JPEL 2012, S. 73, 86 ff.

Verwirklichung einer nachhaltigen Entwicklung beizutragen hat und der Inhalt der para. 18 bis 219 NPPF, als Ganzes betrachtet, die Sicht der Regierung darüber darstellt, was nachhaltige Entwicklung in England in der Praxis für das Planungssystem bedeutet. In para. 14 NPPF ist die sog. *presumption in favour of sustainable development* geregelt, die sowohl bei der Plangestaltung als auch bei der Entscheidungsfindung gelten soll. Gemäß para. 150 NPPF sind *development plan documents*[980] der Schlüssel zur Verwirklichung der nachhaltigen Entwicklung, da diese die Vorstellungen und die Bestrebungen der Gemeinden widerspiegeln. Diese Dokumente müssen daher mit dem Ziel verfasst werden, einen Beitrag zur Verwirklichung der nachhaltigen Entwicklung zu leisten (para. 151 NPPF).

3. *Baugenehmigungsverfahren*

Das Eigentum eines Grundstücks beinhaltet nicht automatisch das Recht, dieses zu bebauen.[981] Sofern ein Grundstück baulich genutzt werden soll, bedarf es hierfür, wie in Deutschland auch, einer Baugenehmigung (s. 57 (1) TCPA 1990). Eine solche kann nur dann erteilt werden, wenn das Bauvorhaben im Einklang mit den Plänen der Gemeinde ist. Aus den Plänen lässt sich jedoch kein Recht auf Bebauung ableiten.[982] Über jedes Bauvorhaben wird einzeln entschieden. Wie im deutschen Recht auch, wird zwischen genehmigungsfreien und genehmigungsbedürftigen Vorhaben unterschieden.

a) Genehmigungsbedürftigkeit

In s. 57 (1) TCPA 1990 wird normiert: Planning permission is required for the carrying out of any development of land. Die Genehmigungsbedürftigkeit eines Bauvorhabens richtet sich folglich danach, ob *development of land* beabsichtigt ist. Die Definition von *development* findet sich in s. 55 (1) TCPA 1990. Dabei wird zwischen *operational development*[983] und *material change of use*[984] differenziert. Zu *operational development* gehören die Durchführung von Bautätigkeiten, Erd- sowie Bergbau oder andere Tätigkeiten in, auf, über oder unter dem Boden. Zu *material change of use* zählt jede wesentliche Änderung der Nutzung eines Bauwerks oder des Bodens. In welchem Fall eine solche vorliegt, ist schwierig zu beantworten, da im Gesetz keine Definition von *material change of use* enthalten ist.[985] Trotz Rechtsprechung

---

980 Im Wortlaut ist von *local plans* die Rede. Hiermit sind *development plan documents* gemeint (Annex 2: Glossary NPPF). Zu *local plans* siehe: para. 150–157 NPPF.

981 *Tewdwr-Jones*, Spatial Planning and Governance, S. 5.

982 *Hart* in: Cullingworth/Nadin/Hart, et al. (Hrsg.), Town and Country Planning in the UK, S. 137.

983 Siehe dazu ausführlicher: *Blackhall*, Planning Law and Practice, S. 65 ff.; *Card/Murdoch/Murdoch*, Real Estate Management Law, S. 693 f.

984 Siehe dazu ausführlicher: *Blackhall*, Planning Law and Practice, S. 71 ff.; *Card/Murdoch/Murdoch*, Real Estate Management Law, S. 694 f.

985 Siehe aber: s. 55 (3) TCPA 1990.

als Interpretationshilfe, bleibt in den meisten Fällen den lokalen Planungsbehörden die Entscheidung überlassen, was wesentlich (*material*) ist und was nicht.[986]

Die Vorhaben, die nicht unter *development* fallen, und daher keiner Genehmigung nach s. 57 (1) TCPA 1990 bedürfen, sind in s. 55 (2) TCPA 1990 aufgelistet. Dazu gehören beispielsweise Maßnahmen, die entweder nur den Innenraum des Gebäudes betreffen oder das äußere Erscheinungsbild des Gebäudes nicht wesentlich beeinflussen (s. 55 (2) (a) TCPA 1990) sowie Bodennutzungen für land- oder forstwirtschaftliche Zwecke (s. 55 (2) (e) TCPA 1990).

Ferner kann der *Secretary of State*[987] durch den Erlass eines Sekundärrechtsakts in Form eines *order* Änderungen innerhalb bestimmter baurechtlicher Nutzungskategorien festlegen und bestimmen, dass kein *development of land* (im Sinne der s. 57 (1) TCPA) vorliegt (s. 55 (2) (f) TCPA 1990, Town and Country Planning (Use Classes) Order 1987 (siehe vor allem para. 3 (1)).[988]

Folglich bedarf es keiner Baugenehmigung, wenn es sich nicht um *development* handelt oder wenn eine Nutzungsänderung vorgenommen wird, die unter einen bestimmten *order* fällt. In allen anderen Fällen, d. h. wenn *development* vorliegt, ist jedoch eine Baugenehmigung notwendig.

b) Erteilung der Baugenehmigung

Baugenehmigungen können auf unterschiedliche Arten erteilt werden (s. 58 TCPA 1990).

aa) Development Order

Häufig erfolgt die Erteilung von Baugenehmigungen durch *development order*. Mit *development order* werden durch Sekundärrechtsakte allgemein Baumaßnahmen für bestimmte Gebiete festgelegt, für die automatisch eine Baugenehmigung erteilt wird. Dabei differenziert s. 58 (1) (a) TCPA 1990 zwischen *development order*, die der *Secretary of State* erlässt (siehe dazu s. 59 TCPA 1990), und *local development order* sowie *neighbourhood development order*, die auf Gemeindeebene erlassen werden.

Der wohl wichtigste *development order* ist der Town and Country Planning (General Permitted Development) Order 1995 des *Secretary of State*. Darin werden für alle *permitted developments*, die im Anhang 2 des *orders* aufgelistet sind, direkt und ohne weitere Prüfungen eine Baugenehmigung erteilt (para. 3 Town and Country Planning (General Permitted Development) Order 1995). Darunter fallen beispielsweise die Erneuerung eines Daches oder die Errichtung einer Veranda vor einem Wohnhaus (sch. 2 Town and Country Planning (General Permitted Development)

---

986 *Card/Murdoch/Murdoch*, Real Estate Management Law, S. 694; vgl. *Booth*, Managing land-use change, LUP 2009, S. 154, 155.

987 Der *Secretary of State* ist dazu gemäß s. 333 TCPA 1990 i. V. m. s. 55 (2) (f) TCPA 1990 ermächtigt.

988 Siehe auch: *Card/Murdoch/Murdoch*, Real Estate Management Law, S. 696, 698.

Order 1995). Somit handelt es sich hierbei um Bautätigkeiten, die eher unbedeutend sind und für die ohnehin eine Baugenehmigung erteilt werden würde.[989]

Durch den PCPA 2004 (s. 40 PCPA 2004) wurden die lokalen Planungsbehörden ermächtigt, für ihr Gemeindegebiet *local development orders*[990] zu erlassen (s. 61 A (2), (3) TCPA 1990). Der LA 2011 (sch. 9 LA 2011) führte zusätzlich die *neighbourhood development order*[991] ein (ss. 61 E-61 P TCPA 1990), wonach Baugenehmigungen speziell für bestimmte *neighbourhood areas* erteilt werden können (s. 61 E (2) TCPA 1990). Dadurch können die Gemeinden jeweils mehr Einfluss auf die Planung nehmen.

Durch *development order* werden somit für Bauvorhaben, von denen keine oder keine erheblichen negativen Auswirkungen ausgehen, auf einfache und schnelle Art Baugenehmigungen erteilt und die Planungsbehörden entlastet.[992]

bb) Entscheidung durch lokale Planungsbehörde

Bei Vorhaben, die nicht unter einen solchen *order* fallen, muss die lokale Planungsbehörde eine Entscheidung über die Erteilung der Baugenehmigung[993] treffen (s. 70 (1) TCPA 1990). Dabei müssen Vorgaben des *development plan*[994] (s. 38 (6) PCPA 2004), örtliche finanzielle Interessen sowie *other material considerations*[995] beachtet werden (s. 70 (2) TCPA 1990). Wie oben aufgezeigt, sind *material considerations* sehr weit gefasst. *Planning policy*, Belange des Umweltschutzes sowie alle Belange, die einen Bezug zur Nutzung des Bodens oder zur baulichen Entwicklung (*development*) aufweisen, können als solche kategorisiert werden. Dementsprechend können Baugenehmigungen aus zahlreichen Gründen, insbesondere wenn sie nicht den Vorgaben der nationalen *planning policy policy* entsprechen, verweigert werden.

---

989 *Booth*, Managing land-use change, LUP 2009, S. 154, 155; *Card/Murdoch/Murdoch*, Real Estate Management Law, S. 699.

990 Die Anforderungen und Details zu den *local development orders* sind in ss. 61 B-61 D TCPA 1990 geregelt.

991 Die Anforderungen und Details zu den *neighbourhood development order* sind in ss. 61 E-61 P TCPA 1990; sch. 4 B TCPA 1990 geregelt.

992 *Booth*, Managing land-use change, LUP 2009, S. 154, 155; *Card/Murdoch/Murdoch*, Real Estate Management Law, S. 699.

993 Zu detaillierten Regelungen zum Verfahren der Erteilung der Baugenehmigung siehe: Town and Planning (Development Management Procedure) (England) Order 2010. Zur Behördenbeteiligung siehe: para. 10 Town and Country Planning (General Development Procedure) Order 1995.

994 Siehe dazu: 3. Kapitel A. IV. 1.

995 Siehe dazu: *Card/Murdoch/Murdoch*, Real Estate Management Law, S. 703 f.; *Fisher/Lange/Scotford*, Environmental Law, S. 821 ff.

cc) Bedingungen und Verpflichtungen

Eine Baugenehmigung kann mit bestimmten Bedingungen (*planning conditions*) versehen werden (s. 70 (1) TCPA 1990). Dies dient dazu, die Qualität der baulichen Entwicklung zu verbessern sowie die möglichen negativen Auswirkungen gering zu halten.[996] Ferner haben die lokalen Planungsbehörden die Möglichkeit, dem Bauherrn bestimmte Verpflichtungen (*planning obligations*)[997] aufzuerlegen (s. 106 TCPA 1990). Hierzu gehört beispielsweise die Pflicht zur Zahlung der Kosten für umweltrechtliche Maßnahmen oder zur Zahlung der zur Baumaßnahme gehörigen Infrastruktur.[998]

dd) Bauaufsichtsrechtliche Maßnahmen

Werden bauliche Entwicklungen ohne Baugenehmigung realisiert oder die in der Baugenehmigung festgelegten Bedingungen (*planning conditions*) nicht eingehalten, liegt ein Verstoß gegen das Planungsrecht vor (s. 171 A (1) TCPA 1990), und es können bauaufsichtsrechtliche Maßnahmen vorgenommen werden (s. 171 A (2) TCPA 1990).[999]

c) Befugnisse des Secretary of State

Nicht nur in der Planaufstellung, sondern auch im Baugenehmigungsverfahren hat der *Secretary of State* weitreichende Befugnisse.

Wie bereits erläutert, kann der *Secretary of State* durch den Town and Country Planning (Use Classes) Order 1987 Nutzungsänderungen festlegen, die nicht als *development of land* angesehen werden. Er hat außerdem die Möglichkeit durch *development order* für bestimmte Baumaßnahmen direkt Baugenehmigungen erteilen. Zusätzlich hat der *Secretary of State* gemäß para. 14 Town and Country Planning (General Development Procedure) Order 1995 die Befugnis, durch den Erlass von *directions* die Erteilung von Baugenehmigungen zu begrenzen. Beispielsweise wurde durch die Town and Country Planning (Consultation) Direction 2009 festgelegt, dass die lokale Planungsbehörde den *Secretary of State* zur Entscheidung über eine Baugenehmigung zwingend hinzuziehen muss, wenn innerhalb der Gebiete von *green belts* oder außerhalb von Stadtzentren gebaut werden soll.

Ferner hat der *Secretary of State* gemäß s. 77 (1) TCPA 1990 die Möglichkeit, Anweisungen zur Baugenehmigungserteilung zu geben (siehe hierzu s. 77 (2) TCPA 1990; para. 25 Town and Country Planning (Development Management Procedure) (England) Order 2010) oder sogar bestimmte Baugenehmigungen zur Entscheidung

---

996 *Card/Murdoch/Murdoch*, Real Estate Management Law, S. 705.

997 Siehe dazu: Circular 05/2005: Planning Obligation des Secretary of State; siehe dazu ausführlich: *Blackhall*, Planning Law and Practice, S. 199 ff.

998 *Bell/McGillivray*, Environmental Law, S. 374.

999 Siehe dazu ausführlich: *Blackhall*, Planning Law and Practice, S. 243 ff.; *Card/Murdoch/Murdoch*, Real Estate Management Law, S. 714 ff.

an sich selbst zu verweisen (sog. *call-in power*[1000]). Die Entscheidung, die der *Secretary of State* über die an sich gezogene Baugenehmigung trifft, ist für den Antragsteller und die lokalen Planungsbehörden bindend (s. 77 (7) TCPA 1990). Diese *call-in power* ist derart weitreichend, dass der *Secretary of State* aus jedem beliebigen Grund die Anträge an sich ziehen kann.[1001] Diese Befugnis wird jedoch nur selten[1002] und in der Regel nur bei Angelegenheiten von nationaler Bedeutung genutzt.[1003]

Durch die weitreichenden Befugnisse des *Secretary of State* greift die Zentralregierung somit maßgeblich in das Baugenehmigungsverfahren ein.

d) Rechtsschutz

Falls eine lokale Planungsbehörde die Baugenehmigung verweigert oder diese nur mit Bedingungen erteilt, kann sich der Antragssteller an den *Secretary of State* wenden (s. 78 (1) TCPA 1990).[1004] Dann werden alle wesentlichen Aspekte nochmals betrachtet und über die Baugenehmigung wird erneut entschieden. Der *Secretary of State* kann dabei die Baugenehmigung mit oder ohne Bedingungen erteilen oder diese auch verweigern (s. 79 (1) TCPA 1990). Die Entscheidung bindet die lokale Planungsbehörde (s. 79 (5) TCPA 1990), kann aber noch gerichtlich überprüft werden (s. 288 (1) TCPA 1990). Dieses Verfahren ist mit dem Widerspruchsverfahren im deutschen Recht vergleichbar.

Der Antragsteller kann auch gegen bauaufsichtsrechtliche Maßnahmen Beschwerde bei dem *Secretary of State* einlegen (s. 174 (1) TCPA 1990).[1005] Der *Secretary of State* kann dann die Maßnahme aufrechterhalten, aufheben oder abändern (s. 176 TCPA 1990). Die getroffene Entscheidung kann wiederum gerichtlich überprüft werden (s. 289 TCPA 1990).

In der Regel befasst sich der *Secretary of State* mit diesen Beschwerden nicht selbst, sondern ermächtigt den *Planning Inspector* die Entscheidung zu treffen (s. 78 (1) TCPA 1990 i. V. m. s. 1 (1), para. 2 sch. 6 TCPA 1990; s. 174 (1) TCPA 1990 i. V. m. s. 1 (1), para. 2 sch. 6 TCPA 1990). Anders als in Deutschland können sich Dritte, auch Nachbarn, nicht gegen die Erteilung von Baugenehmigungen wenden.[1006]

1000 *Fisher/Lange/Scotford*, Environmental Law, S. 821; *Moore/Purdue*, A practical approach to Planning Law, S. 15.

1001 Standard Note SN/SC/0930, Calling-in of Planning Applications, S. 1.

1002 *Fisher/Lange/Scotford*, Environmental Law, S. 821; *Moore/Purdue*, A practical approach to Planning Law, S. 15; Standard Note SN/SC/0930, Calling-in of Planning Applications, S. 1.

1003 *Fisher/Lange/Scotford*, Environmental Law, S. 82; *Office of the Deputy Prime*, The Planning System: General Principles, 31.01.2005, para. 26; Standard Note SN/SC/0930, Calling-in of Planning Applications, S. 1.

1004 Siehe dazu ausführlich: *Blackhall*, Planning Law and Practice, S. 217 ff.

1005 Siehe dazu ausführlich: Ibid., S. 255 ff.

1006 *Booth*, Managing land-use change, LUP 2009, S. 154, 156 ff.; *McEldowney/McEldowney*, Environmental Law, S. 199.

V. Zusammenfassung

Untersucht man die Entwicklung des Planungsrechts in England, so zeigt sich, dass dort Regelungen zur Verhinderung der Zersiedelung sowie zum Erhalt von freien Flächen früh Eingang in die Gesetzgebung gefunden haben. Schon zu Beginn des 20. Jahrhunderts und verstärkt in den 1930er-Jahren wurden erste weitgreifende Maßnahmen zum Schutz der freien Landschaft und der unberührten Natur vorgenommen. Diese wurden in den folgenden Jahrzehnten konsequent weiterentwickelt.

Für englische Planungsentscheidungen sind die Planungsgesetze (TCPA 1990, PCPA 2004, LA 2011), die Sekundärrechtsakte, aber vor allem auch die *planning policy* von entscheidender Bedeutung. Das *case law* spielt in diesem Bereich eine eher untergeordnete Rolle und ist nur für die Auslegung unbestimmter Rechtsbegriffe wichtig. Planungsentscheidungen werden in England insbesondere von dem *Secretary of State* und den lokalen Planungsbehörden getroffen.

Im Rahmen des Planaufstellungsverfahrens müssen zahlreiche Dokumente verfasst und verschiedene Verfahrensanforderungen durchgeführt werden. Ausschlaggebend ist letztendlich der *development plan*, da dieser bei jeder Entscheidung über die bauliche Entwicklung beachtet werden muss, es sei denn, dass gewichtige Gründe (*material considerations*) etwas anderes vorgeben (s. 38 (6) PCPA 2004). Innerhalb des Planaufstellungsverfahrens hat die Zentralregierung in England erheblichen Einfluss. Der *Secretary of State* hat zahlreiche Überprüfungsbefugnisse und die *nationale planning policy* muss als *material consideration* bei jeder Entscheidung über die bauliche Nutzung eines Gebiets berücksichtigt werden.

Bauliche Entwicklung kann grundsätzlich nur innerhalb der bestehenden Städte und Gemeinden vorgenommen werden. Für eine Baumaßnahme ist eine Baugenehmigung erforderlich, wenn es sich dabei um eine bauliche Entwicklung (*development of land*) handelt, d. h. *operational development* oder *material change of use* gegeben ist. Bei der Baugenehmigungserteilung wird danach differenziert, ob das beabsichtigte Vorhaben unter einen *development order* fällt oder nicht. Sofern dies der Fall ist, wird die Genehmigung automatisch erteilt. Andernfalls muss die lokale Planungsbehörde über das beabsichtigte Vorhaben entscheiden. Dabei müssen sämtliche *material considerations* berücksichtigt werden, wozu auch die *planning policy* gehört. Baugenehmigungen können außerdem mit Bedingungen und Verpflichtungen versehen werden. Bestimmte kleinere Vorhaben sowie Nutzungsänderungen bedürfen keiner Baugenehmigung.

Auch wenn die lokale Behörde grundsätzlich über die Erteilung der Baugenehmigung entscheidet, ist diese Befugnis doch durch die Zentralregierung drastisch begrenzt. Zum einen muss von vorneherein die *planning policy* der Zentralregierung als *material consideration* beachtet werden und zum anderen wird durch den *Secretary of State* maßgeblich auf den Entscheidungsprozess eingewirkt. Er hat die Möglichkeit festzulegen, welche Nutzungsänderungen keiner Baugenehmigung bedürfen und welcher Baumaßnahme automatisch eine solche erteilt wird. Er kann den Erlass von Baugenehmigungen für bestimmte

Gebiete oder in bestimmten Situationen begrenzen und sogar einzelne Baugenehmigungsanträge an sich ziehen. Ferner ist, sofern die lokale Planungsbehörde eine Baugenehmigung erteilt hat, eine nachträgliche abweichende Entscheidung des *Secretary of State* möglich, die dann die lokale Planungsbehörde bindet. Das Baugenehmigungsverfahren wird somit maßgeblich durch die Zentralregierung beeinflusst und kontrolliert.

Die nachhaltige Entwicklung ist sowohl gesetzlich verankert als auch in der *planning policy* geregelt. Ihr kommt eine wichtige Bedeutung im englischen Planungssystem zu. Die strategische Umweltprüfung ist in die Bewertung der Nachhaltigkeit integriert.

B. Gründe für die geringe Flächeninanspruchnahme in England

Die Flächeninanspruchnahme ist in England mit ungefähr 6,5 Hektar pro 100.000 Einwohner und Jahr verglichen mit der in Deutschland mit 23 Hektar pro 100.000 Einwohner und Jahr sehr gering. Daher drängt sich die Frage auf, welche Faktoren in England dazu führen, dass ein derart niedriger Wert erreicht wird.

I. Planning Policy

Wie im vorherigen Kapitel bereits erläutert, ist die nationale *planning policy*[1007] ist im englischen Planungssystem von herausragender Bedeutung. Bereits seit den 1940er-Jahren gibt sie die gesamtstaatlichen Ziele hinsichtlich der Planung vor, die für die lokalen Planungsbehörden bindend sind. In der *planning policy* sind seit jeher zahlreiche Regelungen enthalten, die eine geringe Flächeninanspruchnahme in England fördern.

1. Green Belts

Einen besonderen Einfluss haben die *green belts*. Hierbei handelt es sich um besonders geschützte Flächen am Rand der Städte, die von der Bebauung freigehalten werden müssen für Erholung, Land- oder Forstwirtschaft. Zwar sind nicht alle englischen Städte von *green belts* umgeben, 2013/2014 waren jedoch 1.638.610 Hektar, ungefähr 13 % der Landesfläche von England als *green belts* ausgewiesen.[1008]

1007 Siehe dazu: 3. Kapitel A. II. 4.

1008 *DCLG*, Planning Statistical Release: Local Planning Authority Green Belt: England 2013/14, S. 1; Beispielsweise sind die Städte Bath, Bristol, Cambridge, London, Manchester, Oxford und York von einem solchem *green belt* umgeben.

a) Geschichte der Green Belts

Das Konzept der *green belts* wurde erstmals Ende des 19. Jahrhunderts entwickelt.[1009] 1898 sah *Howard* für die *garden cities*[1010] vor, dass diese von einem *green belt* umgeben sein sollten.[1011] *Garden cities* wurden zwar nur vereinzelt umgesetzt,[1012] die Idee der *green belts* konnte sich jedoch unabhängig von den *garden cities* durchsetzen.

1935 forderte das *Greater London Regional Planning Committee* die Schaffung eines *green belt* für London.[1013] Daraufhin wurde durch den Green Belt (London and Home Counties) Act 1938 für das Gebiet um London[1014] der erste *green belt* festgelegt. Mit diesem wurde das Ziel verfolgt, für die Bevölkerung eine öffentliche Freifläche zur Freizeitnutzung zu schaffen sowie Flächen für die Landwirtschaft freizuhalten (s. 27 Green Belt (London and Home Counties) Act 1938). Die lokalen Planungsbehörden wurden ermächtigt, Land für die Errichtung von *green belts* zu kaufen (s. 3 Green Belt (London and Home Counties) Act 1938). Zudem wurde geregelt, dass die Fläche des *green belt* nicht ohne Genehmigung des *Secretary of State* bebaut werden durfte (s. 10 Green Belt (London and Home Counties) Act 1938).

1955 wurden durch das Circular 42/55 des *Ministry of Housing and Local Government* Regelungen zur Einrichtung von *green belts* für ganz England eingeführt. Der Zweck der *green belts* wurde dahingehend erweitert, dass die Vergrößerung der bebauten Fläche dadurch gehemmt, das Ineinanderwachsen von Nachbarstädten verhindert sowie der besondere Charakter der Städte erhalten werden sollte (para. 3 Circular 42/55). Zudem war das Errichten von baulichen Anlagen innerhalb der *green belts* verboten, Ausnahmen wurden nur in ganz besonderen Umständen erteilt (para. 5 Circular 42/55). Wann eine solche Ausnahmesituation vorliegt, wurde damals nicht näher kategorisiert.[1015]

1988 wurden die Prinzipien der *green belts* in der PPG 2 (Green belts) verankert. Darin wurden als Ziele der *green belts* der Schutz der Landschaft und die Unterstützung der Stadterneuerung (*urban regeneration*) durch Recycling von vor allem brachgefallenem Land (*derelict land*) erweitert (para. 1.5 PPG 2 (Green belts)). Die PPG 2 (Green belts) 1988 wurde durch die PPG 2 (Green belts) 1995 ersetzt und 2001 weiter ergänzt. Seit 2012 gilt der NPPF, in dem die derzeit geltende *planning policy* hinsichtlich der *green belts* (para. 79–92 NPPF) enthalten ist.

1009 Zur Geschichte der *green belts* siehe: *Capner*, Green belt and rural economy, JPEL 1994, S. 76, 76 ff.

1010 Siehe dazu: 3. Kapitel A. I. 1.

1011 *Howard*, Garden cities of to-morrow, S. 52 ff.; *Howard*, To-morrow: A peaceful path to real reform, S. 12 ff.

1012 Siehe dazu: 3. Kapitel A. I. 1.

1013 Siehe dazu: para. 1.2 Planning Policy Guidance 2 (Green belts) (im Folgenden PPG 2).

1014 Siehe dazu: *Amati/Yokohari*, The Establishment of the London Greenbelt: Reaching Consensus over Purchasing Land, JPH 2007, S. 311, 311 ff.

1015 Auch heute noch sind diese *very special circumstances* notwendig. Inzwischen gibt es hierzu Rechtsprechung. Siehe dazu: 3. Kapitel B. I. 1. b).

b) Aktuelle Planning Policy bezüglich Green Belts

Der Schutz der *green belts* ist ein Hauptziel des NPPF (*core planning principle*) (para. 17 NPPF). Zentrales Bestreben der *green belts* ist die Verhinderung der Zersiedlung durch dauerhafte Offenhaltung (*openness*) des Gebiets (para. 79 NPPF). Die Zwecke der *green belts* sind heutzutage: die unkontrollierte Ausdehnung von großen im Zusammenhang bebauten Ortsteilen zu bremsen, das Ineinanderwachsen von Nachbarstädten zu verhindern, den Schutz der Landschaft vor Beeinträchtigungen zu unterstützen, die Umgebung und den besonderen Charakter von historischen Städten zu bewahren sowie die Stadterneuerung (*urban regeneration*) durch Recycling von brachgefallenem oder anderem städtischen Land zu fördern (para. 80 NPPF). Ferner sollen die lokalen Planungsbehörden die Vorteile der *green belts*, wie den Zugang für die Bevölkerung, die Nutzung für Sport- und Erholungszwecke, die Bewahrung von schönen Landschaften und Biodiversität oder die Verbesserung von belasteten oder brachgefallenem Böden, durch die Planung zur Geltung bringen (para. 81 NPPF).

Die Anzahl und die Größe der *green belts* wurde im Laufe der Jahre festgelegt (para. 82 NPPF). Neue *green belts* sollen daher nur in besonderen Ausnahmefällen, wie beispielsweise bei der Planung neuer Siedlungen oder großer Stadterweiterungen, ausgewiesen werden (para. 82 NPPF). Die lokalen Planungsbehörden müssen in ihren Plänen die exakten Außengrenzen[1016] der *green belts* festlegen und dürfen diese nur in besonderen Umständen ändern (para. 83 NPPF).

Bauliche Entwicklungen innerhalb der *green belts* sind grundsätzlich verboten (para. 87, 89 NPPF). Ausnahmen (para. 89 NPPF) bestehen für Gebäude der Land- oder Forstwirtschaft, Einrichtungen für Sport- und Erholungszwecke, Erweiterungen und Änderungen bestehender Gebäude, Baulückenschließungen oder Neugestaltungen von vorgenutzten Flächen (*brownfield land*). Die Ziele der *green belts* dürfen dadurch jeweils nicht beeinträchtigt werden. Weitere Ausnahmen sind in para. 90 NPPF normiert. Dazu zählen z. B. die Gewinnung von Bodenschätzen und lokale Verkehrsinfrastruktur, sofern diese zur Verbindung von Ortschaften notwendig ist. Anlagen zur Gewinnung Erneuerbarer Energien dürfen nur in ganz besonderen Umständen (*very special circumstances*) innerhalb der *green belts* errichtet werden (para. 91 NPPF).

Abgesehen von den dargestellten Ausnahmen sind bauliche Entwicklungen in den *green belts* nur unter ganz besonderen Umständen erlaubt (para. 87–88 NPPF). Beispiele hierfür werden im NPPF nicht genannt. Allerdings stellt para. 88 NPPF klar, dass prinzipiell keine ganz besonderen Umstände (*very special circumstances*) existieren. Eine Ausnahme liegt nur dann vor, wenn sich eindeutig ergibt, dass die Vorteile der baulichen Entwicklung die Nachteile für den *green belt* deutlich überwiegen. Nach der Rechtsprechung können ganz besondere Gründe für die bauliche Nutzung in den *green belts* beispielsweise in einer außergewöhnlichen Architektur, in nationalen oder ökonomischen Bedürfnissen aber auch in persönlichen

---

1016 Die Anforderungen an die Grenzen sind in den para. 84–85 NPPF ausführlich normiert.

Umständen liegen.[1017] Daher wurde zum Beispiel in mehreren Fällen die Nutzung von *green belt* Flächen für Familien, die in Wohnwagen leben, erlaubt, da besondere persönliche Umstände (häufig Kinder, die in der Nähe in die Schule gingen) vorlagen.[1018] Keine ganz besonderen Umstände liegen nach der Rechtsprechung jedoch dann vor, sofern ein Unternehmen die bauliche Erweiterung ihres Gebäudes im *green belt* wünscht, um profitabel zu bleiben.[1019] Dies wurde damit begründet, dass ansonsten der Ausnahmecharakter und die *green belt policy* allgemein unterlaufen werden würde.[1020] Die Hürden für das Vorliegen von ganz besonderen Umständen sind somit äußerst hoch, und es handelt sich jeweils um Einzelfallentscheidungen.[1021]

c) Aktuelle Probleme der Green Belts

Seit den 1980er-Jahren sind die strikten Grenzen der *green belts* Gegenstand kontroverser Diskussionen.[1022] Durch Bevölkerungszuwachs, vor allem durch Zuwanderung, besteht heutzutage die Notwendigkeit neuen Wohnraum in England zu schaffen.[1023] Wegen der Wohnungsknappheit und der hohen Wohnkosten gibt es zunehmend Kritik hinsichtlich der strengen *green belt policy*.[1024] Der Druck auf die geschützten Flächen nimmt stetig zu.[1025]

Die *OECD* sieht die *green belts* als Hindernis für die notwendige Wohnraumversorgung in den stadtnahen Gebieten.[1026] Daher fordert sie, die *green belts* durch Beschränkungen der Bodennutzung zu ersetzen, wobei sowohl dem Umweltschutz als auch der Wohnraumversorgung Rechnung getragen werden sollte.[1027] *Tewdwr-Jones*[1028]

1017 Brentwood BC v Secretary of State and Gray v. 01.03.1996 (P&CR 1996, S. 61, 68); *Aves*, The green belt: aspects of development control, JPEL 2009, S. 146, 152.

1018 Siehe dazu: Ibid., S. 153, 156.

1019 Samuel Smith Old Brewery v Selby DC (2003), zitiert nach: Ibid., S. 157; *Ford/Elson*, Green belts and very special circumstances, JPEL 1994, S. 594, 600.

1020 Samuel Smith Old Brewery v Selby DC (2003), zitiert nach: *Aves*, The green belt: aspects of development control, JPEL 2009, S. 146, 157.

1021 Siehe dazu: Ibid., S. 146 ff.; *Ford/Elson*, Green belts and very special circumstances, JPEL 1994, S. 594, 594 ff.; *Walton*, Green belts: where to draw the line?, JPEL 1994, S. 986, 989 ff.

1022 *Walton*, Green belts: where to draw the line?, JPEL 1994, S. 986, 986.

1023 Zur *housing crisis* siehe: *Bowes*, Delivering housing need: an assessment of the NPPF, JPEL 2012, S. 1174, 1174 ff.; *Taylor*, Can the NPPF crack the housing crisis?, JPEL 2013, S. OP7, OP8 ff.

1024 Zum Konflikt zwischen Wohnnutzung und *green belts* siehe auch: *Elson/Steenberg/Mendham*, Green Belts and affordable housing – Can we have both?, S. 1 ff.

1025 *Barker*, Barker Review of Land Use Planning, S. 62; *CPRE/Natural England*, Green Belts: a greener future, S. 90; *RCEP*, The Urban Environment, S. 25.

1026 *OECD*, OECD Economic Surveys United Kingdom Overview 2011, S. 9.

1027 Ibid., S. 9, wie dies genau umgesetzt werden sollte wird nicht weiter erläutert.

1028 *Tewdwr-Jones* ist *Professor of Town Planning* an der Newcastle University England und ist einer der führenden Stadt- und Raumplaner Englands.

bemängelt insbesondere, dass die *green belts* als feste nationale Institution betrachtet werden und dass deshalb keinerlei Bereitschaft bestehe, über Änderungen oder Alternativen nachzudenken, auch wenn die *green belts* nicht mehr zeitgemäß seien.[1029] Er fordert daher eine Lockerung der *green belt policy*, sofern dringend Flächen für Wohnnutzungen und Infrastruktur benötigt werden.[1030] *Barker*[1031] gibt zu bedenken, dass, sofern Flächen für bauliche Zwecke in Anspruch genommen werden müssen, hierbei qualitativ minderwertige Flächen bevorzugt werden sollten.[1032] Aber gerade in den *green belts* liege häufig landwirtschaftliche Fläche von geringer Qualität, die sich hierfür eigne.[1033] Problematisch findet *Barker* zudem, dass, wenn Wohnbebauung statt innerhalb der *green belts* weiter außerhalb erfolge, es für viele Menschen notwendig werde, große Distanzen zwischen Wohn- und Arbeitsort zurückzulegen, bei denen sie den *green belt* durchqueren müssen.[1034] Aufgrund dieser Umstände sowie der Tatsache, dass sogar ungefähr 13 % der Fläche Englands als *green belt* geschützt ist, kommt *Barker* zum Ergebnis, dass die strengen Grenzen der *green belts* im Einzelfall und je nach Wertigkeit der Fläche, die in Anspruch genommen werden könnte, überdacht werden sollte.[1035]

d) Bewertung der Green Belts

Ob die Ziele der *green belts* tatsächlich erreicht werden und ob diese die bislang freie Landschaft erfolgreich schützen können, wurde 1993 und 2010 ausführlich untersucht.[1036] Dabei wird insgesamt festgestellt, dass die *green belt policy* äußerst effektiv hinsichtlich des Erreichens ihrer Ziele ist.[1037] Die Zersiedelung wird gehemmt, und es wird verhindert, dass die Städte ineinander wachsen.[1038] Es wird sogar davon ausgegangen, dass die Festsetzung von *green belts* die effektivste Methode zur Verhinderung der Zersiedelung sei.[1039] Durch die *green belts* werden bislang unbebaute

---

1029 *Tewdwr-Jones*, Spatial Planning and Governance, S. 14.
1030 Ibid., S. 14.
1031 *Barker* ist Ökonomin und wurde von der englischen Regierung 2005 beauftragt eine unabhängige Untersuchung über die Flächennutzung (Review of Land Use Planning) in England zu erstellen.
1032 *Barker*, Barker Review of Land Use Planning, S. 9.
1033 Ibid., S. 9.
1034 Ibid., S. 9.
1035 Ibid., S. 9, 62.
1036 1993: *Department of the Environment*, The Effectiveness of Green Belts, S. 1 ff.; 2010: *CPRE/Natural England*, Green Belts: a greener future, S. 1 ff.
1037 *CPRE/Natural England*, Green Belts: a greener future, S. 6; *Department of the Environment*, The Effectiveness of Green Belts, S. i.; so auch: *Barker*, Barker Review of Land Use Planning, S. 61.
1038 Ibid., S. 61; *CPRE/Natural England*, Green Belts: a greener future, S. 90; *Department of the Environment*, The Effectiveness of Green Belts, S. i.
1039 *CPRE/Natural England*, Green Belts: a greener future, S. 20.

Landschaften nicht nur abstrakt vor Bebauung geschützt,[1040] sondern auch konkret wird in diesen kaum gebaut.[1041] Die bauliche Entwicklung findet vor allem innerhalb der bestehenden Siedlungsgrenzen statt.[1042] Insbesondere der Vergleich zu Städten ohne *green belt* belegt deren Effektivität. In solchen Städten gab es signifikant mehr Umwandlungen von freien Flächen in Siedlungs- und Verkehrsflächen als in Städten mit *green belt*.[1043] Daraus folgt, dass durch die *green belts* auch der Ort der baulichen Entwicklung gesteuert wird.[1044] Ferner kommen die Untersuchungen zum Ergebnis, dass das gesamte Ökosystem durch *green belts* verbessert wird[1045] und schützenswerte Landschaften geschont werden.[1046] Auch die anderen angestrebten Ziele wie die Freihaltung von Flächen für Forst- und Landwirtschaft[1047] sowie für Erholungs- und Sportzwecke[1048] werden erreicht. Zudem führen die *green belts* zu einer gesunden Umwelt und gesteigerter Lebensqualität der Menschen.[1049] Insgesamt gesehen sind die *green belts* hinsichtlich der bestrebten Ziele daher sehr effektiv.[1050]

2. *Flächenrecycling*

Wie bereits im Rahmen des § 13a BauGB aufgezeigt,[1051] beinhaltet das Flächenrecycling großes Potenzial zur Begrenzung der Flächeninanspruchnahme. Flächenrecycling ermöglicht eine nachhaltige bauliche Entwicklung[1052] und bietet die Vorteile,

---

1040 Ibid., S. 6; *Department of the Environment*, The Effectiveness of Green Belts, S. ii.

1041 *CPRE/Natural England*, Green Belts: a greener future, S. 28; *DCLG*, Land Use Change Statistics in England 2011, S. 1, 6; Table P243: *Government UK*, https://www.gov.uk/government/statistical-data-sets/live-tables-on-land-use-change-statistics, abgerufen am: 24.07.2016; vgl. *The Government Office for Science*, Land Use Futures, S. 52.

1042 *CPRE/Natural England*, Green Belts: a greener future, S. 28; *The Government Office for Science*, Land Use Futures, S. 52, 178.

1043 *CPRE/Natural England*, Green Belts: a greener future, S. 20.

1044 Ibid., S. 28.

1045 Ibid., S. 64, 90; *Department of the Environment*, The Effectiveness of Green Belts, S. viii.

1046 *Barker*, Barker Review of Land Use Planning, S. 8; *Department of the Environment*, The Effectiveness of Green Belts, S. viii.

1047 *CPRE/Natural England*, Green Belts: a greener future, S. 80.

1048 *Department of the Environment*, The Effectiveness of Green Belts, S. viii.

1049 *CPRE/Natural England*, Green Belts: a greener future, S. 85.

1050 *Barker*, Barker Review of Land Use Planning, S. 8; *Capner*, Green belt and rural economy, JPEL 1994, S. 76, 87 f.; *Couch/Karecha*, Controlling urban sprawl: Some experiences from Liverpool, Cities 2006, S. 353, 355; *CPRE/Natural England*, Green Belts: a greener future, S. 20; *Department of the Environment*, The Effectiveness of Green Belts, S. i.

1051 Siehe dazu: 2. Kapitel D. X. 2.

1052 *Bieback*, Housing development on brownfield sites, ELR 2002, S. 225, 225; *Winter*, Planning and sustainability: an examination of the role of the planning system as an instrument for the delivery of sustainable development, JPEL 1994, S. 883,

dass vorbelastete, aber nicht mehr genutzte Standorte einer sinnvollen Nutzung zugeführt und daher bislang unbebaute Flächen geschützt werden.[1053] In England wird das Thema unter den Stichwörtern *urban regeneration, previously-developed land*[1054] oder *brownfield land* (im Gegensatz zu *greenfield land*) diskutiert.

a) Geschichte des Flächenrecyclings

Die Wiedernutzung von Böden wird in England seit langer Zeit praktiziert.[1055] Durch einen Wandel in der Industrie und Wirtschaft kam es in England früh zu zahlreichen leerstehenden (*vacant*) und verlassenen (*derelict*) Flächen, die lange nicht genutzt wurden.[1056] Die Verwendung dieser Flächen wurde im Laufe der letzten drei Jahrzehnte nötig, um den Anforderungen einer möglichst umweltschonenden Bodennutzung Rechnung zu tragen.[1057]

1993 wurde durch den Leasehold Reform, Housing and Urban Development Act 1993 eine *Urban Regeneration Agency*[1058] gegründet (s. 158 (1) Leasehold Reform, Housing and Urban Development Act 1993). Das Hauptziel dieser *Agency* war die

---

896; Zur Nachhaltigkeit bei *brownfield sites* siehe ausführlich: *Tallon*, Urban Regeneration in the UK, S. 154 ff.; *Williams/Dair*, A Framework for Assessing the Sustainability of Brownfield Developments, JEPM 2007, S. 23, 23 ff.

1053 Siehe dazu: 2. Kapitel D. X. 2.

1054 *Previously developed land* wird im NPPF mit *brownfield land* gleichgesetzt (para. 17, 111 NPPF) und im Annex 2 Glossary des NPPF folgendermaßen definiert: „Land which is or was occupied by a permanent structure, including the curtilage of the developed land (although it should not be assumed that the whole of the curtilage should be developed) and any associated fixed surface infrastructure. This excludes: land that is or has been occupied by agricultural or forestry buildings; land that has been developed for minerals extraction or waste disposal by landfill purposes where provision for restoration has been made through development control procedures; land in built-up areas such as private residential gardens, parks, recreation grounds and allotments; and land that was previously-developed but where the remains of the permanent structure or fixed surface structure have blended into the landscape in the process of time."

1055 *English Partnerships/The National Regeneration Agency*, The Brownfield Guide: A practitioner's guide to land reuse in England, S. 3; vgl. *Schulze Bäing/Wong*, Brownfield Residential Development: What Happens to the Most Deprived Neighbourhoods in England?, US 2012, S. 2989, 2990.

1056 *English Partnerships/The National Regeneration Agency*, Towards a national brownfield strategy, S. 3.

1057 Vgl. *English Partnerships/The National Regeneration Agency*, The Brownfield Guide: A practitioner's guide to land reuse in England, S. 3.

1058 Die *Urban Regeneraion Agency* wurde durch den Housing and Regeneration Act 2008 abgeschafft (s. 49 Housing and Regeneration Act 2008) und deren Funktionen wurden anschließend von der *Homes and Community Agengy* (s. 2 (1) Housing and Regeneration Act 2008) ausgeführt. Siehe dazu: *Duxbury*, Telling & Duxbury's Planning Law and Procedure, S. 15.

Sicherung der Wiedernutzbarmachung von Flächen, die nicht mehr, nicht ausreichend oder ineffektiv genutzt wurden oder kontaminiert waren (s. 159 Leasehold Reform, Housing and Urban Development Act 1993). Um dieses Ziel zu erreichen, hatte die *Agency* umfassende Befugnisse wie Erwerb, Verwaltung oder Veräußerung von Grundstücken, Durchführung von baulicher Entwicklung auf oder Konversion von vorgenutzten Flächen (s. 160 Leasehold Reform, Housing and Urban Development Act 1993).[1059]

1995 formulierte die englische Regierung das Ziel bis 2005: „Build half of all new homes on re-used sites."[1060] Durch die PPG 3 (Housing) 2000 erhöhte die Regierung das Ziel auf 60 % bis zum Jahr 2008 (para. 23 PPG 3 (Housing)). Trotz Bedenken[1061] wurde dies bereits 2001, d. h. sieben Jahre im Voraus erreicht.[1062] Die Wiedernutzbarmachung von vorher genutzten Flächen stieg seitdem kontinuierlich an.[1063] Auch in der PPS 3 (Housing) 2011 war das 60 %-Ziel weiterhin festgeschrieben (para. 41 PPS 3 (Housing)). Zudem beinhalte die PPS 3 eine Vorgabe, die besagte, dass *previously-developed land* vorrangig für die bauliche Nutzung genutzt werden sollte (para. 36 PPS 3 (Housing)). In dieser Zeit wurde die Definition von *previously-developed land* (Annex B: Definitions PPS 3 (Housing) 2011) dahingehend geändert, dass nunmehr Gärten nicht mehr zu solchen Flächen zählten.[1064] Die 60 %-Vorgabe konnte somit nicht mehr dadurch erreicht werden, dass Gärten als wichtige Bestandteile des urbanen Ökosystems bebaut wurden.[1065]

Durch den *Plan for Growth* kam es 2011 zu einer Änderung der bisherigen *brownfield policy*, indem das 60 %-Ziel abgeschafft wurde.[1066] Begründet wurde dies damit, dass das Planungssystem besser auf die wirtschaftliche Nachfrage und die Bedürfnisse der lokalen Gemeinschaften eingehen sollte und die feste Quote dafür nicht flexibel genug sei.[1067] Ferner habe das Ziel dazu beigetragen, dass die Bodenpreise

1059 Siehe dazu auch: Ibid., S. 14; *Moore/Purdue*, A practical approach to Planning Law, S. 28.

1060 *Department of the Environment and Welsh Office*, Our Future Homes: Opportunity, Choice, Responsibility – The Government's Housing Policies for England and Wales, S. 11.

1061 *Hoare/Kershaw*, Practical issues for the planning authority, JPEL 1998, S. 20, 22; *Town and Country Planning Association*, Housing Policy Statement, S. 8.

1062 *English Partnerships/The National Regeneration Agency*, Towards a national brownfield strategy, S. 6.

1063 *Schulze Bäing/Wong*, Brownfield Residential Development: What Happens to the Most Deprived Neighbourhoods in England?, US 2012, S. 2989, 2990.

1064 Zu dieser Problematik siehe: *RCEP*, The Urban Environment, S. 25 f.; *The Communities and Local Government Committee*, Eighth Report: The National Planning Policy Framework, S. 56 f.

1065 *RCEP*, The Urban Environment, S. 25 f.

1066 *BIS*, The Plan for Growth, S. 23, 45.

1067 Ibid., S. 45.

in einigen Gebieten angestiegen seien und das Wohnungsangebot zunehmend begrenzt wurde.[1068]

b) Aktuelle Planning Policy bezüglich Flächenrecycling

In der aktuellen *planning policy* gibt es nur noch wenige Regelungen bezüglich des Flächenrecyclings. Zwar ist die Förderung der Wiederverwendung von vorgenutzten Flächen, sofern diese nicht von hohem ökologischen Wert sind, ein Hauptziel (*core planning principle*) des NPPF (para. 17 NPPF). Ansonsten wird aber der Inhalt des *core planning principle* in para. 111 NPPF lediglich nochmals wiederholt und dahingehend ergänzt, dass die lokalen Planungsbehörden für ihr Plangebiet eine lokale Vorgabe zur Nutzung des *brownfield land* festlegen können. Im NPPF wurde auf eine Regelung zur vorrangigen Nutzung des *brownfield land* sowie auf eine prozentuale Vorgabe verzichtet.

c) Aktuelle Probleme des Flächenrecyclings

Auch wenn das Flächenrecycling, wie oben bereits erläutert, zahlreiche Vorteile mit sich bringt, ist dieses nicht immer unproblematisch. Einerseits ist die Verfügbarkeit von Fläche, die wieder nutzbar gemacht werden kann, begrenzt. Nicht alle vorher genutzten Flächen eignen sich dafür.[1069] Hindernisse sind häufig die Lage der Flächen (insbesondere im industriellen Umfeld), komplizierte Eigentumsverhältnisse oder wirtschaftliche Gründe.[1070] Andererseits finden sich auf diesen oft Altlasten,[1071] deren Beseitigung zu hohen Kosten führen kann.[1072] Daher bevorzugen Bauunternehmer grundsätzlich für ihre Bauprojekte *greenfield land*.[1073] Auch ist aus ökologischen Gründen die Wiedernutzbarmachung der Flächen nicht immer von Vorteil,[1074] da diese Flächen ökologisch wertvoll sein können.[1075]

1068 Ibid., S. 45.

1069 *Barker*, Barker Review of Land Use Planning, S. 9, 50; *The Government Office for Science*, Land Use Futures, S. 186.

1070 *Barker*, Barker Review of Land Use Planning, S. 50; *Bieback*, Housing development on brownfield sites, ELR 2002, S. 225, 226 ff.

1071 Zur Altlastenproblematik in England siehe ausführlich: *Bieback*, Housing development on brownfield sites, ELR 2002, S. 225, 226 ff.; *Dixon/Raco/Cartney, et al.*, Sustainable Brownfield Regeneration, S. 3 ff.; *Fisher/Lange/Scotford*, Environmental Law, S. 969 ff.; *Hellawell*, Blackstone's Guide to Contaminated Land, S. 1 ff.; *Tallon*, Urban Regeneration in the UK, S. 3 ff.; *Tromans/Turrall-Clarke*, Contamined Land, S. 3 ff.

1072 *Tromans/Turrall-Clarke*, Contamined Land, S. 495; vgl. *Wolf/Stanley*, Wolf and Stanley on Environmental Law, S. 37.

1073 *Bieback*, Housing development on brownfield sites, ELR 2002, S. 225, 227.

1074 Ibid., S. 225.

1075 *Barker*, Barker Review of Land Use Planning, S. 46; *Harrison/Davies*, Conserving biodiversity that matters: practitioners' perspectives on brownfield development and urban nature conservation in London, JEM 2002, S. 95, 95 ff.; *RCEP*, The Urban

Trotz der mit dem Flächenrecycling einhergehenden Probleme und Hindernisse wird in England kritisiert, dass in der aktuellen *planning policy* weder die 60 %-Vorgabe noch das Ziel der vorrangigen Verwendung der vorgenutzten Flächen für die bauliche Entwicklung ausdrücklich festgeschrieben ist.[1076] Dadurch bestehe die Gefahr, dass das Flächenrecycling in Zukunft an Bedeutung verliere.[1077] Somit zeigt sich, dass das Bestreben einer möglichst weitgehenden Wiedernutzbarmachung der Flächen bereits an Bedeutung verloren hat.

d) Bewertung des Flächenrecyclings

Das Flächenrecycling wirkt sich auf den quantitativen Bodenschutz in England positiv aus. In der Vergangenheit hat die *brownfield policy* dazu beigetragen, dass bauliche Entwicklungen auf *greenfield sites* reduziert[1078] und die freien innerörtlichen Flächen einer sinnvollen baulichen Nutzung zugeführt wurden.[1079] 2011 wurden 68 % der Wohnhäuser auf *previously developed land* errichtet.[1080] Die höchste Rate wurde 2008 mit 80 % erreicht,[1081] wobei damals noch Gärten in der Berechnung einbezogen wurden.[1082] Diese Zahlen belegen, dass die *policy* hinsichtlich der Wiedernutzbarmachung von Flächen erfolgreich war und ist. Durch die Verwendung vorgenutzter Flächen für Bauzwecke wurden freie Flächen effektiv vor Bebauung geschützt.

3. Verdichtung

Für die Begrenzung der Flächeninanspruchnahme spielt die bauliche Verdichtung[1083] in England eine besondere Rolle. Darunter versteht man die Erhöhung der bebauten Fläche innerhalb eines bestimmten Gebiets.[1084] Vorteil davon ist, dass die Fläche, die sowieso bereits einer baulichen Nutzung zugeführt wurde, so weit wie möglich für Bauzwecke ausgenutzt wird und bislang freie Fläche mithin verschont bleibt.[1085]

Environment, S. 63 f.; *The Communities and Local Government Committee*, Eighth Report: The National Planning Policy Framework, S. 57.

1076 Ibid., S. 55, Ev 112, 57 f.

1077 Ibid., S. 57 f.

1078 *Couch/Karecha*, Controlling urban sprawl: Some experiences from Liverpool, Cities 2006, S. 353, 355; *Schulze Bäing/Wong*, Brownfield Residential Development: What Happens to the Most Deprived Neighbourhoods in England?, US 2012, S. 2989, 3005; *The Government Office for Science*, Land Use Futures, S. 186.

1079 *Barker*, Barker Review of Land Use Planning, S. 46; *The Government Office for Science*, Land Use Futures, S. 186.

1080 *DCLG*, Land Use Change Statistics in England 2011, S. 1.

1081 Ibid., S. 1; *The Government Office for Science*, Land Use Futures, S. 186.

1082 *DCLG*, Land Use Change Statistics in England 2011, S. 1.

1083 Zur Verdichtung siehe ausführlich: *Boyko/Cooper*, Clarifying and re-conceptualising density, PIP 2011, S. 1, 1 ff.

1084 Ibid., S. 5.

1085 Ibid., S. 10 ff., dort sind zudem andere Vorteile einer hohen Verdichtung aufgelistet.

In der Vergangenheit beinhaltete die englische *planning policy* strikte Vorgaben zur Verdichtung. So legte para. 58 PPG 3 (Housing) 2000 ein Verdichtungsziel von 30 bis 50 Wohnungen pro Hektar fest. Ziel der Vorgabe war, das Land maximal effizient zu nutzen (para. 57 PPG 3 (Housing) 2000). In dem aktuellen NPPF gibt es hingegen keine feste Verdichtungsvorgabe mehr. Die lokalen Planungsbehörden sollen den lokalen Gegebenheiten entsprechend selbst festlegen, wie hoch die Verdichtung in ihrem Gebiet sein soll (para. 47 NPPF).

Aufgrund der damals bestehenden strengen Regelung ist die Verdichtung in neuen Wohngebieten in England erheblich angestiegen.[1086] Die Bebauung in geringer Verdichtung nahm ab und in hoher Verdichtung zu.[1087] Die Neuinanspruchnahme von Flächen wurde dadurch verringert.[1088] Die strikten Verdichtungsvorgaben der *planning policy* haben daher in der Vergangenheit zu dem geringen Wert der Flächeninanspruchnahme in England beigetragen.

Problematisch ist allerdings, dass eine verdichtete Bauweise von der Bevölkerung in England abgelehnt wird, da damit häufig schlechtere Wohnbedingungen als in weniger verdichteten Gebieten einhergehen.[1089] Insbesondere wird bemängelt, dass die Häuser bzw. Wohnungen in verdichteten Gebieten zu klein[1090] und dass zu wenig private Gärten vorhanden seien, sodass die Voraussetzungen für ein gutes Wohnumfeld fehlten.[1091] 82 % der Bevölkerung möchten lieber in Häusern statt in Wohnungen leben.[1092] Es gibt zudem eine klare Präferenz zum Wohnen in Gebieten mit geringer Verdichtung.[1093]

Somit wird deutlich, dass die hohe Verdichtung, die in der damaligen *planning policy* festgelegt war, einen Beitrag zur geringen Flächeninanspruchnahme geleistet hat. Die Engländer sind jedoch mit der Wohnsituation in verdichteten Gebieten

---

1086 *Evans/Unsworth*, Housing Densities and Consumer Choice, US 2012, S. 1163, 1163; *The Government Office for Science*, Land Use Futures, S. 24.

1087 *Dunse/Sotirios/Bramley*, Planning policy, housing density and consumer preferences, JPR 2013, S. 221, 221; *Williams*, Space per person in the UK: A review of densities, trends, experiences and optimum levels, LUP 2009, S. 83, 88.

1088 *Couch/Karecha*, Controlling urban sprawl: Some experiences from Liverpool, Cities 2006, S. 353, 357; *Town and Country Planning Association*, Housing Policy Statement, S. 5.

1089 *The Government Office for Science*, Land Use Futures, S. 188.

1090 *Townshend* in: Cullingworth/Nadin/Hart, et al. (Hrsg.), Town and Country Planning in the UK, S. 367; vgl. *Barker*, Barker Review of Land Use Planning, S. 54; *Evans/Unsworth*, Housing Densities and Consumer Choice, US 2012, S. 1163, 1166.

1091 *RCEP*, The Urban Environment, S. 26; *Town and Country Planning Association*, Housing Policy Statement, S. 13; zu den Nachteilen siehe ausführlich: *Boyko/Cooper*, Clarifying and re-conceptualising density, PIP 2011, S. 1, 13 ff.

1092 *Barker*, Barker Review of Land Use Planning, S. 9, 51.

1093 *The Government Office for Science*, Land Use Futures, S. 24, 188; *Town and Country Planning Association*, Housing Policy Statement, S. 13; *Williams*, Space per person in the UK: A review of densities, trends, experiences and optimum levels, LUP 2009, S. 83, 89.

unzufrieden. Sie sind daher nicht bereit die Flächeninanspruchnahme durch hohe Verdichtung gering zu halten, sofern dadurch schlechte Wohnverhältnisse entstehen und eine gute Lebensqualität nicht gewährleistet werden kann. Ob durch die Lockerung der strengen *planning policy* hinsichtlich der Verdichtung in Zukunft mehr Flächen in Anspruch genommen werden und dadurch die Wohnqualität steigt, bleibt abzuwarten.

4. Sonstige Vorgaben der Planning Policy

Neben den erwähnten Regelungen der *planning policy*, gibt es zahlreiche weitere Vorgaben im NPPF, die für die Thematik der Flächeninanspruchnahme von Bedeutung sind.

In den Hauptzielen des NPPF (*core planning principles*) ist geregelt, dass die Wiederverwendung von vorhandenen Ressourcen, inklusive der Umbau bestehender Gebäude, gefördert werden soll (para. 17 NPPF). Zudem wird darin vorgegeben, dass, sofern Land für die bauliche Entwicklung zugeteilt wird, nur solches gewählt werden soll, welches aus ökologischen Gesichtspunkten weniger wertvoll ist. In para. 23–27 NPPF sind Regelungen zur Stärkung der Innenstädte enthalten. Gemäß para. 24 NPPF ist diesbezüglich ein sog. *sequential test* vorgesehen. Dieser Test erfordert, dass zunächst geprüft werden muss, ob für den vorgesehenen Zweck (Handel, Bürogebäude, Freizeit-, Tourismus-, Kultur oder Gemeinschaftseinrichtungen, Wohnnutzungen) ein Standort in der Innenstadt vorhanden ist. Falls dies nicht der Fall ist, soll ein Standort am Stadtrand für die geplante Nutzung gefunden werden. Erst wenn weder in der Innenstadt noch am Stadtrand ein Standort vorhanden ist, kann außerhalb der Stadt eine Baugenehmigung für die beabsichtigte Nutzung erteilt werden. Gemäß para. 51 NPPF sollen die lokalen Planungsbehörden darauf hinwirken, dass leerstehende Häuser wieder einer Nutzung zugeführt werden. Zur Förderung einer nachhaltigen Entwicklung im ländlichen Raum soll Wohnraum (*housing*) nur dort neu geschaffen werden, wo es der Verbesserung oder Erhaltung der Vitalität der Gemeinden dient (para. 55 NPPF). Isolierte Wohnhäuser in der freien Landschaft sind zu vermeiden. Nur in ganz besonderen Umständen, wenn beispielsweise die zwingende Notwendigkeit besteht, dass ein Landarbeiter in der Nähe seines Arbeitsplatzes lebt, soll dies möglich sein (para. 55 NPPF). Zudem verbietet para. 74 NPPF die Bebauung von bestehenden Freiflächen, Sportflächen oder Erholungsflächen außer wenn ganz besondere Umstände vorliegen. Die dargestellten Regelungen fördern unmittelbar oder mittelbar die geringe Flächeninanspruchnahme in England und zeigen, dass der Problematik im Rahmen der *planning policy* große Bedeutung zugemessen wird.

Allerdings werden im NPPF auch die wirtschaftlichen Aspekte betont (para. 18–22 NPPF). Beispielsweise wird normiert, dass durch Planung nachhaltiges Wachstum gefördert und nicht verhindert werden darf sowie der Notwendigkeit des ökonomischen Wachstums deutliches Gewicht im Planungssystem zukommen soll (para. 19 NPPF). Insbesondere wird geregelt, dass in bestimmten Einzelfällen[1094] die Versorgung mit Wohnraum am besten durch neue Siedlungen oder Vergrößerungen von bestehenden Ortschaften erfolgt (para. 52 NPPF). In solchen Fällen sollen dann die Prinzipien der *garden cities*[1095] angewandt und entschieden werden, ob ein neuer *green belt*[1096] angelegt wird. Folglich sind im NPPF zwar zahlreiche Regelungen enthalten, die eine geringe Flächeninanspruchnahme bedingen. Jedoch verfolgt der NPPF auch andere, insbesondere wirtschaftliche Ziele, die im Konflikt mit dem quantitativen Bodenschutz stehen können.

II. Gesamtkonzeption des englischen Planungssystems

Ein weiterer Erfolgsfaktor für die geringe Flächeninanspruchnahme ist die Gesamtkonzeption des englischen Planungssystems. Hierbei sind vor allem der Grundsatz der Kontrolle der baulichen Entwicklung (*development control*) sowie der Einfluss der Zentralregierung auf die lokalen Planungsbehörden von Bedeutung.

1. Kontrolle der baulichen Entwicklung

Zu den Aufgaben des englischen Planungsrechts gehören einerseits Planung und andererseits Kontrolle der baulichen Entwicklung (*development control*).[1097] Hauptaugenmerk liegt in England allerdings auf der Kontrolle der baulichen Entwicklung. Wesentliches Ziel des englischen Planungsrechts ist die Beschränkung der Bautätigkeiten zum Wohle der Allgemeinheit.[1098] Die öffentliche Kontrolle der baulichen Entwicklung wird in England daher als essentiell betrachtet.[1099] Es wird davon ausgegangen, dass nur aufgrund von strengen Beschränkungen der Bautätigkeiten die Interessen der Allgemeinheit ausreichend berücksichtigt werden.[1100] Diese Bestrebung ist vor privaten oder gewerblichen Interessen vorrangig.[1101]

1094 Hierzu nennt der NPPF allerdings keine konkreten Beispiele oder Voraussetzungen.

1095 Siehe dazu: 3. Kapitel A. I. 1.

1096 Siehe dazu: 3. Kapitel B. I. 1.

1097 *Denyer-Green/Ubhi*, Development and Planning Law, S. 56; siehe ausführlich zu *development control*: *Booth*, Managing land-use change, LUP 2009, S. 154, 154 ff.; In Zukunft wird wohl der Begriff *development management* den Begriff *development control* ablösen. Siehe zu *development management* ausführlich: *Hart* in: Cullingworth/Nadin/Hart, et al. (Hrsg.), Town and Country Planning in the UK, S. 137 ff.

1098 Buxton and others v Ministry of Housing and Local Government v. 20.07.1960 ([1961] 1 Q.B. 278); Stringer v Minister of Housing and Local Government and others v. 08.04.1970 ([1971] 1 All ER 65); *Booth*, Managing land-use change, LUP 2009, S. 154, 154.

1099 *Card/Murdoch/Murdoch*, Real Estate Management Law, S. 675.

1100 Ibid., S. 675.

1101 Vgl. Ibid., S. 675.

Umgesetzt wird die Beschränkung der baulichen Entwicklung durch das Erfordernis einer Baugenehmigung.[1102] Wie oben bereits erläutert, ist seit 1947 das gesamte Landesgebiet Englands der baulichen Kontrolle unterworfen und daher ist seitdem für jede bauliche Entwicklung eine Baugenehmigung Voraussetzung.[1103] Einen Rechtsanspruch auf die Gewährung einer Baugenehmigung gibt es in England nicht. Über jedes Bauvorhaben wird einzeln entschieden. Das englische Planungsrecht ist hinsichtlich der Erteilung der Baugenehmigung streng, sodass eine solche, wie oben beschrieben, aus zahlreichen Gründen verweigert werden kann.[1104] Insbesondere kann eine Baugenehmigung auch dann versagt werden, wenn das geplante Vorhaben der *planning policy* und daher gesamtstaatlichen Planungsinteressen widerspricht. So können beispielsweise Baugenehmigungen auch aus Gründen des quantitativen Bodenschutzes versagt werden. Die Kontrolle der baulichen Entwicklung und vor allem die Begrenzung dieser sind in England sehr strikt, daher aber auch effektiv.[1105] Durch dieses System wird die unkontrollierte Bebauung verhindert und nur selektiv eine bauliche Entwicklung ermöglicht. Zur Realisierung neuer Bauvorhaben müssen in England folglich hohe Hürden überwunden werden.[1106]

2. *Einfluss der Zentralregierung auf lokale Planungsentscheidungen*

Die bauliche Entwicklung wird in England, wie oben bereits erläutert, maßgeblich durch die Beteiligung der Zentralregierung gesteuert. Diese kontrolliert die Bautätigkeit in doppelter Hinsicht: Zum einem vor dem eigentlichen Entscheidungsprozess, indem sie durch die *planning policy* die gesamtstaatlichen Ziele der Planung formuliert.[1107] Die Gemeinden müssen diese beachten, eine Abweichung hiervon ist kaum möglich. Zum anderen übt die Zentralregierung Kontrolle durch den *Secretary of State* aus, dem im laufenden Planungsprozess umfassende Prüf- und Überwachungsaufgaben zukommen.[1108] Eine mit der in Deutschland verfassungsrechtlich verankerten Planungshoheit der Gemeinde gemäß Art. 28 II GG vergleichbare Regelung gibt es in England nicht. Die Zentralregierung kann somit letztendlich in fast alle Entscheidungen über Bautätigkeiten eingreifen und hat faktisch das letzte Wort bei allen baulichen Entwicklungen in England.[1109] Die starke Einflussnahme der nationalen auf die lokale Ebene ist für die jeweiligen Gemeinden nicht nur

---

1102 Ibid., S. 692 ff.; *Duxbury*, Telling & Duxbury's Planning Law and Procedure, S. 11; vgl. *Moore/Purdue*, A practical approach to Planning Law, S. 1.
1103 Siehe dazu: 3. Kapitel A. I. 3.
1104 Siehe dazu: 3. Kapitel A. IV. 3.
1105 *Hart* in: Cullingworth/Nadin/Hart, et al. (Hrsg.), Town and Country Planning in the UK, S. 137.
1106 Ibid., S. 137 f.
1107 Siehe dazu: 3. Kapitel A. II. 4.
1108 Siehe dazu: 3. Kapitel A. IV. 1. c) und 3. c).
1109 *McEldowney/McEldowney*, Environmental Law, S. 204.

von Vorteil. Beispielsweise haben die Gemeinden nur begrenzte Möglichkeiten das Gemeindegebiet ihren Wünschen entsprechend zu gestalten.

Für die Begrenzung der Flächeninanspruchnahme ist diese starke Einflussnahme der Zentralregierung allerdings aus mehreren Gründen sinnvoll. Durch dieses System wird die Durchsetzung von gesamtstaatlichen Zielen hinsichtlich eines sparsamen Umgangs mit Flächen auch auf lokaler Ebene möglich.[1110] Die Distanz der Zentralregierung zu den gemeindlichen Interessen ist von entscheidendem Vorteil.[1111] Die englische Konzeption verhindert, dass, wie in Deutschland, die Gemeinden davor zurückschrecken für sie unangenehme, aber wichtige Entscheidungen zu treffen.[1112] Kurzsichtige, nur die einzelnen Gemeinden begünstigende Entscheidungen werden dadurch unterbunden. Unabhängig davon haben die englischen Gemeinden in der Regel kein Interesse daran, dass bauliche Entwicklung in ihrem Gemeindegebiet erfolgt, da dies erhebliche Kosten für die Gemeinden mit sich bringt.[1113] Folglich wirken sich die weitreichenden Steuerungsmöglichkeiten der Zentralregierung, zumindest solange diese einen sparsamen Umgang mit Flächen anstreben, positiv auf die Reduktion der Flächeninanspruchnahme aus.

Auch durch die Einführung des LA 2011, der das Planungssystem insbesondere demokratischer machen und der starken Zentralisierung entgegenwirken sollte, hat sich an dieser Machtverteilung nichts geändert. Zwar wurden dadurch die Befugnisse der Gemeinden, wie oben erläutert, ausgeweitet, indem sie nun *order* erlassen und *neighbourhood development plans* verfassen können. Zudem sind die Gemeinden beispielsweise nicht mehr an die Empfehlung, die der *Planning Inspector* über die *development plan documents* trifft, gebunden und müssen die *local development schemes* nicht mehr dem *Secretary of State* vorgelegen. Allerdings sind die lokalen Planungsbehörden nach wie vor an die nationale *planning policy* gebunden und die sonstigen Eingriffsmöglichkeiten der Zentralregierung wurden nicht begrenzt. Somit besteht auch nach aktueller Gesetzeslage eine starke Einflussnahme auf die gemeindliche Planung und den Gemeinden ist es weiterhin verwehrt, vollkommen unabhängige Entscheidungen über ihr Gemeindegebiet zu treffen.

III. Stellenwert der Natur in der Bevölkerung

Die bereits dargestellten Gründe für die vergleichsweise geringe Flächeninanspruchnahme in England beruhen auf Vorgaben der *planning policy* und auf der Struktur des Planungssystems im Allgemeinen. Ein anderer, aber ebenfalls wichtiger, Faktor in diesem Zusammenhang ist der hohe Stellenwert der Natur in der Bevölkerung.

1110 Siehe auch: *v. Haaren/Nadin*, Die Flächeninanspruchnahme in Deutschland im Vergleich mit der Situation in England, RuR 2003, S. 345, 352.

1111 Siehe auch: Ibid., S. 352.

1112 Siehe auch: Ibid., S. 352.

1113 *The Government Office for Science*, Land Use Futures, S. 29; siehe dazu auch: *v. Haaren/Nadin*, Die Flächeninanspruchnahme in Deutschland im Vergleich mit der Situation in England, RuR 2003, S. 345, 350.

Natur, Landschaft und Grünflächen innerhalb und außerhalb der Städte haben in England eine besondere Bedeutung für die Gesellschaft.[1114] In kaum einem anderen Land gibt es einen derart institutionalisierten und anhaltenden Einsatz zum Schutz der Natur.[1115] Die Nutzung und der Erhalt der Natur und der Landschaft haben dort eine lange Tradition.[1116] Erstmals gab es in der viktorianischen Ära (1837–1901) Bewegungen zum Erhalt der Landschaft.[1117] Hintergrund war, dass durch die Industrialisierung die Sehnsucht nach der vorindustriellen Zeit hervorgerufen wurde.[1118] So wurden zahlreiche Vereine zum Schutz der Natur gegründet deren Hauptanliegen die Bewahrung, aber gleichzeitig auch der freie Zugang zu Natur und Landschaft für die öffentliche Nutzung und Wertschätzung waren.[1119] Auch bei dem *garden city movement* spielte die Integration der Natur in das tägliche Leben die zentrale Rolle.[1120] Aufgrund der Kritik an der zunehmenden baulichen Entwicklung in der freien Landschaft[1121] wurden bereits früh zahlreiche Maßnahmen zum Erhalt der Natur und Landschaft veranlasst.

Auch heute noch spielt die Natur in England eine herausgehobene Rolle. Gärten, Parks, öffentliche Grünflächen, *green belts* und die freie Landschaft sind den Engländern nicht nur im Allgemeinen äußerst wichtig, sondern sie nutzen diese Flächen auch regelmäßig für Sport- oder Erholungszwecke.[1122] Die Mehrheit der Bevölkerung ist der Ansicht, dass die Natur für die Lebensqualität sehr bedeutsam ist und öffentliche Grünflächen in der unmittelbaren Umgebung hierzu entscheidend beitragen.[1123] Die Bevölkerung kritisiert daher Zersiedelung, akzeptiert

---

1114 *Szczekalla*, Reduzierung der Flächeninanspruchnahme durch lokale und regionale Flächenressourcenbewirtschaftung. Rechtliche und institutionelle Rahmenbedingungen, DVBl 2005, S. 354, 354; *The Government Office for Science*, Land Use Futures, S. 39, 59 f.

1115 Vgl. *Bunce*, The countryside ideal, S. 176.

1116 *The Government Office for Science*, Land Use Futures, S. 39; zum *countryside-movement* in Großbritannien siehe ausführlich: *Bunce*, The countryside ideal, S. 176 ff.

1117 *Bunce*, The countryside ideal, S. 176 f.; *Swanswick*, Society's attitudes to and preferences for land and landscape, LUP 2009, S. 62, 67.

1118 *Bunce*, The countryside ideal, S. 177, 179.

1119 Ibid., S. 176 ff.; *Swanswick*, Society's attitudes to and preferences for land and landscape, LUP 2009, S. 62, 67.

1120 *Tewdwr-Jones*, Spatial Planning and Governance, S. 10.

1121 *Bunce*, The countryside ideal, S. 186; *Tewdwr-Jones*, Spatial Planning and Governance, S. 10.

1122 *Barker*, Barker Review of Land Use Planning, S. 61; *CPRE/Natural England*, Green Belts: a greener future, S. 7; *DEFRA*, Knowledge and attitude towards the envionment, S. 1; *Swanswick*, Society's attitudes to and preferences for land and landscape, LUP 2009, S. 62, 65, 68 f.; vgl. *Gilg*, Perceptions about land use, LUP 2009, S. 76, 77.

1123 *Swanswick*, Society's attitudes to and preferences for land and landscape, LUP 2009, S. 62, 73; *The Government Office for Science*, Land Use Futures, S. 81.

grundsätzlich *green belts* und begrüßt eine strikte Begrenzung der Planung.[1124] Neue bauliche Entwicklung wird aus Gründen der Verkehrszunahme, des Verlusts von Grünflächen, negativer Auswirkungen auf die Gemeinden sowie der Befürchtung, dass der Immobilienwert sinkt, von der Bevölkerung grundsätzlich abgelehnt.[1125]

Die Freihaltung der bislang unberührten Natur verliert in der Bevölkerung allerdings an Bedeutung, sobald sie durch strenge Schutzmaßnahmen in ihrer Selbstverwirklichung eingeschränkt werden.[1126] Die Akzeptanz der *green belts* nimmt beispielsweise ab, sobald es darum geht, Flächen für bezahlbares Wohnen in stadtnahen Gebieten zu schaffen.[1127] Zudem möchte paradoxerweise die Mehrheit der Engländer trotz des allgemein hohen Stellenwerts der Natur dennoch gerne ein Haus mit Garten in einer vorstädtischen oder ländlichen Gegend, in der die Verdichtung gering ist.[1128]

IV. Zusammenfassung und Bewertung

Das englische Planungssystem ist hinsichtlich des quantitativen Bodenschutzes sehr effektiv. Im Vergleich zu Deutschland werden in England deutlich weniger Flächen in Anspruch genommen und große Flächen langfristig vor Bebauung geschützt. Hauptgründe hierfür sind die vielen bodenschützende Regelungen der *planning policy* einerseits und die Gesamtkonzeption des englischen Planungssystems andererseits.

Die Betrachtung der aktuellen *planning policy* zeigt, dass mit dem Konzept der *green belts* und dem Flächenrecycling bereits seit Jahrzehnten wichtige Regelungen zum Schutz der freien Flächen bestehen. Daneben sind zahlreiche andere Normen im NPPF enthalten, die ebenfalls einen Beitrag zur geringen Flächeninanspruchnahme in England leisten. Die zum Teil strengen Regelungen zum Schutz der bislang freien Flächen erwiesen sich in der Vergangenheit als äußerst wirksam. Der *planning policy* ist zu verdanken, dass die Zersiedelung in England sehr erfolgreich verhindert wurde.[1129]

Bei der Analyse dieser Regelungen fällt jedoch auch auf, dass die strikten Vorgaben der *planning policy* seit 2011 gelockert wurden. Beispielsweise wurden feste Flächenrecyclings- und Verdichtungsraten in den letzten Jahren abgeschafft. Grund

1124 *Gilg*, Perceptions about land use, LUP 2009, S. 76, 77, 81; vgl. *The Government Office for Science*, Land Use Futures, S. 60.

1125 *Home*, Land ownership in the United Kingdom: Trends, preferences and future challenges, LUP 2009, S. 103, 107.

1126 Vgl. *Tewdwr-Jones*, Spatial Planning and Governance, S. 15.

1127 *CPRE/Natural England*, Green Belts: a greener future, S. 23.

1128 *Gilg*, Perceptions about land use, LUP 2009, S. 76, 77; *The Government Office for Science*, Land Use Futures, S. 60; *Town and Country Planning Association*, Housing Policy Statement, S. 7.

1129 *The Government Office for Science*, Land Use Futures, S. 179.

hierfür war, dass das starre Planungssystem zunehmend kritisiert wurde.[1130] Das *Department for Business, Innovation and Skills* äußerte 2011, dass das damals bestehende Planungssystem eine Bremse für Wachstum und die Schaffung von Arbeitsplätzen sei.[1131] Durch das restriktive Planungssystem werde die Zurverfügungstellung von Grundstücken übermäßig eingeschränkt und dies führe insgesamt zu steigenden Kosten.[1132] Auch in der Bevölkerung herrscht seit längerem wegen des Mangels an bezahlbarem Wohnraum und der zum Teil schlechten Wohnbedingungen, die zumindest teilweise aus den strengen Vorgaben der *planning policy* resultieren, Unzufriedenheit. Die gesellschaftliche Akzeptanz des sparsamen Umgangs mit freien Flächen sinkt daher und die verbleibenden strengen Regeln (vor allem hinsichtlich der *green belts*) werden kritisiert.

Durch die Lockerung der Vorgaben in den letzten Jahren ist der Schutz der freien Flächen gesunken. Trotz dieser Tendenzen sind in der *planning policy* noch immer wirksame Regelungen enthalten, die einen effektiven quantitativen Bodenschutz gewährleisten.

Auch die Gesamtkonzeption des englischen Planungssystems begünstigt eine geringe Flächeninanspruchnahme, da sich dieses die Beschränkung der baulichen Entwicklung zum Hauptziel gesetzt hat. Die Realisierung neuer Bauvorhaben gestaltet sich daher häufig schwierig und die englischen Gemeinden haben aufgrund der hohen anfallenden Kosten oft kein Interesse an der Ausweisung von Baugebieten. Durch die weitreichenden Eingriffsmöglichkeiten der Zentralregierung auf die lokale Ebene können außerdem national bedeutsame Ziele, wie die Begrenzung der Flächeninanspruchnahme, effektiv durchgesetzt werden.

In England hat ferner die Natur seit jeher einen hohen Stellenwert in der Bevölkerung, was dazu führt, dass die Engländer einen möglichst weitreichenden Schutz der Natur befürworten.

Durch das Zusammenwirken all dieser Aspekte entstand im Laufe der Jahre ein effektives System zum Schutz der bislang freien Flächen in England.

1130 Siehe dazu: *Hart* in: Cullingworth/Nadin/Hart, et al. (Hrsg.), Town and Country Planning in the UK, S. 137 f.

1131 *BIS*, The Plan for Growth, S. 21, 23; siehe auch: *The Government Office for Science*, Land Use Futures, S. 27.

1132 *BIS*, The Plan for Growth, S. 43.

4. Kapitel: Bewertung und Verbesserungsvorschläge

In den vorangegangenen Kapiteln wurden sowohl das deutsche als auch das englische Planungsrecht bezüglich der Inanspruchnahme von Flächen ausführlich untersucht. Hierzu wurden insbesondere die Schwächen des deutschen Rechts sowie die Vorteile, aber auch die Probleme des englischen Planungssystems erörtert. Im Folgenden werden die aus den Betrachtungen der beiden Länder gewonnenen Ergebnisse zusammengefasst und vergleichend bewertet. Daraus resultierend werden Vorschläge zur Verbesserung des deutschen Planungsrechts formuliert, um so Rahmenbedingungen für eine deutliche und nachhaltige Begrenzung der Flächeninanspruchnahme in Deutschland zu schaffen.

A. Bewertung des Planungsrechts in Deutschland und England

I. Bewertung des deutschen Planungsrechts

1. Positive Aspekte

Positiv zu bewerten ist, dass der quantitative Bodenschutz in Deutschland seit den 1960er-Jahren an Bedeutung gewonnen hat. So wurden zahlreiche Regelungen geschaffen, die entweder direkt oder indirekt einen Bezug zur Begrenzung der Flächeninanspruchnahme aufweisen. Sowohl im ROG, im BauGB als auch in der BauNVO sind hierzu wichtige Regelungen enthalten. Insbesondere zur vorrangigen Ausnutzung der Innenentwicklungspotenziale vor der Inanspruchnahme von Außenbereichsflächen wurden in den letzten Jahren viele Normen in das deutsche Planungsrecht eingeführt (siehe etwa § 2 II Nr. 2 ROG, § 1 V 3 BauGB, § 1a II BauGB, § 13a BauGB). Durch diese Regelungen können Flächen innerhalb bestehender Siedlungsgrenzen einer sinnvollen Nutzung zugeführt und Flächen außerhalb des Siedlungsgebiets vor Bebauung geschützt werden.

Für die Verringerung der Flächeninanspruchnahme spielt das Raumordnungsrecht eine besonders wichtige Rolle. Aufgrund der überörtlichen Planung und der Anpassungspflicht der Gemeinden gemäß § 1 IV BauGB, beinhaltet dieses das weitaus größte Potenzial zur Begrenzung der Flächeninanspruchnahme. Durch Ziele der Raumordnung und Vorranggebiete können verbindliche Vorgaben für die Gemeinden getroffen werden. Dadurch kann die Flächeninanspruchnahme begrenzt und dahingehend gesteuert werden, dass andere Gebiete von einer Bebauung freizuhalten sind. Im ROG selbst können allerdings keine Ziele oder Vorranggebiete festgelegt werden. Das ROG stellt lediglich die Instrumente zur Verfügung, die dann in den jeweiligen Landesraumordnungsplänen konkret ausgestaltet werden müssen. Somit trägt das Raumordnungsrecht nicht per se zum quantitativen Bodenschutz bei. Es zeigt sich jedoch, dass die Thematik der Begrenzung der Flächeninanspruchnahme in allen Raumordnungsplänen der Bundesländer aufgegriffen wurde und dass diesbezüglich zahlreiche Regelungen enthalten sind.

Auch das Bauplanungsrecht stellt den Gemeinden Möglichkeiten (wie beispielsweise Darstellungen bzw. Festsetzungen in Bauleitplänen mit bodenschützendem Inhalt oder die Einrichtung eines Baulandkatasters) zur Verfügung, die einen Beitrag zur Begrenzung der Flächeninanspruchnahme leisten können.

2. *Negative Aspekte*

Dennoch weist das deutsche Planungsrecht erhebliche Defizite für eine effektive Begrenzung der Flächeninanspruchnahme auf.

Hauptursache hierfür ist, dass das deutsche Planungsrecht zwar zahlreiche Planungsmöglichkeiten enthält, die eine geringere Flächeninanspruchnahme bewirken können, diese aber überwiegend nicht verbindlich sind. So ist beispielsweise die Begrenzung der Flächeninanspruchnahme ausdrücklich in der Bodenschutzklausel im BauGB sowie in den Grundsätzen der Raumordnung vorgeschrieben. Diese Regelungen entfalten jedoch keine absolute Beachtenspflicht, sondern sind lediglich im Rahmen der Abwägung zu berücksichtigen. Der quantitative Bodenschutz hat folglich keinen Vorrang, er konkurriert vielmehr mit allen anderen abwägungserheblichen Belangen. Die jeweiligen Entscheidungsträger können in jedem Einzelfall entscheiden, welcher Belang besonders wichtig ist. Die Begrenzung der Flächeninanspruchnahme wird daher in der Praxis häufig durch andere Abwägungsbelange verdrängt. Zudem müssen die Gemeinden von den, vor allem im BauGB normierten, bodenschützenden Möglichkeiten keinen Gebrauch machen.

Ein weiteres Hindernis zur effektiven Begrenzung der Flächeninanspruchnahme liegt in der weitreichenden gemeindlichen Planungshoheit gemäß Art. 28 II GG. Diese überlässt den Gemeinden einen erheblichen, nur durch das Raumordnungsrecht begrenzten, Entscheidungsspielraum bezüglich des Umgangs mit freien Flächen innerhalb ihres Gemeindegebiets. Es gibt keine hohen rechtlichen Hürden, die den Gemeinden die Umwandlung von Außenbereichsflächen in Baugebiete erschweren. Die Gemeinden können große freie Flächen für Wohn-, Gewerbe- oder Industrienutzung festlegen. Die Befugnis der Gemeinden geht sogar so weit, dass sie Baugebiete ausweisen können, ohne dass konkreter Bedarf für die Bebauung vorhanden ist. Aus Sicht des quantitativen Bodenschutzes ist eine solche Vorgehensweise äußerst bedenklich, da hierbei die Gefahr besteht, dass es zu einem Überangebot an Bauland kommt und die ausgewiesenen Baugrundstücke nicht benötigt werden. Die weiten Planungsbefugnisse der Gemeinden sind außerdem vor dem Hintergrund, dass die Gemeinden durch hohe Steuereinnahmen ein finanzielles Interesse an einer möglichst hohen Flächeninanspruchnahme in ihrem Gemeindegebiet haben, besonders kritisch zu bewerten. Hinzu kommt, dass sich die Gemeinden meist nicht für langfristig zu lösende überregionale Probleme interessieren. Da die Entscheidungsträger in den Gemeinden von den Wählern abhängig sind, möchten sie häufig keine Maßnahmen auf den Weg bringen, die zwar auf lange Sicht gesehen für die Allgemeinheit wichtig sind, aber keine unmittelbaren Vorteile für ihr eigenes Gemeindegebiet bringen. Daher steht eher kurzfristiges, für die Bürger der Gemeinde unmittelbar günstiges Handeln im Vordergrund. Dies erklärt auch, warum die Gemeinden von den aufgezeigten Möglichkeiten, die zu einer Begrenzung der Flächeninanspruchnahme führen könnten, nur zaghaft Gebrauch machen.

Nicht nur die Ausgestaltung des Planungsrechts, sondern auch das mangelnde Problembewusstsein sowie die oft entgegenstehenden Interessen der Bevölkerung bedingen eine hohe Flächeninanspruchnahme. Vielen Deutschen sind große Häuser und breite Straßen wichtiger als der Schutz des Bodens vor Bebauung. Die Begrenzung der Flächeninanspruchnahme hat somit keine große gesellschaftliche Bedeutung und wird daher von der Politik nicht ausreichend thematisiert. Zudem bestehen nicht genügend Anreize zum sparsamen Umgang mit Flächen.

II. Bewertung des englischen Planungssystems

1. Positive Aspekte

In England wirkt es sich besonders positiv aus, dass der Schutz der Landschaft und die Verhinderung der Zersiedelung schon seit den 1930er-Jahren im Fokus des Planungssystems stehen. Im Laufe der Zeit wurde das Planungssystem geradezu darauf ausgerichtet, möglichst effektiv die Bebauung in der freien Landschaft zu verhindern.

Das restriktive englische Planungssystem, welches von einer starken Einflussnahme der Zentralregierung auf die lokale Ebene gekennzeichnet ist, ist eine Hauptursache für die geringe Flächeninanspruchnahme. Von Vorteil ist insbesondere, dass die Zentralregierung die *planning policy* formuliert. Darin werden die Weichen für die Planung im gesamten Landesgebiet gestellt, an die sich alle am Planungsprozess Beteiligten halten müssen. Zudem ist das englische Planungsrecht so ausgerichtet, dass die Gemeinden bei der Gestaltung ihres Gemeindegebiets kaum Mitspracherechte haben. Sie sind in der Regel bei jeder Planung und somit bei jeder Flächeninanspruchnahme von der Entscheidung der Zentralregierung abhängig. Durch das Zusammenspielen der Beachtenspflicht der *planning policy* einerseits und der starken Kontrolle des *Secretary of State* während des Planungsprozesses andererseits, wird gewährleistet, dass langfristig national bedeutsame Ziele (wie etwa eine geringe Flächeninanspruchnahme) durchgesetzt und kurzfristige egoistische Entscheidungen der Gemeinden effektiv verhindert werden können. Zudem sind die englischen Gemeinden kaum an der Ausweisung von Neubaugebieten interessiert, da dies in der Regel mit hohen Kosten für die Gemeinden verbunden ist. Dadurch wird eine Konkurrenz zwischen den Gemeinden um Neubaugebiete verhindert. Außerdem ist die Angebotsplanung dem englischen Planungsrecht fremd, da die Erlaubnis den Boden baulich zu nutzen erst mit der Baugenehmigung verbindlich erteilt wird.

Neben dem restriktiven Planungssystem bestehen zusätzlich Regelungen zum Schutz der freien Flächen. Hierzu gehören insbesondere die *green belts*, in denen eine bauliche Entwicklung grundsätzlich verboten ist und in denen nur wenige Nutzungen (beispielsweise Landwirtschaft oder Naherholung) erlaubt sind. Durch das frühe Errichten von großflächigen *green belts* um viele Städte konnte in England sowohl die Zersiedelung der Landschaft als auch die Suburbanisierung weitgehend verhindert werden. Ein weiterer Erfolgsfaktor des englischen Planungssystems ist die vorrangige Ausnutzung der Innenentwicklungspotenziale. Das Flächenrecycling ist in England so erfolgreich, dass nur äußerst wenig außerhalb der bestehenden Siedlungsgrenzen gebaut wird.

Die vergleichsweise geringe Flächeninanspruchnahme in England wird auch durch eine große gesellschaftliche Akzeptanz zur Freihaltung von Grünflächen innerhalb und außerhalb der Städte begünstigt. Der Verlust von Freiflächen wird aufgrund des hohen Stellenwerts der Natur von der Bevölkerung kritisch gesehen.

2. Negative Aspekte

Obwohl das englische Planungssystem die Flächeninanspruchnahme erfolgreich begrenzen kann, ist es nicht nur vorteilhaft. Hauptkritikpunkt ist, dass das restriktive englische Planungssystem nicht ausreichend flexibel ist, um auf die Bedürfnisse der Bevölkerung und der Wirtschaft einzugehen. Ein Großteil der Bevölkerung ist mit ihrer Wohnsituation unzufrieden. Zum einen besteht ein akuter Mangel an bezahlbarem Wohnraum, insbesondere in den beliebten Städten. Zum anderen sind die Wohnverhältnisse in den vorhandenen Häusern und Wohnungen häufig nicht zufriedenstellend. Vor allem die hohe Bebauungsdichte und die zu geringen Wohnflächen ohne ausreichend große Gärten werden bemängelt. Auch die Wirtschaft ist mit dem Planungssystem unzufrieden, da sie dieses als Wachstumsbremse ansieht. Diese Missstände resultieren aus der restriktiven englischen *planning policy* der letzten Jahre. Somit wird deutlich, dass die geringe Flächeninanspruchnahme zwar für die Umwelt von Vorteil ist, den Ansprüchen der Bevölkerung und Wirtschaft mit dem Wunsch nach zusätzlicher Fläche allerdings nur bedingt genügt. Aufgrund der zunehmenden Kritik wurden die strengen Regelungen der *planning policy* in den letzten Jahren bereits etwas gelockert.

III. Vergleichende Bewertung

Vergleicht man die Normen in Deutschland und England, so zeigt sich, dass in England Flächen sehr viel schwerer einer Bebauung zugeführt werden können. Das englische Planungssystem beinhaltet zahlreiche Regelungen, die sich positiv auf die Begrenzung der Flächeninanspruchnahme auswirken. Der Schutz der freien Landschaft und die Verhinderung der Zersiedlung können durch ein Zusammenwirken verschiedener Faktoren effektiv erreicht werden. Allerdings zeigt die Situation in England auch, dass ein zu restriktiver Umgang mit der Fläche auch zu negativen Auswirkungen, insbesondere für Bevölkerung und Wirtschaft, führen kann. In Deutschland gibt es hingegen kein effektives System zur Begrenzung der Flächeninanspruchnahme, da hierzu verbindliche Regelungen fehlen. Es sind keine schwer überwindbaren Hürden zur Inanspruchnahme von Flächen vorhanden. Im Gegenteil: Es bestehen für Gemeinden sogar Anreize Baugebiete neu auszuweisen. Um die Flächeninanspruchnahme in Deutschland wirksam reduzieren zu können, müssen die hier aufgezeigten Defizite beseitigt oder zumindest verringert werden.

B. Verbesserung des deutschen Planungsrechts

Um den quantitativen Bodenschutz in Deutschland effektiver zu gestalten, könnte an den folgenden Aspekten angeknüpft werden.

I. Einschränkung der gemeindlichen Planungshoheit

Wollte man das englische System direkt auf Deutschland übertragen, so bedürfte dies grundlegender Änderungen des aktuellen Rechts. Einerseits müsste das deutsche Planungsrecht so ausgestaltet werden, dass die Entscheidungsmacht über die Flächeninanspruchnahme nicht mehr bei den jeweiligen Gemeinden und Bundesländern liege. Dem Bund müsste die Befugnis verliehen werden, die maßgeblichen Entscheidungen hinsichtlich der gemeindlichen Planung zu treffen. Andererseits müsste außerdem ein System geschaffen werden, in welchem die deutschen Gemeinden finanziell nicht mehr von der Ausweisung von Baugebieten abhängig wären und somit ein Konkurrenzkampf um die Ansiedlung von Gewerbe oder Einwohnern verhindert würde.

Solche Maßnahmen sind in Deutschland allerdings nicht umsetzbar. Hierzu wären die Abschaffung der Planungshoheit nach Art. 28 II GG, die Änderung der Gesetzgebungskompetenzen, die grundlegende Umgestaltung des Planungsrechts sowie weitreichende steuerrechtliche Änderungen notwendig. Eine solche grundlegende Modifikation des deutschen Rechts wegen der Begrenzung der Flächeninanspruchnahme ist weder realistisch noch wünschenswert. Das englische Planungssystem zeigt nämlich auch, dass durch das starke zentralistische Planungssystem in England und die geringen Entscheidungsbefugnisse der Gemeinden nicht ausreichend auf die Bedürfnisse der Bevölkerung und der Wirtschaft eingegangen wird. Das englische Planungsrecht ist daher insgesamt gesehen zu unflexibel und kann auf die konkreten Wünsche der Gesellschaft nicht ausreichend reagieren. Somit ergibt sich aus dem Rechtsvergleich, dass eine direkte Übernahme des englischen Systems auf Deutschland weder möglich noch sinnvoll ist.

Allerdings sollte für eine effektive Begrenzung der Flächeninanspruchnahme langfristig darüber nachgedacht werden, die Entscheidungsbefugnisse der Gemeinden hinsichtlich einer fast unbegrenzten Flächeninanspruchnahme weitergehend zu beschränken. Dabei sollte aber gleichwohl den Gemeinden genügend Spielraum überlassen werden, um auf lokale Besonderheiten reagieren zu können. Die gemeindliche Planungshoheit nach Art. 28 II GG sollte daher nur weitergehend als bisher eingeschränkt, aber keineswegs abgeschafft werden.

II. Mengenbegrenzung

Für eine deutliche Verbesserung des quantitativen Bodenschutzes in Deutschland wäre eine verbindliche Regelung in Form einer mengenmäßigen Begrenzung der Umwandlung von bislang freien Flächen in Siedlungs- und Verkehrsflächen[1133] sinnvoll. Der Rechtsvergleich zeigt, dass durch feste Zielvorgaben Erfolge herbeigeführt werden können. Beispielsweise führte sowohl eine feste Vorgabe zur anzustrebenden Bebauungsdichte als auch die Festlegung, dass 60 % der Neubauten auf bereits vorher genutzten Flächen errichtet werden müssen, zu einer Verringerung der Flächeninanspruchnahme in England. Langfristig hat sich zwar gezeigt, dass allzu starre Vorgaben im Einzelfall zu Problemen führen können, da diese die Flexibilität deutlich einschränken. Nichtsdestotrotz haben diese strikten Vorgaben zu messbaren Erfolgen geführt und dadurch den quantitativen Bodenschutz verbessert. Daher können feste Vorgaben zwar mitunter keine dauerhafte Lösung sein, bieten aber eine gute Möglichkeit die Begrenzung der Flächeninanspruchnahme anzustoßen.

Die konkrete Umsetzung einer solchen Verpflichtung zur Begrenzung auf eine feste Menge gestaltet sich allerdings äußert schwierig. Zwar bietet sich hierbei die Anknüpfung an die politische 30-Hektar-Vorgabe an,[1134] hinsichtlich der Aufteilung dieser Menge auf die einzelnen Bundesländer bestehen jedoch erhebliche Schwierigkeiten.[1135] Außerdem stellt sich die Frage, auf welcher Ebene solche Mengenvorgaben rechtlich verankert werden sollten.

1133 Siehe dazu: *Brandt/Sanden*, Verfassungsrechtliche Zulässigkeit neuer übergreifender Rechtsinstrumente zur Begrenzung des Flächenverbrauchs, S. 22 ff.; 92 ff.; *Einig/Spieker*, Die rechtliche Zulässigkeit regionalplanerischer Mengenziele zur Begrenzung des Siedlungs- und Verkehrsflächenwachstums, ZUR Sonderheft 2002, S. 150, 153 ff.; *Gawron* in: BMU (Hrsg.), Effektivierung des raumbezogenen Planungsrechts zur Reduzierung der Flächeninanspruchnahme, S. 97 ff.

1134 So auch: *Bovet* in: Bizer/Einig/Köck, et al. (Hrsg.), Raumordnungsinstrumente zur Flächenverbrauchsreduktion: Handelbare Flächenausweisungsrechte in der räumlichen Planung, S. 188; *Gawron* in: BMU (Hrsg.), Effektivierung des raumbezogenen Planungsrechts zur Reduzierung der Flächeninanspruchnahme, S. 98 f.; *Gröhn*, Bodenschutzrecht – auf dem Weg zur Nachhaltigkeit, S. 376; *Gröhn*, Steuerung und Reduzierung des Flächenverbrauchs durch die Raumordnungsplanung und deren Umsetzung auf der örtlichen Ebene, NuR 2016, S. 78, 79 ff.; *Henger/Schröter-Schlaack/Ulrich, et al.*, Flächeninanspruchnahme 2020 und das 30-ha-Ziel: Regionale Verteilungsschlüssel und Anpassungserfordernisse, RuR 2010, S. 297, 297 ff.

1135 Zu Vorschlägen der Aufteilung siehe: *Henger/Schröter-Schlaack/Ulrich et al.* in: Bizer/Einig/Köck, et al. (Hrsg.), Raumordnungsinstrumente zur Flächenverbrauchsreduktion: Handelbare Flächenausweisungsrechte in der räumlichen Planung, S. 172 ff.; *Henger/Schröter-Schlaack/Ulrich, et al.*, Flächeninanspruchnahme 2020 und das 30-ha-Ziel: Regionale Verteilungsschlüssel und Anpassungserfordernisse, RuR 2010, S. 297, 297 ff.; *Werk* in: Schumacher/Werk/Albrecht (Hrsg.), ROG Kommentar, § 2 Rn. 99.

Da sich die Gemeinden, mangels Interesse am sparsamen Umgang mit freien Flächen, aller Voraussicht nach nicht selbst der Begrenzung der Flächeninanspruchnahme auf ein bestimmtes Maß unterwerfen werden, bietet das Bauplanungsrecht keinen geeigneten Anknüpfungspunkt.[1136] Für eine möglichst effektive Reduktion der Flächeninanspruchnahme wäre es daher von Vorteil, wenn der Entscheidungsspielraum der Gemeinde durch höherrangige Vorgaben eingeschränkt werden würde. Der Rechtsvergleich belegt nämlich ebenfalls, dass, sofern nicht die Gemeinden selbst, sondern eine von Gemeindeinteressen unabhängige Instanz die Entscheidung über die Flächeninanspruchnahme trifft, sich dies für den quantitativen Bodenschutz positiv auswirkt.[1137] Daher bietet sich das übergeordnete Raumordnungsrecht für die Normierung einer Mengenbegrenzung an.

Auch wenn zum Teil vertreten wird, dass der Bund befugt sei, den Ländern verbindliche Vorgaben im Sinne der 30-Hektar-Vorgabe zu machen,[1138] scheidet eine Normierung eines festen Mengenziels im ROG aus.[1139] In der Legaldefinition von Zielen der Raumordnung in § 3 I Nr. 2 ROG wird nämlich deutlich, dass es sich bei Zielen um Festlegungen in Raumordnungsplänen handelt und dass diese nicht im ROG selbst normiert werden können. Derartige Festsetzungen sind somit die

---

1136 So auch: *Gröhn*, Bodenschutzrecht – auf dem Weg zur Nachhaltigkeit, S. 378; *Wittenbecher*, Möglichkeiten zur Verbesserung und Ergänzung des raumordnerischen Instrumentariums in: Akademie für Raumforschung und Landesplanung (Hrsg.), Flächenhaushaltspolitik, S. 176, 178.

1137 Siehe auch: *v. Haaren/Nadin*, Die Flächeninanspruchnahme in Deutschland im Vergleich mit der Situation in England, RuR 2003, S. 345, 353.

1138 *Bovet* in: Bizer/Einig/Köck, et al. (Hrsg.), Raumordnungsinstrumente zur Flächenverbrauchsreduktion: Handelbare Flächenausweisungsrechte in der räumlichen Planung, S. 189 f.; *Gawron* in: BMU (Hrsg.), Effektivierung des raumbezogenen Planungsrechts zur Reduzierung der Flächeninanspruchnahme, S. 98, *Bovet* und *Gawron* weisen jeweils darauf hin, dass den Bundesländern allerdings eine Abweichungsbefugnis zusteht; *Gröhn*, Bodenschutzrecht – auf dem Weg zur Nachhaltigkeit, S. 376 f.; *Gröhn*, Steuerung und Reduzierung des Flächenverbrauchs durch die Raumordnungsplanung und deren Umsetzung auf der örtlichen Ebene, NuR 2016, S. 78, 81; vgl. auch: *Brandt/Sanden*, Verfassungsrechtliche Zulässigkeit neuer übergreifender Rechtsinstrumente zur Begrenzung des Flächenverbrauchs, S. 44 ff. (jedoch vor der Föderalismusreform).

1139 *Gawron* in: BMU (Hrsg.), Effektivierung des raumbezogenen Planungsrechts zur Reduzierung der Flächeninanspruchnahme, S. 99; *Henger/Schröter-Schlaack/Ulrich et al.* in: Bizer/Einig/Köck, et al. (Hrsg.), Raumordnungsinstrumente zur Flächenverbrauchsreduktion: Handelbare Flächenausweisungsrechte in der räumlichen Planung, S. 164; *Henger/Schröter-Schlaack/Ulrich, et al.*, Flächeninanspruchnahme 2020 und das 30-ha-Ziel: Regionale Verteilungsschlüssel und Anpassungserfordernisse, RuR 2010, S. 297, 298; andere Ansicht: *Gröhn*, Bodenschutzrecht – auf dem Weg zur Nachhaltigkeit, S. 376 f.; *Gröhn*, Steuerung und Reduzierung des Flächenverbrauchs durch die Raumordnungsplanung und deren Umsetzung auf der örtlichen Ebene, NuR 2016, S. 78, 81 f.

Aufgabe der Träger der Landes- und Regionalplanung[1140] und nicht die des Bundesgesetzgebers. Im ROG können daher lediglich Grundsätze und keine verbindlichen Ziele mit einer festen Mengenvorgabe geregelt werden.

Solche Mengenvorgaben können somit aber auf der jeweiligen Länderebene in den Raumordnungsplänen, nicht aber in den einzelnen Landesplanungsgesetzen, normiert werden.[1141] Vorteil einer Festlegung auf Landesebene ist, dass die Bundesländer auf die länderspezifischen Belange eingehen können.[1142] Hierbei ist jedoch entscheidend, dass das Raumordnungsrecht nicht in die gemeindliche Planung eingreifen darf. Der Gemeinde muss somit die konkrete parzellenscharfe Überplanung ihrer Gemeindeflächen überlassen bleiben. Mengenmäßige Vorgaben zur Begrenzung der Flächeninanspruchnahme dürfen daher nicht detailliert vorgeben, welche Gemeindeflächen baulich zu nutzen und welche freizuhalten sind,[1143] da dies gegen das Gebot der Überörtlichkeit der Raumordnung verstößt.[1144]

Bereits jetzt gibt es in zahlreichen Raumordnungsplänen Vorgaben zur Begrenzung der Flächeninanspruchnahme. Hierbei handelt es sich allerdings häufig um Grundsätze der Raumordnung und nicht um verbindliche Ziele.[1145] Zudem beinhaltet bisher kein Raumordnungsplan die Begrenzung der Flächeninanspruchnahme auf einen konkreten Wert. Daher wäre für einen möglichst weitreichenden quantitativen Bodenschutz wünschenswert, dass erstens in den jeweiligen Landesraumordnungsplänen konkrete Mengenbegrenzungen festgeschrieben und zweitens diese als Ziele der Raumordnung kategorisiert würden, da nur so erreicht werden kann, dass diese Vorgaben für die Gemeinden verbindlich sind.

1140 *Gawron* in: BMU (Hrsg.), Effektivierung des raumbezogenen Planungsrechts zur Reduzierung der Flächeninanspruchnahme, S. 99; *Henger/Schröter-Schlaack/Ulrich et al.* in: Bizer/Einig/Köck, et al. (Hrsg.), Raumordnungsinstrumente zur Flächenverbrauchsreduktion: Handelbare Flächenausweisungsrechte in der räumlichen Planung, S. 164; vgl. *Wittenbecher*, Möglichkeiten zur Verbesserung und Ergänzung des raumordnerischen Instrumentariums, S. 176, 178.

1141 *Brandt/Sanden*, Verfassungsrechtliche Zulässigkeit neuer übergreifender Rechtsinstrumente zur Begrenzung des Flächenverbrauchs, S. 93.

1142 *Gawron* in: BMU (Hrsg.), Effektivierung des raumbezogenen Planungsrechts zur Reduzierung der Flächeninanspruchnahme, S. 148.

1143 *Bode*, Der Planungsgrundsatz der nachhaltigen Raumentwicklung, S. 209; *Brandt/Sanden*, Verfassungsrechtliche Zulässigkeit neuer übergreifender Rechtsinstrumente zur Begrenzung des Flächenverbrauchs, S. 96; *Gawron* in: BMU (Hrsg.), Effektivierung des raumbezogenen Planungsrechts zur Reduzierung der Flächeninanspruchnahme, S. 97.

1144 *Bode*, Der Planungsgrundsatz der nachhaltigen Raumentwicklung, S. 209; *Brandt/Sanden*, Verfassungsrechtliche Zulässigkeit neuer übergreifender Rechtsinstrumente zur Begrenzung des Flächenverbrauchs, S. 95; *Gawron* in: BMU (Hrsg.), Effektivierung des raumbezogenen Planungsrechts zur Reduzierung der Flächeninanspruchnahme, S. 97.

1145 Siehe dazu: 2. Kapitel C. II.

Problematisch ist allerdings, dass im ROG und in den Landesplanungsgesetzen konkrete Mengenvorgaben zur Flächeninanspruchnahme nicht als Inhalte der Raumordnungspläne vorgesehen sind.[1146] In § 8 V ROG sind Vorgaben hinsichtlich des Inhalts der Raumordnungspläne aufgelistet. Hierbei handelt es sich jedoch nicht um eine abschließende Aufzählung wie das Wort „insbesondere" klarstellt.[1147] Daher wäre eine Ergänzung des Katalogs einfach möglich. So könnte der Gesetzgeber hinzufügen, dass in den Raumordnungsplänen auch mengenmäßige Begrenzungen der Flächeninanspruchnahme für Siedlung und Verkehr normiert werden sollen.[1148]

Allerdings beinhaltet § 8 V ROG lediglich Festlegungen zur Raumstruktur, die in den jeweiligen Raumordnungsplänen bestimmt werden sollen. Hierbei besteht aber gerade keine Pflicht zur Festsetzung dieser Aspekte als Ziele der Raumordnung.[1149] Die jeweiligen Planungsträger können dies gleichwohl lediglich als Grundsatz der Raumordnung festlegen.[1150] Nur mittels Verpflichtung zur Formulierung eines entsprechenden Ziels in den jeweiligen Raumordnungsplänen kann jedoch der quantitative Bodenschutz effektiv gestärkt werden.[1151] *Gawron* schlägt daher vor, in § 8 V ROG eine Prioritätsaussage zu ergänzen, die besagt, dass in den Raumordnungsplänen die Festlegungen zur Reduzierung der Flächeninanspruchnahme, insbesondere die mengenmäßigen Vorgaben soweit wie möglich als Ziel der Raumordnung erfolgen sollte.[1152] Eine solche Regelung ist allerdings sehr kritisch zu sehen, da sie der Grundkonzeption des ROG zuwiderläuft und einen Bruch zur allgemeinen Struktur des § 8 V ROG darstellt.

Da sowohl der Vorschlag einer Priotitätsaussage als auch der Vorschlag einer Festlegung eines strikten Mengenziels im ROG somit zu einer grundlegenden Modifikation der Ziele der Raumordnung führen und faktisch einen Vorrang des quantitativen Bodenschutzes vor anderen Belangen schaffen würde, sind diese Vorschläge abzulehnen. Daher besteht lediglich die Option, durch eine Ergänzung des § 8 V 1 ROG den Planungsträgern die Möglichkeit zur Festlegung von Mengenzielen aufzuzeigen.

1146 Zu dieser Problematik siehe: *Einig/Spieker*, Die rechtliche Zulässigkeit regionalplanerischer Mengenziele zur Begrenzung des Siedlungs- und Verkehrsflächenwachstums, ZUR Sonderheft 2002, S. 150, 156 f.

1147 *Dallhammer* in: Dyong/Arenz/Dallhammer, et al. (Hrsg.), Raumordnung in Bund und Ländern, § 8 ROG Rn. 122; *Spannowsky* in: Bielenberg/Runkel/Spannowsky, et al. (Hrsg.), Raumordnungs- und Landesplanungsrecht, § 7 ROG 1998 Rn. 46.

1148 Vgl. *Gawron* in: BMU (Hrsg.), Effektivierung des raumbezogenen Planungsrechts zur Reduzierung der Flächeninanspruchnahme, S. 149.

1149 *Spannowsky* in: Bielenberg/Runkel/Spannowsky, et al. (Hrsg.), Raumordnungs- und Landesplanungsrecht, § 7 ROG 1998 Rn. 52.

1150 *Spannowsky* in: Bielenberg/Runkel/Spannowsky, et al. (Hrsg.), Raumordnungs- und Landesplanungsrecht, § 7 ROG 1998 Rn. 52.

1151 Siehe auch: *Köck/Hofmann* in: BMU (Hrsg.), Effektivierung des raumbezogenen Planungsrechts zur Reduzierung der Flächeninanspruchnahme, S. 149.

1152 *Gawron* Ibid., S. 149.

Auch wenn die Bundesländer nicht verpflichtet werden können mengenmäßige Beschränkungen der Flächeninanspruchnahme als Ziele festzulegen, ist eine solche Begrenzung dennoch sicherlich ein sinnvoller Ansatz. Daher bleibt es den jeweiligen Bundesländern – wie bisher – überlassen, Mengenvorgaben in ihrem landesweiten Raumordnungsplan zu verankern und dadurch die Gemeinden zu einer Begrenzung der Flächeninanspruchnahme auf einen bestimmten Wert zu verpflichten. Hierbei besteht allerdings die Gefahr, dass sich die Bundesländer nicht in dem notwendigen Maße selbst beschränken möchten.

III. Absolut geschützte Flächen

Das englische System zeigt außerdem, dass durch die frühzeitige Errichtung von großen *green belts* die Zersiedelung der Landschaft effektiv verhindert und dadurch Flächen beispielsweise für die Landwirtschaft und Naherholung der Bevölkerung freigehalten werden konnten. Zwar stehen auch in Deutschland Flächen außerhalb der Städte und Gemeinden durch § 35 BauGB unter einem gewissen Schutz, da der Außenbereich dem Gebot der größtmöglichen Schonung unterliegt und daher so weit wie möglich freigehalten werden sollte. Allerdings schützen die *green belts* die Flächen deutlich strenger vor Bebauung als § 35 BauGB. Der wesentliche Unterschied zwischen *green belts* und dem Außenbereichsschutz liegt darin, dass der Außenbereich durch gemeindliche Planung als Baugebiet ausgewiesen werden kann. *Green belts* werden hingegen deutlich besser vor Bebauung geschützt. Ihre Grenzen sind strikt festgelegt und hiervon darf grundsätzlich nicht abgewichen werden. Dies bedeutet, dass die Gemeinden die Flächen eines *green belt* nicht als Baugebiete ausweisen dürfen. Dies bietet für den quantitativen Bodenschutz den großen Vorteil, dass sowohl Suburbanisierung als auch Zersiedelung der Landschaft deutlich erschwert werden.

Obwohl in Deutschland Suburbanisierung und Zersiedelung bereits weit vorangeschritten sind, wäre es für eine möglichst weitreichende Begrenzung der Flächeninanspruchnahme sinnvoll, Flächen zu schaffen, in denen eine bauliche Nutzung absolut ausgeschlossen ist.[1153] Den Gemeinden wäre es sodann verwehrt, diese Flächen durch Bauleitplanung in Baugebiete umzuwandeln. Denkbar wäre eine Umsetzung durch die Festlegung von Vorranggebieten für Freiraumschutz in den landesweiten Raumordnungsplänen.[1154]

1153 Vgl. dazu auch *Söfker* in: Krautzberger (Hrsg.), BauGB Kommentar, § 35 Rn. 13, der fordert, dass die Gemeinden durch Bebauungspläne für bestimmte Gebiete des Außenbereichs die Bebauung verbieten oder zumindest begrenzen sollten, um für eine nachhaltige und geordnete Entwicklung des Außenbereichs zu sorgen.

1154 Bereits jetzt bestehen vereinzelt in Raumordnungsplänen Vorranggebiete für Freiraumschutz. Siehe dazu: 2. Kapitel C. II. 4.

IV. Pflicht zur vorrangigen Ausnutzung der Innenentwicklungspotenziale

Die Betrachtung des englischen Planungssystems belegt, dass eine konsequente Ausnutzung der verfügbaren Innenentwicklungspotenziale die Flächeninanspruchnahme außerhalb der bestehenden Siedlungsgrenzen deutlich verringern kann. In England wurden zeitweise sogar 80 % der neu errichteten Wohnungen auf bereits vorher genutzten Flächen gebaut. In Deutschland stehen ebenfalls sehr viele Flächen innerhalb der Siedlungsgrenzen (derzeit ungefähr 120.000 Hektar [1155]) für eine Bebauung zur Verfügung. Auch wenn bereits zahlreiche Normen zur vorrangigen Ausnutzung der Innenentwicklungspotenziale im deutschen Planungsrecht enthalten sind, gibt es keine Regelung, die die Inanspruchnahme von Außenbereichsflächen strikt versagt, sofern noch Innenentwicklungsflächen für die Nutzung vorhanden sind. Um die Flächeninanspruchnahme in Deutschland drastisch zu begrenzen, wäre aber gerade eine Norm von großem Vorteil, die besagt, dass Gemeinden nur dann auf Außenbereichsflächen zurückgreifen dürfen, wenn definitiv keine geeignete Innenentwicklungsflächen für die angestrebte bauliche Nutzung vorhanden ist.

Umgesetzt werden könnte dies entweder durch die Normierung von Zielen der Raumordnung[1156] in den landesweiten Raumordnungsplänen oder auf der bauleitplanerischen Ebene[1157]. Dazu könnte eine neue Norm ins BauGB eingeführt werden. Bei deren Formulierung sollte, anlehnend an die Regelung in England, zusätzlich darauf geachtet werden, dass Innenentwicklungsflächen, die aus ökologischen Gründen schützenswert sind, generell nicht überplant werden.

1155 *Schiller/Oertel*, Innenentwicklungspotenziale in Deutschland, Ergebnisse einer bundesweiten Befragung, S. 39; siehe zum Gesamtbestand an Brachflächen in Deutschland ausführlich: *Austermann*, Brachflächenreaktivierung, S. 35 ff.

1156 Siehe dazu auch: *Austermann*, Brachflächenreaktivierung, S. 225 ff.; *Gawron* in: BMU (Hrsg.), Effektivierung des raumbezogenen Planungsrechts zur Reduzierung der Flächeninanspruchnahme, S. 149; *Schrödter/Wahlhäuser* in: Schrödter (Hrsg.), BauGB Kommentar, § 1 Rn. 98 f.; *Schrödter* in: Schrödter (Hrsg.), BauGB Kommentar, § 1a Rn. 7, 41 gehen hingegen davon aus, dass es mangels Bestimmtheit bzw. Bestimmbarkeit nicht zulässig sei die vorrangige Innenentwicklung als Ziel der Raumordnung festzusetzen. In einigen Bundesländern gibt es hierzu schon Ziele der Raumordnung. Siehe dazu: 2. Kapitel C. II. 2.

1157 Zur vorrangigen Innenentwicklung durch Bauleitplanung siehe: *Kuhlmann*, Das Gebot sparsamen und schonenden Umgangs mit Grund und Boden im Städtebaurecht, S. 210 ff.; *Jörissen/Coenen*, Sparsame und schonende Flächennutzung, S. 118 sind ebenfalls der Ansicht, dass die Ausweisung von Bauland im Außenbereich nur zulässig sein sollte, wenn die Gemeinde nachweisen kann, dass es hierzu keine Alternativen gibt.; so ebenfalls: *UBA*, Flächenverbrauch einschränken, S. 9; zum Vorrang der Innenentwicklung siehe auch: *Appold*, Freiraumschutz durch räumliche Planung, S. 8; *Franz*, Freiraumschutz und Innenentwicklung, S. 410 f.

Eine andere Möglichkeit wäre, dies durch die Erforderlichkeit der Bauleitplanung in § 1 III 1 BauGB zu regeln.[1158] Verstünde man die Erforderlichkeit im Sinne der Verhältnismäßigkeit,[1159] dürfte kein gleichermaßen geeignetes Mittel zur Realisierung des Vorhabens zur Verfügung stehen, das die Betroffenen und die Allgemeinheit weniger oder gar nicht beeinträchtigen.[1160] Somit würde sich vor jeder Inanspruchnahme bislang freier Flächen die Frage stellen, ob das beabsichtigte Vorhaben auch ohne oder mit weniger Neuinanspruchnahme von Flächen durchgeführt werden könnte.[1161] Die Erforderlichkeit der Bauleitplanung läge somit nicht vor, wenn noch hinreichend Bauland innerhalb des bestehenden Gemeindegebiets vorhanden und dieses für die Realisierung des Bauvorhabens gleichermaßen geeignet wäre.

Um einen Überblick über geeignete Flächen innerhalb eines Gemeindegebiets zu erlangen, wäre es außerdem sinnvoll, eine Pflicht zur Errichtung von Baulandkatastern nach § 200 III BauGB zu schaffen.[1162] Hierin könnten alle Flächen innerhalb

---

1158 *Ferner* in: Ferner/Kröninger/Aschke (Hrsg.), BauGB mit BauNVO Handkommentar, § 1 Rn. 19; *Ferner*, Minimierung von Flächenverbrauch bei der Schaffung von Wohnraum, S. 49 ff.

1159 Siehe dazu *Ferner* in: Ferner/Kröninger/Aschke (Hrsg.), BauGB mit BauNVO Handkommentar, § 1 Rn. 19; *Gierke* in: Bank/Korbmacher/Dürr (Hrsg.), BauGB Kommentar, § 1 Rn. 164.

1160 Vgl. BVerfGE 25, 1, 17 f.; BVerfGE 30, 292, 316.

1161 *Ferner* in: Ferner/Kröninger/Aschke (Hrsg.), BauGB mit BauNVO Handkommentar, § 1 Rn. 19; Demgegenüber *Gierke* in: Bank/Korbmacher/Dürr (Hrsg.), BauGB Kommentar, § 1 Rn. 164, der darauf aufmerksam macht, dass die Alternativenprüfung im Rahmen der Abwägung nach § 1 VII BauGB vorzunehmen ist und im Rahmen des § 1 III BauGB lediglich das Übermaßverbot eine Grenze setzen kann (dazu ausführlich: *Gierke* in: Bank/Korbmacher/Dürr (Hrsg.), BauGB Kommentar, § 1 Rn. 179 ff.). Aber auch *Gierke* weißt darauf hin, dass es systematisch zutreffend ist, die Prüfung von Planungsalternativen anhand der Erforderlichkeit zu prüfen. Auch wurde die Idee einer Flächenbedarfsanalyse geäußert. Siehe dazu: *Appold*, Freiraumschutz durch räumliche Planung, S. 8; *Austermann*, Brachflächenreaktivierung, S. 244 ff.; *Bunzel*, Nachhaltigkeit – ein neues Leitbild für die kommunale Flächennutzungsplanung. Was bringt das novellierte Baugesetzbuch?, NuR 1997, S. 583, 585; *Hofmann* in: BMU (Hrsg.), Effektivierung des raumbezogenen Planungsrechts zur Reduzierung der Flächeninanspruchnahme, S. 59 ff.; *Kuhlmann* schlägt hingegen vor in der Bodenschutzklausel den Bedarf zu integrieren: *Kuhlmann*, Das Gebot sparsamen und schonenden Umgangs mit Grund und Boden im Städtebaurecht, S. 187 ff. Hiergegen spricht allerdings, wie *Schrödter/Wahlhäuser* in: Schrödter (Hrsg.), BauGB Kommentar, § 1a Rn. 31 feststellt, dass sich der Bedarf allein nach der Erforderlichkeit und nicht nach der Bodenschutzklausel richtet.

1162 Siehe auch: *Austermann*, Brachflächenreaktivierung, S. 219 f.; Empfehlung einen solchen zu errichten: *Schrödter* in: Schrödter (Hrsg.), BauGB Kommentar, § 1a Rn. 35; *Thiel*, Die Etablierung einer kommunalen Flächenkreislaufwirtschaft – strategische Ansätze und bodenpolitische Hemmnisse –, UPR 2005, S. 212, 217.

bestehender Siedlungsgrenzen aufgenommen werden, die sich zur Überplanung eignen.

V. Abschaffung der Innenbereichssatzungen

Durch die Entwicklungs- und Ergänzungssatzungen werden Außenbereichsflächen nach § 35 BauGB zu Innenbereichsflächen nach § 34 BauGB. Dies steht einem konsequenten Schutz des Außenbereichs entgegen.[1163] Für eine effektive Begrenzung der Flächeninanspruchnahme wäre es daher von Vorteil, wenn diese Satzungen abgeschafft werden.[1164]

Gleichwohl ist zu berücksichtigen, dass solche Flächen auch ohne das Instrument der Innenbereichssatzungen mittels „normaler" Bebauungspläne überplant werden können. Bei der Aufstellung der Entwicklungs- und Ergänzungssatzungen gelten allerdings weniger strenge Verfahrensanforderungen (siehe § 34 VI BauGB). Daher können die Gemeinden durch den Erlass von Innenentwicklungssatzungen das aufwendigere Bebauungsplanverfahren umgehen.[1165] Einem möglichst konsequenten quantitativen Bodenschutz steht aber diese vereinfachte Bebauung von Außenbereichsflächen entgegen,[1166] sodass die Abschaffung dieser Satzungen dennoch sinnvoll ist.

VI. Strengerer Schutz des Außenbereichs

Der Außenbereich unterliegt grundsätzlich dem Gebot der größtmöglichen Schonung. Dieses Gebot wird aufgrund der zahlreichen Ausnahmen allerdings nicht mehr konsequent verfolgt. Um die Flächeninanspruchnahme innerhalb des Außenbereichs nach § 35 BauGB möglichst gering zu halten, wäre es daher sinnvoll, dass nur solche Vorhaben im Außenbereich zulässig sind, die ausschließlich dort realisiert werden können. Außenbereichsvorhaben, die ebenfalls in anderen Gebieten ausgeführt werden könnten, sollten somit ausgeschlossen werden. Die begünstigten Vorhaben nach § 35 IV BauGB, die ebenfalls einem konsequenten Außenbereichsschutz entgegenstehen, sollten weitergehend eingeschränkt werden.[1167] Dies gilt insbesondere für die Erweiterungen bestehender Anlagen (§ 35 IV 1 Nr. 5, 6 BauGB). Zudem sollten die Außenbereichssatzungen abgeschafft werden, die die

1163 Siehe dazu: 2. Kapitel, D, XI.

1164 Siehe auch: *Franz*, Freiraumschutz und Innenentwicklung, S. 412.

1165 Siehe dazu: *Dürr* in: Bank/Korbmacher/Dürr (Hrsg.), BauGB Kommentar, § 34 Rn. 111; *Kloepfer*, Umweltrecht, S. 771; *Rieger* in: Schrödter (Hrsg.), BauGB Kommentar, § 34 Rn. 101.

1166 *Ahrens-Salzsieder*, Der Freiraumschutz im neuen Baugesetzbuch, UPR 1988, S. 10, 11; *Kloepfer*, Umweltrecht, S. 771.

1167 Siehe auch: Ibid., S. 413.

Zersiedelung des Außenbereichs legalisieren.[1168] Eine Rückbauverpflichtung sollte für alle Außenbereichsvorhaben eingeführt werden.

VII. Sonstige Ansatzpunkte

Nicht nur rechtliche, sondern auch gesellschaftliche Aspekte können sich für die Begrenzung der Flächeninanspruchnahme positiv auswirken. Wie die Betrachtung Englands zeigt, wirkt sich auch die Einstellung der Bevölkerung zu einem möglichst weitreichenden Erhalt der Natur positiv auf die Freihaltung von Flächen aus. Daher sollten in Deutschland Maßnahmen vorgenommen werden, die das Bewusstsein der Bevölkerung für diese Thematik stärken. Den Menschen sollte aufgezeigt werden, dass es im Sinne einer nachhaltigen Entwicklung erforderlich ist, dass nicht mehr Fläche in Anspruch genommen wird, als unbedingt notwendig. Ansonsten müssen die zukünftigen Generationen die Konsequenzen der heutigen übermäßigen Flächeninanspruchnahme tragen.

Die rechtsvergleichende Betrachtung verdeutlicht allerdings auch, dass die Bedürfnisse der Bevölkerung und der Wirtschaft nicht einseitig zugunsten des quantitativen Bodenschutzes zurückgestellt werden dürfen. Die Flächeninanspruchnahme sollte daher nur so weit eingeschränkt werden, dass weder die Gesellschaft noch die Wirtschaft erheblich darunter leiden. Das englische Planungssystem lehrt daher, dass beispielsweise keine zu hohe bauliche Verdichtung angestrebt werden sollte. Gute Wohnverhältnisse mit ausreichend Gärten und Grünflächen sind für die Lebensqualität wichtig.

1168 Siehe auch: Ibid., S. 413.

Ergebnis

Die hohe Umwandlung von freien Flächen in Siedlungs- und Verkehrsflächen ist in Deutschland ein ernstzunehmendes Problem, da dadurch ungenutzte Böden zu einem knappen und wertvollen Gut geworden sind. Die Inanspruchnahme von Flächen führt zu vielgestaltigen negativen Auswirkungen für Natur und Landschaft, aber auch für die Gesellschaft. Vergleicht man die Situation in Deutschland mit der in England, so stellt man fest, dass die Flächeninanspruchnahme in Deutschland bei etwa 73 Hektar täglich bzw. 23 Hektar pro 100.000 Einwohner und Jahr und in England jedoch nur bei 10 Hektar täglich bzw. 6,5 Hektar pro 100.000 Einwohner und Jahr liegt.

Deshalb wurde eingangs gefragt, ob und inwieweit das deutsche Planungsrecht Schwächen hinsichtlich eines konsequenten quantitativen Bodenschutzes aufweist; inwieweit sich englisches und deutsches Planungsrecht unterscheiden; welche konkreten Regelungen das englische Recht zur Eindämmung der Flächeninanspruchnahme enthält und insbesondere ob und welche Aspekte des englischen Planungsrechts in das deutsche übernommen werden könnten, um die Flächeninanspruchnahme in Deutschland drastisch einzudämmen.

Die vorgelegte Untersuchung zeigt, dass das deutsche Planungsrecht den Boden nicht effektiv vor Bebauung schützt. Zwar beinhalten das ROG und BauGB zahlreiche Normen, mit denen die Flächeninanspruchnahme begrenzt werden kann, allerdings handelt es sich hierbei in der Regel nicht um Verpflichtungen, sondern lediglich um Möglichkeiten. Die Gemeinden haben aufgrund ihrer starken verfassungsrechtlich garantierten Planungshoheit die fast uneingeschränkte Entscheidungsmacht, ob sie Flächen in ihrem Gemeindegebiet für bauliche Zwecke in Anspruch nehmen möchten. Da mit einem sparsamen Umgang von Flächen sowohl für die Gemeinden als auch für die Bauherren häufig mehr negative als positive Folgen verbunden sind, wird von den bodenschützenden Regelungen nur selten Gebrauch gemacht. Zudem sind, vor allem im BauGB, viele Normen enthalten, die einem konsequenten quantitativen Bodenschutz entgegenstehen (wie beispielsweise Innenbereichssatzungen, zahlreiche privilegierte und begünstigte Außenbereichsvorhaben, Angebotsplanung) oder diesen von vorneherein nicht erreichen können (wie etwa Bodenschutz- und Umwidmungssperrklausel und Gebot der größtmöglichen Schonung des Außenbereichs).

In England hingegen, gibt es ein effektives System zur Begrenzung der Flächeninanspruchnahme. Dort werden die Entscheidungen über die Umwandlung von freien Flächen in Siedlungs- und Verkehrsflächen vom Zentralstaat getroffen. Dieser verfolgt in seiner *planning policy* das Ziel die bauliche Entwicklung möglichst zu beschränken und Freiflächen zu erhalten. Diese Bestrebungen werden durch die Konzeption des englischen Planungsrechts konsequent auch auf lokaler Ebene umgesetzt, sodass den Gemeinden kein Handlungsspielraum hinsichtlich der Flächeninanspruchnahme überlassen wird.

Insgesamt zeigt sich somit, dass sich das englische Planungsrecht signifikant vom deutschen unterscheidet. Dennoch bietet das englische System einige Ansatzpunkte, die auch in Deutschland zu einer effektiveren Begrenzung der Flächeninanspruchnahme führen könnten. Dazu zählen beispielsweise eine Pflicht zur vorrangigen Innenentwicklung, ein strengerer Außenbereichsschutz etwa auch durch die Schaffung von Flächen, die nicht bebaut werden dürfen, die stärkere Einschränkung der gemeindlichen Planungshoheit sowie feste Mengenvorgaben hinsichtlich der Flächeninanspruchnahme.

Durch die Einführung solcher Regelungen, die in England Erfolg haben und die Abschaffung von Normen des Planungsrechts, die einem effektiven quantitativen Bodenschutz im Wege stehen, könnte die Flächeninanspruchnahme in Deutschland reduziert werden. Für eine Änderung des deutschen Planungsrechts müsste allerdings zunächst der politische Wille vorhanden sein, der Begrenzung der Flächeninanspruchnahme ein entsprechendes Gewicht beizumessen und entsprechende Veränderungen ernsthaft anzustreben.

Literaturverzeichnis

Adenauer, Peter, Raumplanung und Enteignung in England, Münster 1981.

Aengevelt, Lutz W., Wiederaufbereitung von Gewerbe- und Industrieflächen für private Träger und Eigennutzer, IzR 1986, S. 185–188.

Ahrens-Salzsieder, Dirk H., Der Freiraumschutz im neuen Baugesetzbuch, UPR 1988, S. 10–13.

Alexy, Robert, Theorie der Grundrechte, Baden-Baden 1985.

Amati, Marco/Yokohari, Makoto, The Establishment of the London Greenbelt: Reaching Consensus over Purchasing Land, JPH 2007, S. 311–337.

Appold, Wolfgang, Freiraumschutz durch räumliche Planung – Rechtliche Möglichkeiten eines landesplanerischen Gesamtkonzepts, Münster 1988.

Appold, Wolfgang, Die historische Entwicklung des Rechts der Raumordnung in: *Erbguth, Wilfried/Oebbecke, Janbernd/Rengeling, Hans-Werner, et al.* (Hrsg.), Planung: Festschrift für Werner Hoppe, München 2000.

Arbeitskreis für Umweltrecht, Stellungnahme des Arbeitskreises für Umweltrecht zum Wohnungsbau-Erleichterungsgesetz, NVwZ 1990, S. 746.

Austermann, Christof, Brachflächenreaktivierung als Instrument der Stadterhaltung und nachhaltiger Innenentwicklung, Göttingen 2012.

Aves, Michael, The green belt: aspects of development control, JPEL 2009, S. 146–160.

Ax, Dorothee, Die städtebauliche Entwicklungsmaßnahme im Überblick, BauR 1996, S. 803–811.

Badura, Peter, Schlussvortrag: Eigentum im Verfassungsrecht der Gegenwart in: *Ständige Deputation des Deutschen Juristentages* (Hrsg.), Verhandlungen des 49. Deutschen Juristentages, Band II, Teil T, Düsseldorf 1972.

Baier, Hermann/Erdmann, Frithjof/Holz, Rainer, et al. (Hrsg.), Freiraum und Naturschutz: Die Wirkungen von Störungen und Zerschneidungen in der Landschaft, Berlin 2006.

Baker, Francine, Housing and planning regulation – England and Ireland, IJLBE 2013, S. 118–136.

BAMF (Bundesamt für Migration und Flüchtlinge), Aktuelle Zahlen zu Asyl, Nürnberg 2015.

Bank, Wilfried J./Korbmacher, Andreas/Dürr, Hansjochen (Hrsg.), *Brügelmann, Hermann* (Begr.), Baugesetzbuch Kommentar, 96. Aufl./Ergänzungslieferung, Stuttgart 2015.

Barker, Kate, Barker Review of Land Use Planning; Final Report – Recommendations, London 2006.

Bartlsperger, Richard, Planungsrechtliche Optimierungsgebote, DVBl 1996, S. 1–12.

Bartlsperger, Richard, Ökologische Gewichtungs- und Vorrangregelungen in: *Erbguth, Wilfried/Oebbecke, Janbernd/Rengeling, Hans-Werner, et al.* (Hrsg.), Planung: Festschrift für Werner Hoppe, München 2000.

Bartram, Gesa, Die Ziele der Raumordnung – Ein Planungsinstrument im Spannungsfeld zwischen gewachsenem Steuerungsanspruch und verfassungsrechtlichen Anforderungen –, Baden-Baden 2012.

Battis, Ulrich, Öffentliches Baurecht und Raumordnungsrecht, 6. Aufl., Stuttgart 2014.

Battis, Ulrich/Ingold, Albert, Screening-Verfahren in der Bauleitplanung, LKV 2007, S. 433–439.

Battis, Ulrich/Mitschang, Stephan/Reidt, Olaf, Stärkung der Innenentwicklung in den Städten und Gemeinden, NVwZ 2013, S. 961–969.

Battis, Ulrich/Mitschang, Stephan/Reidt, Olaf (Hrsg.), *Battis, Ulrich/Krautzberger, Michael/Löhr, Rolf-Peter* (Begr.), BauGB Baugesetzbuch Kommentar, 13. Aufl./Ergänzungslieferung, München 2016.

Bauhardt, Christine, Wohnungsbau und Stadtentwicklung in Frankreich – Eine intersektionale Analyse stadträumlicher Segregation in: *Reuschke, Darja* (Hrsg.), Wohnen und Gender: Theoretische, politische, soziale und räumliche Aspekte, Wiesbaden 2010.

Baumgart, Sabine, Stadtumbau – Eine Alternative zur städtebaulichen Sanierung? in: *Spannowsky, Willy/Hofmeister, Andreas* (Hrsg.), Die Bewältigung städtebaulicher Missstände als Themengegenstand der Innenentwicklung, Berlin 2012.

BBR (Bundesamt für Bauwesen und Raumordnung), Bauland- und Immobilienmärkte Ausgabe 2004, Bonn 2004.

BBR (Bundesamt für Bauwesen und Raumordnung), Trends der Siedlungsentwicklung, Bonn 2012.

BBSR (Bundesinstitut für Bau-, Stadt- und Raumforschung) im BBR (Bundesamt für Bauwesen und Raumordnung), Raumordnungsbericht 2011, Bonn 2012.

BBSR (Bundesinstitut für Bau-, Stadt- und Raumforschung) im BBR (Bundesamt für Bauwesen und Raumordnung), Flächenverbrauch, Flächenpotenziale und Trends 2030, Bonn 2014.

Beaucamp, Guy, Das Konzept der zukunftsfähigen Entwicklung im Recht – Untersuchungen zur völkerrechtlichen, europarechtlichen, verfassungsrechtlichen und verwaltungsrechtlichen Relevanz eines neuen politischen Leitbildes, Tübingen 2002.

Beaucamp, Guy, Die Leitvorstellung der nachhaltigen Raumentwicklung, RuR 2002, S. 232–238.

Beckmann, Klaus, Der Rückbau von Windenergieanlagen (WEA) – eine rechtliche Herausforderung für die Behörden?, UPR 2013, S. 175–182.

Beckmann, Martin/Durner, Wolfgang/Mann, Thomas, et al. (Hrsg.), Landmann/Rohmer Umweltrecht Kommentar Band 1, 78. Aufl./Ergänzungslieferung, München 2015.

Bell, Stuart/McGillivray, Donald, Environmental Law, 7. Aufl., Oxford 2008.

Bender, Bernd, Befugnis und Pflicht zur Bauleitplanung – Zu einer Neuinterpretation des § 1 Abs. 3 BauGB – in: *Driehaus, Hans-Joachim/Birk, Hans-Jörg* (Hrsg.), Baurecht – Aktuell: Festschrift für Felix Weyreuther, Köln 1993.

Berg, Wilfried, Nachhaltigkeit und Umweltstaat in: *Kahl, Wolfgang* (Hrsg.), Nachhaltigkeit als Verbundbegriff, Tübingen 2008.

Bergmann, Axel/Einig, Klaus/Hutter, Gérard, et al. (Hrsg.), Siedlungspolitik auf neuen Wegen: Steuerungsinstrumente für eine ressourcenschonende Flächennutzung, Berlin 1999.

Berlin-Institut für Bevölkerung und Entwicklung, Die Zukunft der Dörfer: Zwischen Stabilität und demografischem Niedergang, Berlin 2011.

Besecke, Anja/Hänsch, Robert/Pinetzki, Michael (Technische Universität Berlin), Tagungsbericht: „Flächenverbrauch" und „Bodenbewusstsein" – Nationale Strategie und lokale Umsetzung, Berlin 2005.

Bibby, Peter, Land use change in Britain, LUP 2009, S. 2–13.

Bieback, Karin, Housing development on brownfield sites, ELR 2002, S. 225–240.

Bielenberg, Walter, Einige Vollzugsprobleme des neuen Baugesetzbuches, ZfBR 1988, S. 55–60.

Bielenberg, Walter, Bodenrechtspolitik im Rück- und Ausblick in: *Driehaus, Hans-Joachim/Birk, Hans-Jörg* (Hrsg.), Baurecht – Aktuell: Festschrift für Felix Weyreuther, Köln 1993.

Bielenberg, Walter/Runkel, Peter/Spannowsky, Willy, et al. (Hrsg.), Raumordnungs- und Landesplanungsrecht des Bundes und der Länder, Ergänzbarer Kommentar und systematische Sammlung der Rechts- und Verwaltungsvorschriften, Band 2, 1/16. Aufl./Ergänzungslieferung, Berlin 2016.

Bienek, Heinz G./Krautzberger, Michael, Aktuelle Fragen zum städtebaulichen Innenbereich nach § 34 BauGB und zum Außenbereich nach § 35 BauGB, UPR 2008, S. 81–93.

Bird, Simon, The NPPF in practice: panacea, pariah or placebo?, JPEL 2013, S. 82–99.

Birk, Hans-Jörg, Planungsrechtliche Vorschriften des Gesetzes zur Erleichterung von Planungsvorhaben für die Innenentwicklung der Städte – BauGB 2007 KommJur 2007, S. 81–89.

Birk, Hans-Jörg, Bauplanungsrecht in der Praxis – Handbuch, 5. Aufl., Stuttgart 2015.

Birkedal, Erik Christoph Olaf, Die Implementation des Staatsziels Umweltschutz (Art. 20a GG) in das Bauplanungsrecht und seine Auswirkungen auf das bauplanungsrechtliche Abwägungsgebot, Stuttgart 2001.

BIS (Department for Business, Innovation and Skills), The Plan for Growth, London 2011.

Bizer, Kilian/Einig, Klaus/Köck, Wolfgang, et al. (Hrsg.), Raumordnungsinstrumente zur Flächenverbrauchsreduktion: Handelbare Flächenausweisungsrechte in der räumlichen Planung, Baden-Baden 2011.

Bizer, Kilian/Ewen, Christoph/Knieling, Jörg, et al., Nachfrageorientiertes Nutzungszyklusmanagement, RuR 2007, S. 128–136.

Bizer, Kilian/Ewrigmann, Dieter/Bergmann, Eckhard, et al., Mögliche Maßnahmen, Instrumente und Wirkungen einer Steuerung der Verkehrs- und Siedlungsflächennutzung, Konzept Nachhaltigkeit, Berlin 1998.

Blackhall, J. Cameron, Planning Law and Practice, 3. Aufl., London 2008.

Blumenberg, Hildegard, Neuere Entwicklungen zu Struktur und Inhalt des Abwägungsgebots im Bauplanungsrecht, DVBl 1989, S. 86–94.

BMBau (Bundesminister für Raumordnung, Bauwesen und Städtebau), Baulandbericht 1983, Bonn 1983.

BMBau (Bundesminister für Raumordnung, Bauwesen und Städtebau), Baulandbericht 1986, Bonn 1986.

BMBau (Bundesministerium für Raumordnung, Bauwesen und Städtebau), Raumordnungsbericht 1993, Bonn 1994.

BMI (Bundesministerium des Inneren), Demografiebericht: Bericht der Bundesregierung zur demografischen Lage und künftigen Entwicklung des Landes, Berlin 2011.

BMU (Bundesministerium für Umwelt, Naturschutz und Reaktorsicherheit), Nachhaltige Entwicklung in Deutschland: Entwurf eines umweltpolitischen Schwerpunktprogramms, Bonn 1998.

BMU (Hrsg.), Effektivierung des raumbezogenen Planungsrechts zur Reduzierung der Flächeninanspruchnahme, Berlin 2007.

BMVBS (Bundesministerium für Verkehr, Bau und Stadtentwicklung), Regionalplanerische Instrumente zur Reduzierung der Flächeninanspruchnahme, Berlin 2012.

BMVBS (Bundesministerium für Verkehr, Bau und Stadtentwicklung), Sachstandsbericht Verkehrsprojekte Deutsche Einheit, Berlin 2013.

Bode, Henning, Der Planungsgrundsatz der nachhaltigen Raumentwicklung, Berlin 2003.

Boeddinghaus, Gerhard/Grigoleit, Joachim (Hrsg.), BauNVO – Baunutzungsverordnung Kommentar, 6. Aufl./Ergänzungslieferung, Heidelberg 2014.

Bönker, Christian/Bischopink, Olaf (Hrsg.), Baunutzungsverordnung mit Immissionsschutzrecht; PlanZV; Ergänzende Vorschriften, Baden-Baden 2014.

Book, Angelika, Bodenschutz durch räumliche Planung – Möglichkeiten im Bereich des Gesamt- und Fachplanungsrechts, Münster 1986.

Booth, Philip, Planning by Consent – The Origins and Nature of British Development Control, London 2003.

Booth, Philip, Managing land-use change, LUP 2009, S. 154–159.

Bovet, Jana, Handelbare Flächenausweisungsrechte als Steuerungsinstrument zur Reduzierung der Flächeninanspruchnahme, NuR 2006, S. 473–479.

Bowes, Ashley, Delivering housing need: an assessment of the NPPF, JPEL 2012, S. 1171–1181.

Boyko, Christopher T./Cooper, Rachel, Clarifying and re-conceptualising density, PIP 2011, S. 1–61.

Bracher, Christian-Dietrich/Reidt, Olaf/Schiller, Gernot (Hrsg.), Bauplanungsrecht, 8. Aufl., Köln 2014.

Brake, Klaus/Dangschat, Jens S./Herfert, Günter (Hrsg.), Suburbanisierung in Deutschland: aktuelle Tendenzen, Opladen 2001.

Brandt, Edmund/Sanden, Joachim, Verstärkter Bodenschutz durch die Verzahnung zwischen Bau- und Raumordnungsrecht und Bodenschutzrecht, UPR 1999, S. 367–374.

Brandt, Edmund/Sanden, Joachim, Verfassungsrechtliche Zulässigkeit neuer übergreifender Rechtsinstrumente zur Begrenzung des Flächenverbrauchs, Berlin 2003.

Breuer, Rüdiger, Die Bodennutzung im Konflikt zwischen Städtebau und Eigentumsgarantie, München 1976.

Brohm, Winfried, Die naturschutzrechtliche Eingriffs- und Ausgleichsregelung im Bauplanungsrecht in: *Erbguth, Wilfried/Oebbecke, Janbernd/Rengeling, Hans-Werner, et al.* (Hrsg.), Planung: Festschrift für Werner Hoppe, München 2000.

Brummund, Gerald, Die Grundsätze der Raumordnung: Überlegungen zur Neufassung des § 2 Abs. 1 ROG, Münster 1989.

Büchner, Hans, Sonderrechtsbedarf für die Innenentwicklung in: *Spannowsky, Willy/Büchner, Hans* (Hrsg.), Schnittmengen zwischen Planung und Planverwirklichung im Städtebaurecht: Festschrift für Hans-Jörg Birk, München 2013.

Bückmann, Walter, Nachhaltiges Landmanagement und Klimaschutz, UPR 2009, S. 407–418.

Bullock, Hugh, Legislative Comment: Localism and growth, JPEL 2011, S. OP9-OP34.

Bunce, Michael, The countryside ideal – Anglo-American Images of Landscape, London 1994.

Bundesamt für Naturschutz, https://http://www.bfn.de/0316_gebiete.html – c5409, abgerufen am: 24.07.2016.

Bunzel, Arno, Nachhaltigkeit – ein neues Leitbild für die kommunale Flächennutzungsplanung. Was bringt das novellierte Baugesetzbuch?, NuR 1997, S. 583–591.

Bunzel, Arno (Deutsches Institut für Urbanistik), BauGB-Novelle 2006 im Praxistest Ergebnisbericht DIFU, Berlin 2006.

Bunzel, Arno, Das beschleunigte Verfahren für Bebauungspläne der Innenentwicklung, LKV 2007, S. 444–450.

Bunzel, Arno/Lunebach, Jochem, Die neue städtebauliche Entwicklungsmaßnahme – erste Erfahrungen aus der kommunalen Praxis, DÖV 1993, S. 649–658.

Busch, Bernhard, Probleme der städtebaulichen Entwicklungsmaßnahme in: *Erbguth, Wilfried/Oebbecke, Janbernd/Rengeling, Hans-Werner, et al.* (Hrsg.), Planung: Festschrift für Werner Hoppe, München 2000.

Busse, Jürgen, Neue Vorgaben für die Regionalplanung – ein trojanisches Pferd für die örtliche Bauleitplanung?, BayVBl 1998, S. 293–301.

Busse, Jürgen/Dirnberger, Franz/Pröbstl-Haider, Ulrike, et al., Die Umweltprüfung in der Gemeinde mit Ökokonto, Umweltbericht, Artenschutzrecht, Energieplanung und Refinanzierung, 2. Aufl., Heidelberg 2013.

Cane, Peter/Conaghan, Joanne (Hrsg.), The new Oxford Companion to Law, Oxford 2008.

Capner, Gareth, Green belt and rural economy, JPEL 1994, S. 76–88.

Card, Richard/Murdoch, John/Murdoch, Sandi, Real Estate Management Law, 7. Aufl., Oxford 2011.

Couch, Chris/Karecha, Jay, Controlling urban sprawl: Some experiences from Liverpool, Cities 2006, S. 353–363.

CPRE (Campaign to Protect Rural England), Plan B: How to challenge bad developments, London 2013.

CPRE (Campaign to Protect Rural England)/Natural England, Green Belts: a greener future, London 2010.

Cullingworth, Barry/Nadin, Vincent/Hart, Trevor, et al. (Hrsg.), Town and Country Planning in the UK, 15. Aufl., Abingdon 2015.

Dähne, Harald, Die so genannte Baufreiheit – Das Bauen und die Eigentumsgarantie –, Jura 2003, S. 455–461.

DCLG (Department for Communities and Local Government), A plain English guide to the Localism Act, London 2011.

DCLG (Department for Communities and Local Government), Land Use Change Statistics in England 2011, London 2013.

DCLG (Department for Communities and Local Government), Planning Statistical Release: Local Planning Authority Green Belt: England 2013/14, London 2014.

DEFRA (Department for Environment, Food and Rural Affairs), Attitudes and knowledge relating to biodiversity and the natural environment, 2007–2011: From the survey of public attitudes and behaviour towards the environment, London 2011.

Degenhart, Christoph, Außenbereichssatzungen nach dem Wohnungsbauerleichterungsgesetz, DVBl 1993, S. 177–180.

Degenhart, Christoph, Möglichkeiten und Grenzen der städtebaulichen Entwicklungsmaßnahme neuen Rechts, DVBl 1994, S. 1041–1053.

Deichmöller, Sigrid, Flächenrecycling als Instrument kommunaler Umwelt- und Standortpolitik, Rechtsrahmen und städtebauliche Instrumente unter besonderer Berücksichtigung des Ruhrgebiets, Frankfurt am Main 2004.

Denyer-Green, Barry/Ubhi, Navjit, Development and Planning Law, 4. Aufl., London 2013.

Department of the Environment, The Effectiveness of Green Belts, London 1993.

Department of the Environment and Welsh Office, Our Future Homes: Opportunity, Choice, Responsibility – The Government's Housing Policies for England and Wales, London 1995.

Determann, Dietrich/Stühler, Hans Ulrich (Hrsg.), *Fickert, Hans Carl/Fieseler, Herbert* (Begr.), Baunutzungsverordnung Kommentar unter besonderer Berücksichtigung des deutschen und gemeinschaftlichen Umweltschutzes, 12. Aufl./Ergänzungslieferung, Stuttgart 2014.

Deutsche Bundesregierung, Raumordnungsbericht 1968 der Bundesregierung, Bonn 1969.

Deutsche Bundesregierung, Umweltprogramm der Bundesregierung 1971, Bonn 1971.

Deutsche Bundesregierung, Nationale Nachhaltigkeitsstrategie: Perspektiven für Deutschland, Unsere Strategie für eine nachhaltige Entwicklung, Berlin 2002.

Deutscher Bundestag, Konzept Nachhaltigkeit: Fundamente für die Gesellschaft von morgen – Zwischenbericht der Enquete-Kommission „Schutz des Menschen und der Umwelt – Ziele und Rahmenbedingungen einer nachhaltig zukunftsverträglichen Entwicklung" des 13. Deutschen Bundestages, Bonn 1997.

Deutsches Nationalkomitee Habitat II, Nationaler Aktionsplan zur nachhaltigen Siedlungsentwicklung vom 5. März 1996, RuR 1996, S. 159–171.

Dixon, Tim, Urban land and property ownership patterns in the UK: trends and forces for change, LUP 2009, S. 43–53.

Dixon, Tim/Raco, Mike/Cartney, Philip, et al., Sustainable Brownfield Regeneration: Liveable Places from Problem Spaces, Oxford 2007.

Dolde, Klaus-Peter (Hrsg.), Umweltrecht im Wandel: Bilanz und Perspektiven aus Anlass des 25-jährigen Bestehens der Gesellschaft für Umweltrecht (GfU), Berlin 2001.

Dosch, Fabian, Siedlungsflächenentwicklung und Nutzungskonkurrenzen, TATUP 2008, S. 41–51.

Dosch, Fabian/Beckmann, Giesela, Siedlungsflächenentwicklung in Deutschland – auf Zuwachs programmiert, IzR 1999, S. 493–509.

Dosch, Fabian/Beckmann, Giesela, Trends und Szenarien der Siedlungsflächenentwicklung bis 2010, IzR 1999, S. 827–842.

Dreier, Horst (Hrsg.), Grundgesetz Kommentar, Band I, 3. Aufl./Ergänzungslieferung, Tübingen 2013.

Dreier, Horst (Hrsg.), Grundgesetz Kommentar, Band II, 3. Aufl./Ergänzungslieferung, Tübingen 2015.

Dreier, Johannes, Die normative Steuerung der planerischen Abwägung – Strikte Normen, generelle Planungsleitbegriffe, Planungsleitlinien und Optimierungsgebote, Berlin 1995.

DTLR (Department for Transport, Local Government and the Regions), Planning Green Paper, Planning: Delivering a Fundamental Change, London 2001.

Dunse, Neil/Sotirios, Thanos/Bramley, Glen, Planning policy, housing density and consumer preferences, JPR 2013, S. 221–238.

Durner, Wolfgang, Kompensation für Eingriffe in Natur und Landschaft nach deutschem und europäischem Recht, NuR 2001, S. 601–610.

Duxbury, Robert, Telling & Duxbury's Planning Law and Procedure, 15. Aufl., Oxford 2012.

Dyong, Hartmut/Arenz, Willi/Dallhammer, Wolf-Dieter, et al. (Hrsg.), *von der Heide, Hans-Jürgen/Cholewa, Werner* (Begr.), Raumordnung in Bund und Ländern; Kommentar zum Raumordnungsgesetz des Bundes und Vorschriftensammlung aus Bund und Ländern, Band 1, 10. Lfg. der 5. Aufl./Ergänzungslieferung, Stuttgart 2014.

Ebersbach, Harry, Rechtliche Aspekte des Landverbrauchs am ökologisch falschen Platz, Berlin 1985.

Edenharter, Andrea, Der demografische Wandel als Herausforderung für das Raumordnungsrecht und das Baurecht, Berlin 2014.

EEA (European Environment Agency), Indicator Fact Sheet 2001: Household number and size, Kopenhagen 2001.

EEA (European Environment Agency), Urban sprawl in Europe – The ignored challenge, Kopenhagen 2006.

EEA (European Environment Agency), The European Environment: State and Outlook 2010: Land Use, Kopenhagen 2010.

EEA (European Environment Agency), The European Environment: State and Outlook 2015, Kopenhagen 2015.

EEA (European Environment Agency)/FEON (Swiss Federal Office for the Environment), Landscape fragmentation in Europe: Joint EEA-FOEN report, Kopenhagen 2011.

Ehebrecht-Stüer, Eva-Maria, Außenbereichsbebauung – Entwicklung und geltendes Recht (§ 35 BauGB 1998), Münster 1997.

Ehebrecht-Stüer, Eva-Maria, Entwicklung des Städtebaurechts in: *Erbguth, Wilfried/ Oebbecke, Janbernd/Rengeling, Hans-Werner, et al.* (Hrsg.), Planung: Festschrift für Werner Hoppe, München 2000.

Einig, Klaus, Die Bedeutung der Raumplanung für den vorsorgenden Schutz des Bodens vor Versiegelung, IzR 1999, S. 535–554.

Einig, Klaus/Spieker, Margarete, Die rechtliche Zulässigkeit regionalplanerischer Mengenziele zur Begrenzung des Siedlungs- und Verkehrsflächenwachstums, ZUR Sonderheft 2002, S. 150–157.

Elson, Martin/Steenberg, Caroline/Mendham, Nicola, Green Belts and affordable housing – Can we have both?, Bristol 1996.

Engels, Andreas, Die Verfassungsgarantie kommunaler Selbstverwaltung, Tübingen 2014.

Engels, Andreas, Kommunale Selbstverwaltung nach Art. 28 II GG, JA 2014, S. 7–13.

Engels, Barbara, Räumliche Ansprüche des Sektors „Freizeit und Tourismus" an Natur und Landschaft, TATUP 2008, S. 52–59.

English Partnerships/The National Regeneration Agency, Towards a national brownfield strategy – Research Findings for The Deputy Prime Minister, London 2003.

English Partnerships/The National Regeneration Agency, The Brownfield Guide: A practitioner's guide to land reuse in England, London 2006.

Entranze, http://www.entranze.enerdata.eu, abgerufen am: 24.07.2016.

Epping, Volker/Hillgruber, Christian (Hrsg.), Beck'scher Online Kommentar GG, 28. Aufl./Ergänzungslieferung, München 2016.

Erbguth, Wilfried, Rechtsfragen des Bodenschutzes, UPR 1984, S. 241–254.

Erbguth, Wilfried, Rechtsstaatsprinzip und kommunales Selbstverwaltungsrecht – aktuelle Problemlagen, Jura 1988, S. 561–567.

Erbguth, Wilfried, Grundfragen des neugefaßten Städtebaurechts im Verhältnis zum Umweltrecht, VR 1999, S. 119–126.

Erbguth, Wilfried, Verkehrsvermeidung durch Raumordnung – Zugleich zur nachhaltigkeitsbedingten „Wegwägsperre", NVwZ 2000, S. 28–36.

Erbguth, Wilfried/Schubert, Mathias, Öffentliches Baurecht mit Bezügen zum Umwelt- und Raumplanungsrecht, 6. Aufl., Berlin 2015.

Erbguth, Wilfried/Stollmann, Frank, Das neue Bodenschutzrecht des Bundes, GewArch 1999, S. 223–231.

Erbguth, Wilfried/Stollmann, Frank, Bodenschutzrecht, Baden-Baden 2001.

Erbguth, Wilfried/Wagner, Jörg, Bauplanungsrecht, 3. Aufl., München 1998.

Esaiasson, Peter, NIMBYism – A re-examination of the phenomenon, SSR 2014, S. 185–195.

Europäische Kommission, Leitlinien für bewährte Praktiken zur Begrenzung, Milderung und Kompensierung der Bodenversiegelung, Brüssel 2012.

Europarat, http://www.coe.int/de/web/conventions/full-list/-/conventions/treaty/009/signatures?p_auth=AYprWynb, abgerufen am: 24.07.2016.

Eurostat, http://appsso.eurostat.ec.europa.eu/nui/show.do?dataset=lfst_hhnhtych&lang=en, abgerufen am: 24.07.2016.

Eurostat, http://appsso.eurostat.ec.europa.eu/nui/show.do?dataset=ilc_lvph01&lang=en, abgerufen am: 24.07.2016.

Eurostat, Living conditions in Europe, Luxemburg 2014.

Evans, Alan/Unsworth, Rachael, Housing Densities and Consumer Choice, US 2012, S. 1163–1177.

Fachkommission Städtebau der Bauministerkonferenz, Muster-Einführungserlass zum Gesetz zur Erleichterung von Planungsvorhaben für die Innenentwicklung der Städte, Berlin 2007.

Fairlie, Simon, Sustainable and low impact developments in the countryside, JPEL 1996, S. 903–912.

Faßbender, Kurt, Der Beitrag der Rechtsprechung zur Reduzierung des Flächenverbrauchs, ZUR 2010, S. 81–85.

Ferner, Hilmar, Minimierung von Flächenverbrauch bei der Schaffung von Wohnraum: Appell oder Planvoraussetzung?, Frankfurt 2003.

Ferner, Hilmar/Kröninger, Holger/Aschke, Manfred (Hrsg.), Baugesetzbuch mit Baunutzungsverordnung Handkommentar, 3. Aufl./Ergänzungslieferung, Baden-Baden 2013.

Fieseler, Hans-Georg, Städtebauliche Sanierungsmaßnahmen – Vorbereitung und Durchführung städtebaulicher Sanierungsmaßnahmen nach den §§ 136 bis 164b BauGB, München 2000.

Finkelnburg, Klaus/Ortloff, Karsten Michael/Kment, Martin, Öffentliches Baurecht, Band I: Bauplanungsrecht 6. Aufl., München 2011.

Fisher, Elizabeth/Lange, Bettina/Scotford, Eloise, Environmental Law – Text, Cases, and Materials, Oxford 2013.

Flug, Friedhelm/Thurow, Birgitta, Vorbereitende Untersuchungen im besonderen Städtebaurecht – Entscheidungskriterien bei städtebaulichen Problemlagen –, UPR 2012, S. 86–91.

Ford, Amanda/Elson, Martin, Green belts and very special circumstances, JPEL 1994, S. 594–601.

Franz, Thorsten, Freiraumschutz und Innenentwicklung – das Verhältnis von Freirauminanspruchnahme und Innenentwicklung vor der Forderung nach ökologischem Bauen, Berlin 2000.

Franz, Thorsten, Freiraumschutz durch Innenentwicklung, Das Verhältnis von Freirauminanspruchnahme und Innenentwicklung vor dem Hintergrund der Forderungen Ökologischen Planens und Bauens, ZfBR 2001, S. 445–448.

Frenz, Walter, Sustainable Development durch Raumplanung – Am Beispiel der Rohstoffgewinnung, Berlin 2000.

Frenz, Walter/Müggenborg, Hans-Jürgen (Hrsg.), BNatSchG Bundesnaturschutzgesetz Kommentar, 2. Aufl./Ergänzungslieferung, Berlin 2016.

Frie, Britta/Hensel, Ralph, Schätzverfahren zur Bodenversiegelung: UGRdL-Ansatz, Statistische Analysen und Studien NRW 2007, S. 19–32.

Friesecke, Frank, Sanierungsmaßnahme – Eine planerische Antwort auf städtebauliche Missstände in: *Spannowsky, Willy/Hofmeister, Andreas* (Hrsg.), Die Bewältigung städtebaulicher Missstände als Themengegenstand der Innenentwicklung, Berlin 2012.

Frohn, Hans-Werner, 50 Jahre „Grüne Charta von der Mainau". Ein wegweisendes Umweltdokument öffnet ein Fenster zur Moderne. Zur Entstehungsgeschichte der „Grünen Charta von der Mainau", Stiftung Naturschutzgeschichte 2011, S. 7–16.

Fuhrhop, Daniel, Verbietet das Bauen! Eine Streitschrift, München 2015.

Gärditz, Klaus Ferdinand, Umweltgesetzbuch und Umweltgesamtplanung, Die Verwaltung 2007, S. 203–238.

Gassner, Erich, Rechtskonkretisierung zum Schutz der natürlichen Lebensgrundlagen nach Art. 20a GG, NuR 2011, S. 320–323.

Gassner, Erich, Die Umweltpflichtigkeit nach Art. 20a GG als Pflicht zur Maßstabsbildung, DVBl 2013, S. 547–551.

Gassner, Erich/Winkelbrandt, Arnd/Bernotat, Dirk, UVP und Strategische Umweltprüfung – Rechtliche und fachliche Anleitung für die Umweltprüfung, 5. Aufl., Heidelberg 2010.

Gassner, Hartmut/Groth, Klaus-Martin, Wohnen in großen Städten – Konfliktbewältigung im Planungs- und Immissionsschutzrecht in: *Kirchhof, Paul/Peatow, Stefan/Uechtritz, Michael* (Hrsg.), Umwelt und Planung – Anwalt im Dienst von Rechtsstaat und Demokratie: Festschrift für Klaus-Peter Dolde, München 2014.

Gaßner, Otto/Würfel, Wolfgang, Die Außenbereichssatzung nach § 4 Abs. 4 BauGB-MaßnahmenG, BayVBl 1996, S. 321–325.

Gatzweiler, Hans-Peter/Kaltenbrunner, Robert, Raumentwicklung ist Stadtentwicklung ist Raumentwicklung: Zur Unteilbarkeit eines inneren Zusammenhangs, RuR 2008, S. 139–151.

Gilg, Andrew, Perceptions about land use, LUP 2009, S. 76–82.

Gillespie, Alisdair A., The English Legal System, Oxford 2007.

Glasze, Georg/Weber, Florian, Drei Jahrzehnte area-basierte Stadtpolitik in Frankreich: die politique de la ville, RuR 2010, S. 459–470.

Gloria, Christian, Die Stellplatzpflicht nach den Landesbauordnungen und ihre Erfüllung insbesondere durch Ablösung, NVwZ 1990, S. 305–314.

Goldschmidt, Jürgen, Das Rückbau- und Entsiegelungsgebot nach § 179 BauGB, UPR 2012, S. 50–54.

Goldschmidt, Jürgen/Taubenek, Olaf, Stadtumbau: Rechtsfragen – Management – Finanzierung, München 2010.

Goppel, Konrad, Die Festlegung von Raumordnungsgebieten – Rechtliche Fragen und planerische Konsequenzen aus der Sicht der Raumordnungsverwaltung in: *Jarass, Hans D.* (Hrsg.), Raumordnungsgebiete (Vorbehalts-, Vorrang- und Eignungsgebiete) nach dem neuen Raumordnungsgesetz, Münster 1998.

Goppel, Konrad, Ziele der Raumordnung, BayVBl 1998, S. 289–292.

Goppel, Konrad, Grundsätze der Raumordnung in Raumordnungsplänen, BayVBl 1999, S. 331–336.

Goppel, Konrad/Maier, Jörg, Nachhaltigkeit und Raumordnung in: *Kahl, Wolfgang* (Hrsg.), Nachhaltigkeit als Verbundbegriff, Tübingen 2008.

Götze, Roman/Müller, Wolfram, Das Gesetz zur Erleichterung von Planungsvorhaben für die Innenentwicklung der Städte („BauGB 2007“) – Zu „Risiken und Nebenwirkungen“ eines Planungserleichterungsgesetzes, ZUR 2008, S. 8–16.

Government UK, https://http://www.gov.uk/government/organisations/department-for-communities-and-local-government/about, abgerufen am: 24.07.2016.

Government UK, https://http://www.gov.uk/government/organisations/department-for-environment-food-rural-affairs/about, abgerufen am: 24.07.2016.

Government UK, https://http://www.gov.uk/government/statistical-data-sets/live-tables-on-land-use-change-statistics, abgerufen am: 24.07.2016.

Government UK, https://http://www.gov.uk/government/organisations/planning-inspectorate/about, abgerufen am: 24.07.2016.

Graf von Bernstorff, Christoph, Einführung in das englische Recht, 4. Aufl., München 2011.

Grochtmann, Ansgar, Art. 14 GG Rechtsfragen der Eigentumsdogmatik, Münster 2001.

Gröhn, Kerstin, Bodenschutzrecht – auf dem Weg zur Nachhaltigkeit: Konkretisierung der Schutzziele und Harmonisierung der Regelungsfülle, Baden-Baden 2014.

Gröhn, Kerstin, Steuerung und Reduzierung des Flächenverbrauchs durch die Raumordnungsplanung und deren Umsetzung auf der örtlichen Ebene, NuR 2016, S. 78–85.

Grotefels, Susan, Vorrang-, Vorbehalts- und Eignungsgebiete in der Raumordnung (§ 7 Abs. 4 ROG) in: *Erbguth, Wilfried/Oebbecke, Janbernd/Rengeling, Hans-Werner, et al.* (Hrsg.), Planung: Festschrift für Werner Hoppe, München 2000.

Gruehn, Dietwald, Die Berücksichtigung der Belange von Naturschutz und Landschaftspflege in der vorbereitenden Bauleitplanung – Ein Beitrag zur theoretischen Fundierung und methodischen Operationalisierung von Wirksamkeitskontrollen, Frankfurt am Main 1998.

Grüner, Johannes, Die Einschränkung der planerischen Gestaltungsfreiheit durch Optimierungsgebote und Abwägungsdirektiven, UPR 2011, S. 50–56.

Hagebölling, Clemens, Das Gesetz zur Stärkung der Innenentwicklung in den Städten und Gemeinden und weiteren Fortentwicklung des Städtebaurechts, NuR 2013, S. 99–105.

Hahn, Dittmar, Landschaftsrecht und Baufreiheit, DVBl 1992, S. 1408–1415.

Hall, Peter/Tewdwr-Jones, Mark, Urban and Regional Planning, 5. Aufl., Abingdon 2011.

Harrison, Carolyn/Davies, Gail, Conserving biodiversity that matters: practitioners' perspectives on brownfield development and urban nature conservation in London, JEM 2002, S. 95–108.

Harth, Annette/Scheller, Gitta, Das Wohnerlebnis in Deutschland: Eine Wiederholungsstudie nach 20 Jahren, Wiesbaden 2012.

Haselmann, Cosima, Zur bauplanungsrechtlichen Ausschlusswirkung der raumordnerischen Gebietsarten, ZfBR 2014, S. 529–534.

Hauff, Volker (Weltkommission für Umwelt und Entwicklung), Unsere gemeinsame Zukunft: Der Brundtland-Bericht der Weltkommission für Umwelt und Entwicklung, Greven 1987.

Heemeyer, Carsten, Zur Abgrenzung von Zielen und Grundsätzen der Raumordnung, UPR 2007, S. 10–16.

Heintz, Detlef, Baunutzungsverordnung 1990 – Auswirkungen der geänderten Maßvorschriften, BauR 1990, S. 166–182.

Hellawell, Trevor, Blackstone's Guide to Contaminated Land, London 2000.

Hendler, Reinhard, Systematische Aspekte der Raumordnungsgebiete und die Bindungswirkung von Raumordnungszielen in: *Jarass, Hans D.* (Hrsg.), Raumordnungsgebiete (Vorbehalts-, Vorrang- und Eignungsgebiete) nach dem neuen Raumordnungsgesetz, Münster 1998.

Hendler, Reinhard, Zur verfassungsrechtlichen Pflicht des Staates zum Schutz vor Bodenwertminderungen, UPR 2009, S. 401–407.

Henger, Ralph/Schröter-Schlaack, Christoph/Ulrich, Philip, et al., Flächeninanspruchnahme 2020 und das 30-ha-Ziel: Regionale Verteilungsschlüssel und Anpassungserfordernisse, RuR 2010, S. 297–309.

Herzog, Roman/Scholz, Rupert/Herdegen, Matthias, et al. (Hrsg.), *Maunz, Theodor/Dürig, Günter* (Begr.), Grundgesetz Kommentar, 76. Aufl./Ergänzungslieferung, München 2015.

Hilligardt, Jan, Planungsprinzipien für eine nachhaltige Siedlungsentwicklung in Verdichtungsräumen, RuR 1998, S. 9–19.

Hoare, Kate/Kershaw, Diana, Practical issues for the planning authority, JPEL 1998, S. 20–29.

Hofherr, Erich, Planersetzende Satzungen in: *Berkemann, Jörg/Gaentzsch, Günter/Halama, Günter, et al.* (Hrsg.), Planung und Plankontrolle: Festschrift für Otto Schlichter, Köln 1995.

Hofmann, Hans/Henneke, Hans-Günter (Hrsg.), *Schmidt-Bleibtreu, Bruno/Klein, Franz* (Begr.), GG – Kommentar zum Grundgesetz, 13. Aufl./Ergänzungslieferung, Köln 2014.

Holder, Jane, Environmental Assessment – The Regulation of Decision Making, Oxford 2004.

Home, Robert, Land ownership in the United Kingdom: Trends, preferences and future challenges, LUP 2009, S. 103–108.

Hoppe, Werner, Staatsaufgabe Umweltschutz, VVDStRL 1979, S. 211–310.

Hoppe, Werner, Kommunale Selbstverwaltung und Planung in: *von Mutius, Albert* (Hrsg.), Selbstverwaltung im Staat der Industriegesellschaft: Festgabe für Georg Christoph von Unruh, Heidelberg 1983.

Hoppe, Werner, Die Bedeutung von Optimierungsgeboten im Planungsrecht, DVBl 1992, S. 853–862.

Hoppe, Werner, Die rechtliche Wirkung von Zielen der Raumordnung und Landesplanung gegenüber Außenbereichsvorhaben (§ 35 Abs. 3 Satz 3 BauGB), DVBl 1993, S. 1109–1117.

Hoppe, Werner, „Ziele der Raumordnung und Landesplanung" und „Grundsätze der Raumordnung und Landesplanung" in normtheoretischer Sicht, DVBl 1993, S. 681–687.

Hoppe, Werner, Die Beimessung eines besonderen Gewichts „bei der Abwägung mit konkurrierenden raumbedeutsamen Nutzungen" in Vorbehaltsgebieten nach § 7 Abs. 4 Satz 1 Nr. 2 ROG 1998, DVBl 1998, S. 1008–1111.

Hoppe, Werner, Kritik an der textlichen Fassung und inhaltlichen Gestaltung von Zielen der Raumordnung in der Planungspraxis, DVBl 2001, S. 81–90.

Hoppe, Werner, Die Gewichtung der Umweltbelange durch die Umweltprüfung in der bauleitplanungsrechtlichen Abwägung nach dem EAG Bau (BauGB 2004) bei der Aufstellung der Bauleitpläne in: *Geis, Max-Emanuel/Umbach, Dieter C.* (Hrsg.), Planung – Steuerung – Kontrolle: Festschrift für Richard Bartlsperger, Berlin 2006.

Hoppe, Werner, „Nachhaltige Raumentwicklung“ und gelungene Neufassung des „Abwägungsgebots“ im Regierungsentwurf zur Novellierung des Raumordnungsgesetzes, NVwZ 2008, S. 936–938.

Hoppe, Werner/Bönker, Christian/Grotefels, Susan, Öffentliches Baurecht – Raumordnungsrecht, Städtebaurecht, Bauordnungsrecht –, 4. Aufl., München 2010.

Hoppenberg, Michael/de Witt, Siegfried, Handbuch des öffentlichen Baurechts Band 1, 42. Ergänzungslieferung, München 2015.

Hoppenberg, Michael/de Witt, Siegfried, Handbuch des öffentlichen Baurechts Band 2, 43. Ergänzungslieferung, München 2015.

Howard, Ebenezer, Garden cities of to-morrow, London 1944.

Howard, Ebenezer, To-morrow: A peaceful path to real reform, London 1998.

Hutter, Gerard/Westphal, Christiane/Siedentop, Stefan, et al., Handlungsansätze zur Berücksichtigung der Umwelt-, Aufenthalts- und Lebensqualität im Rahmen der Innenentwicklung von Städten und Gemeinden – Fallstudien, UBA-Forschungsbericht 000618/ 2004, S. 1–388.

Interministerielle Arbeitsgruppe Bodenschutz, Abschlussbericht der Unterarbeitsgruppe IV „Flächennutzung“ vom 20. Februar 1984, IzR 1985, S. 73–164.

Isensee, Josef/Kirchhof, Paul (Hrsg.), Handbuch des Staatsrechts der Bundesrepublik Deutschland, Band VIII Grundrechte: Wirtschaft, Verfahren, Gleichheit, 3. Aufl./ Ergänzungslieferung, Heidelberg 2010.

Jachmann, Simone/Mitschang, Stephan, Bebauungspläne der Innenentwicklung – Studie zur Anwendung von § 13a BauGB in der kommunalen Planungspraxis, BauR 2009, S. 913–927.

Jäde, Henning/Dirnberger, Franz/Weiß, Josef (Hrsg.), Baugesetzbuch Baunutzungsverordnung Kommentar, 7. Aufl./Ergänzungslieferung, Stuttgart 2013.

Jaeger, Jochen, Landschaftszerschneidungen und -zersiedelung: Bedarf nach neuen Bewertungsverfahren und der Beitrag der ökologischen Modellierung, ZAU 2001, S. 247–267.

Jannasch, Alexander, Regionalplanung und Bauleitplanung in England: Das Aufstellungsverfahren für structure plans und local plans, Frankfurt am Main 1979.

Jarass, Hans D./Kment, Martin (Hrsg.), Baugesetzbuch Kommentar, München 2013.

Jarass, Hans D./Pieroth, Bodo (Hrsg.), Grundgesetz für die Bundesrepublik Deutschland Kommentar, 14. Aufl./Ergänzungslieferung, München 2016.

Jenkins, Victoria, Placing sustainable development at the heart of government in the UK: the role of law in the evolution of sustainable development as the central organising principle of government, LS 2002, S. 578–601.

Jeromin, Curt M. (Hrsg.), LBauO Rh-Pf, 3. Aufl./Ergänzungslieferung, Köln 2012.

Johlen, Heribert, Rechtspflicht zur Beseitigung endgültig nicht mehr genutzter, insbesondere nicht mehr nutzbarer baulicher Anlagen, BauR 2010, S. 1680–1686.

Jörissen, Juliane/Coenen, Reinhard (Büro für Technikfolgen-Abschätzung beim Deutschen Bundestag), Sparsame und schonende Flächennutzung: Entwicklung und Steuerbarkeit des Flächenverbrauchs, Berlin 2007.

Kahl, Wolfgang, Staatsziel Umweltschutz und die Vereinigung Deutschlands, ZRP 1991, S. 9–17.

Kahl, Wolfgang, Der Nachhaltigkeitsgrundsatz im System der Prinzipien des Umweltrechts in: *Bauer, Hartmut/Czybulka, Detlef/Kahl, Wolfgang, et al.* (Hrsg.), Umwelt, Wirtschaft und Recht: Wissenschaftliches Symposium aus Anlaß des 65. Geburtstages von Reiner Schmidt, Tübingen 2002.

Kahl, Wolfgang, Einleitung: Nachhaltigkeit als Verbundbegriff in: *Kahl, Wolfgang* (Hrsg.), Nachhaltigkeit als Verbundbegriff, Tübingen 2008.

Kahl, Wolfgang, Staatsziel Nachhaltigkeit und Generationengerechtigkeit, DÖV 2009, S. 2–13.

Kahlenborn, Walter/Kraack, Michael/Carius, Alexander, Tourismus- und Umweltpolitik: ein politisches Spannungsfeld, Beiträge zur internationalen und europäischen Umweltpolitik, Berlin 1999.

Kaltenbrunner, Robert, Auf dem Weg zum nachhaltigen Bauen?, IzR 2002, S. 1–9.

Karpenstein, Ulrich/Mayer, Franz C. (Hrsg.), EMRK Kommentar, 2. Aufl./Ergänzungslieferung, München 2015.

Kau, Marcel, Nicht-privilegierte Bauvorhaben im Außenbereich – § 35 Abs. 2 und Abs. 3 BauGB unter verfassungs- und verwaltungsrechtlichem Blickwinkel –, ZfBR 2009, S. 120–129.

Kauch, Petra, Bodenschutz – Die Steuerung des Land- und Freiflächenverbrauchs im geltenden Recht, DVBl 1993, S. 1033–1042.

Kauch, Petra, Bodenschutz aus bundesrechtlicher Sicht – Bestandsaufnahme, Defizitanalyse und Weiterentwicklungsmöglichkeiten, Münster 1993.

Kaupat, Christoph, Baurechtliches Entwicklungsgebot und Bodenschutz, BauR 2004, S. 1891–1894.

KBU beim UBA (Kommission Bodenschutz beim Umweltbundesamt), Empfehlungen der „Kommission Bodenschutz beim Umweltbundesamt": Bodenschutz beim Anbau nachwachsender Rohstoffe, Dessau-Roßlau 2008.

Kersten, Jens, Nachhaltigkeit und Städtebau in: *Kahl, Wolfgang* (Hrsg.), Nachhaltigkeit als Verbundbegriff, Tübingen 2008.

Kersten, Jens, „Im Dickicht der Städte" – Biodiversität und Stadtentwicklung, UPR 2012, S. 15–22.

Klindt, Thomas, Baulandkataster und Datenschutz, BauR 2000, S. 15–21.

Klippel, Diethelm/Otto, Martin, Nachhaltigkeit und Begriffsgeschichte in: *Kahl, Wolfgang* (Hrsg.), Nachhaltigkeit als Verbundbegriff, Tübingen 2008.

Kloepfer, Michael, Freiraumschutz durch Planung in: *Hoppe, Werner/Appold, Wolfgang* (Hrsg.), Umweltschutz in der Raumplanung – Symposium aus Anlaß des 25jährigen Bestehens des Zentralinstituts für Raumplanung an der Universität Münster am 21. September 1989 in Münster –, Münster 1990.

Kloepfer, Michael, Zur Geschichte des deutschen Umweltrechts, Berlin 1994.

Kloepfer, Michael, Umweltschutz als Verfassungsrecht: Zum neuen Art. 20a GG, DVBl 1996, S. 72–80.

Kloepfer, Michael, Umweltrecht, 3. Aufl., München 2004.

Kloepfer, Michael, Umweltschutzrecht, 2. Aufl., München 2011.

Kluth, Winfried, Verfassungs- und abgabenrechtliche Rahmenbedingungen der Ressourcenbewirtschaftung, NuR 1997, S. 105–112.

Kluth, Winfried/Smeddinck, Ulrich (Hrsg.), Umweltrecht, Wiesbaden 2013.

Kment, Martin, Ziele der Raumordnung – Anforderungen an ihre Bestimmtheit, DVBl 2006, S. 1336–1345.

Knaup, Hans/Ingenstau, Heinz (Hrsg.), Bundesbaugesetz mit Kommentar, Düsseldorf 1960.

Koch, Hans-Joachim, Wege zu einer umweltverträglichen Mobilität: Entwicklungslinien des Verkehrsumweltrechts in: *Dolde, Klaus-Peter* (Hrsg.), Umweltrecht im Wandel, Berlin 2001.

Koch, Hans-Joachim (Hrsg.), Umweltrecht, 4. Aufl., München 2014.

Koch, Hans-Joachim/Hendler, Reinhard, Baurecht, Raumordnungs- und Landesplanungsrecht, 6. Aufl., Stuttgart 2015.

Koch, Hans-Joachim/Schütte, Peter, Bodenschutz und Altlasten in der Bauleitplanung, DVBl 1997, S. 1415–1421.

Köck, Wolfgang, Boden- und Freiraumschutz durch Flächenhaushaltspolitik – eine einführende Problemskizze aus rechtlicher Sicht –, ZUR Sonderheft 2002, S. 121–125.

Köck, Wolfgang, Reduzierung des Flächenverbrauchs durch Bodenschutzplanung in: *Führ, Martin/Wahl, Rainer/von Wilmowsky, Peter* (Hrsg.), Umweltrecht und Umweltwissenschaft: Festschrift für Eckard Rehbinder, Berlin 2007.

Köck, Wolfgang/Bizer, Kilian/Hansjürgens, Bernd, et al., Handelbare Flächenausweisungsrechte: Anforderungsprofil aus ökonomischer, planerischer und juristischer Sicht, Baden-Baden 2008.

Köck, Wolfgang/Bovet, Jana/Gawron, Thomas/Hofmann, Ekkehard/Möckel, Stefan (Helmholtz-Zentrum für Umweltforschung), Effektivierung des raumbezogenen Planungsrechts zur Reduzierung der Flächeninanspruchnahme: Zusammenfassung der Ergebnisse und Empfehlungen, Leipzig 2006.

König, Helmut (Hrsg.), *Schwarz, Herbert* (Begr.), Bayerische Bauordnung Kommentar, 4. Aufl./Ergänzungslieferung, München 2012.

König, Helmut/Roeser, Thomas/Stock, Jürgen (Hrsg.), Baunutzungsverordnung Kommentar, 3. Aufl./Ergänzungslieferung, München 2014.

Koppitz, Hans-Joachim, Bauvorhaben im Außenbereich, Berlin 1999.

Kratzenberg, Rüdiger, Bodenschutz in der Bauleitplanung, UPR 1997, S. 177–183.

Krautzberger, Michael, Das Investitionserleichterungs- und Wohnbaulandgesetz: Zu den Änderungen im Städtebau- und Raumordnungsrecht, NVwZ 1993, S. 520–525.

Krautzberger, Michael, Ziele und Voraussetzungen städtebaulicher Entwicklungsmaßnahmen, WiVerw 1993, S. 85–103.

Krautzberger, Michael, Notwendigkeit der städtebaulichen Wiedernutzung von Baubrachen und die dafür gegebenen Planungs- und Entwicklungsinstrumente, WiVerw 1997, S. 1–14.

Krautzberger, Michael, Die Bodenschutzklausel des § 1a Abs. 1 BauGB – Regelungsgehalt und Wirkungen, ZUR Sonderheft 2002, S. 135–138.

Krautzberger, Michael, 20 Jahre Bodenschutz im Städtebaurecht in: *Ipsen, Jörn/Stüer, Bernhard* (Hrsg.), Europa im Wandel: Festschrift für Hans-Werner Rengeling, Köln 2008.

Krautzberger, Michael, 50 Jahre Städtebaurecht des Bundes, NVwZ 2010, S. 729–733.

Krautzberger, Michael, Bodenschutz und Baurecht auf Zeit im Außenbereich, UPR 2010, S. 81–85.

Krautzberger, Michael, Der Bebauungsplan der Innenentwicklung (§ 13a BauGB) im Lichte der aktuellen Rechtsprechung, DVBl 2014, S. 270–275.

Krautzberger, Michael (Hrsg.), *Ernst, Werner/Zinkahn, Willy/Bielenberg, Walter* (Begr.), Baugesetzbuch Kommentar, 120. Aufl./Ergänzungslieferung, München 2016.

Krautzberger, Michael/Stemmler, Johannes, Zum Rechtsbegriff der nachhaltigen räumlichen Entwicklung, insbesondere § 1 Abs. 5 Satz 1 BauGB und § 1 Abs. 2 Satz 1 ROG in: *Erbguth, Wilfried/Oebbecke, Janbernd/Rengeling, Hans-Werner, et al.* (Hrsg.), Planung: Festschrift für Werner Hoppe, München 2000.

Krautzberger, Michael/Stüer, Bernhard, BauGB-Novelle 2013 – Gesetz zur Stärkung der Innenentwicklung in den Städten und Gemeinden und weiteren Fortentwicklung des Städtebaurechts, DVBl 2013, S. 805–815.

Krautzberger, Michael/Stüer, Bernhard, Schrottimmobilien: § 179 BauGB 2013, ZfBR 2013, S. 529–534.

Krumm, Raimund, Kommunale Wirtschaftspolitik und ökonomischer Standortwettbewerb, Wirtschaftsdienst 2001, S. 119–128.

Kuhlmann, Max, Das Gebot sparsamen und schonenden Umgangs mit Grund und Boden im Städtebaurecht – Ansätze zur inhaltlichen Konkretisierung, Frankfurt am Main 1996.

Kühner, Sabine, Bodenschutz als Planungsaufgabe: Die Weiterentwicklung der Raumordnung zu einer „Bodenschutzplanung“, Wiesbaden 1995.

Kunig, Philip, Die Umweltverträglichkeitsprüfung in der Bauleitplanung in: *Driehaus, Hans-Joachim/Birk, Hans-Jörg* (Hrsg.), Baurecht – Aktuell: Festschrift für Felix Weyreuther, Köln 1993.

Kunig, Philip (Hrsg.), *von Münch, Ingo* (Begr.), Grundgesetz Kommentar, 6. Aufl./ Ergänzungslieferung, München 2012.

Kuschnerus, Ulrich, Die naturschutzrechtliche Eingriffsregelung, NVwZ 1996, S. 235–241.

Kuschnerus, Ulrich, Die Belange von Natur und Landschaft in der Abwägung nach § 1 Abs. 6 BauGB – Zur praktischen Anwendung der naturschutzrechtlichen Eingriffsregelung in der Bauleitplanung –, BauR 1998, S. 1–14.

Kuschnerus, Ulrich, Die „Nachhaltigkeit“ im Abwägungsprozess und in der gerichtlichen Überprüfung – Zur praxisgerechten Struktur des Rechts der Bauleitplanung, ZfBR 2000, S. 15–21.

Lee, Yeong Heui, Nachhaltiger Bodenschutz international, europäisch und national, Berlin 2006.

Lege, Joachim, Stadtumbau und städtebauliche Gebote – Neue Herausforderungen durch Stadterhaltung und Rückbau, NVwZ 2005, S. 880–886.

Lehmann-Grube, Ulrich/Pfähler, Wilhelm, Gewerbeflächenpolitik im Standortwettbewerb: Theorie und praktische Evidenz, Wirtschaftsdienst 1998, S. 55–64.

Lehners, Andreas, Raumordnungsgebiete nach dem Raumordnungsgesetz 1998 – Zugleich eine hypothetische Zuordnung von Festlegungen in nordrhein-westfälischen Raumordnungsplänen, Münster 1998.

Leisner, Roberta, Baugebot und Baufreiheit, Berlin 2009.

Leisner, Walter, Baufreiheit oder staatliche Baurechtsverleihung?, DVBl 1992, S. 1065–1072.

Lienert, Judit, Habitat fragmentation effects on fitness of plant populations – a review, JNC 2004, S. 53–72.

Löhr, Rolf-Peter, Das neue Baugesetzbuch – Bauleitplanung, NVwZ 1987, S. 361–369.

Louis, Hans Walter/Wolf, Verena, Bodenschutz in der Bauleitplanung, NuR 2002, S. 61–72.

Louis, Hans Walter/Wolf, Verena, Flächenverbrauch und Kompensation: Die naturschutzrechtliche Eingriffsregelung als Mittel der Flächenhaushaltspolitik, ZUR Sonderheft 2002, S. 146–149.

Ludwig, Rasso, Planungsinstrumente zum Schutz des Bodens, Berlin 2011.

Marty, Michael, Der Handel mit Flächenausweisungsrechten – Rechtliche Fragen an ein ökonomisches Instrument, ZUR 2011, S. 395–405.

Matthews, Peter/Bramley, Glen/Hastings, Annette, Homo Economicus in a Big Society: Understanding Middle-class Activism and NIMBYism towards New Housing Developments, HTS 2014, S. 1–19.

McEldowney, John/McEldowney, Sharron, Environmental Law, Harlow 2010.

McLeod, Ian, Legal Theory, 3. Aufl., Basingstoke 2005.

Meacham, Standish, Regaining Paradise: Englishness and the Early Garden City Movement, New Haven 1999.

Menzl, Marcus, Nimby-Proteste – Ausdruck neu erwachten Partizipationsinteresses oder eines zerfallenden Gemeinwesens? in: *Gestring, Norbert/Ruhne, Renate/Wehrheim, Jan* (Hrsg.), Stadt und soziale Bewegungen, Wiesbaden 2014.

Meyer-Ladewig, Jens (Hrsg.), EMRK Kommentar, 3. Aufl./Ergänzungslieferung, Baden-Baden 2011.

Michaelis, Peter, Ökonomische Instrumente zur Steuerung des Flächenverbrauchs, ZUR Sonderheft 2002, S. 129–135.

Ministry of the Interior and Kingdom Relations Netherlands, Housing Statistics in the European Union 2010, Den Haag 2010.

Ministry of Works and Planning, Expert Committee on Compensation and Betterment, Final Report, London 1942.

Ministry of Works and Planning, Report of the Committee on Land Utilisation in Rural Areas, London 1942.

Mitschang, Stephan, Die Belange von Natur und Landschaft in der kommunalen Bauleitplanung: Rechtsgrundlagen, Planungserfordernisse, Darstellungs- und Festsetzungsmöglichkeiten, 2. Aufl., Berlin 1996.

Mitschang, Stephan, Die neue Eingriffs- und Ausgleichsregelungen und ihre Bedeutung für die städtebaulichen Planungen, WiVerw 1998, S. 20–56.

Mitschang, Stephan, Stadterhaltung und Stadtgestaltung in städtebaulichen Planungen – eine instrumentelle Betrachtung –, ZfBR 2000, S. 379–388.

Mitschang, Stephan, Steuerung der städtebaulichen Entwicklung durch Bauleitplanung, Köln 2003.

Mitschang, Stephan, Bebauungspläne im beschleunigten Verfahren, ZfBR 2007, S. 433–447.

Mitschang, Stephan, Die Bedeutung der Baunutzungsverordnung für die Innenentwicklung der Städte und Gemeinden, ZfBR 2009, S. 10–23.

Mitschang, Stephan, Auswirkungen der naturschutzrechtlichen Eingriffsregelung nach §§ 13 ff. BNatSchG auf die kommunale Bauleitplanung, BauR 2011, S. 33–54.

Mitschang, Stephan, Städtebauliche Planungsinstrumente für die Innenentwicklung ZfBR 2013, S. 324–336.

Mitschang, Stephan, § 17 BauNVO – Städtebauliche Dichte und Innenentwicklung, UPR 2014, S. 248–256.

Mitschang, Stephan/Roeper, Katrin, Stadtumbau auf Gewerbe- und Industriearealen – Gibt es Typologien?, ZfBR 2011, S. 10–24.

Mitschang, Stephan/Wagner, Jörg, FFH-Verträglichkeitsprüfung in der Bauleitplanung – planerische und rechtliche Belange, DVBl 2010, S. 1257–1267.

Moench, Christoph, Die Planungspflicht der Gemeinde, DVBl 2005, S. 676–686.

Mooney, H. A./Lubchenco, J./Dirzo, R., et al., Biodiversity and Ecosystem Functioning: Basic Principles in: *Heywood, Vernon H.* (Hrsg.), Global biodiversity assessment, Cambridge 1995.

Moore, Victor/Purdue, Michael, A practical approach to Planning Law, 12. Aufl., Oxford 2012.

Muckel, Stefan/Ogorek, Markus, Öffentliches Baurecht, 2. Aufl., München 2014.

Munton, Richard, Rural land ownership in the United Kingdom: Changing patterns and future possibilities for land use, LUP 2009, S. 54–61.

Nüßgens, Karl/Boujong, Karlheinz, Eigentum, Sozialbindung, Enteignung, München 1987.

Oebbecke, Janbernd, Die verfassungsrechtlich gewährleistete Planungshoheit der Gemeinden in: *Erbguth, Wilfried/Oebbecke, Janbernd/Rengeling, Hans-Werner, et al.* (Hrsg.), Planung: Festschrift für Werner Hoppe, München 2000.

OECD (Organization for Economic Co-operation and Development), OECD Economic Surveys United Kingdom Overview 2011, Paris 2011.

Office of the Deputy Prime Minister, National Land Use Database: Land Use and Land Cover Classification, London 2006.

Ohlenburg, Holger/Herberg, Alfred, Flächen- und Maßnahmenpools im Rahmen der Eingriffsregelung, RuR 2007, S. 60–67.

ONS (Office for National Statistics), National Population Projections, 2012-based Statistical Bulletin, London 2013.

ONS (Office for National Statistics), Annual Mid-year Population Estimates 2013, London 2014.

Opaschowski, Horst, Ökologie von Freizeit und Tourismus, Opladen 1991.

Otto, Christian-W., Innenentwicklung und Klimaschutz – Besteht ein Vorrang?, ZfBR 2013, S. 434–437.

Otto, Franz, Die Verpflichtung zum Schutz des Bodens nach dem Baugesetzbuch, NVwZ 2000, S. 47–50.

Owens, Susan/Cowell, Richard, Land and Limits – Interpreting sustainability in the planning process, London 2002.

Paetow, Stefan, Ziele der Raumordnung – Entwicklung in Gesetzgebung und Gerichtsbarkeit in: *Erbguth, Wilfried/Kluth, Winfried* (Hrsg.), Planungsrecht in der gerichtlichen Kontrolle: Kolloquium zum Gedenken an Werner Hoppe, Berlin 2012.

Papier, Hans-Jürgen, Eigentum in der Planung in: *Erbguth, Wilfried/Oebbecke, Janbernd/Rengeling, Hans-Werner, et al.* (Hrsg.), Planung: Festschrift für Werner Hoppe, München 2000.

Paßlick, Hermann, Die Ziele der Raumordnung und Landesplanung: Rechtsfragen von Begriff, Wirksamkeit insbesondere im Außenbereich gemäß § 35 Abs. 1 BBauG und Darstellungsprivileg, Münster 1986.

Peine, Franz-Joseph, Bodenschutz – Gesetzliches Instrumentarium und gesetzgeberischer Handlungsbedarf in: *Breuer, Rüdiger/Kloepfer, Michael/Marburger, Peter, et al.* (Hrsg.), Jahrbuch des Umwelt- und Technikrechts 1987, Düsseldorf 1987.

Peine, Franz-Joseph, Bodenschutz außerhalb der Bodenschutzgesetze – der Beitrag des Naturschutzrechts, NuR 2007, S. 138–143.

Peine, Franz-Joseph/Spyra, Wolfgang/Hüttl, Reinhard F., Vorschläge zur Aktivierung des flächenhaften Bodenschutzes, UPR 2006, S. 375–382.

Peters, Heinz-Joachim, Art. 20a GG – Die neue Staatszielbestimmung des Grundgesetzes, NVwZ 1995, S. 555–557.

Pfeifer, Marten, Regeln und Prinzipien im Bauplanungsrecht, DVBl 1989, S. 337–344.

Rabe, Klaus/Pauli, Felix/Wenzel, Gerhard (Hrsg.), Bau- und Planungsrecht: Raumordnungs- und Landesplanungsrecht, Allgemeines Städtebaurecht, Städtebauliche Sanierung und Entwicklung, Bauordnungsrecht, Bauaufsichtsrechtliche Maßnahmen, Baurechtlicher Nachbarschutz, 7. Aufl., Stuttgart 2014.

Ratcliffe, John/Stubbs, Michael/Keeping, Miles, Urban Planning and Real Estate Development, 3. Aufl., Abingdon 2009.

RCEP (The Royal Commission on Environmental Pollution), The Urban Environment, London 2007.

Redeker, Konrad, Flächenkonzentration durch Ziele der Raumordnung in: *Erbguth, Wilfried/Oebbecke, Janbernd/Rengeling, Hans-Werner, et al.* (Hrsg.), Planung: Festschrift für Werner Hoppe, München 2000.

Rehbinder, Eckard, Festlegung von Umweltzielen – Begründung, Begrenzung, instrumentelle Umsetzung –, NuR 1997, S. 313–328.

Reidt, Olaf, Wer die Wahl hat, hat die Qual – Vor- und Nachteile des beschleunigten Verfahrens gem. § 13a BauGB, NVwZ 2007, S. 1029–1032.

Reidt, Olaf, Verfahren zur Beteiligung der Europäischen Kommission nach § 34 Abs. 4 und Abs. 5 BNatSchG bei Projekten und Plänen, UPR 2011, S. 330–3334.

Rengeling, Hans-Werner, Das Grundeigentum als Schutzobjekt der Eigentumsgarantie (Art. 14 GG) und als Gegenstand verwaltungsrechtlicher Planung, Gestaltung und Schrankensetzung, AöR 1980, S. 423–465.

Rink, Dieter/Banzhaf, Ellen, Flächeninanspruchnahme als Umweltproblem in: *Groß, Mattias* (Hrsg.), Handbuch Umweltsoziologie, Wiesbaden 2011.

Risch, Ben Michael, Neue Instrumente zur Begrenzung des Bodenverbrauches: eine Untersuchung am Maßstab des Bundesrechts und des Rechts des Freistaates Sachsen, Berlin 2005.

Ritter, Ernst-Hasso/Bröcker, Johannes/Fürst, Dietrich, et al., Handwörterbuch der Raumordnung, 4. Aufl., Hannover 2005.

Rixner, Florian/Biedermann, Robert/Stegner, Sabine (Hrsg.), Systematischer Praxiskommentar BauGB/BauNVO, 2. Aufl./Ergänzungslieferung, Köln 2014.

Robl, Marion, Das beschleunigte Verfahren für Bebauungspläne der Innenentwicklung – Ein Aspekt des Innenstadtentwicklungsgesetzes („BauGB 2007"), Frankfurt am Main 2010.

Rodi, Michael, Die Grundsteuer als Instrument einer Flächenhaushaltspolitik, ZUR Sonderheft 2002, S. 164–168.

Ronellenfitsch, Michael, Ziele der Raumordnung in: *Erbguth, Wilfried/Oebbecke, Janbernd/Rengeling, Hans-Werner, et al.* (Hrsg.), Planung: Festschrift für Werner Hoppe, München 2000.

Rosenthal, Gert, Bedeutung evolutionsbiologischer Prozesse für Landschaftsplanung und Naturschutz, Natur und Landschaft 2003, S. 497–506.

Ross, Andrea, Sustainable Development Law in the UK – From rhetoric to reality?, Abingdon 2012.

Rowley, Trevor, The English Landscape in the Twentieth Century, London 2006.

Royal Commission on the Distribution of the Industrial Population, Report 1940, London 1940.

Runkel, Peter, Städtebauliche Entwicklungsmaßnahmen nach dem Maßnahmegesetz zum Baugesetzbuch, ZfBR 1991, S. 91–97.

Runkel, Peter, Die naturschutzrechtliche Eingriffsregelung in der Bauleitplanung, NVwZ 1993, S. 1136–1140.

Runkel, Peter, Das neue Raumordnungsgesetz, WiVerw 1997, S. 267–297.

Runkel, Peter, Das neue Raumordnungsgesetz und das Umweltrecht, NuR 1998, S. 449–454.

Runkel, Peter, Wohnbaulandmobilisierung als Element der Flächenhaushaltspolitik, ZUR Sonderheft 2002, S. 138–146.

Sachs, Michael (Hrsg.), Grundgesetz Kommentar, 7. Aufl./Ergänzungslieferung, München 2014.

Samuels, Alec, Sustainable development: what is it?, JPEL 2013, S. 1374–1380.

Scheidler, Alfred, Das beschleunigte Verfahren für Bebauungspläne der Innenentwicklung, BauR 2007, S. 650–657.

Scheidler, Alfred, Vorgaben zur Umweltplanung im Raumordnungsgesetz 2009, NVwZ 2010, S. 19–22.

Scheidler, Alfred, Das Verhältnis der naturschutzrechtlichen Eingriffsregelung zum Baurecht, ZfBR 2011, S. 228–232.

Schiller, Georg/Oertel, Holger (IÖR Dresden), Innenentwicklungspotenziale in Deutschland, Ergebnisse einer bundesweiten Befragung, Dresden 2013.

Schimansky, Christian, Die Problematik des Freiflächenverbrauchs in Deutschland: Bodenschutz vor Versiegelung aus rechtlicher Sicht, Berlin 2003.

Schink, Alexander, Bodenschutz in der Bauleitplanung (Teil 1), ZfBR 1995, S. 178–188.

Schink, Alexander, Umweltschutz als Staatsziel, DÖV 1997, S. 221–229.

Schink, Alexander, Raumordnungsgebiete und kommunale Planungshoheit – Chancen und Schwierigkeiten für die Kommunen – in: *Jarass, Hans D.* (Hrsg.), Raumordnungsgebiete (Vorbehalts-, Vorrang- und Eignungsgebiete) nach dem neuen Raumordnungsgesetz, Münster 1998.

Schink, Alexander, Der Bodenschutz und seine Bedeutung für die nachhaltige städtebauliche Entwicklung, DVBl 2000, S. 221–232.

Schink, Alexander, Der Einfluss der FFH-Richtlinie auf die Bauleitplanung in: *Erbguth, Wilfried/Oebbecke, Janbernd/Rengeling, Hans-Werner, et al.* (Hrsg.), Planung: Festschrift für Werner Hoppe, München 2000.

Schink, Alexander, Die Bedeutung umweltschützender Belange für die Flächennutzungsplanung, ZfBR 2000, S. 154–167.

Schink, Alexander, Nachverdichtung, Baulandmobilisierung und Umweltschutz, UPR 2001, S. 161–170.

Schink, Alexander, Umweltprüfung für Pläne und Programme – Anwendungsbereich der SUP-Richtlinie und Umsetzung in deutsches Recht, NVwZ 2005, S. 615–624.

Schink, Alexander, Innenentwicklung und Eingriffsausgleich, BauR 2013, S. 861–874.

Schink, Alexander, Bodenschutz- und Umwidmungssperrklausel, UPR 2016, S. 166–171.

Schlabach, Erhard, Bodenschutzrecht, VBlBW 1989, S. 281–288.

Schlez, Georg (Hrsg.), Bundesbaugesetz Kommentar, Wiesbaden 1977.

Schlichter, Otto, Überlegungen zum Baugebot – Vergangenes, Gegenwärtiges, Zukünftiges – in: *Driehaus, Hans-Joachim/Birk, Hans-Jörg* (Hrsg.), Baurecht – Aktuell: Festschrift für Felix Weyreuther, Köln 1993.

Schlichter, Otto/Stich, Rudolf (Hrsg.), Berliner Schwerpunkte-Kommentar zum Baugesetzbuch 1998, Köln 1998.

Schlichter, Otto/Stich, Rudolf/Driehaus, Hans-Joachim, et al. (Hrsg.), Berliner Kommentar zum Baugesetzbuch, 32. Aufl./Ergänzungslieferung, Köln 2015.

Schlömer, Claus, Die privaten Haushalte in den Regionen der Bundesrepublik Deutschland zwischen 1990 und 2020, IzR 2004, S. 127–149.

Schlotterbeck, Karlheinz/Hager, Gert/Busch, Manfred, et al. (Hrsg.), Landesbauordnung für Baden-Württemberg (LBO) und LBOAVO Kommentar Band 1, 7. Aufl./ Ergänzungslieferung, Stuttgart 2016.

Schmalholz, Michael, Zur rechtlichen Zulässigkeit handelbarer Flächenausweisungsrechte, ZUR Sonderheft 2002, S. 158–163.

Schmalholz, Michael, Steuerung der Flächeninanspruchnahme, Defizite des Umwelt- und Planungsrechts sowie alternative Ansätze zur Reduzierung des Flächenverbrauchs durch Siedlung und Verkehr, Norderstedt 2005.

Schmidt, Reiner/Kahl, Wolfgang/Gärditz, Klaus Ferdinand, Umweltrecht, 9. Aufl., München 2014.

Schmidt-Aßmann, Eberhard, Grundfragen des Städtebaurechts, Göttingen 1972.

Schmidt-Aßmann, Eberhard, Die Garantie der kommunalen Selbstverwaltung in: *Badura, Peter/Dreier, Horst* (Hrsg.), Festschrift 50 Jahre Bundesverfassungsgericht, Zweiter Band: Klärung und Fortbildung des Verfassungsrechts, Tübingen 2001.

Schmidt-Eichstaedt, Gerd, Erste Fragen und Antworten zur praktischen Anwendung des beschleunigten Verfahrens nach § 13a BauGB 2006/2007, BauR 2007, S. 1148–1159.

Schmidt-Eichstaedt, Gerd/Weyrauch, Bernhard/Zemke, Reinhold, Städtebaurecht – Einführung und Handbuch, 5. Aufl., Stuttgart 2014.

Schoch, Friedrich (Hrsg.), Besonderes Verwaltungsrecht, 15. Aufl., Berlin 2013.

Schönenbroicher, Klaus/Kamp, Manuel (Hrsg.), Bauordnung Nordrhein-Westfalen Kommentar, München 2012.

Schönfeld, Thomas, Die Eigentumsgarantie und Nutzungsbeschränkungen des Grundeigentums: Ungelöste Fragen in der Dogmatik von Art. 14 GG, Sinzheim 1996.

Schrader, Christian, Neue Instrumente des Bodenschutzes – von Altlasten zum Klimaschutz –, UPR 2008, S. 415–420.

Schrage, Christel, Zielabweichungsverfahren bei Raumordnungsplänen, Münster 1998.

Schrödter, Wolfgang, Der Bebauungsplan der Innenentwicklung – Teil 1, ZfBR 2010, S. 332–338.

Schrödter, Wolfgang, Der Bebauungsplan der Innenentwicklung – Teil 2, ZfBR 2010, S. 422–428.

Schrödter, Wolfgang (Hrsg.), *Schrödter, Hans* (Begr.), Baugesetzbuch Kommentar, 8. Aufl./Ergänzungslieferung, Baden-Baden 2015.

Schröer, Thomas, Die BauGB-Novelle 2006 (Teil 1), NZBau 2006, S. 703–705.

Schröer, Thomas, Warum städtebauliche Gebote in der Praxis nichts bewirken, NZBau 2007, S. 234–236.

Schröer, Thomas, Was ist ein Bebauungsplan der Innenentwicklung?, NZBau 2007, S. 293–294.

Schröer, Thomas/Kullick, Christian, Berliner Vorstoß – Regelungsmodelle zur Stellplatzbeschränkung, NZBau 2011, S. 279–281.

Schröter, Patrick, Die bauplanungsrechtliche Zulässigkeit von Bauvorhaben im Außenbereich, Baden-Baden 2013.

Schulte, Hans, Das Dogma Baufreiheit, DVBl 1979, S. 133–142.

Schulte, Hans, Ziele der Raumordnung, NVwZ 1999, S. 942–945.

Schulze Bäing, Andreas/Wong, Cecilia, Brownfield Residential Development: What Happens to the Most Deprived Neighbourhoods in England?, US 2012, S. 2989–3008.

Schumacher, Jochen/Werk, Klaus/Albrecht, Juliane (Hrsg.), Raumordnungsgesetz Kommentar, Wiesbaden 2012.

Schütz, Walter/Frohberg, Günther (Hrsg.), Kommentar zum Bundesbaugesetz, Neuwied 1960.

Schwabedal, Felix Jakob, Das regionalplanerische Instrument Eigenentwicklung, RuR 2011, S. 17–28.

Schwarz, Tim, Screening im beschleunigten Verfahren nach § 13a BauGB, LKV 2008, S. 12–18.

Schwarz, Tim, Der Beitrag informeller Konzepte zum Bodenschutz in der Bauleitplanung, UPR 2013, S. 408–415.

Seidler, Anne-Carolin, Die Innenentwicklung nach § 13a BauGB, NZBau 2008, S. 445–496.

Senger, Sebastian U., Straßenversiegelung in Deutschland und ihre Beeinflussung der Umwelt im Vergleich mit anderen OECD-Ländern, UWSF-Z 2000, S. 221–223.

Sheail, John, The Restriction of Ribbon Development Act: The Character and Perception of Land-use Control in Inter-war Britain, RS 1979, S. 501–512.

Sieben, Peter, Was bedeutet Nachhaltigkeit als Rechtsbegriff?, NVwZ 2003, S. 1173–1176.

Siedentop, Stefan/Kausch, Steffen/Guth, Dennis, et al., Mobilität im suburbanen Raum. Neue verkehrliche und raumordnerische Implikationen des räumlichen Strukturwandels – Forschungsvorhaben 70.716 im Auftrag des Bundesministeriums für Verkehr, Bau- und Wohnungswesen, Dresden 2005.

Siedentop, Stefan/Krause-Junk, Katharina/Junesch, Richard/Fina, Stefan (Institut für Raumordnung und Entwicklungsplanung der Universität Stuttgart), Nachhaltige Innenentwicklung durch beschleunigte Planung? Analyse der Anwendung des § 13a BauGB in baden-württembergischen Kommunen, Stuttgart 2010.

Silberstein, Jane/Maser, Chris, Land-Use Planning for Sustainable Development, London 2013.

Slapper, Gary/Kelly, David, The English Legal System 2014–2015, 15. Aufl., London 2014.

Smith Morris, Eleanor, British town planning and urban design, Harlow 1997.

Söfker, Wilhelm, Fortentwicklung des Raumordnungsrechts im Bauplanungsrecht und Raumordnungsgesetz, DVBl 1987, S. 597–603.

Söfker, Wilhelm, Das Gesetz zur Neufassung des Raumordnungsgesetzes, UPR 2009, S. 161–169.

Spangenberger, Volker, Zukunftsaufgabe Innenentwicklung – Umsetzung in der Planungspraxis, UPR 2009, S. 217–222.

Spannowsky, Willy, Umweltprüfung im Bauleitplanverfahren nach dem BauGB 2004 – Handlungshinweise für das Verfahren, die Methodik und die Entscheidungsfindung in der Bauleitplanung –, Kaiserslautern 2005.

Spannowsky, Willy, Die Einführung eines beschleunigten Verfahrens für Bebauungspläne der Innenentwicklung, NuR 2007, S. 521–526.

Spannowsky, Willy, Stadt- und Dorferneuerung im Zeichen der Innenentwicklung, ZfBR 2013, S. 752–762.

Spannowsky, Willy, Stärkung der Innenentwicklung und Reduzierung der Flächeninanspruchnahme, UPR 2013, S. 201–207.

Spannowsky, Willy/Runkel, Peter/Goppel, Konrad (Hrsg.), Raumordnungsgesetz (ROG) Kommentar, München 2010.

Spannowsky, Willy/Uechtritz, Michael (Hrsg.), Baugesetzbuch Kommentar, 2. Aufl./ Ergänzungslieferung, München 2014.

Spannowsky, Willy/Uechtritz, Michael (Hrsg.), Beck'scher Online-Kommentar BauGB, 33. Aufl./Ergänzungslieferung, München 2016.

Sparwasser, Reinhard/Engel, Rüdiger/Voßkuhle, Andreas, Umweltrecht: Grundzüge des öffentlichen Umweltschutzrechts, 5. Aufl., Heidelberg 2003.

Spoerr, Wolfgang, Raumordnungsziele und gemeindliche Bauleitplanung in: *Erbguth, Wilfried/Oebbecke, Janbernd/Rengeling, Hans-Werner, et al.* (Hrsg.), Planung: Festschrift für Werner Hoppe, München 2000.

SRU (Rat von Sachverständigen für Umweltfragen), Umweltgutachten 1998, Umweltschutz: Erreichtes sichern – Neue Wege gehen, Berlin 1998.

SRU (Rat von Sachverständigen für Umweltfragen), Umweltgutachten 2000, Schritte ins nächste Jahrtausend, Berlin 2000.

SRU (Rat von Sachverständigen für Umweltfragen), Umweltgutachten 2004, Umweltpolitische Handlungsfähigkeit sichern, Berlin 2004.

SRU (Rat von Sachverständigen für Umweltfragen), Umwelt und Straßenverkehr, Hohe Mobilität – Umweltverträglicher Verkehr, Sondergutachten, Berlin 2005.

SRU (Sachverständigenrat für Umweltfragen), Umweltgutachten 2008, Umweltschutz im Zeichen des Klimawandels, Berlin 2008.

Starck, Christian (Hrsg.), *von Mangoldt, Hermann/Klein, Friedrich* (Begr.), Kommentar zum Grundgesetz, 6. Aufl./Ergänzungslieferung, München 2010.

Statistische Ämter des Bundes und der Länder, Bevölkerungs- und Haushaltsentwicklung im Bund und in den Ländern, Wiesbaden 2011.

Statistisches Bundesamt, https://http://www.destatis.de/DE/ZahlenFakten/Wirtschaftsbereiche/LandForstwirtschaftFischerei/Glossar/SiedlungsUndVerkehrsflaeche.html?view=getColorboxEntry, abgerufen am: 24.07.2016.

Statistisches Bundesamt, https://http://www.destatis.de/DE/ZahlenFakten/Wirtschaftsbereiche/LandForstwirtschaftFischerei/Flaechennutzung/FlaechennutzungAktuell.html, abgerufen am: 24.07.2016.

Statistisches Bundesamt, https://http://www.destatis.de/DE/ZahlenFakten/Wirtschaftsbereiche/LandForstwirtschaftFischerei/Glossar/Landwirtschaftsflaeche.html?view=getColorboxEntry, abgerufen am: 24.07.2016.

Statistisches Bundesamt, Nachhaltige Entwicklung in Deutschland Indikatorenbericht 2012, Wiesbaden 2012.

Statistisches Bundesamt, Statistisches Jahrbuch Deutschland und Internationales 2012, Wiesbaden 2012.

Statistisches Bundesamt, Bodenfläche nach Art der tatsächlichen Nutzung, Fachserie 3, Reihe 5.1, Wiesbaden 2014.

Steinberg, Rudolf, Umweltverträglichkeitsprüfung von Programmen und Plänen in: *Erbguth, Wilfried/Oebbecke, Janbernd/Rengeling, Hans-Werner, et al.* (Hrsg.), Planung: Festschrift für Werner Hoppe, München 2000.

Steiner, Udo (Hrsg.), Besonderes Verwaltungsrecht, 8. Aufl., Heidelberg 2006.

Stern, Klaus/Becker, Florian (Hrsg.), Grundrechte Kommentar, 2. Aufl./Ergänzungslieferung, Köln 2016.

Stich, Rudolf, Notwendigkeit der Weiterentwicklung der Baunutzungsverordnung zur Bodennutzungsverordnung, NuR 1988, S. 221–225.

Stich, Rudolf, Die Aufgaben der Gemeinden zur Durchführung förmlicher städtebaulicher Entwicklungsmaßnhamen, WiVerw 1993, S. 104–121.

Stich, Rudolf, Rechtsprobleme bei der Umsetzung der Forderungen des Umweltschutzes nach § 1a BauGB 1998 in die städtebaulichen Planungen und bei deren Vollzug, UPR 1998, S. 121–128.

Stollmann, Frank, Öffentliches Baurecht, 10. Aufl., München 2015.

Stookes, Paul/Thomas, Pat, Planning and the Localism Act 2011 – A Guide to the New Law, London 2012.

Stüer, Bernhard, Baugebot nach § 176 BauGB – Ein „stumpfes Schwert“? –, DÖV 1988, S. 337–340.

Stüer, Bernhard, Städtebaurechtsnovelle 2013 – Gesetz zur Stärkung der Innenentwicklung und zur weiteren Fortentwicklung des Städtebaurechts –, DVBl 2012, S. 1017–1027.

Stüer, Bernhard, Handbuch des Bau- und Fachplanungsrechts, 5. Aufl., München 2015.

Stüer, Bernhard/Ehebrecht-Stüer, Eva-Maria, Reformbedarf im BauGB?, DVBl 2010, S. 1540–1547.

Stüer, Bernhard/Hönig, Dietmar, Nachhaltige städtebauliche Entwicklung – Anforderungen an die gemeindliche Bauleitplanung –, DVBl 1999, S. 1717–1721.

Swanswick, Carys, Society's attitudes to and preferences for land and landscape, LUP 2009, S. 62–75.

Szczekalla, Peter, Reduzierung der Flächeninanspruchnahme durch lokale und regionale Flächenressourcenbewirtschaftung. Rechtliche und institutionelle Rahmenbedingungen, DVBl 2005, S. 354–359.

Szczekalla, Peter, Flächenverbrauch in der Auseinandersetzung: Der Bauernverband gegen Naturschutzgebiete, die Naturschutzverbände für Nachhaltigkeit und die (vorläufige) Antwort des Baugesetzgebers in: *Krautzberger, Michael/Rengeling, Hans-Werner/Saerbeck, Klaus* (Hrsg.), Bau- und Fachplanungsrecht: Festschrift für Bernhard Stüer, München 2013.

Tallon, Andrew, Urban Regeneration in the UK, Abingdon 2010.

Tändler, Markus, Umweltprüfung und Umweltkontrolle in der Bauleitplanung, Frankfurt am Main 2006.

Taylor, Matthew, Can the NPPF crack the housing crisis?, JPEL 2013, S. OP7-OP17.

Tettinger, Peter J. (Hrsg.), Altlasten und Flächenrecycling: Instrumente zur Förderung industrieller oder gewerblicher Nutzung; Dokumentation einer Fachtagung des Instituts für Berg- und Energierecht am 30. November 1989, Stuttgart 1990.

Tewdwr-Jones, Mark, Spatial Planning and Governance: Understanding UK Planning, Basingstoke 2012.

The Communities and Local Government Committee, Eighth Report: The National Planning Policy Framework, London 2011.

The Communities and Local Government Committee, Third Report: Localism, London 2011.

The Government Office for Science, Land Use Futures: Making the most of land in the 21st century, London 2010.

Thiel, Fabian, Städtebauliche Instrumente zur Reduzierung des Flächenverbrauchs unter besonderer Berücksichtigung der Problematik des Stadtumbaus, UFZ-Bericht 14/ 2004, S. 1–247.

Thiel, Fabian, Die Etablierung einer kommunalen Flächenkreislaufwirtschaft – strategische Ansätze und bodenpolitische Hemmnisse –, UPR 2005, S. 212–217.

Thum, Randi, Rechtsprechungs-Report: Bauplanerische Eingriffsregelung, ZUR 2004, S. 278–286.

Thum, Randi, Die Eingriffsregelung zur Verringerung des Flächenverbrauchs, NuR 2005, S. 762–768.

Thurow, Birgitta/Hochstadt, Steffen/Terfehr, Stephanie (Hrsg.), Städtebauliche Entwicklungsmaßnahmen, München 2009.

Tomerius, Stephan, Flächenrecycling als Instrument nachhaltiger Stadtentwicklung, Strategien und Rechtsfragen in der kommunalen Praxis, NuR 2005, S. 14–20.

Tomerius, Stephan, Auswirkungen der Baugesetzbuch-Novelle 2007 – Impulse für mehr Innenentwicklung und Flächensparen in den Gemeinden?, ZUR 2008, S. 1–7.

Tönnies, Gerd, Räumliche Planung für eine nachhaltige Siedlungsentwicklung, RuR 1999, S. 59–62.

Town and Country Planning Association, Housing Policy Statement, London 2000.

Troge, Andreas/Hülsmann, Wulf/Burger, Andreas, Ziele und Handlungsansätze einer flächensparenden Siedlungsentwicklung, DVBl 2003, S. 85–93.

Tromans, Stephen, Planning and environmental law – uneasy bedfellows?, JPEL 2012, S. 73–116.

Tromans, Stephen/Turrall-Clarke, Robert, Contamined Land, 2. Aufl., London 2008.

Turowski, Gerd, Die Problematik des baulichen „Bodenverbrauchs" als Begründung der Flächenhaushaltspolitik, ZUR Sonderheft 2002, S. 126–129.

UBA (Umweltbundesamt), Volkswirtschaftliche Verluste durch Bodenbelastung in der Bundesrepublik Deutschland, Berlin 1991.

UBA (Umweltbundesamt), Nachhaltige Entwicklung in Deutschland: die Zukunft dauerhaft umweltgerecht gestalten, Berlin 2002.

UBA (Umweltbundesamt), Umwelt und Tourismus: Daten, Fakten, Perspektiven, Berlin 2002.

UBA (Umweltbundesamt), Reduzierung der Flächeninanspruchnahme durch Siedlung und Verkehr – Materialienband –, Berlin 2003.

UBA (Umweltbundesamt), Hintergrundpapier: Flächenverbrauch, ein Umweltproblem mit wirtschaftlichen Folgen, Berlin 2004.

UBA (Umweltbundesamt), Schutz der biologischen Vielfalt und Schonung von Ressourcen – Warum wir mit Flächen sorgsam und intelligent umgehen müssen, Dessau-Roßlau 2008.

UBA (Umweltbundesamt), Flächenverbrauch einschränken – jetzt handeln; Empfehlungen der Kommission Bodenschutz beim Umweltbundesamt, Dessau-Roßlau 2009.

Uebbing, Christiane, Umweltprüfung bei Raumordnungsplänen – Eine Untersuchung zur Umsetzung der Plan-UP-Richtlinie in das Raumordnungsrecht, Münster 2004.

Uechtritz, Michael, Die Umweltprüfung in der Raumordnung – zur Umsetzung der Plan-UP-Richtlinie, ZUR 2006, S. 9–15.

Uechtritz, Michael, Die Änderungen des BauGB durch das Gesetz zur Erleichterung von Planungsvorhaben für die Innenentwicklung der Städte – „BauGB 2007", BauR 2007, S. 476–491.

UK Government, The UK Government Sustainable Development Strategy, London 2005.

United Nations, Report of the World Commission on Environment and Development: Our Common Future, A/42/427, 1987.

v. Haaren, Christina/Nadin, Vincent, Die Flächeninanspruchnahme in Deutschland im Vergleich mit der Situation in England, RuR 2003, S. 345–356.

Verwiebe, Ralf, Umweltprüfungen auf Plan- und Programmebene – Rechtliche Grundlagen der Strategischen Umweltprüfung und FFH-Verträglichkeitsprüfung in der Fachplanung –, Baden-Baden 2008.

von Münch, Ingo/Mager, Ute, Staatsrecht II: Grundrechte 6. Aufl., Stuttgart 2014.

von Münch, Ingo/Mager, Ute, Staatsrecht I: Staatsorganisationsrecht unter Berücksichtigung der europarechtlichen Bezüge, 8. Aufl., Stuttgart 2016.

Waechter, Kay, Umweltschutz als Staatsziel, NuR 1996, S. 321–327.

Waechter, Kay, Flächensparsamkeit in der Bauleitplanung, DVBl 2009, S. 997–1006.

Waechter, Kay, Städtebauliche Sanierung (§§ 136 ff. BauGB), DVBl 2013, S. 613–620.

Wahl, Rainer, Aktuelle Probleme im Verhältnis der Landesplanung zu den Gemeinden, DÖV 1981, S. 597–606.

Wahl, Rainer, Entwicklung des Fachplanungsrechts, NVwZ 1990, S. 426–441.

Walton, William, Green belts: where to draw the line?, JPEL 1994, S. 986–993.

Weise, Elise (REM TU Berlin), BauGB Novelle 2007: Neues beschleunigtes Verfahren – Neue Stolpersteine? Handlungsempfehlungen zur Anwendung des § 13a BauGB für Bebauungspläne der Innenentwicklung, Berlin 2008.

Werner-Jensen, Alma, Planungshoheit und kommunale Selbstverwaltung, Baden-Baden 2006.

Westphal, Christiane, Dichte als Planungsgröße im Stadtumbau? Angemessene Dichten zur Gewährleistung der stadttechnischen Daseinsvorsoge in schrumpfenden Städten, RuR 2009, S. 7–20.

Weyreuther, Felix, Bauen im Außenbereich: Ein nach Stichwörtern gegliederter Kommentar zu den mit § 35 BBauG zusammenhängenden Fragen – unter besonderer Berücksichtigung der Rechtsprechung des Bundesverwaltungsgerichts –, Köln 1979.

Weyreuther, Felix, Über die Erforderlichkeit von Bebauungsplänen, DVBl 1981, S. 369–373.

Widera, Bernd, Zur verfassungsrechtlichen Gewährleistung gemeindlicher Planungshoheit, Berlin 1985.

Wieneke, Annette, Nachhaltigkeit als Ressourcennutzungskonzept für die Bauleitplanung: zugleich ein Beitrag zur nachhaltigen Flächennutzung, Baden-Baden 2006.

Wienken, Ralf, Die ästhetischen Komponenten des Landschaftsverbrauchs, RuR 1992, S. 23–31.

Williams, Katie, Space per person in the UK: A review of densities, trends, experiences and optimum levels, LUP 2009, S. 83–92.

Williams, Katie/Dair, Carol, A Framework for Assessing the Sustainability of Brownfield Developments, JEPM 2007, S. 23–40.

Winter, Paul, Planning and sustainability: an examination of the role of the planning system as an instrument for the delivery of sustainable development, JPEL 1994, S. 883–900.

Wittenbecher, Christian, Möglichkeiten zur Verbesserung und Ergänzung des raumordnerischen Instrumentariums in: *Akademie für Raumforschung und Landesplanung* (Hrsg.), Flächenhaushaltspolitik, Hannover 1999.

Wolf, Rainer, Bodenfunktionen, Bodenschutz und Naturschutz: Zum Verhältnis von Bodenschutz- und Naturschutzgesetz, NuR 1999, S. 545–554.

Wolf, Rainer, Zur Flexibilisierung des Kompensationsinstrumentariums der naturschutzrechtlichen Eingriffsregelung, NuR 2001, S. 481–491.

Wolf, Susan/Stanley, Neil, Wolf and Stanley on Environmental Law, 5. Aufl., Oxford 2011.

Wright, Hayley Jennifer, Has sustainable development been integrated into environmental legislation? An assessment of the resilience approach, ELM 2014, S. 10–23.

Ziamos, Georgios, Städtebaurecht im Rechtsvergleich: Eine Untersuchung zur Steuerung des privaten Wohnungsbaus durch das Städtebaurecht in Deutschland, England und Frankreich, Frankfurt am Main 1998.

Ziekow, Jan, Die städtebauliche Erforderlichkeit des Bebauungsplans, VerwArch 2006, S. 115–137.

Ziekow, Jan (Hrsg.), Handbuch des Fachplanungsrechts: Grundlagen – Praxis – Rechtsschutz, 2. Aufl., München 2014.

www.ingramcontent.com/pod-product-compliance
Ingram Content Group UK Ltd.
Pitfield, Milton Keynes, MK11 3LW, UK
UKHW021910290926
8980IPUK00015B/1174

9 783631 697764